教育部人文社会科学重点研究基地

武汉大学社会保障研究中心

2007~2008年

中国社会保障

改革与发展报告

武汉大学社会保障研究中心
邓大松 刘昌平等 编著

人民出版社

前　言

　　社会保障是社会稳定的"安全网"、经济运行的"调节器"，是构建社会主义和谐社会的重要内容，对于调节收入分配、促进社会公平、增加国内需求、拉动经济增长具有十分重要的作用。改革开放以来，中国政府一直高度重视社会保障制度建设，党的十四届三中全会《中共中央关于建立社会主义市场经济体制若干问题的决定》明确提出"建立多层次的社会保障制度，为城乡居民提供同我国国情相适应的社会保障，促进经济发展和社会稳定"，将社会保障制度作为社会主义市场经济体制的重要支柱；党的十六届六中全会《中共中央关于构建和谐社会若干重大问题的决定》和十七大报告《高举中国特色社会主义伟大旗帜 为夺取全面建设小康社会新胜利而奋斗》进一步提出将"建立覆盖城乡居民的社会保障体系"作为构建社会主义和谐社会的主要任务之一，要求到 2020 年基本建立覆盖城乡居民的社会保障体系，使人人享有基本生活保障。

　　改革开放以来，特别是十四届三中全会以来，中国政府抓住国民经济持续快速健康发展的有利时机，在社会保障制度体系建设上作出了不懈努力，取得了重要进展：明确了完善社会保障制度的基本原则、总体目标和主要任务，确立了社会统筹与个人账户相结合的基本养老保险和基本医疗保险制度，基本建成了涵盖养老保险、医疗保险、失业保险、工伤保险、生育保险以及城乡居民最低生活保障制度的社会保障体系；普遍实行个人缴费制度，加大中央和地方财政投入力度，建立全国社会保障基金，初步形成了国家、企业和个人的社会保障资金多渠道筹集机制；扩大社会保险制度的覆盖范围，实现了从国有企业向城镇各种所有制企业、灵活就业人员和个体工商户的延伸；实行原行业统筹下放省级管理，解决条块分割的矛盾，建立了上下贯通、覆盖全国的社会保险社会化管理服务体系。社会保障制度的改革与不断完善，对保障人民群众的基本生活需求和维持社会安定团结，对国有企业改革、经济结构调整的顺利推进，对统筹城乡社会经济发展进程，发挥了十分重要的作用。

中国是世界上最大的发展中国家，人民生活还不富裕，社会主义市场经济体制初步建立，影响发展的体制机制障碍依然存在，经济增长和社会发展面临着许多突出问题。正如十七大报告所言："人民生活总体上达到小康水平，同时收入分配差距拉大趋势还未根本扭转，城乡贫困人口和低收入人口还有相当数量，统筹兼顾各方面利益难度加大"。当前，社会保障体系不完善与人民群众日益增长的社会保障需求是构建社会主义和谐社会的突出矛盾之一。

武汉大学社会保障研究中心作为国家"985"工程社会保障研究创新基地和教育部人文社会科学百所重点研究基地之一，长期以来一直致力于社会保障理论与中国社会保障制度研究，承接了包括国家自然科学基金、国家社会科学基金、教育部、各级政府部门，以及国内外相关研究机构和社会组织在内的大量研究课题，近几年取得了一系列研究成果。《中国社会保障改革与发展报告》是由武汉大学社会保障研究中心组织编著的一份重要的年度研究报告，重点关注社会保障理论研究与国际比较研究中的前沿问题，当前中国经济社会发展过程中凸显的社会矛盾和民生问题，中国社会保障制度改革过程中的焦点、难点和热点问题。《中国社会保障改革与发展报告》的稿件主要来源于向国内外知名专家学者的约稿、武汉大学社会保障研究中心承担的科研项目的研究成果、武汉大学社会保障研究中心组织的历次社会调研的研究成果、国内外高校和研究机构的优秀中青年学者的原创性研究成果等。为保证稿件质量，我们会从每年的稿件中精心挑选出质量高、针对性强、社会影响面广和具有创新性的研究成果，以及当年的社会保障政策法规和统计资料，经过认真审定和校对后编入《中国社会保障改革与发展报告》。

　　社会保障是一项复杂的社会系统工程，也是一项正在不断改革和完善的社会经济制度，需要解决的问题和面临的困难太多，《中国社会保障改革与发展报告》不可能穷尽当前社会保障领域内的所有方面。因此，我们试图在有限的篇幅和人力条件下，经过编著者的共同努力，将《中国社会保障改革与发展报告》打造成为中国社会保障理论与政策研究的精品与力作。

目　　录

第一篇　建立财务可持续的新型农村社会养老保险制度

第二篇 新型农村合作医疗制度的发展与完善

第三篇　完善农村最低生活保障制度

附　录

第一篇

建立财务可持续的新型农村社会养老保险制度*

刘昌平　殷宝明　谢　婷

---

　　* 本篇系 2005 年国家自然科学基金重点项目《中国补充养老保险制度研究》（项目批准号：70533040）的阶段性研究成果，2007 年国家社会科学基金青年项目《中国基本养老保险基金缺口测算与财政保障能力研究》（07CJY053）的研究成果。

1 "乡—城"人口迁移对中国城乡人口老龄化及养老保障的影响分析

1.1 引 言

二元经济理论认为,发展中国家整个工业化和现代化的过程是现代工业部门将传统农业部门的隐蔽失业状态的富余劳动力不停地吸出来,由此产生的利润不断再投资到现代部门。第二次世界大战以来,工业化向世界的扩张,也导致农村劳动力大量迁出农村进入城市工作。人口从农村向城市的迁移是一个国家向工业化、城市化发展的必然经济过程,无论是发达国家以往的历史经验,还是发展中国家当前正经历的现实,都验证了或正在验证这样一个经济发展过程。

中国近30年的经济转型过程中,社会经济发展和国际化进程加快打破了制度的限制,改变了人们的思维定式,形成了巨大的人口迁移浪潮。特别地,自20世纪90年代以来,随着社会主义市场经济体制改革的不断深入,各种限制人口流动的政策和制度障碍得以不断消除,人口迁移的自主性和流动性不断加强,特别是人口从农业向非农产业、从农村向城镇地区、从中西部地区向东部地区的迁移,规模逐渐增大,基本进入一个持续稳定的发展过程。中国农村剩余劳动力向城市大规模转移已经成为不争的事实。① 据估计,1987 年中国人口迁移规模超过 3000 万,1994 年超过 4000 万,1999 年超过 5000 万,到 2000 年已经接近 6300 万,迁移率接近 5%。②

按照国际上通行的人口老龄化标准③,中国已经从本世纪初开始正式进入老龄化社会行列,并且老龄化程度日趋严重。蔡昉预测④,到 2017 年,中国 65 岁及以上人口占总人口的比重将超过 10%,在少儿抚养比仍然高达 26.4% 的情况下,老年抚养比超过 14%。伴随着工业化的持续进行,非农部门对农村迁移人口的需求持续增加,人口迁移从均衡到失衡是工业化的必然规律。⑤ 在中国人口老龄化程度正在日益加深的背景下,大规模的农村劳动力向城镇迁移必将对中国城乡社会人口年龄结构产生重大影响。那么,"乡—城"人口迁移对城乡社会人口年龄结构分别产生什么样的影响以及影响程度有多大? 需要从人口预测和迁移预测的角度进行量化和测度。

姚从容等基于历史数据分析指出⑥,大规模劳动年龄人口从农村向城市转移和流动,在一定程度上加速了农村地区老龄化进程,导致农村女性人口比例上升、老少人口比例上升等。蔡昉等指出⑦:由于农村向城市流动的人口年龄较轻,大规模劳动力流动的结果导致城乡老龄化程度差异已经逆转。杨云彦通过对 1987 年全国 1% 人口抽样调查和 2000 年人口普查源代码的交叉汇总,建立了漏报率估算的计量经济与线性拟

---

① 姚从容、余沪荣:《论人口乡城迁移对我国农村养老保障体系的影响》,载《市场与人口分析》2005 年第 2 期,第 60 页。

② 杨云彦:《中国人口迁移的规模测算与强度分析》,载《中国社会科学》2003 年第 6 期,第 106 页。

③ 国际上通常看法是,当一个国家或地区 60 岁以上老年人口占人口总数的 10%,或 65 岁以上老年人口占人口总数的 7%,即意味着这个国家或地区的人口处于老龄化社会。

④ 蔡昉:《我国人口总量增长与人口结构变化的趋势》,载《中国经贸导刊》2004 年第 13 期,第 29 页。

⑤ 杨靳:《人口迁移如何影响农村贫困》,载《中国人口科学》2006 年第 4 期,第 69 页。

⑥ 姚从容、余沪荣:《论人口乡城迁移对我国农村养老保障体系的影响》,载《市场与人口分析》2005 年第 2 期,第 60 页。

⑦ 蔡昉、王美艳:《"未富先老"对经济增长可持续性的挑战》,载《宏观经济研究》2006 年第 6 期,第 7 页。

合模型，测算了 20 世纪 50 年代以来中国年度人口迁移规模及迁移率。[1]
卢向虎等通过测算指出，1979～2003 年中国农村人口向城镇的迁移总
量达到 27762 万人，"乡—城"迁移构成了全国城镇人口增量的 79%。[2]
邓曲恒等利用 2002 年的大样本住户调查数据估计了农村永久移民的数
量大约有 1 亿人之多，占城市居民的 20%。[3] 综观上述文献，或是依据
历史数据给出的有关"乡—城"人口迁移对人口老龄化影响趋势的判
断，或是在定量基础上对历史迁移规模与迁移劳动力比例的估算，尚没
有在人口预测与迁移预测的基础上进行"乡—城"人口迁移对城乡人
口老龄化的影响趋势与程度的定量研究。

　　本部分利用 2000 年第五次人口普查（以下简称"五普"）数据，
在同步预测未来城乡人口数量与"乡—城（镇）"迁移人口数量的基础
上，系统研究"乡—城（镇）"转移的规模及其对当前日益严重的城乡
人口老龄化产生的影响及影响程度，为进一步完善我国城镇基本养老保
险制度和建立新型农村社会养老保险制度提供基础资料和决策依据。

1.2　模型准备及假设

1.2.1　模型假设

　　（1）本研究将所要研究的社会人口当做一个整体来考虑而不研究
每一个具体的社会成员。

　　（2）在定量研究中，所有表征和影响社会人口变化的因素都是在

---

① 杨云彦：《中国人口迁移的规模测算与强度分析》，载《中国社会科学》2003 年第 6
期，第 107 页。

② 卢向虎、王永刚：《中国"乡—城"人口迁移规模的测算与分析（1979～2003）》，载
《西北人口》2006 年第 1 期，第 16 页。

③ 邓曲恒、古斯塔夫森：《中国的永久移民》，载《经济研究》2007 年第 4 期，第
137 页。

整个社会人口平均的意义下确定的，如死亡率、出生率、人口迁移率、出生人口性比，且在预测期内保持相对稳定。

（3）本研究将整个社会中现存的人口按年龄的分布称为社会人口状态；将时间的流逝、婴儿的出生、人口的死亡和居民的迁移看成是决定人口状态变化的全部因素，而不考虑其他因素对社会人口状态的影响。

（4）不考虑跨国跨境人口迁移因素的影响，且假定在预测期内国家的人口政策不会发生大的变化。

（5）假定预测期内社会经济稳定发展，没有发生自然灾害、战争等对人口数量及其分布产生重大影响的事件。

（6）假定"乡—城"人口迁移中只存在乡村→城镇的迁移，而不存在城镇→乡村的人口逆流，并且假定年度"乡—城"人口迁移规模为年末迁移人口数。

（7）假定我国城镇化的进程决定"乡—城"人口迁移速度，即城市化率的增长能反映"乡—城"人口迁移的强度。

（8）假设迁移人口的人口特征变量，如死亡率、育龄妇女生育率等，在迁移后，由迁出地的特征转变为迁入地的特征。

1.2.2　符号约定

t：表示第 $2000+t$ 年，$t=1$，2，3，…分别表示 2001 年、2002 年、2003 年……。

j：表示不同子系统，$j=1$，2，3 分别表示城市、镇、乡村。

i：表示个体的年龄，$i=0$，1，2，…，100，其中 $i=0$ 表示婴儿，$i=100$ 表示年龄等于或大于 100 岁。

s：表示个体的性别，$s=0$ 表示女性，$s=1$ 表示男性。

$n_i^s(t)^j$：表示系统 j 中性别为 s、年龄为 i 的人口在 t 年的总人数。

$N^s(t)^j$：表示系统 j 中性别为 s 的人口在 t 年的总人数。

$N(t)^j$：表示系统 j 中人口在 t 年的总人数，即 $N(t)^j=N^0(t)^j+N^1(t)^j$。

$N(t)$：表示全国 t 年的总人数，即 $N(t)=N(t)^1+N(t)^2+N(t)^3=\sum_{j=1}^{3}N(t)^j$。

$d_i^s(t)^j$：表示系统 j 中性别为 s、年龄为 i 的人口在 t 年的 1 岁间隔死亡率。

$_{i+1}p_i^s(t)^j$：表示系统 j 中性别为 s、年龄为 i 的人口在 t 年存活到 $i+1$ 岁的存活率，其中以 $p^s(t)$ 表示 s 性别婴儿存活概率。

$b_i(t)^j$：表示系统 j 中年龄为 i 的育龄妇女在 t 年的生育率。

$\beta(t)^j$：表示系统 j 中育龄妇女的总和生育率，即 $\beta(t)^j = \sum_{i=15}^{49} b_i(t)^j$。

$h_i(t)^j$：表示系统 j 中年龄为 i 的育龄妇女的年龄别生育率占总和生育率的比例，即生育模式，有 $b_i(t)^j = \beta(t)^j h_i(t)^j$。

$\lambda(t)^j$：表示系统 j 中第 t 年出生人口的性别比（女性以 100 为基数）。

$R_i^s(t)^{(j_1 \to j_2)}$：表示在 t 年性别为 s、年龄为 i 的人口由系统 j_1 迁移到系统 j_2 的总人数。

$w_i^s(t)^{(j_1 \to j_2)}$：表示在 t 年性别为 s、年龄为 i 且从系统 j_1 迁移到系统 j_2 的人口占 t 年该性别总迁移人口的比例。

$m(t)^{(j_1 \to j_2)}$：表示 t 年从系统 j_1 迁移到系统 j_2 的总迁移率。

$\lambda_m(t)^{(j_1 \to j_2)}$：表示 t 年从系统 j_1 迁移到系统 j_2 的迁移人口性别比（女性以 100 为基数）。

1.2.3 数据选取及参数设定

2000 年"五普"的人口数据是公认的比较准确的人口数据，因此本研究以"五普"人口数据为基准数据[1]，同时将《中国人口统计年鉴》上公布的 2001~2005 年的人口数据作为补充数据[2]。由于预测期较长（2001~2050），我们采取节点年份对参数进行调整的方法，选取了 2005 年、2010 年、2020 年三个节点年份。

本研究在几种主要控制变量的选取以及预测上，主要采用国家公布的现有数据和未来的预期数据指标或政策控制指标。

（1）出生婴儿性别比。出生婴儿性别比是人口性别结构的基础且

---

[1] 数据来源：《中国 2000 年人口普查资料》，中国统计出版社 2002 年版。

[2] 数据来源：《中国人口统计年鉴》（2002~2006），中国统计出版社。

其主要由生物因素决定，比较稳定，国际公认的出生婴儿性别比的正常理论值为 102～107 之间①。然而从各种人口抽样调查、人口普查等统计资料的结果来看，自 20 世纪 90 年代以来，我国出生婴儿性别比稳定在 115 以上，且有不断增大的趋势。国家人口和计划生育委员会在《人口和计划生育统计公报——2006 年全国人口和计划生育抽样调查主要数据公报》（2007 年第 2 号）中公布的数据显示②：1996 年至 2005 年出生婴儿的性别比达 127；2000 年"五普"资料显示全国出生婴儿性别比为 119.92，城市为 114.15、镇为 119.90、乡村为 121.67③；2005 年全国 1% 人口抽样调查显示全国出生婴儿性别比为 120.49④。出生婴儿性别比存在明显的城乡差异。我国出生婴儿性别比长期偏离正常范围，与我国的医疗保健水平、控制手段乏力和根深蒂固的重男轻女的封建思想有关，这在相当长时期内还难以改变。剔除瞒报、漏报出生女婴因素的影响，我们设定在 2020 年节点年份之前，城市、镇、乡村的出生婴儿性别比分别为 110、115、120，2020 年之后统一降为 110。

（2）育龄妇女总和生育率。育龄妇女总和生育率调整是进行生育率调整的最直接、最简单和最有效的方法，也是最常用的生育水平统计指标，同时还是决定人口更替水平的重要参数。"五普"数据资料以及 2001～2006 年国家统计局人口统计年鉴的数据资料显示⑤，2000～2005 年全国育龄妇女总和生育率分别为 1.22、1.43、1.39、1.41、1.45 和 1.34。然而随着 20 世纪 80 年代到 90 年代第三次出生人口高峰的到来，未来十几年，20～29 岁生育旺盛期妇女数量将形成一个小高峰；同时自实行计划生育政策以来，全国已累计有近 1 亿独生子女，进入

---

① United Nations, "Method of Appraisal of Quality of Basic Data for Population Estimates", Manual II, ST/SOA/Series A /23, 1955.

② 数据来源：《人口和计划生育统计公报——2006 年全国人口和计划生育抽样调查主要数据公报》（2007 年第 2 号），中国人口网（http://www.chinapop.gov.cn/xzzq/t20070321_152715281.html），2007－03－21。

③ 数据来源：《中国 2000 年人口普查资料》，中国统计出版社 2002 年版，第 1681、1684、1687、1690 页。

④ 数据来源：《2005 年全国 1% 人口抽样调查资料》，中国统计出版社 2006 年版，第 455 页。

⑤ 数据来源：《中国人口统计年鉴》（2001～2006），中国统计出版社。

21世纪这部分人将陆续进入生育年龄，使政策内生育水平有所提高。上述两方面因素的共同作用，将使出生人数有所回升，出生率有所提高。根据《国务院办公厅关于印发人口发展"十一五"和2020年规划的通知》（国办发〔2006〕107号）和《2007年国家人口发展战略研究报告》[1]，以及我们的合理估计，本研究假定2006～2050年间的育龄妇女总和生育率为1.8。同时，通过对2000～2005年全国育龄妇女总和生育率与城市、镇、乡村育龄妇女总和生育率的数据分析发现，它们之间存在较为明显的线性相关性。因此，我们建立多元线性回归模型对2006～2050年全国育龄妇女总和生育率在城市、镇和乡村之间进行分解。

表1-1　多元线性回归模型的参数估计及分析结果

Parameter	Estimate	Std. Error	t	Sig	95% Confidence Interval	
					Lower Bound	Upper Bound
b_0	-0.181	0.102	-1.773	0.174	-0.505	0.144
b_1	0.820	0.205	4.006	0.028	0.169	1.471
b_2	-0.281	0.251	-1.117	0.345	-1.080	0.519
b_3	0.690	0.275	2.508	0.087	-0.185	1.564

Adjusted R Square = 0.985；F = 131.158/Sig = 0.001[a]
注：结果由SPSS10.0软件给出。

通过多元线性回归模型得到回归方程为：$TFR = 0.82 city - 0.281 town + 0.69 village - 0.181$，得到2006～2050年城市、镇、乡村的育龄妇女总和生育率分别为1.25、1.62、2.04。

（3）分年龄死亡率。"五普"人口数据和2005年1%人口抽样调查数据样本容量大，准确度高，采取中心死亡率的方法，我们将由以上两次人口调查数据计算出来的城、镇、乡分年龄性别人口死亡率平均值并对

---

① 数据来源：《国务院办公厅关于印发人口发展"十一五"和2020年规划的通知》（国办发〔2006〕107号），中央人民政府网站（http://www.gov.cn/gongbao/content/2007/content_526981.htm）；《国家人口发展战略研究报告》，中央人民政府网站（http://www.gov.cn/gzdt/2007-01/11/content_493677.htm），第1页。

异常年龄死亡率数据进行修正和对死亡率曲线进行平滑处理后作为预测期内城、镇、乡的分年龄性别人口死亡率，并假定其在预测期内保持不变，其中婴儿存活率由实际统计数据直接计算得到。[①] 通常情况下，婴儿死亡率和 5 岁以下儿童死亡率相对于其他年龄段的死亡率来说下降空间要大得多，因此本研究将做出相应的调整。根据《国务院批转卫生事业发展"十一五"规划纲要的通知》（国发〔2007〕16 号）、《〈中国儿童发展纲要（2001~2010 年）〉实施情况中期评估报告》和《国务院办公厅关于印发人口发展"十一五"和 2020 年规划的通知》（国办发〔2006〕107 号）等[②]资料中对婴儿死亡率、5 岁以下儿童死亡率在 2005 年、2010 年、2020 年各节点年份的控制目标或预测，本研究对各节点年份之间的婴儿死亡率、5 岁以下儿童死亡率进行相应调整。

（4）城市化预测。本研究运用 logistic 增长模型对我国未来的城市化水平进行粗略估计。[③] 在对新中国成立以来的历年城市化率统计数据的观察发现，除去 1959~1960 年 3 年"困难"时期的数据严重偏离正常范围外，其他年份的城市化率数据基本满足数据拟合的要求。因此，我们选取 1951~2005 年（剔除 1959~1961 年）51 年的城市化率统计数据作为模型拟合的样本数据[④]，获得拟合结果（见表 1-2）和预测参数（见图 1-1）。

---

① 人口普查中 0 周岁的人口数是指在统计调查的标准时间止的 0 周岁的人，即当年出生并存活下来的未满周岁的婴儿数，因此婴儿存活率 = 0 周岁人口数/出生婴儿总数。数据来源：《中国 2000 年人口普查资料》，中国统计出版社 2002 年版，第 196、570 页。

② 数据来源：《国务院批转卫生事业发展"十一五"规划纲要的通知》（国发〔2007〕16 号），中央人民政府网站（http://www.gov.cn/gongbao/content/2007/content_663664.htm）；《〈中国儿童发展纲要（2001~2010 年）〉实施情况中期评估报告》，国务院妇女儿童工作委员会网站（http://www.nwccw.gov.cn/show/fzbgShow.jsp? belong = 妇女儿童发展报告, &alias = jcpg_fvetfzbg&news_id =62706），第 7 页、第 24 页；《国务院办公厅关于印发人口发展"十一五"和 2020 年规划的通知》（国办发〔2006〕107 号），中央人民政府网站（http://www.gov.cn/gongbao/content/2007/content_526981.htm）。

③ Karmeshu（1992）研究发现，20 世纪 50 年代以来发达国家城市化进程的经验表明，城市化水平伴随着经济发展水平的提高而在时间轴上大致呈现为一条稍被拉平的"S"型罗吉斯特曲线（logistic curve）。Karmeshu（1992）：《城市人口统计模型》，载《地理译报》1992 年第 1 期。

④ 数据来源：历年《中国人口统计年鉴》，中国统计出版社。

表 1 - 2 logistic 增长模型的参数估计

Parameter	Estimate	Std. Error	95% Confidence Interval	
			Lower Bound	Upper Bound
c	8. 271711	0. 38129786	7. 505852	9. 037571
b	0. 031577	0. 00127452	0. 029017	0. 034137

R squared = 1 – Residual SS/Corrected SS = 0. 93215
注：结果由 SPSS10. 0 软件给出。

即 logistic 增长模型表达式为：

$$U_t = \frac{1}{1 + 8.\,271711 e^{-0.\,031577t}}$$

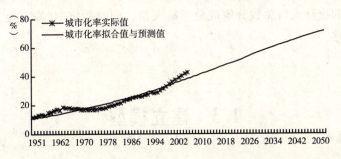

图 1 - 1 1951 ~ 2050 年中国城市化率实际水平、拟合值与预测值

（5）迁移人口分年龄性别分布比例。由于目前我国没有关于城乡人口分年龄迁移率数据，而当前我国迁移人口的主体是"乡—城"人口迁移，即由农村迁入城镇，而我们现有的"五普"数据和 2005 年 1% 人口抽样调查资料对迁移人口的年龄分布的统计数据存在统计口径不一致的问题，其中"五普"数据中对迁移人口的统计是过去五年间累积的迁移人口，难以反映年度迁移人口的分性别年龄状况，因此我们用 2005 年 1% 人口抽样调查资料中户口登记地在外乡镇的分年龄性别迁移人口并剔除市区内人户分离后所计算的分年龄性别迁移率作为"乡—城"迁移人口分年龄性别迁移率①。同时，我们对迁移人口统计数据中

———————

① 数据来源：《2005 年全国 1% 人口抽样调查资料》，中国统计出版社 2006 年版，第 710 ~ 713 页。

65 岁及以上堆积的迁移人口进行分解处理，分析数据发现应用指数曲
线对 50 岁及以上迁移人口数据的拟合度较好。

表 1 – 3　指数化曲线回归模型的参数估计及分析结果

	R Square	F	Sigf	Std. Error	b_0	b_1
男	0.981	671.4	0	0.04185	196092	– 0.0648
女	0.984	796.6	0	0.04026	195320	– 0.0679

注：结果由 SPSS10.0 软件给出。

得到男女性迁移人口中 50 岁及以上的人口数据分别满足指数化曲
线回归方程：$Y = 196092 + e^{-0.0648t}$、$Y = 195320 + e^{-0.0679t}$，从而将 65 岁
及以上的统计人口总数分解成分年龄人口，同时假定 90 岁以上人口不
存在迁移。

1.3　建立模型

影响人口发展趋势的因素多种多样，但随着时间变化对人口状态的
影响，最终都表现在出生、死亡和人口迁移这三个方面。如果能够定量
地建立起它们之间的变化关系，我们就可以得到描述人口发展过程的数
学方程，即人口发展方程。鉴于城、镇、乡之间生育模式、死亡率、年
龄结构等存在显著差别，因此，本研究将城市、镇、乡看做 3 个子系
统，采用 Leslie 模型对各类人群的增长趋势做出预测，建立了以城、
镇、乡分年龄性别人口数为状态变量，以总和生育率和分年龄死亡率为
主要控制参数的差分方程模型；通过对未来时间内总和生育率、死亡
率、出生婴儿性别比等的合理预测，建立了描述人口增长趋势与人口结
构演变的数学模型；同时，考虑到中国具有大规模的"乡—城"人口
迁移的特点，本研究引入人口迁移率，对迁移人口分年龄迁移数量进行
预测，以期望得到反映人口迁移状况的人口发展总体状况。

1.3.1 人口预测模型

（1）Leslie 人口矩阵

系统 j 中性别为 s 的人口在 t 年的存活矩阵为：

$$P^s(t)^j = \begin{bmatrix} 0 & 0 & \cdots & 0 & 0 \\ {}_1p_0^s(t)^j & 0 & \cdots & 0 & 0 \\ 0 & {}_2p_1^s(t)^j & \cdots & \cdots & \cdots \\ \cdots & \cdots & \cdots & \cdots & \cdots \\ 0 & 0 & 0 & {}_ip_{i-1}^s(t)^j & {}_{i+1}p_i^s(t)^j \end{bmatrix} \tag{1.1}$$

根据生命表理论中死亡均匀假设的方法，0 岁组以上的 1 岁间隔存活概率满足 ${}_{i+1}p_i^s(t)^j = 2 - d_i^s(t)^j \ / \ 2 + d_i^s(t)^j$。

矩阵中 ${}_{i+1}p_i^s(t)^j$ 的存在是因为最后一个年龄段（>100）中的人存活下来还属于该年龄段。

系统 j 中 t 年育龄妇女生育率矩阵为：

$$B(t)^j = \begin{bmatrix} 0 & \cdots & 0 & b_{15}(t)^j & \cdots & b_{49}(t)^j & 0 & \cdots & 0 \\ 0 & \cdots & 0 & 0 & \cdots & 0 & 0 & \cdots & 0 \\ \cdots & \cdots & \cdots & \cdots & \cdots & \cdots & \cdots & \cdots & \cdots \\ \cdots & \cdots & \cdots & \cdots & \cdots & \cdots & \cdots & \cdots & \cdots \\ 0 & \cdots & 0 & 0 & \cdots & 0 & 0 & \cdots & 0 \end{bmatrix} \tag{1.2}$$

从而构建系统 j 中 t 年性别为 s 的 Leslie 人口矩阵为：

$$L^s(t)^j = \begin{bmatrix} 0 & \cdots & 0 & b_{15}(t)^j & \cdots & b_{49}(t)^j & 0 & \cdots & 0 \\ {}_1p_0^s(t)^j & 0 & 0 & 0 & 0 & 0 & & & 0 \\ 0 & \cdots & \cdots & \cdots & \cdots & \cdots & & & \\ \cdots & \cdots & 0 & {}_{16}p_{15}^s(t)^j & 0 & \cdots & & & \\ \cdots & \cdots & & 0 & \cdots & 0 & & & \cdots \\ \cdots & \cdots & & \cdots & 0 & {}_{50}p_{49}^s(t)^j & 0 & & \cdots \\ & & & & & & & & \cdots \\ 0 & 0 & 0 & 0 & 0 & \cdots & {}_ip_{i-1}^s(t)^j & {}_{i+1}p_i^s(t)^j \end{bmatrix}$$

$$\tag{1.3}$$

系统 j 中性别为 s 的人口在 t 年按年龄分布的人口总数向量为：

$$\vec{n}^s(t)^j = \left[\, n_0^s(t)^j \quad n_1^s(t)^j \cdots n_{99}^s(t)^j \quad n_{100}^s(t)^j \, \right]^T \qquad (1.4)$$

系统 j 中 t 年的人口总数为：

$$N(t)^j = \sum_{s=0}^{1} \sum_{i=0}^{100} n_i^s(t)^j \qquad (1.5)$$

则在各子系统封闭情况下的全国人口在 t 年的总数为：

$$N(t) = \sum_{j=1}^{3} \sum_{s=0}^{1} \sum_{i=0}^{100} n_i^s(t)^j \qquad (1.6)$$

（2）对育龄妇女分年龄生育率矩阵 $B(t)^j$ 的改进

根据人口学理论，育龄妇女的生育模式是比较稳定的，即 $h(t)$ 是相对固定的。

$$h_i(t) = \frac{b_i(t)}{\beta(t)}; \quad \sum_{i=15}^{49} h_i(t) = 1; \quad \sum_{i=15}^{49} b_i(t) = \beta(t) \qquad (1.7)$$

从数据来源上看，总和生育率 $\beta(t)$ 比育龄妇女分年龄生育率 $b(t)$ 容易获得、预测和控制，是最常用的生育水平统计指标；此外，$\beta(t)$ 比 $b(t)$ 更适合做长期预测。因此，我们采用 $\beta(t)h(t)$ 表示 $b(t)$，则育龄妇女生育率矩阵可改写为生育模式矩阵形式：

$$B(t)^j = \beta(t)^j \begin{bmatrix} 0 & \cdots & 0 & h_{15}(t)^j & \cdots & h_{49}(t)^j & 0 & \cdots & 0 \\ 0 & \cdots & 0 & 0 & \cdots & 0 & 0 & \cdots & 0 \\ \cdots & \cdots & \cdots & \cdots & \cdots & \cdots & \cdots & \cdots & \cdots \\ \cdots & \cdots & \cdots & \cdots & \cdots & \cdots & \cdots & \cdots & \cdots \\ 0 & \cdots & 0 & 0 & \cdots & 0 & 0 & \cdots & 0 \end{bmatrix} \qquad (1.8)$$

（3）基于人口分年龄移算法的人口差分方程增长模型

由于所有人口的自然增长都是由女性的繁殖所产生的，男性的数量增加数也应由与他处于相同子系统类型的女性的生育率矩阵、女性上年总数、出生性别比等来确定，在不考虑人口迁移流动的情况下，男女性别人口的自然减少均由人口的死亡导致，由此建立子系统封闭状态下的人口状态发展方程：

$$n_{i+1}^s(t+1) = n_i^s(t)_{i+1} p_i^s(t) \qquad (1.9)$$

$$N^s(t+1)^j = \sum_{i=0}^{100} n_{i+1}^s(t+1)^j$$

$$= \sum_{i=15}^{49} n_i^0(t)^j h_i(t)^j \beta(t)^j p^s(t)^j \frac{\lambda(t)^j}{\lambda(t)^j + 100}$$

$$+ \sum_{i=1}^{100} n_i^s(t)_{i+1}^j p_i^s(t)^j \qquad (1.10)$$

$$= p^s(t)^j \frac{\lambda(t)^j}{\lambda(t)^j + 100} B(t)^j \vec{n}^o(t)^j + p^s(t)^j \vec{n}^s(t)^j$$

$$= p^s(t)^j \frac{\lambda(t)^j}{\lambda(t)^j + 100} \beta(t)^j H(t)^j \vec{n}^o(t)^j + p^s(t)^j \vec{n}^s(t)^j$$

（1.10）式是人口状态发展的变量描述，是人口差分方程的核心；（1.11）式则为人口状态发展的存量描述，是表示人口从 t 时点变化到 $t+1$ 时点的完全形式。

（1.10）式和（1.11）式可用 L 矩阵表示为：

$$\vec{n}^s(t+1)^j = L^s(t)^j \vec{n}^s(t)^j \qquad (1.11)$$

进而可得：

$$\vec{n}^s(t)^j = \prod_{t=0}^{t} L^s(t)^j \vec{n}^s(0)^j \qquad (1.12)$$

因此，当矩阵 $L^s(t)^j$、按年龄组初始分布向量 $\vec{n}^s(0)^j$ 以及出生婴儿存活概率 $p^s(t)$ 已知时，可以预测 t 时段 j 系统性别为 s 的按年龄组的人口分布。

结合（1.4）式、（1.12）式和（1.13）式可求得无人口迁移状态下 t 年全国总人口，城、镇、乡各子系统人口以及分年龄、性别的人口结构。

1.3.2 人口迁移模型

上述人口预测模型是在不考虑"乡—城"人口迁移的封闭状态下的 Leslie 矩阵人口增长模型。实际上，由于城乡生育水平、人口生育意愿以及死亡率的客观差异，人口的"乡—城"迁移对生育率和死亡率无疑将会有影响，同时也会直接影响城乡人口的年龄结构，而且人口城镇化的速度决定了城乡人口迁移的强度。为了较为准确预测和判断以上三个方面的影响，我们引入迁移人口分年龄分布比例向量进行估算。

由系统 j_1 迁移到系统 j_2 的性别为 s 的迁移人口年龄分布比例向量为：

$$\vec{w}^s(t)^{(j_1 \to j_2)} = \begin{bmatrix} w_0^s(t)^{(j_1 \to j_2)} & w_1^s(t)^{(j_1 \to j_2)} \cdots \\ w_{99}^s(t)^{(j_1 \to j_2)} & w_{100}^s(t)^{(j_1 \to j_2)} \end{bmatrix} \tag{1.13}$$

在 t 年性别为 s、年龄为 i 的由系统 j_1 迁移到系统 j_2 的人数：

$$R_i^s(t)^{(j_1 \to j_2)} = N(t)^{j_1} m(t)^{(j_1 \to j_2)} \frac{\lambda_m(t)^{(j_1 \to j_2)}}{\lambda_m(t)^{(j_1 \to j_2)} + 100} w_i^s(t)^{(j_1 \to j_2)} \tag{1.14}$$

从而可以得到性别为 s 的迁移人口分年龄分布人数向量为：

$$\vec{R}^s(t)^{(j_1 \to j_2)} = N(t)^{j_1} m(t)^{(j_1 \to j_2)} \frac{\lambda_m(t)^{(j_1 \to j_2)}}{\lambda_m(t)^{(j_1 \to j_2)} + 100} \vec{w}^s(t)^{(j_1 \to j_2)} \tag{1.15}$$

结合（1.4）式，我们可得系统 j_1 和系统 j_2 在人口迁移后的按年龄分布的人口总数向量及迁移方程为：

$$\begin{cases} m\vec{n}^s(t)^{j_1} = \vec{n}^s(t)^{j_1} - \vec{R}^s(t)^{(j_1 \to j_2)} \\ m\vec{n}^s(t)^{j_2} = \vec{n}^s(t)^{j_2} + \vec{R}^s(t)^{(j_1 \to j_2)} \end{cases} \quad (j_1 = 3, j_2 = 1 \, or \, 2) \tag{1.16}$$

（1.16）式表示"乡—城"人口迁移，即只存在由乡村→城镇的人口迁移而不存在由城镇→乡村的人口逆流。

从人口预测模型的推导过程中，我们通过（1.16）式可得到在"乡—城"人口迁移状态下的未来全国人口分城、镇、乡，分年龄性别的人口结构和人口总量。

1.4　经验分析

1.4.1　模型预测结果

人口老龄化作为 21 世纪人类发展的主要特征之一，已经引起全世界的关注。当 21 世纪钟声敲响的时候，中国已经进入世界人口老年型国家的行列。中国从 20 世纪 70 年代到 80 年代初出生率开始大幅下降，到 21 世纪初迈入初期老龄化，过程不过 20 多年，老年人口数量之大，发展速度之快,更是前所未有的。从人口金字塔可以清楚地看出,从2000年到2050年,中国社会人口老龄化程度在不断提高,特别是从2030年开始,老年人口的规模与比重呈快速上升趋势。

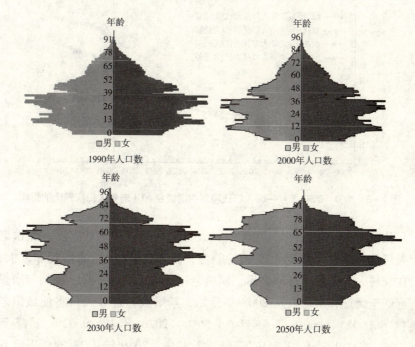

图1-2 1990年、2000年、2030年、2050年中国人口金字塔

资料来源:1990年数据来源于《1990年中国人口统计年鉴》(中国统计出版社1991年版),第44~46页;2000年数据来源于《中国2000年人口普查资料》(中国统计出版社2002年版),第570~572页;2030年和2050年数据源自本文预测数据。

注:受资料限制,1999年年龄分布区间为0~85+,2000年、2030年和2050年年龄分布区间均为0~100+。

在全社会人口老龄化的背景下,由于"乡—城"人口迁移,中国的城乡人口老龄化趋势将发生重大变化。从图1-3我们可以看出,在没有"乡—城"人口迁移的状态下,农村与城镇社会人口老龄化程度相差甚远,但是在"乡—城"人口迁移的状态下,城乡社会人口老龄化程度发生了根本性改变,城镇人口老龄化程度在逐渐减缓,而农村人口老龄化程度却在快速上升,甚至在2020年之前一度超过城镇人口老龄化程度。

1.4.2 "乡—城"迁移对城镇人口老龄化及养老保险制度的影响分析

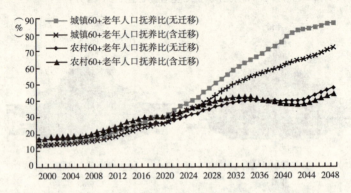

图 1-3 2000～2050 年乡—城人口迁移对中国城乡 60＋老年人口抚养比的影响

从图 1-3 可以看出，在无农村人口向城镇迁移的状态下，城镇老年人口抚养比呈快速向上发展的趋势，且 2020 年以后的增幅非常大；而在农村人口向城镇迁移之后，城镇老年抚养比明显下降，比例与增幅都远低于无迁移状态。从 2008 年开始，新增农村迁移人口将使城镇老年抚养比从 16.60% 下降到 15.56%，2020 年从 29.62% 下降到 25.99%，2030 年从 50.25% 下降到 43.30%，2040 年从 72.34% 下降到 59.02%，2050 年从 87.31% 下降到 71.65%，城镇人口老龄化趋势因为农村青壮年劳动力向城镇迁移而明显减缓，降幅超过一半。

在农村人口向城镇迁移状态下，城镇老年人口抚养比显著下降的重要原因在于农村向城镇迁移人口中，以青壮年劳动力为主。根据"五普"0.95‰抽样数据估算，2000 年的"乡—城"迁移人口中 16～60 岁人口占了 90%[1]；有关调查显示，从年龄看，移民迁移时的年龄段多在 20～25 岁之间[2]。图 1-4 显示了 2000～2050 年期间农村劳动力迁移后城镇经济活动人口（15～59 岁）的整体规模。从图 1-4 可以看出，在

---

① 袁志刚：《中国的乡—城劳动力流动与城镇失业：一个经验研究》，载《管理世界》2006 年第 8 期，第 30 页。

② "中国城镇劳动力流动"课题组：《中国劳动力市场建设与劳动力流动》，载《管理世界》2002 年第 3 期，第 76 页。

无农村劳动力迁移的状态下，城镇经济活动人口的总数在日益减少，严重影响到经济社会发展；与此同时，农村劳动力向城镇迁移的规模也在日益增加，其结果是导致迁移后的城镇经济活动人口总数呈增长趋势，从而为中国社会经济建设带来了大量的"人口红利"。①

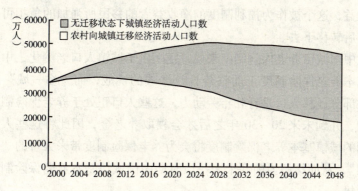

图1-4　2000～2050年农村劳动力向城镇迁移状态下城镇经济活动人口规模

注：2000年第五次人口普查采用按常住人口登记的原则，那么2000年城镇人口中已经包括了"乡—城"迁移人口。

从现收现付制（pay-as-you-go）养老保险制度来看，青壮年劳动力的迁入，将会给迁入地带来"养老金红利"②。基于 Paul Samuelson 提出

---

① "人口红利"主要是指人口转变过程中所出现的被抚养人口比例不断下降、劳动年龄人口比例不断升高的一段时期。从经济学的角度，人口红利是指在一个经济体中，劳动适龄人口的持续上升所带来的国民产值的持续上涨。

② 有关"养老金红利"的简单说明：经典的现收现付制（pay-as-you-go）养老金制度的数学表达式为：$Np(t) \times P(t) = Nw(t) \times W(t) \times C(t)$。其中 $Np(t)$ 表示 t 时刻养老金领取者人数；$Nw(t)$ 表示 t 时刻在职职工人数；$P(t)$ 表示 t 时刻人均养老金；$W(t)$ 表示 t 时刻在职职工平均工资；$C(t)$ 表示 t 时刻缴费率。

现收现付制养老金制度是一种年度精算平衡的财务模式，要求每年的养老金缴费与给付相等，也即内部收益率为零。在此，我们设定现收现付养老金制度的财务平衡公式为：$F(t) = Nw(t) \times W(t) \times C(t) - Np(t) \times P(t)$，公式转换后为：$F(t) = C(t) - Np(t) / Nw(t) \times P(t) / W(t)$。

由于 $P(t)$、$W(t)$ 和 $C(t)$ 是常数，那么函数值将受到制度抚养比 $Np(t)/Nw(t)$ 的影响。当人口年龄结构趋于老化时，制度抚养比将上升，$F(t) < 0$；反之，则 $F(t) > 0$。因此，在假定 $P(t)$、$W(t)$ 和 $C(t)$ 不变的条件下，如果因为制度抚养比 $Np(t)/Nw(t)$ 下降而导致 $F(t) > 0$，我们就认为这个现收现付制养老金制度是一个精算盈余的制度，其盈余部分本研究就界定为"养老金红利"。

的"整体经济是个永动机"概念（the economy as an everlasting machinery)[1]，Assaf Razin 和 Efraim Sadka 认为[2]，尽管移民可能是低劳动技能和养老金制度的净收益者，但是现存的所有收入群体和年龄群体都将因为移民的迁入而得到福利改进。因为在一个动态环境下，这种净负担可能转化为净收益，这个被作为福利制度的净收益者的移民所强加的负担可能会永远向后转移下去。

从中国城镇养老保险制度来说，正是由于城镇人口老龄化，中国的城镇基本养老保险制度正面临着日益严峻的挑战，而"乡—城"迁移中的大部分迁移人口是青壮年劳动力，这些人口正处于养老保险制度的缴费期，并到未来 20～30 年之后才会领取养老金，因此将这些人口纳入中国的城镇基本养老保险制度将会为养老保险制度带来大量的"养老金红利"，从而缓解当前和未来一段时期中国城镇基本养老保险制度的财务危机。

1.4.3 "乡—城"迁移对农村人口老龄化及养老保障的影响分析

"乡—城"人口迁移将会导致农村社会人口年龄结构严重失衡，对农村人口老龄化产生灾难性的影响。从图 1－3 可以看出，在无"乡—城"迁移的状态下，农村老年抚养比虽然也是呈向上的发展趋势，但增幅相对较缓慢；而在农村人口向城镇迁移之后，农村老年抚养比显示出快速上升的趋势，且高于无迁移时的状况。从 2008 年起，迁移后的农村老年人口抚养比将从 19.57% 快速上升到 2022 年的 30.28%、2031 年的 40.72%、2052 年的 45.23%，这也意味着在 2008 年将由 5 个经济活动人口赡养 1 位老年人，而到 2052 年将出现 2 个经济活动人口赡养 1 位老年人，届时农村人口老龄化程度将空前沉重。并且，同期迁移后的农村人口总抚养比也将快速上升，到 2052 年将达到 75.95%。

---

[1] Samuelson Paul A. , "An Exact Consumption Loan Model With or Without the Social Contrivance of Money", *Journal of Political Economy*, 1958, Vol. 66, pp. 467～82.

[2] Assaf Razin and Efraim Sadka, "Migration and Pension", NBER Working Paper No. 6778, Cambridge, Massachusette：National Bureau of Economic Research, 1998.

从养老金制度变迁史的角度看，社会养老保险制度替代家庭养老保障方式的时期正好与第一次人口转换（demographic transition）时期是一致的，即 18 世纪的欧洲。而这个时期也正好与欧洲的工业化和城市化运动时期相一致。[①] 工业革命以前，子女有义务赡养他们年老的父母，从 19 世纪核心家庭、私有化和独立的新观念出现以后，这种义务就丧失了其重要性，结果使政府日益忙于为老年人提供财政资助和保健的便利条件。[②]

中国大规模的"乡—城"人口迁移的结果是，许多子女远离乡村成为城市工人，原来的扩展家庭（extended family）走向小型化——核心家庭（nuclear family），子女也不再"稀罕"父母将会遗留给他们的土地和家庭财产，家族、邻里、兄弟间的监督已经不再起约束和监督作用，代际空间距离的拉大也必然带来赡养方面的困难，城市生活的紧张节奏和高生活成本也使很多核心家庭难以顾及身在农村的年迈父母。因此，在工业化和城市化所带动的大规模"乡—城"人口迁移的影响下，中国传统的家庭养老保障模式的基础正在逐渐动摇，家庭已经难以担负起养老保障的责任，家庭养老保障功能正在逐步走向衰弱。

1.5　结论与政策含义

"乡—城"人口迁移是中国社会经济发展和经济社会结构转型的必由之路。"乡—城"人口迁移一方面为解决农村劳动力就业，增加农民收入，缩小城乡差距起到重要的作用；另一方面，"乡—城"人口迁移带来的"人口红利"成为近 30 年来中国经济高速增长的主要推动力之

---

① 刘昌平：《养老金制度变迁的经济学分析》，2005 武汉大学社会保障研究中心博士学位论文，第 25 页。
② ［美］马克·赫特尔著，宋践、李茹等译：《变动中的家庭——跨文化的透视》，浙江人民出版社 1988 年版第 318 页。转引自陈功：《我国养老方式研究》，北京大学出版社 2003 年版，第 119 页。

一。但是，我们也必须清楚地认识到，"乡—城"人口迁移正在改变着城乡社会的人口年龄结构和老龄化趋势，也必将影响到我国的养老保障制度与模式。因此我们必须未雨绸缪，不断改革、完善和建立健全养老社会保险制度，统筹城乡养老保障体系，妥善应对因此而带来的机会与挑战：

第一，农村青壮年劳动力向城镇迁移将为城镇基本养老保险制度带来大量的"养老金红利"。当前我国城镇基本养老保险制度还没有为农村迁移劳动力的参与做好准备：基本养老保险统筹层次过低带来的缴费率不一致、管理方式不统一问题，已经严重影响到农村迁移劳动力参保的主动性和积极性；社会统筹账户不具携带性限制了农村迁移劳动力的异地接续；个人账户一次性支付方式丧失了养老保险的功能。因此，为充分享受到农村劳动力向城镇迁移带来的"养老金红利"，缓解当前和今后一段时期我国城镇基本养老保险制度的财务不平衡问题，我们必须根据农村迁移劳动力特点，进一步调整和完善城镇基本养老保险制度，以适应农村迁移劳动力参保。

第二，农村劳动力向城镇迁移将会给农村人口老龄化带来灾难性后果，导致农村人口老龄化程度快速恶化。当前，新型农村合作医疗制度和最低生活保障制度已经在农村相继建立，覆盖范围正在快速扩大，保障能力不断提高。而旨在解决农民养老后顾之忧的农村养老保险制度却在"社会经济条件不成熟"的理由下于 1999 年被停止，导致农村社会养老保障制度处于缺失状态。与此同时，传统的家庭保障方式和土地保障方式的功能也因城市化进程的不断加快而持续弱化。因此，在预期中国大规模"乡—城"人口迁移的历史背景下，政府必须在农村人口老龄化高峰来临之前做好应对措施，建立完善的新型农村社会养老保险制度。

第三，正是由于农村劳动力迁移缓解了城镇人口老龄化，给城镇基本养老保险制度带来了"养老金红利"，减轻了城镇基本养老保险制度的财务压力，那么政府应该有责任为农村建立一个以财政补贴为主的农村社会养老保险制度，将"养老金红利"的收益返还给农民。传统农村社会养老保险制度之所以发展缓慢，并最终被停止的重要原因在于政府在其中的责任定位不明晰。《中华人民共和国宪法》第四十五条规定："中华人民共和国公民在年老、疾病或者丧失劳动能力的情况下，有从国家和社会获得物质帮助的权利。国家发展为公民享受这些权利所需要的社会保险、社会救济和医疗卫生事业。"这种保障权利不能仅仅在城镇的养老保险制度中获得体现，而在社会主义经济建设时期为中国国民经济建设和工业化发展作出过巨大贡献和社会主义市场经济发展时期正在为城镇发展提供大量"人口红利"的农村居民也应该享有与城镇职工同样的国民待遇。

2 关于中国新型农村社会养老保险制度模式的选择

——采用现收现付制模式的可行性研究

我国农村社会养老保险制度在经过近 20 年的改革探索后，取得了一定的成果，积累了丰富的经验。然而到目前为止，该制度尚未在全国普遍推行和实施，不足以应付当前及未来农村养老保障的实际需要，严重滞后于经济社会发展。党的十七大报告明确提出将"建立覆盖城乡居民的社会保障体系"作为全面建设小康社会的奋斗目标之一。当前，在新型农村合作医疗制度和农村最低生活保障制度相继建立且逐步实现全覆盖之际，建立完善的新型农村社会养老保险制度已经成为了当前和今后一段时期完善我国农村社会保障体系的重要任务，具有重大的理论意义和战略发展意义。

2.1 研究背景

2.1.1 建立新型农村社会养老保险制度势在必行

（1）当前农村社会养老保障仍处于"制度真空"

我国农村社会养老保险制度始建于 20 世纪 90 年代初，1992 年国家民政部制定下发了《县级农村社会养老保险基本方案》（以下简称《基本方案》），农村社会养老保险工作在各地广泛开展，截至 1999 年底，参保人数约为 8000 万[①]。1999 年，国务院开始对农村社会养老保险工作进行清理整顿，指出我国农村尚不具备普遍实行社会保险的条件，要求停止接受新业务，有条件的过渡为商业保险，至此，中国农村社会养老保险事业基本处于停滞状态。截至 2006 年底，全国有 31 个省、直辖市、自治区的 1905 个县（市、区、旗）不同程度地开展了农村社会养老保险工作，积累保险基金 354 亿元，5374 万农民参保[②]。据统计，农村社会保障覆盖率只有 3%，城乡社会保障覆盖率比例之比为 22∶1，城乡人均社会保障费之比为 24∶1[③]，由此可以说我国农村缺乏真正意义上的社会养老保险制度。

总结传统农村社会养老保险制度失败的原因，可以归纳为四个方面：其一，我国绝大部分的农民是在没有任何补贴的情况下参加传统农村社会养老保险的，制度已经退化为农民的自愿储蓄制度；其次，传统农村社会养老保险待遇水平偏低，并允许从基金中提取管理费，致使制度丧失吸引力；其三，农村社会养老保险基金难以实现保值增值，基金被挤占、挪用、贪污的现象时有发生，巨大的隐性损失直接威胁到制度的财务可持续性；其四，农村社会养老保险没有专门的法规或规章，各地实施办法基本上是在《基本方案》的基础上稍做修改形成的，政策变化的随意性较大，养老保险资金来源不稳定，管理非常混乱。

（2）家庭保障功能与土地保障功能持续弱化

家庭和土地是中国农村传统保障方式赖以维系的基础，也一直是广大农民养老保障的主要方式。然而随着我国市场经济体制改革的深入，工业化、城市化进程的加快，这两类传统保障方式的功能持续弱化，由此放大了农村人口老龄化的社会风险，使许多农村老年人的保障处于艰难的境地。

中国工业化和城市化的发展引发了大规模的"乡—城"人口迁移，

---

① 劳动和社会保障部：《1999 年劳动和社会保障统计公报》，载《劳动保障通讯》2000 年 7 月 29 日。

② 苏琳：《农村社会保障体系正逐步形成》，载《经济日报》2007 年 10 月 11 日第 1 版。

③ 中国农业年鉴编辑委员会编：《中国农业统计年鉴》，中国农业出版社 2005 年版，第 455 页。

其结果是子女远离乡村成为城市工人，原来的扩展家庭（extended family）走向小型化——核心家庭（nuclear family），代际空间距离不断拉大，土地和家庭财产不再成为束缚子女养老的工具，传统家庭保障模式的基础正在逐渐动摇，功能正在快速走向衰弱。

20 世纪 90 年代以来，受国内外经济环境变化的冲击，单位农产品成本大幅提高，农民从土地上获得的收入在其收入结构中所占比重持续下降，农民对土地的依赖性减少；其次，农村土地实行小规模经营，农产品收益率一直不高，土地集体所有制又限制了农民对土地财产变现的能力，农民土地负担沉重；再次，我国农村人多地少的矛盾一直非常突出，城市化进程的加快，大量土地被征用使我国耕地消失的速度比农业人口消失的速度更快。2006 年全国建设占用耕地 387.8 万亩，其中当年建设占用耕地 251.0 万亩，往年未变更上报的建设占用耕地 136.8 万亩[1]。

（3）"乡—城"人口迁移加速农村社会人口老龄化进程

改革开放以来，随着社会主义市场经济体制改革的不断深入，各种限制人口流动的政策和制度得以不断消除，人口迁移的自主性和流动性不断加强，特别是人口从农村向城镇地区的迁移，规模逐渐增大，基本进入一个持续稳定的发展过程。据估计，1987 年中国人口迁移规模超过 3000 万，1994 年超过 4000 万，1999 年超过 5000 万，到 2000 年已经接近 6300 万，迁移率接近 5%。[2] 本研究预测数据显示，从 2008 年到 2052 年，中国农村向城镇迁移人口总规模累计将达到 4.69 亿人，年均迁移近 1000 万人。其中，农村经济活动人口（15～59 岁）向城镇迁移总数将达到 2.94 亿，年均迁移 650 万人。中国农村剩余劳动力向城市大规模转移已经成为不争的事实。

2.1.2 现收现付制（pay-as-you-go）养老金制度定义

（1）现收现付制养老金制度的概念

在养老金的管理运行过程中，始终贯彻的基本原则是基金"收支平

---

[1] 国土资源部：《我国耕地面积下降到只有 18.27 亿亩》，http：//news. xinhuanet. com/politics/2007 - 04/12/content_5968006. htm，2007 年 4 月 12 日。

[2] 杨云彦：《中国人口迁移的规模测算与强度分析》，载《中国社会科学》2003 年第 6 期，第 106 页。

衡"。对于收支平衡原则，我们可以从两个角度来理解：一种是横向平衡，即保持当年费用总和收支相抵；另一种是纵向平衡，要求参保者在投保期间提取的资金积累总和与其享受的养老金待遇总和的现值保持平衡。横向平衡形成现收现付制养老金筹资模式，纵向平衡形成基金积累制（fund fully）养老金筹资模式。

现收现付制是一种以近期横向收支平衡为指导原则的基金筹资方式，由养老保险经办机构预先做出精算平衡期内所需支付的待遇总额，按照一定比例分摊到参保者，一般由用人单位和劳动者个人（或全部由用人单位）按工资总额的一定比例缴纳养老保险税（费），保证精算期内养老金制度收支平衡。

（2）现收现付制养老金制度的两种精算平衡原则：年度平衡与阶段式平衡

按照财务平衡的期限结构，现收现付制养老金制度可以分为年度平衡和阶段式平衡两种模式。年度平衡模式顾名思义是在一个财政年度内保持养老金制度的缴费与给付待遇相等；阶段式平衡模式则是在一个给定的时期内（通常大于 1 年）保持养老金制度的缴费与给付相等，如美国的社会保障制度（Old Age，Survivors and Disability Insurance，OASDI）就是一个 75 年精算平衡的现收现付制制度，并且美国社会保障基金信托管理委员每年都做一个未来 75 年的精算预测。

阶段式平衡的现收现付制养老金制度就是部分积累制，是对现收现付制与基金积累制的整合，是一种兼容近期横向平衡原则和远期纵向平衡原则的养老金筹资模式。阶段式平衡的现收现付制的缴费率是按照一个阶段的平均人口抚养比厘定的，因此在这个平衡阶段的前期，当制度抚养比较低的时候，厘定缴费率（平均缴费率）大于自然缴费率[①]，制度将会产生部分基金积累；在平衡阶段的后期，当制度抚养比较高的时候，厘定缴费率（平均缴费率）小于自然缴费率，制度将会出现基金

---

① 自然缴费率实际上是年度平衡的现收现付制养老金制度的缴费率，指在养老金受领人和参保缴费人已知的条件下，按照当年养老金待遇需求总额确定的当年需要征收的人均缴费额占缴费基数的比例。

缺口，需要由前期的基金积累来弥补。因此阶段式平衡的现收现付制在整个精算周期内实现基金收支平衡，不留结余。

2.2 现收现付制养老金制度精算模型构建

2.2.1 模型假定

（1）假定新型农村社会养老保险制度实行现收现付制

既然我国传统农村社会养老保险制度失败的主要原因之一是国家责任没有得到体现，因此建立一个体现国家责任与社会公平，实现财政补贴机制与农村最低生活保障制度结合的"零支柱"现收现付制最低养老金制度将是我国新型农村社会养老保险制度建设的一项重要创新。新型农村社会养老保险采取财政补贴机制与最低生活保障制度结合的目的在于：第一，对农村老年人而言，两项制度措施的保障水平和目标都是以为他们提供最基本的生活保障、消除老年贫困为目标的；第二，两项制度措施都属于非缴费型，资金来源于政府的财政收入；第三，两项制度措施在农村可以按照相同的计发单位发放保障金，即以单人户作为基本的计算单位，两项制度整合后，政府财政补贴可以按照人头补贴，作为人均补贴进入到最低养老金账户中，这有利于提高制度的公平性，增强农民参保积极性。

从财政补贴资金性质的角度来说，体现收入再分配和国家责任的财政补贴划入具有私人产权性质的农村社会养老保险个人账户显然不妥；从我国统筹城乡社会保障制度的长远发展考虑，新型农村社会养老保险制度的设计也应考虑到与城镇基本养老保险制度的衔接与并轨。因此，建立一个以财政补贴资金为主导、社会统筹账户为基础的现收现付制农村最低养老金制度是我国新型农村社会养老保险制度的现实考虑。

（2）假定新型农村社会养老保险制度按受益基准制方式（defined benefit）管理

新型农村社会养老保险最低养老金制度待遇给付方式应为受益基准制，即按照承诺的养老金待遇标准给付养老金。从养老金给付刚性的角度来说，现收现付制养老金制度往往是通过受益基准制方式实施的，两者的结合具有一定的天然性。[①] 既然养老金待遇是预先承诺的，也就是说在在职人口与退休人口已知的假设前提下，养老金待遇支出规模是既定，那么为维持养老金制度财务平衡，需要对养老金制度缴费率进行不断调整。

2.2.2　符号约定

N_t^a：2007 + t 年参保农民总人数，t = 1，2，3，…；

N_t^r：2007 + t 年领取养老金的农民总人数，t = 1，2，3，…；

$_1p_t^a$：t 年参保农民存活到 t + 1 年的总存活概率；

$_1p_t^r$：t 年领取养老金的农民存活到 t + 1 年的总存活概率；

i：利率；

W：基期农民人均纯收入；

g：农民人均纯收入增长率；

α：养老金替代率；

β_t：t 年的自然缴费率；

δ：精算周期内厘定缴费率；

r：养老保险基金名义投资收益率；

$\bar{\delta}$ 待定的厘定缴费率。

2.2.3　现收现付制养老金精算模型

（1）年度平衡的现收现付制精算模型

精算周期为 θ 年的参保农民缴费总额：

---

① 有关现收现付制养老金制度的组织形式参见刘昌平著《养老金制度变迁的经济学分析》（2005 年武汉大学社会保障研究中心博士学位论文，第 42 页）。

$$TS = S_1 + S_2 + \cdots + S_\theta$$

$$= \beta_1 W N_{01}^a p_0^a + \beta_2 W(1+g) N_{01}^a p_{01}^a p_1^a + \cdots + \beta_\theta W(1+g)^{\theta-1} N_0^a \prod_{t=1}^{\theta} {}_1 p_{t-1}^a$$

$$= W \sum_{t=1}^{\theta} \beta_t (1+g)^{t-1} N_0^a \prod_{j=1}^{t} {}_1 p_{j-1}^a \qquad (2.1)$$

精算周期为 θ 年的养老金支出总额:

$$TP = P_1 + P_2 + \cdots + P_\theta$$

$$= \alpha W N_{01}^r p_0^r + \alpha W(1+g) N_{01}^r p_{01}^r p_1^r + \cdots + \alpha W(1+g)^{\theta-1} N_0^r \prod_{t=1}^{\theta} {}_1 p_{t-1}^r$$

$$= \alpha W \sum_{t=1}^{\theta} (1+g)^{t-1} N_0^r \prod_{j=1}^{t} {}_1 p_{j-1}^r \qquad (2.2)$$

根据年度平衡的现收现付制模式的原则:

$$S_t = P_t$$

即有

$$TS = TP$$

我们可以得到养老金替代率 α 与自然缴费率 β_t 的一般关系式

$$\beta_t = \alpha \frac{N_t^r}{N_t^a} = \alpha \frac{N_0^r \prod_{j=1}^{t} {}_1 p_{j-1}^r}{N_0^a \prod_{j=1}^{t} {}_1 p_{j-1}^a}, (t = 1,2,3,\cdots,\theta) \qquad (2.3)$$

(2) 阶段式平衡的现收现付制精算模型

在阶段式平衡的模式下,需要计算精算周期内的厘定缴费率。由于人口抚养比不断变化,结果是自然缴费率会逐年变化,为保持精算周期内缴费率相对稳定,必须厘定出精算周期内的平均缴费率。按照精算周期内厘定缴费率,当厘定缴费率大于自然缴费率时,制度出现基金积累;当厘定缴费率小于自然缴费率时,制度出现基金赤字,这时用基金积累填补赤字,实现精算周期内基金财务平衡。

在此,我们模拟一个人口抚养比不断增长的老龄型社会中的阶段式平衡的现收现付制养老金制度。在精算周期的前期,制度会出现基金积累,并通过基金投资获取投资收益;在精算周期的后期,制度会出现基金赤字，用前期基金积累填补后期基金赤字。

假设阶段式平衡的养老金制度的年度收支平衡点，也即厘定缴费率与自然缴费率的交点出现在 $2007 + c$ 年，且只有一个交点，由此整个精算周期可以划分为三个阶段：

$$
\begin{cases}
精算盈余期 \rightarrow \beta_t < \beta_c = \bar{\delta} \\
精算平衡点 \rightarrow \beta_t = \beta_c = \bar{\delta} \\
精算赤字期 \rightarrow \beta_t > \beta_c = \bar{\delta}
\end{cases}
$$

在精算盈余期，基金积累呈现两个方面的特征：

第一，随着积累期的延长，基金积累规模不断增大；

第二，随着 $\beta_t \rightarrow \bar{\delta}$ 的不断趋近，年度盈余额逐渐减少，基金积累总额的增幅逐渐趋缓。

在精算平衡点，盈余期的基金积累总额将达到极大值。

在精算赤字期，基金积累同样呈现出两个方面的特征：

第一，随着赤字期的延长，基金积累总量不断缩小；

第二，随着 $(\beta_t - \bar{\delta})$ 差额的不断增大，年度赤字额逐渐增加，基金积累总额的降幅将逐渐增大，直至在精算期末降为0。

因此，在考虑基金积累的投资收益情况下，当 $\beta_t \leqslant \bar{\delta}$ 时，即 $0 \leqslant t \leqslant c$ ，基金积累及其投资收益不断增加，其总额为：

$$
\begin{aligned}
V_{1 \sim c} &= V_1 + V_2 + \cdots + V_c \\
&= (\bar{S}_1 - P_1)(1 + r)^{c-1} + (\bar{S}_2 - P_2)(1 + r)^{c-2} + \cdots \\
&\quad + (\bar{S}_{c-1} - P_{c-1})(1 + r) + (\bar{S}_c - P_c) \\
&= (\bar{\delta} W N^a_{01} p^a_0 - \alpha W N^r_{01} p^r_0)(1 + r)^{c-1} \\
&\quad + (\bar{\delta} W N^a_{01} p^a_{01} p^a_1 - \alpha W N^r_{01} p^r_{01} p^r_1)(1 + g)(1 + r)^{c-2} + \cdots \\
&\quad + (\bar{\delta} W N^a_0 \prod_{j=1}^{c-1} {}_1 p^a_{j-1} - \alpha W N^r_0 \prod_{j=1}^{c-1} {}_1 p^r_{j-1})(1 + g)^{c-2}(1 + r) + 0 \\
&= W \sum_{t=1}^{c} (\bar{\delta} N^a_0 \prod_{j=1}^{t} {}_1 p^a_{j-1} - \alpha N^r_0 \prod_{j=1}^{r} {}_1 p^r_{j-1})(1 + g)^{t-1}(1 + r)^{c-t} \quad (2.4)
\end{aligned}
$$

当 $\beta_t > \bar{\delta}$ 时，即 $c < t \leqslant \theta$ ，由于出现用前期基金积累填补后期基金赤字，基金积累及其投资收益逐渐减少，其年度结余额分布为：

$$\begin{cases} V_{c+1} = \left[V_{1\sim c} + (\bar{S}_{c+1} - P_{c+1}) \right](1+r) \\ V_{c+2} = \left[V_{c+1} + (\bar{S}_{c+2} - P_{c+2}) \right](1+r) \\ \qquad\qquad\vdots \\ V_{\theta-1} = \left[V_{\theta-2} + (\bar{S}_{\theta-1} - P_{\theta-1}) \right](1+r) \\ V_{\theta} = V_{\theta-1} + (\bar{S}_{\theta} - P_{\theta}) \end{cases}$$

即：

$$
\begin{aligned}
V_{\theta} &= V_{1-c}(1+r)^{\theta-c-1} + \left(\bar{\delta} W N_0^a \prod_{j=0}^{c} {}_1 p_j^a - \alpha W N_0^r \prod_{j=0}^{c} {}_1 p_j^r \right)(1+g)^{c}(1+r)^{\theta-c-1} \\
&\quad + \left(\bar{\delta} W N_0^a \prod_{j=0}^{c} {}_1 p_j^a - \alpha W N_0^r \prod_{j=0}^{c} {}_1 p_j^r \right)(1+g)^{c+1}(1+r)^{\theta-c-2} + \cdots \\
&\quad + \left(\bar{\delta} W N_0^a \prod_{j=0}^{\theta-2} {}_1 p_j^a - \alpha W N_0^r \prod_{j=0}^{\theta-2} {}_1 p_j^r \right)(1+g)^{\theta-c-2}(1+r) \\
&\quad + \left(\bar{\delta} W N_0^a \prod_{j=0}^{\theta-1} {}_1 p_j^a - \alpha W N_0^r \prod_{j=0}^{\theta-1} {}_1 p_j^r \right)(1+g)^{\theta-c-1} \\
&= V_{1-c}(1+r)^{\theta-c-1} + W \sum_{t=c+1}^{\theta} \left(\bar{\delta} N_0^a \prod_{j=1}^{t} {}_1 p_{j-1}^a - \alpha N_0^r \prod_{j=1}^{t} {}_1 p_{j-1}^r \right)(1+g)^{t-1}(1+r)^{\theta-t} \\
&= W(1+r)^{\theta-c-1} \sum_{t=1}^{c} \sum_{j=1} \left(\bar{\delta} N_0^a \prod_{j=1}^{t} {}_1 p_{j-1}^a - \alpha N_0^r \prod_{j=1}^{t} {}_1 p_{j-1}^r \right)(1+g)^{t-1}(1+r)^{c-t} \\
&\quad + W \sum_{t=c+1}^{\theta} \left(\bar{\delta} N_0^a \prod_{j=1}^{t} {}_1 p_{j-1}^a - \alpha N_0^r \prod_{j=1}^{t} {}_1 p_{j-1}^r \right)(1+g)^{t-1}(1+r)^{\theta-t} \\
&= W \sum_{t=1}^{\theta} \left(\bar{\delta} N_0^a \prod_{j=1}^{t} {}_1 p_{j-1}^a - \alpha N_0^r \prod_{j=1}^{t} {}_1 p_{j-1}^r \right)(1+g)^{t-1}(1+r)^{\theta-t} \qquad (2.5)
\end{aligned}
$$

根据阶段式平衡的特点，$V_{\theta} = 0$，即

$$W \sum_{t=1}^{\theta} \left(\bar{\delta} N_0^a \prod_{j=1}^{t} {}_1 p_{j-1}^a - \alpha N_0^r \prod_{j=1}^{t} {}_1 p_{j-1}^r \right)(1+g)^{t-1}(1+r)^{\theta-t} = 0$$

化简方程，得

$$\bar{\delta} \sum_{t=1}^{\theta} (1+g)^{t-1}(1+r)^{\theta-t} N_0^a \prod_{j=1}^{t} {}_1 p_{j-1}^a - \alpha \sum_{t=1}^{\theta} (1+g)^{t-1}(1+r)^{\theta-t} N_0^r \prod_{j=1}^{t} {}_1 p_{j-1}^r = 0$$

$$\bar{\delta} = \frac{\alpha N_0^r \sum\limits_{t=1}^{\theta} (1+g)^{t-1}(1+r)^{\theta-t} \prod\limits_{j=1}^{t} {}_1 p_{j-1}^r}{N_0^a \sum\limits_{t=1}^{\theta} (1+g)^{t-1}(1+r)^{\theta-t} \prod\limits_{j=1}^{t} {}_1 p_{j-1}^a} \qquad (2.6)$$

由（2.3）式可得到厘定缴费率 $\bar{\delta}$ 与自然缴费率 β_t 的关系式为：

$$\bar{\delta} = \frac{\sum_{t=1}^{\theta}(1+g)^{t-1}(1+r)^{\theta-t}\beta_t\prod_{j=1}^{t}{_1p_{j-1}^r}}{\sum_{t=1}^{\theta}(1+g)^{t-1}(1+r)^{\theta-t}\prod_{j=1}^{t}{_1p_{j-1}^a}} \tag{2.7}$$

2.3　参数假设与精算方案

2.3.1　参数假设

（1）人口资料利用本研究已完成的人口预测与迁移预测资料

节点年份的"乡—城"人口迁移后的农村人口状况见表 2–1。

表 2–1　2000～2008 年中国"乡—城"人口迁移前后农村人口状况（节点年份）

节点年份	15~59 岁总人口数（无迁移）	60 岁及以上总人口数（无迁移）	15~59 岁总人口数（含迁移）	60 岁及以上总人口数（含迁移）	老年抚养比（无迁移）	老年抚养比（含迁移）
2000	498255517	85568096	498255517	85568096	17.17%	17.17%
2008	565398338	103418998	511908257	100164111	18.29%	19.57%
2020	550364462	146001461	413572368	123851506	26.53%	29.95%
2030	541303649	197790233	337666402	134955166	36.54%	39.97%
2040	521194486	208527108	266249043	103996317	40.01%	39.06%
2050	476685200	228048909	191202375	85265638	47.84%	44.59%
2052	473406709	228581697	179116544	81015423	48.28%	45.23%

（2）假定阶段式平衡的现收现付制养老金制度的精算周期为 45 年

本研究假定阶段式平衡的现收现付制养老金制度的精算周期为 45 年（2008～2052 年），其中平均缴费期为 30 年，农村人口 60 岁时的平均预期余命为 15 年。30 年平均缴费期是考虑到农民参保年龄难以统一，且参保期间部分参保农民将会出现断保、提前退保、退休前去世等不确定因素，因此将参保缴费期统一为 30 年，也即从 30 岁开始参保缴费直到 60 岁退休，参保期间缴费不中断；15 年农村人口平均预期余命是基于课题组的预测数据。事实上，设定 45 年的精算周期只是为了测算和寻找厘定缴费率（平均缴费率）的需要，并不影响到计算过程，在实际计算过程中依然按照本课题组预测的分年龄人口数据。

（3）缴费基数与计发基数为上年农民人均纯收入

对于城镇正规就业人员而言，其基本养老保险的缴费基数和计发基数都比较好确定，因为职工的工资是定期支付的；当前对于城镇个体工商户和灵活就业人员，采取了以当地上年度在岗职工平均工资为缴费基数和计发基数。与城镇个体工商户和灵活就业人员一样，农民的收入也不可能以工资的形式体现，为便于计算和管理，本研究以上年度农民人均纯收入为缴费基数和计发基数。以上年度农民人均纯收入为缴费基数和计发基数，一方面是因为人均纯收入是一个当前最容易获取的标准，另一方面是人均纯收入已经在缴费和待遇支付中考虑到了农民收入增长的因素。本研究测算基年的缴费基数和计发基数均为 2007 年农民人均纯收入 4140 元。[1]

（4）农民人均纯收入采用名义增长率

农民人均纯收入年均增长率按照以下原则设定：国内外经济学家一致认为中国的人口红利还将持续大约 15 年，未来 15 年左右，中国经济仍将得益于人口红利而高速增长，职工工资和人均纯收入也将保持较高的增长速度，所以基准方案中名义增长率按照 2008~2010 年为 8%，2011~2020 年为 6% 设定。按照国民经济与社会发展规划，到 21 世纪中叶，我国经济发展水平将达到中等发达国家水平，因此 2021~2050 年的名义增长率按照中等发达国家人均收入水平设定为 4%。[2]

---

[1] 宋修伟：《2007 年农民人均纯收入达 4140 元比上年实际增长 9.5%》，载《农民日报》2008 年 1 月 25 日，转引自农业部中国农业信息网（http：//www. agri. gov. cn/xxlb/t20080125_961295. htm）。

[2] 可以参见世界银行养老金专家冼懿敏关于中国城镇基本养老保险制度的养老金债务测算中有关参数假设。Yvonne Sin："China Pension Liabilities and Reform Options foe Old Age Insurance"，The World Bank，Paper No. 2005 - 1，p. 22，May 2005。

（5）财政补贴比例为参保农民缴费标准或参保农民养老金待遇的50%

非缴费型养老金制度是多数发达国家正在实行的和当前我国部分发达地区农村社会养老保险制度正在试点的模式，这也意味着财政全额补贴方式只有在经济发达水平较高的国家和地区才具有可行性。由于我国地区经济发展水平非常不平衡、差异较大，当前采取非缴费型养老金制度是不现实的，因此本研究的测算采取财政向农村社会养老保险制度制度提供相当于参保农民缴费率或参保农民养老金待遇50%的补贴。

（6）新型农村社会养老保险制度的目标替代率设定为上年度农民人均纯收入的30%

现收现付制最低养老金制度与最低生活保障制度以为农村老年人提供最基本的生活保障的共有目标而紧密的结合了起来，因此其养老金标准的确定需要参考农村最低生活保障标准。2007年全国已实施农村最低生活保障制度的地区平均最低生活保障标准为年人均1000元左右，最低为600多元，最高为2000多元。① 然而，基本养老保险因其部分资金来源于参保农民缴费这一不同于最低生活保障资金完全由财政负担的特性及其保险性质决定了其标准要高于最低生活保障标准。因此，本研究按照2007年农民人均纯收入为4140元，设定2008年的养老金替代率为30%，即年平均约为1200元。

（7）平均"退休年龄"为60岁

基本养老保险基金的变动除受抚养比和人口年龄结构的变化影响外，还有一个非常重要的因素——退休年龄。然而，由于农村社会养老保险制度的缺失，我国并没有关于农村居民"退休年龄"的统一规定。由于农业生产部门的本质属性，农村居民退出劳动者行列的时间与其自身身体健康状况直接相关，因此，农村居民的"退休年龄"存在很大的差异性。事实上，在我国广大农村普遍存在着高龄农民仍然从事农业生产的现象，这与农村养老保障体系不够健全和农村青壮年劳动力迁移到城镇存在不可分割的关系。因此，农村居民的"退休年龄"是无法

---

① 《农村最低生活保障政策问答》，农业部中国农业信息网（http：//www.agri.gov.cn/ztzl/t20070522_820194.htm），2007-05-22。

精确给出的，为了测算的需要，我们假定农民平均"退休年龄"统一为 60 岁。

（8）年利率为 3%

按照历年金融机构 1 年期法定存款利率按执行月份进行加权平均可以得到平均年利率为 7.9%，这显然也不符合未来的发展可能。由于改革开放 20 多年中国经济高速发展以及财政政策、货币政策的作用，我国的法定存款利率进行过若干次调整，特别是 1997 年中国经济"软着陆"之前，金融机构一直实行较高的法定存款利率，因此以历年平均年利率作为参数显然不具代表性。按照成熟经济的实践，金融机构法定存款利率一般不超过 5%，本研究所选 3%，正是基于中国经济趋于成熟的考虑。[1]

（9）名义投资收益率为 4%

我国对基本养老保险基金的投资运营有非常严格的规定，基本养老保险基金结余额除预留一定的支付费用外，应全部用于购买国债券和存入专户，严禁投入其他金融和经营性事业。因此，农村社会养老保险基金在建立的相当长时期内可能将面临着严格的投资限制和风险控制，对其投资收益率的确定主要是以同期长期国债利率和协议存款利率作为参考。我们设定 4% 的较低投资收益率正是基于这个方面的考虑。同时，此参数设定也参考了"中国养老保险基金测算与管理"课题中的 4% 的假设投资回报率。[2]

（10）养老金制度的所有缴费与待遇均为年初值

城镇社会养老保险的缴费和待遇发放是以月为周期的，然而由于农业经济的周期性特点，农民收入在年度内的分布是极不均衡的，因此按月缴费难以实施。考虑到测算的需要，本研究假设养老金待遇的发放与缴费周期都以年为单位，且均发生在年初。事实上，年度内发生的养老金待遇支出也需要在年初拟作投资规划的养老保险基金中提前扣减。

---

① 可以参见世界银行养老金专家冼懿敏关于中国城镇基本养老保险制度的养老金债务测算中有关参数假设。Yvonne Sin, "China Pension Liabilities and Reform Options foe Old Age Insurance", The World Bank, Paper No. 2005－1, p. 22, May 2005。

② 劳动保障部法制司、社会保险研究所、博时基金管理有限公司：《中国养老社会保险基金测算与管理》，经济科学出版社 2001 年版，第 209 页。

2.3.2 精算方案

现收现付制养老金制度存在年度平衡和阶段式平衡两种模式，与之相结合，也存在养老金缴费补贴和待遇补贴两种财政补贴方式。本研究将采取以下三种精算方案，分别研究现收现付制年度平衡模式和阶段式平衡模式下，财政提供相当于缴费率50%比例的缴费补贴与待遇补贴的规模与增长趋势。

（1）精算方案一：年度平衡的现收现付制养老金制度（待遇补贴）

方案一将测算在年度平衡的现收现付制养老金制度下，自然缴费率和50%财政补贴后的自然缴费率的变化情况。年度平衡模式意味着在一年内养老金制度精算平衡，即在一年内，养老金制度的缴费全部用于支付养老金待遇，且没有结余或赤字，因而形成的当年缴费率即为自然缴费率。在年度平衡模式中，自然缴费率受人口年龄结构或老年抚养比变化的影响较大，当老年抚养比提高时，为保证制度精算平衡，自然缴费率也应随之增大；反之减小。

（2）精算方案二：阶段式平衡的现收现付制养老金制度（待遇补贴）

方案二将测算阶段式平衡的现收现付制养老金制度下，在假定财政提供各年养老金支出50%的补贴后的厘定缴费率及在此基础上财政提供每年的待遇差额补贴的规模与趋势。阶段式平衡模式意味着在精算周期内实现养老金制度缴费与养老金待遇总额相等。因此，为保证在长达45年的精算周期内养老金制度缴费与待遇相等，必须通过精算平衡公式厘定出精算周期内的平均缴费率。由于假设采取财政提供50%待遇补贴方式，财政补贴后的厘定缴费率即为参保农民厘定平均缴费率。当参保农民厘定缴费率大于自然缴费率时，制度出现基金盈余，此时无需财政补贴；当参保农民厘定缴费率小于自然缴费率时，制度出现基金赤字，财政提供的待遇补贴将填补赤字缺口，不形成基金积累。

（3）精算方案三：阶段式平衡的现收现付制养老金制度（缴费补贴）

方案三将测算阶段式平衡的现收现付制养老金制度下，财政提供

50%缴费补贴后的厘定缴费率及财政补贴规模与趋势。按照厘定缴费率征收制度缴费，当厘定缴费率大于自然缴费率时，制度将会出现基金盈余，应通过投资获得投资收益；当厘定缴费率小于自然缴费率时，制度将会出现基金赤字，用前期盈余填补赤字缺口。因此，阶段式平衡模式下，由于财政对养老金制度缴费进行补贴，在精算周期的前期将形成大量的可用于投资运营的养老保险基金积累。

2.4　实证结果与经验分析

2.4.1　现收现付制养老金制度的自然缴费率

图 2 - 1 显示出在"乡—城"人口迁移的背景下，随着农村人口老龄化程度不断提高，现收现付制养老金制度的自然缴费率呈现出不断调整且逐步上升的态势。精算方案一的测算结果显示，在养老金制度建立的初期，由于人口老龄化程度较低，自然缴费率也最低，其中2008 年和 2009 年分别为 9.2%和 9.6%；但随着人口老龄化程度的提高，自然缴费率也逐步上升，到 2035 年达到最高的 20%；与此相对应的是，在财政提供 50%的待遇补贴之后，参保农民自然缴费率相应的下降一半。

从参保农民的缴费负担来看，在制度创建之初，9%的自然缴费率

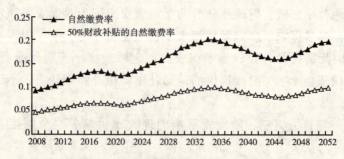

图 2 - 1　年度平衡模式下的自然缴费率

是参保农民可以接受的；而随着自然缴费率不断提高，当最高自然缴费率达到20%时，对于广大参保农民来说是这是难以承担的，并且相对于缴费30年获得30%的目标替代率而言，20%的自然缴费率对于参保农民来说也是难以接受的。

2.4.2　年度平衡模式与阶段式平衡模式下的缴费率比较

图2－2显示了精算方案一下的自然缴费率与精算方案二下的厘定缴费率之间的比较。从图中可以看出，16.3%的厘定缴费率为从中间横穿自然缴费率的一条水平直线。在精算周期的前期（2008～2028年），厘定缴费率大于自然缴费率，按照厘定缴费率征收的缴费总额大于实际支出的待遇总额，制度出现基金积累；在精算周期的后期（2028～2052年），除2043～2046年四年的厘定缴费率略高于自然缴费率外，其余年份的厘定缴费率都明显低于自然缴费率，按照厘定缴费率征收的缴费总额不足以支付当年实际待遇支出，制度出现基金缺口。因此，从制度设计的角度来看，不考虑投资收益，2008～2028年期间的基金积累规模与2028～2052年期间的基金缺口规模正好相等，从而实现精算周期内制度财务平衡。

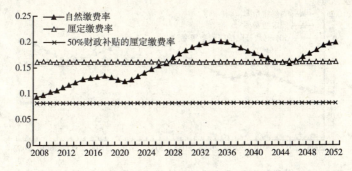

图2－2　待遇补贴方式下阶段式平衡模式的厘定缴费率与自然缴费率比较

从图2－2我们还可以看出，在财政提供50%的待遇补贴之后，参保农民的厘定缴费率下降为8.15%，参保农民厘定缴费率始终低于自然缴费率，这是参保农民可以承担和接受的。按照精算方案二的设计，当参保农民厘定缴费率低于自然缴费率时，财政出资补足参保农民厘定缴费率与自然缴费率之间的缺口，因此制度不会出现基金积累，当然也不需要进行养老基金投资管理。

2.4.3 阶段式平衡模式下的缴费补贴（前补）方式与待遇补贴（后补）方式比较

从图 2-2 与图 2-3 的比较可以看出，在同样是由财政提供厘定缴费率 50% 的补贴的前提下，精算方案二与精算方案三的厘定缴费率与补贴后的参保农民厘定缴费率出现了明显的变化，相对于方案二采取的待遇补贴方式，方案三采取的缴费补贴方式使厘定缴费率和参保农民厘定缴费率都明显降低。按照方案三的设计，由于采取对缴费进行财政补贴的模式，在精算周期的前期形成的大量基金积累将用于投资运营，阶段式平衡的现收现付制养老金制度的厘定缴费率下降为 15.1%，财政提供 50% 的缴费补贴后的厘定缴费率也相应地下降为 7.5%。与此相对应的是，阶段式平衡模式的积累期与缺口期的转换时点也由 2028 年提前到 2026 年，精算周期的前期（2008～2026 年）的基金积累规模明显小于精算周期后期（2026～2052 年）的基金缺口规模，这显然得益于基金积累期间获得的现值为 18794 亿元的投资收益。

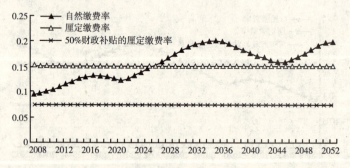

图 2-3　缴费补贴下现收现付制阶段式平衡养老金制度的缴费率

2.4.4 三种精算方案下财政补贴规模和参保农民缴费负担比较

从图 2-4 可以看出，在同样是由财政提供自然缴费率和厘定缴费率50%的补贴的前提下，三种精算方案下2008～2052年期间历年财政补贴总额（当期值）都呈现出前期补贴数额较少，后期补贴规模较大的特征。方案一在前期补贴规模最低为2008年的663亿元，最高为2052年的3905亿元；方案二最低为2008年的152亿元，最高为2052年的4611亿元；方案三最低为2008年的1086亿元，最高为2046年的3109亿元。从45年间财政补贴当期值总规模和平均补贴额来看，方案一和方案二都为111107亿元和2137亿元，方案三为102787亿元和1977亿元，方案三的补贴总规模和平均额最小。

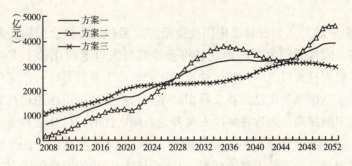

图2-4　三种方案下历年财政补贴规模现值

从表2-2三种精算方案中财政补贴的现值总额的比较来看，方案二最小，方案三次之，方案一最大。其原因在于，在方案二下，在制度中后期，随着老年抚养比逐步提高，养老金待遇支出将非常大，其结果是制度中后期规模较大的养老金支出的现值就相对较少。

表2-2　三种方案下2008～2052年财政补贴规模比较

单位：亿元

		方案一	方案二	方案三
总现值		53159	50048	52055
当期值	年　均	2137	2137	1977
	最大值（年份）	3905（2052）	4611（2052）	3109（2046）
	最小值（年份）	663（2008）	152（2008）	1086（2008）

从参保农民缴费负担的角度来看，方案一的参保农民缴费率逐年变化，且在部分年份高达18%～20%，使农民难以接受和难以承担；方

案二和方案三都向参保农民提供一个在 45 年内保持稳定的厘定平均缴费率，这是农民既能够接受也可以承担的，但由于方案二下没有基金积累和投资运营，致使方案三的厘定缴费率明显低于方案二。

2.5 结论及政策建议

"乡—城"人口迁移是中国社会经济发展和经济社会结构转型的必由之路。农村劳动力向城镇迁移将会给农村人口老龄化带来灾难性后果，导致农村人口老龄化程度快速恶化。当前，新型农村合作医疗制度和最低生活保障制度已经在农村相继建立，覆盖范围正在快速扩大，保障能力不断提高。而旨在解决农民养老后顾之忧的农村社会养老保险制度却在"社会经济条件不成熟"的理由下于 1999 年被停止，导致农村社会养老保障制度处于缺失状态。与此同时，传统的家庭保障方式和土地保障方式的功能也因城市化进程的不断加快而持续弱化。因此，在预期中国大规模"乡—城"人口迁移的历史背景下，政府必须在农村人口老龄化高峰来临之前做好应对措施，建立完善的新型农村社会养老保险制度。

第一，对农村社会养老保险制度实行财政补贴是政府应尽的义务和广大农民应享受的保障权利。

如前所述，传统农村社会养老保险制度失败的重要原因之一是政府责任缺失，使传统农村社会养老保险制度完全退化为农民的自愿储蓄制度，不具有社会性和保障性。

我国《宪法》规定："中华人民共和国公民在年老、疾病或者丧失劳动能力的情况下，有从国家和社会获得物质帮助的权利"。而事实上，城乡居民在享受社会保障权利方面是不平等的，这种权利不能仅仅在城镇职工的养老保险中获得体现，在养老保障方面农民也应该享有与城镇职工同样的国民待遇。从历史贡献的角度来看。建国以来中国农民为国家工业化建设和经济社会发展作出了巨大的牺牲和贡献，国家发改委专家测算①，改革开放的 20 多年中，仅征用农地的价格"剪刀差"，就从农村拿走 2 万多亿元。然而工业化的收益却几乎为城市居民所垄断，农业在为国家提供巨额积累而承受重负的同时失去了自身的发展条件，这对广大农民来说是很不公平的，政府有责任对农民多年来承受的重大损失做出补偿。从"乡—城"人口迁移的角度来说，既然因为农村劳动力向城镇迁移为城镇带来了"人口红利"②，缓解了城镇基本养老保险制度的财务压力。那么，政府也应该有责任将因农村劳动力迁移产生的"养老金红利"③ 返还给农民。因此，政府应重新定位在农村社会保险中的责任与义务，建立以财政补贴为主导的新型农村社会养老保险制度，促进农村社会保障事业的发展。

第二，建议采取缴费补贴方式的阶段式平衡的现收现付制作为农村社会养老保险制度的基础支柱或第一支柱。

与精算方案一（财政提供待遇补贴的年度平衡的现收现付制养老金制度）和精算方案二（财政提供待遇补贴的阶段式平衡的现收现付制养老金制度）相比，精算方案三（财政提供缴费补贴的阶段式平衡的现收现付制养老金制度）更适合中国的农村社会养老保险制度。方案一是一种比较理想化的制度模式，任何一项养老金制度都不可能逐年调整缴费率，逐年调整缴费率不仅会增加制度管理的成本和激发参保农民的抵触情绪，更重要的是缴费率的经常性调整将势必对宏观经济增长和农村社会经济稳定产生严重影响。方案二和方案三都实行阶段式平衡模式，但由于方案二只对待遇缺口进行补贴，不存在积累基金投资运营问题，致使方案二下的财政补贴额与参保农民厘定缴费率都明显高于方案三；并且，方案二下的财政补贴额在整个精算期内的

---

① 石秀和：《中国农村社会保障问题研究》，人民出版社 2006 年版，第 128 页。

② "人口红利"主要是指人口转变过程中所出现的被抚养人口比例不断下降、劳动年龄人口比例不断升高的一段时期。从经济学的角度，人口红利是指在一个经济体中，劳动适龄人口的持续上升所带来的国民产值的持续上涨。

③ 从中国城镇养老保险制度来说，正是由于城镇人口老龄化，中国的城镇基本养老保险制度正面临着日益严峻的挑战，而"乡—城"迁移中的大部分迁移人口是青壮年劳动力，这些人口正处于养老保险制度的缴费期，并到未来 20~30 年之后才会领取养老金，因此将这些人口纳入中国的城镇基本养老保险制度将会为养老保险制度带来大量的"养老金红利"，从而缓解当前和未来一段时期中国城镇基本养老保险制度的财务危机。

波动性比方案三要大得多，尽管在前期方案二的财政压力比较小，然而在后期，方案二下的财政补贴额接近 5000 亿且仍然有不断增大的态势，比方案三多出 1600 多亿，因此方案二后期给财政造成的负担要比方案三大得多。

从方案三的测算结论可以看出，如果按照 2007 年农民人均纯收入 30% 的替代率建立阶段式平衡的现收现付制养老金制度，并且采取对参保农民提供相当于厘定缴费率 50% 的财政补贴的方式，也就意味着按照每位农村老人每月补助 100 元，当年财政补贴总额为 1000 亿元左右，仅相当于 2007 年全国财政收入的 2%。而与此同时，建立财政补贴型农村社会养老保险制度之后，将通过减少农村最低生活保障对象和"五保"对象的方式，至少减少财政补贴 100 亿元。这样，按照 2008 年货币价值，各级财政每年只需要拿出不超过 1000 亿元就可以解决中国所有农民的基本养老保障问题。

第三，配套建立完善的农村社会养老保险基金投资管理制度与严格定量限制的基金监管制度。

阶段式平衡的现收现付制养老金制度的实质就是部分积累制，在财政提供缴费补贴的前提下，方案三将在精算周期的前期出现大量可用于投资运营的积累基金，并且基金积累投资运营也是方案三优于方案二的关键所在。因此，选择方案三就必须配套建立完善的养老基金投资管理制度和严格定量限制的基金监管制度。

一是要实现农村社会养老保险基金投资方式创新。当前囿于资本市场不完善，监管体制不健全，特别是在我国农村金融市场发展相对迟缓，农民生产资金需求不断增长，而政府财政支持与金融机构小额信贷相对有限的条件下，推行委托投资型和银行质押贷款型农村社会养老保险基金投资管理模式具有重要的现实意义。委托投资管理型管理方式是：省级农村社会养老保险管理部门作为受托人，将农村养老保险基金的投资管理权和托管权分别委托外部竞争性商业机构的管理模式，省级农村社会养老保险管理部门、外部基金管理机构在从事农村社会养老保险基金管理服务过程中必须接受社会保障基金监管机构和金融监管机构的监督检查。委托商业银行质押贷款型管理方式是：由农村社会养老保险管理部门将农村社会养老保险基金委托给商业银行，再由商业银行按照委托要求将农村社会养老保险基金资产针对农民发放质押贷款。

二是建立严格定量限制的农村社会养老保险基金监管模式。部分积累制农村社会养老保险基金既然属于基本保障项目，与农村最低生活保障制度结合之后将对农村所有老人提供基本生活保障，各级财政提供补贴和承担兜底责任。因此，针对农村社会养老保险基金运行管理和投资运营必须实行严格定量限制式监管模式，这也是世界范围内所有国家对国家公共养老金采取的统一监管模式。

3 关于中国新型农村社会养老 保险制度模式的选择

——采取基金积累制个人账户 模式的可行性研究

3.1 基金积累制（funded fully）个人账户 （individual account）模式将是新型 农村社会养老保险制度的主导模式

基金积累制个人账户养老金制度是自 20 世纪 70 年代以来的世界性养老金制度改革的重要趋势之一，也是 20 世纪 90 年代以来全球多支柱养老金制度体系中的重要组成部分。基金积累制个人账户制度在明确个人养老金缴费的产权和增强激励性的同时，其与生俱有的跨时收入再分配功能对于应对人口老龄化风险具有重要的作用。

2007 年《劳动和社会保障部、民政部、审计署关于做好农村社会养老保险和被征地农民社会保障工作有关问题的通知》（劳社部发〔2007〕31 号）规定，"以农村有缴费能力的各类从业人员为主要对象，完善个人缴费、集体（或用人单位）补助、政府补贴的多元化筹资机制，建立以个人账户为主、保障水平适度、缴费方式灵活、账户可随人转移的新型农村养老保险制度和参保补贴机制。有条件的地区也可建立个人账户为主、统筹调剂为辅的养老保险制度"。该文件表明,我国的新型农村社会养老保险制度将是一个以个人账户为主、统筹调剂为辅的模式。

因此,为满足我国覆盖城乡居民的养老社会保障体系建立的要求,在总结国际上以及我国城镇和农村基本养老保险制度改革探索经验和教训的基础上,结合农村经济、社会、人口等发展的实际情况,我国新型农村社会养老保险制度应定位为一个以基金积累制个人账户模式为主导的制度体系。

3.1.1　城镇基本养老保险制度改革实践证明了完全基金积累制个人账户制是一种可取的模式

1993 年,党的十四届三中全会《关于建立社会主义市场经济体制若干问题的决定》提出城镇基本养老保险和医疗保险实行社会统筹与个人账户相结合模式,明确了个人账户制是我国城镇基本养老保险制度改革的方向。但是,随后出台的国务院《关于建立统一的城镇企业职工基本养老保险制度的决定》(国发〔1997〕26 号)文件默许了社会统筹与个人账户可以互相调剂使用,并将个人账户作为清偿转制成本(transition cost)① 的技术支撑,导致我国城镇基本养老保险制度演变为"统账结合、混账管理、空账运行",基本养老保险基金缺口逐年放大,严重危及到制度的财务可持续性,"统账结合"的基本养老保险制度蜕变为"名义账户"制度。从 2000 年起,国务院决定在辽宁实行做实基本养老保险个人账户试点,2004 年将做实个人账户试点扩大到吉林和黑龙江两省,并最终于 2005 年出台《国务院关于完善城镇基本养老保险制度的决定》(国发〔2005〕38 号)。按照国发〔2005〕38 号文件规定,做实后的我国基本养老保险制度将实现"统账结合、分账管理、实账运行"。至此,我国城镇基本养老保险个人账户制度将成为真正意义上的完全基金积累制,也充分证明了个人账户制度是一种可取的模式。

---

① 养老保险隐性债务是采取受益基准制原则(defined benefit, DB)的现收现付制养老保险制度向制度覆盖职工作出的养老保险受益承诺。转制成本则是从现收现付制养老保险制度向基金积累制养老保险制度转轨后养老保险隐性债务显性化的成本。

3.1.2　基金积累制个人账户产权所有的特点易于被农民理解和接受

在人口老龄化背景下，具有个人产权所有的基金积累制个人账户制度更容易被广大农民所接受：一是个人账户模式具有激励性。个人账户模式要求参保者按照一定的方式和标准缴纳养老保险费，参保者的缴费全部记入个人账户中，参保者未来养老金领取标准直接取决于其账户积累额和投资收益。缴费越多，个人账户积累额越多，投资收益率越高，领取的养老金就越多；反之，则越少。个人账户制度安排将缴费与受益直接关联，有利于鼓励农民积极参与，自觉自愿地缴费。二是个人账户模式所有权清晰，解除了农民对过去"一平二调"的担心。个人账户基金积累属于个人产权，意味着个人账户具有可继承性和可携带性。参保者在缴费期间或领取养老金待遇期间死亡，其个人账户中积累的或剩余的资金可由其法定继承人或指定受益人一次性领取；任何单位和个人不得以任何理由侵占、挪用个人账户基金资产。三是个人账户模式具有灵活性。我国农村整体的经济水平较低，农民收入水平差别较大且收入不稳定。实行个人账户模式意味着养老保障资源将根据个人的收入水平、风险收益偏好、家庭结构和人生的不同生命周期等来合理安排和配置。农民可以根据自身的承受能力和不同的需求选择不同的缴费方式（如选择按年、季、月缴费或补缴，也可一次性大额缴纳）和缴费档次，增强农民缴费的灵活性。

3.1.3　个人账户制也是当前各地实施新型农村社会养老保险试点的主导模式

自 2002 年党的十六大召开以来，各地积极探索实施农村社会养老保险制度试点，在试点的过程中形成了一些各具特色的制度模式：如江苏阜宁、山东沿海及北京大兴等地区的"自我保障模式"；苏南一些地区和广东中山市的"社区主导＋政府财政补贴模式"；上海市的"镇保＋农保的双轨制模式"。这些模式的共同点都是采取以基金积累制个人账户为主的制度模式，新型农村社会养老保险个人账户制度的试点结果也证明个人账户模式为主的制度成本低、易建立，能满足不同地区、不同群体、不同单位，甚至是个人在不同时期对养老保险的不同需求，具有广泛的适应性和可推广性。

3.2 新型农村社会养老保险个人账户精算模型

3.2.1 模型建立的前提

（1）假定新型农村社会养老保险个人账户制度采取供款基准制（defined contribution，DC）给付方式

从养老金给付刚性的角度来说，基金积累制个人账户模式与供款基准制结合是公共养老金制度中比较普遍适用的模式。供款基准制是按照一定的公式确定每位参保者的缴费水平（通常是统一的供款率），并为每位参保者设立个人账户，缴费积累于个人账户之中，待其退休后，按照个人账户的缴费积累和基金投资回报额向其计发养老金待遇，其得到的养老金受益取决于个人账户基金积累规模。

（2）新型农村社会养老保险个人账户制度的缴费是一个现金流

由于参保农民是按照其所选择的缴费方式和标准向新型农村社会养老保险个人账户制度缴费，并且逐年积累的个人账户养老保险基金将按照有关的法律法规来实现保值增值，个人账户的基金积累和投资收益最终形成个人产权，因此本研究假定新型农村社会养老保险个人账户制度的缴费是一个定期的现金流。

（3）假定不考虑各种可能导致参保农民退保的解约因素

由于参保期间部分参保农民将会出现断保、提前退保、退休前去世等不确定因素，为便于测算，本研究假定参保农民能够"从一而终"的为个人账户缴费，同时假定参保农民个人账户平均缴费年限为30年。也即：某参保农民30岁开始缴费，60岁开始领取养老金，且该参保农民从30岁到60岁的存活率为100%，缴费方式为每年年初缴纳。

（4）假定参保农民平均"退休年龄"为 60 岁

养老保险基金的变动除受抚养比和人口年龄结构的变化影响外，还有一个非常重要的因素——退休年龄。然而，由于农村社会养老保险制度缺失，我国并没有关于农村居民"退休年龄"的统一规定。由于农业生产部门的本质属性，农村居民退出劳动者行列的时间与其自身身体健康状况直接相关，因此，农村居民的"退休年龄"存在很大的差异性。事实上，在我国广大农村普遍存在着高龄农民仍然从事农业生产的现象，这与农村养老保障体系不够健全和农村青壮年劳动力迁移到城镇存在不可分割的关系。因此，农村居民的"退休年龄"是无法精确给出的，为了测算的需要，我们假定农民平均"退休年龄"统一为 60 岁。

（5）设定新型农村社会养老保险个人账户制度的待遇给付是一个期初付 1 单位的终身生存年金

生存年金是指按预先约定的金额，以一定时间为周期，绵延不断地进行一系列给付，且这些给付必须以原指定领取人生存为前提条件，一旦领取人死亡，给付即宣告结束。[1] 年金化和非年金化两种方式对最优退休收入与消费分配研究显示，年金化方式可以提高退休者消费效用。[2] 因此，本研究在此假定个人账户的给付为一个期初付终身生存年金。

（6）假定新型农村社会养老保险个人账户基金管理过程中没有管理成本和交易成本

个人账户基金管理过程中将会产生诸多管理成本和交易成本，如因基金委托管理产生的受托管理费、账户管理费、托管费、投资管理费，因证券交易产生的证券交易税，等等。本研究在此假定在个人账户基金管理过程中不存在交易成本和管理成本。

3.2.2 新型农村社会养老保险个人账户精算模型

在上述假设前提基础上，本研究将进行参保人均衡纯保费的计算，即是以生存年金给付的方式来计算分期缴付的纯保费或趸缴的纯保费。

---

① 卢仿先、曾庆五：《寿险精算数学》，南开大学出版社 2001 年版，第 57 页。
② 邓大松、刘昌平：《受益年金化：养老金给付的有效形式》，载《财经科学》2002 年第 5 期，第 72 页。

人寿保险的纯保费是以预定年利率和预定死亡率为基础，并根据未来给付保险金额而计算得到的，且满足条件：未来给付保险金额现值的期望值（即趸缴纯保费）等于缴纳保费的精算现值。本研究将运用精算平衡原理①来构建新型农村社会养老保险个人账户精算模型：

设参保农民开始缴费年龄为 a 岁，开始领取养老金年龄为 b 岁（b > a），a 岁年初参保农民总数为 a_0，投资收益率为 r，农民年人均纯收入增长率为 g，期初缴纯保费为 X。假定个人缴费全部计入个人账户，缴费时间在每年年初，根据保险精算学中确定年金理论，可得：

参保人开始领取养老金时个人账户的积累额：

$$M = a_0X(1+r)^{b-a} + a_0X(1+g)(1+r)^{b-a-1} + \cdots$$
$$+ a_0X(1+g)^{b-a-1}(1+r)$$
$$= \sum_{j=1}^{b-a} a_0X(1+g)^{j-1}(1+r)^{b-a+1-j} \tag{3.1}$$

按照期初付 1 个单位的终身生存年金的精算公式：$\ddot{a}_x = \sum_{k=0}^{+\infty} v^k{}_k p_x$（表示年龄为 x 岁的生存者在每个年度领取年金额 1 个单位的终身生存年金的精算现值，其中 v^k 为贴现因子，$_kp_x$ 为 x 岁生存者存活到 x+k 时期的生存概率）②，其中 $_0p_{60}$ 表示参保人达到 60 岁开始领取第一份养老金时的生存概率为 1。设 i 为利率，f 为养老金递增系数（一般根据通货膨胀率调整），k 为取整余命值。

那么 a 岁参保人在终止缴费后各年的养老金给付额在 b 岁时的精算现值

$$N = \sum_{k=0}^{\infty} a_0{}_k p_b \left(\frac{1+f}{1+i}\right)^k \tag{3.2}$$

基金平衡：

$$M = N \tag{3.3}$$

由（3.1）式、（3.2）式、（3.3）式，得：

① 卢仿先、曾庆五：《寿险精算数学》，南开大学出版社 2001 年版，第 87~88 页。
② 卢仿先、曾庆五：《寿险精算数学》，南开大学出版社 2001 年版，第 59 页。

$$X = \frac{\sum_{k=0}^{\infty} {}_{k}p_b \left(\frac{1+f}{1+i}\right)^{k}}{\sum_{j=1}^{b-a} (1+g)^{j-1}(1+r)^{b-a+1-j}} \qquad (3.4)$$

设 W 为建立个人账户时当地农民上年人均纯收入，λ 为缴费率，β 为个人账户养老金收入替代率。

令

$$\lambda W = X \qquad (3.5)$$

则个人账户养老金实际收入替代率 β 满足方程：

$$\beta W (1+g)^{b-a} = 1 \qquad (3.6)$$

结合 (3.5) 式、(3.6) 式，有

$$\beta = \frac{\lambda \sum_{j=1}^{b-a} (1+g)^{j-1}(1+r)^{b-a+1-j}}{(1+g)^{b-a} \sum_{k=0}^{\infty} {}_{k}p_b \left(\frac{1+f}{1+i}\right)^{k}} \qquad (3.7)$$

3.3 参数设置与精算结论

3.3.1 基本参数设置

表 3-1 基本参数设置

a	b	i	g	r	f	λ	θ
30	60	3%	分段（见下文）	6%	2.5%	8%	100

（1）年利率为3%

按照历年金融机构法定存款利率按执行月份进行加权平均可以得到平均年利率为 7.9%，这显然也不符合未来的发展可能。由于改革开放 20

多年中国经济高速发展以及财政政策、货币政策的作用，我国的法定存款利率进行过若干次调整，特别是 1997 年中国经济"软着陆"之前，金融机构一直实行较高的法定存款利率，因此以历年平均年利率作为参数显然不具代表性。按照成熟经济的实践，金融机构法定存款利率一般不超过 5%，本研究所选 3%，正是基于中国经济趋于成熟的考虑。[①]

（2）名义收入增长率为分段的增长率：2004～2010 年为 8%（g_0）、2011～2020 年为 6%（g_1）、2021～2050 年为 4%（g_2）

农民人均纯收入年均增长率按照以下原则设定：国内外经济学家一致认为中国的"人口红利"还将持续大约 15 年，未来 15 年左右，中国经济仍将得益于"人口红利"而高速增长，职工工资和人均纯收入也将保持较高的增长速度，所以基准方案中名义增长率按照 2008～2010 年为 8%，2011～2020 年为 6% 设定。按照国民经济与社会发展规划，到 21 世纪中叶，我国经济发展水平将达到中等发达国家水平，因此 2021～2050 年的名义增长率按照中等发达国家人均收入水平设定为 4%。[②] 根据分段工资增长率参数设置后参保人个人账户的积累额公式将相应调整，采取分段计算的方法，同时个人账户养老金实际收入替代率的公式将调整为：

$$\beta = \frac{\lambda}{X(1 + g_0)^3 (1 + g_1)^{10} (1 + g_2)^{17}}$$

（3）名义投资收益率为 6%

选择了基金积累制就必须有相应的投资手段。基金积累制个人账户养老保险基金积累期长达 30 年左右，在此期间养老保险基金将面临物价上涨和通货膨胀的风险，同时也将涉及到未来养老金待遇与收入增长率指数化调整的问题。因此，从养老金理论角度来看，基金积累制养老金制度的理论前提是投资收益率必须至少达到通货膨胀率与收入增长率

---

① 可以参见世界银行养老金专家冼懿敏关于中国城镇基本养老保险制度的养老金债务测算中有关参数假设。Yvonne Sin, "China Pension Liabilities and Reform Options foe Old Age Insurance", The World Bank, Paper No. 2005 - 1, p. 22, May 2005。

② 可以参见世界银行养老金专家冼懿敏关于中国城镇基本养老保险制度的养老金债务测算中有关参数假设。Yvonne Sin, "China Pension Liabilities and Reform Options foe Old Age Insurance", The World Bank, Paper No. 2005 - 1, p. 22, May 2005。

之间的水平。基于此，本研究假定新型农村社会养老保险个人账户基金名义投资收益率为 6%。

（4）通货膨胀率为 2.5%

自改革开放以来，我国经历了三次比较严重的通货膨胀，分别发生在 1980 年，1986～1989 年和 1992～1996 年，在这三个波动期内，通货膨胀率波动幅度很大，因此用历史数据来衡量我国的通货膨胀水平并预测未来的通货膨胀率存在很大困难且易使结论失真。从世界各国的经验来看，不同国家正常的通货膨胀水平也是不同的，一般认为一国经济有 3%～5% 的通货膨胀率是相当健康的。随着我国经济发展的不断成熟，按照国家宏观政策控制物价指数的政策取向，我们认为 2.5% 的通货膨胀率将是我国未来一定时期内的正常水平和平均水平。

（5）缴费率为 8%

2005 年国发〔2005〕38 号文件规定，"职工依法缴纳基本养老保险费，缴费比例为本人缴费工资的 8%，并全部记入个人账户"。为了便于今后同城镇企业职工基本养老保险接轨，本研究将农村养老保险个人账户养老金缴费费率也定为 8%。

（6）缴费基数与替代率标准为上年农民人均纯收入

对于城镇正规就业人员而言，其基本养老保险的缴费基数和计发基数都比较好确定，因为职工的工资是定期支付的；当前对于城镇个体工商户和灵活就业人员，采取了以当地上年度在岗职工平均工资为缴费基数和计发基数。与城镇个体工商户和灵活就业人员一样，农民的收入也不可能以工资的形式体现，为便于计算和管理，本研究以上年度农民人均纯收入为缴费基数和替代率标准。以上年度农民人均纯收入为缴费基数和替代率标准，一方面是因为人均纯收入是一个当前最容易获取的标准，另一方面是人均纯收入已经在缴费和待遇支付中考虑到了农民收入增长的因素。本研究测算基年的缴费基数为 2007 年农民人均纯收入 4140 元。[1]

---

[1] 宋修伟：《2007 年农民人均纯收入达 4140 元比上年实际增长 9.5%》，载《农民日报》2008 年 1 月 25 日，转引自农业部中国农业信息网（http://www.agri.gov.cn/xxlb/t20080125_961295.htm）。

（7）生存概率、最高死亡年龄数据利用本研究已完成的人口预测资料

本研究使用的人口数据和生命表利用作者主持的 2006 年教育部人文社科规划项目《中国养老保险基金缺口测算与制度可持续发展研究》（项目批准号：06JA630049）的人口预测结论和农村人口混合生命表。人口预测结论和农村人口混合生命表是利用 2000 年第五次人口普查数据、2005 年全国 1% 人口抽样调查数据及其他相关人口调查和统计数据，基于 Leslie 矩阵人口增长模型同步预测未来城乡人口数量。由于在实际中参保人不可能无限活下去，统计也难以对超高年龄的死亡率一一统计，根据农村人口混合生命表中的测算数据，本研究取最高死亡年龄为 100 岁来代替模型中的"∞"计算。

3.3.2 精算结论

（1）基本模型精算结论

将参数假设中所选数据代入精算公式（3.4）和（3.7），经过计算得到：期初缴纯保费 $X = 0.106743969$；个人账户养老金实际收入替代率 $\beta \approx 17.0549\%$。

期初缴纯保费 $X = 0.106743969$ 表示若 30 岁的参保人期初缴纳 0.106743969 元，其后每年年初按照名义收入增长率调整后计算的保费进行缴费，期间不中断，到其 60 岁时，参保人年初可获得 1 元，并且 60 岁之后的每年在 1 元的基础上获得按照通货膨胀率指数化的给付待遇。

做一个扩展估算：若某 30 岁参保人 2008 年年初缴纳保费 100 元，30 年间没有中断缴费，则到 2038 年参保人 60 岁时，年初可以领取约 937 元的养老金，其后每年的养老金给付水平将随着物价指数进行调整，一直支付到参保人去世。

个人账户养老金实际收入替代率 $\beta \approx 17.0549\%$ 表示在参保人不中断缴费的情况下，参保人 60 岁年初领取的养老金水平相当于当时当地农民上年人均纯收入的 17.0549%。做一个扩展估算：若按照 2008 年时全国农村居民年人均纯收入 4140 元计算，缴费率为 8%，则某 30 岁参保农民年初缴费 4140 × 8% = 331.2 元，其在 2038 年达到 60 岁时年初可以领取养老金 331.2 ÷ 0.106743969 = 3102.751 元，相当于当地农民 2037 年人均纯收入的 17.0549%。扩展估算结论见表 3 – 2。

表 3 – 2   某 30 岁参保人不同年份缴费和领取养老金的数额估算

单位：元

年　份	缴　费　阶　段							领　取　阶　段				
	2008	2009	2010	2022	2032	…	2037	2038	2039	2040	…	2050	…
缴费额	100	108	117	235	347	…	423	937	960	984	…	1260	…
领取额	331	358	386	777	1150	…	1399	3103	3180	3260	…	4173	…

注：此表只显示了部分年份的缴费额和领取额，其余部分省略。

（2）基本模型结论的扩展

在基本精算模型的基础上，考虑到利率的多变性和投资收益率对计算结果的较大影响，本研究以课题组已完成的农村混合生命表为基础，取领取年龄为 60 岁，参保年龄为 16～59 岁，缴费和领取以年为单位，第一年领取 1 元年金的情况下，分别测算其他参数不变情况下不同利率和投资收益率组合下的各参保年龄的趸缴和年缴纯保费。令趸缴纯保费为 Y，缴费年限为 n，趸缴纯保费的计算公式为 $Y = N/(1 + r)^n$，年缴纯保费的计算公式见公式（3.4），测算结论如表 3 – 3 所示：

表 3 – 3   在利率 i 和投资收益率 r 不同组合情况下的趸缴和年缴纯保费

单位：元

年龄	$i = 3\% ; r = 6\%$		$i = 3\% ; r = 7\%$		$i = 4\% ; r = 5\%$		$i = 4\% ; r = 8\%$	
	趸缴	年缴	趸缴	年缴	趸缴	年缴	趸缴	年缴
16	1.3758	0.0356	0.9102	0.0280	1.8883	0.0404	0.5467	0.0198
17	1.4583	0.0383	0.9739	0.0304	1.9827	0.0433	0.5904	0.0216
18	1.5458	0.0413	1.0421	0.0329	2.0819	0.0464	0.6377	0.0235
19	1.6386	0.0445	1.1150	0.0357	2.1860	0.0497	0.6887	0.0257
20	1.7369	0.0480	1.1931	0.0388	2.2952	0.0533	0.7438	0.0280
21	1.8411	0.0518	1.2766	0.0421	2.4100	0.0572	0.8033	0.0307
22	1.9516	0.0560	1.3659	0.0457	2.5305	0.0615	0.8676	0.0335
23	2.0687	0.0605	1.4615	0.0497	2.6570	0.0661	0.9370	0.0367
24	2.1928	0.0654	1.5639	0.0541	2.7899	0.0711	1.0119	0.0402
25	2.3244	0.0708	1.6733	0.0589	2.9294	0.0765	1.0929	0.0440
26	2.4638	0.0767	1.7905	0.0642	3.0759	0.0824	1.1803	0.0482
27	2.6117	0.0832	1.9158	0.0700	3.2296	0.0889	1.2747	0.0529

年龄	$i=3\%;r=6\%$		$i=3\%;r=7\%$		$i=4\%;r=5\%$		$i=4\%;r=8\%$	
	趸缴	年缴	趸缴	年缴	趸缴	年缴	趸缴	年缴
28	2.7684	0.0903	2.0499	0.0764	3.3911	0.0988	1.3767	0.0582
29	2.9345	0.0981	2.1934	0.0835	3.5607	0.1037	1.4868	0.0640
30	3.1105	0.1067	2.3469	0.0914	3.7387	0.1123	1.6058	0.0704
31	3.2972	0.1163	2.5112	0.1001	3.9257	0.1216	1.7343	0.0776
32	3.4950	0.1268	2.6870	0.1097	4.1219	0.1319	1.8730	0.0856
33	3.7047	0.1385	2.8751	0.1205	4.3280	0.1433	2.0228	0.0945
34	3.9270	0.1514	3.0763	0.1326	4.5444	0.1559	2.1847	0.1046
35	4.1626	0.1659	3.2917	0.1460	4.7717	0.1700	2.3594	0.1159
36	4.4124	0.1821	3.5221	0.1611	5.0102	0.1856	2.5482	0.1286
37	4.6771	0.2003	3.7686	0.1782	5.2608	0.2030	2.7520	0.1430
38	4.9577	0.2207	4.0324	0.1974	5.5238	0.2226	2.9722	0.1593
39	5.2552	0.2438	4.3147	0.2192	5.8000	0.2447	3.2100	0.1779
40	5.5705	0.2700	4.6167	0.2441	6.0900	0.2696	3.4668	0.1992
41	5.9047	0.2999	4.9399	0.2725	6.3945	0.2980	3.7441	0.2236
42	6.2590	0.3342	5.2857	0.3053	6.7142	0.3305	4.0437	0.2518
43	6.6346	0.3739	5.6557	0.3432	7.0499	0.3679	4.3671	0.2846
44	7.0326	0.4199	6.0516	0.3874	7.4024	0.4112	4.7165	0.3230
45	7.4546	0.4739	6.4752	0.4394	7.7725	0.4619	5.0938	0.3682
46	7.9019	0.5379	6.9285	0.5011	8.1612	0.5217	5.5014	0.4220
47	8.3760	0.6144	7.4135	0.5752	8.5692	0.5932	5.9415	0.4867
48	8.8785	0.7060	7.9324	0.6641	8.9977	0.6785	6.4168	0.5648
49	9.4112	0.8171	8.4877	0.7723	9.4476	0.7816	6.9301	0.6600
50	9.9759	0.9537	9.0818	0.9057	9.9199	0.9080	7.4845	0.7778
51	10.5745	1.1246	9.7176	1.0731	10.4159	1.0658	8.0833	0.9260
52	11.2089	1.3431	10.3978	1.2877	10.9367	1.2670	8.7300	1.1166
53	11.8815	1.6304	11.1256	1.5705	11.4836	1.5308	9.4283	1.3684
54	12.5944	2.0216	11.9044	2.4619	12.0577	1.8893	10.1826	1.7129
55	13.3500	2.5811	12.7377	2.5098	12.6606	2.4009	10.9972	2.2076
56	14.1510	3.4392	13.6294	3.3599	13.2937	3.1843	11.8770	2.9693
57	15.0001	4.9069	14.5834	4.8160	13.9583	4.5223	12.8272	4.2757
58	15.9001	7.8757	15.6043	7.7659	14.6563	7.2249	13.8533	6.9267
59	16.8541	16.8541	16.6966	16.6966	15.3891	15.3891	14.9616	14.9616

　　注：年缴纯保费指第一年的纯保费，以后各年将随农民人均纯收入的提高相应调整，在不中断缴费的前提下，可保证参保人60岁时领取1元年金，以后各年待遇给付将随物价指数调整。

3.4 个人账户养老金实际收入替代率敏感性分析与给付方案研究

3.4.1 新型农村社会养老保险个人账户养老金实际收入替代率敏感性分析

通过计算，本研究得出了个人账户养老金实际收入替代率为 17.0549%。基于 17.0549% 的个人账户养老金实际收入替代率，我们将对 i、r、f、λ 这五个因素的微小变动对个人账户养老金实际收入替代率的影响程度进行敏感性分析。

从表 3 - 4 所示分析结果可以看出，f 与 β 呈反方向变动，i、r、λ 与 β 呈正方向变动，其中 r 的敏感性最强，即 r 每变动 1 个百分点，β 将正向变动 1 个多百分点，其次是 λ、i，最弱是 f。由于 i 和 f 都受到诸多复杂的经济、政治因素的影响，并且是模型的外生变量，难以控制。因此控制个人账户实际收入替代率应主要从 r、λ 这两个因素入手。

表 3 - 4 不确定因素对个人账户养老金实际收入替代率的敏感性分析结果

单位：%

变动因素＼变动率	-2	-1.5	-1	-0.5	0[1]	0.5	1[2]	1.5	2	弹性系数[3]
利　率	13.66	14.48	15.32	16.18	17.05	17.95	18.86	19.78	20.71	+0.3169
投资收益率	12.68	13.63	14.67	15.81	17.05	18.42	19.93	21.58	23.39	+1.0104
物价上涨率	20.81	19.83	18.88	17.96	17.05	16.18	15.33	14.50	13.70	-0.2533
缴费率	12.79	13.86	14.92	15.99	17.05	18.12	19.19	20.25	21.32	+1

注：[3]列中各因素的弹性系数表示的是参数 i、r、f、λ 每变动一个百分点，对个人账户养老金实际收入替代率影响的方向与程度。如计算利率对个人账户养老金实际收入替代率的影响，计算公式为 $\Delta\beta/\beta \div \Delta i/i$，其中 $\Delta\beta$ 为②列与①列值的差，$\Delta i = 1\%$，i、β 为原模型中设定和计算出的值，分别为 3% 和 17.05%，代入计算得到③列中的值 +0.3169，表明利率变化和个人账户养老金实际收入替代率的变化同方向。理论上说，③列中值的绝对值越大，则这一变动因素对个人账户养老金实际收入替代率的影响就越大，这一变动因素的敏感性就越强。

3.4.2 新型农村社会养老保险制度个人账户养老金给付方案研究

按照定期给付、定额和变额年金等多种年金待遇给付方案，通过对个人账户精算模型进行重新整理计算，表 3-5 列出了按收入比例缴费和按定额缴费两种缴费方式下的不同给付方式对个人账户养老金实际收入替代率的影响。

表 3-5 不同缴费和给付方案组合下的个人账户养老金实际收入替代率

单位：%

给付方案 ＼ 缴费方案	按收入比例缴费	按定额缴费
定额定期给付(平均余命 15 岁[①])	24.7796	12.4074
定额定期给付(平均余命 20 岁[②])	19.8836	9.9559
变额定期给付(平均余命 15 岁)	21.0120	10.5209
变额定期给付(平均余命 20 岁)	15.9491	7.9859
定额终身年金	21.8046	10.9178
变额终身年金	17.0549	8.5395

注：①表示依据作者在 2006 年教育部人文社科规划项目《中国养老保险基金缺口测算与制度可持续发展研究》（项目批准号：06JA630049）课题中测算的 60 岁时的平均余命；②表示按照人口预期寿命延长趋势做出的假定平均余命。此表计算中所需的参数取值来源于表 3-1。

从表 3-5 可以看出，单从两类缴费方式来看，不论采取何种给付方案，按收入比例缴费的个人账户养老金实际收入替代率都是高于按定额缴费时的替代率，可见尽管从管理机构的角度来看，按定额缴费较容易计算，从参保农民的角度来看，按定额缴费较稳定，但实际的政策效果是按定额缴费方式远不如按照收入比例缴费方式，变额终身年金给付方式下两者替代率几乎相差一倍，因此政策制定过程中应当考虑每相隔一定时期（可以是一年或几年）根据当地农民人均纯收入的增长水平适当调整缴费标准。

从给付方案的比较来看，定额终身年金的个人账户养老金实际收入替代率在任何缴费方式下都高于变额终身年金的替代率。其原因在于定额生存年金的给付额在给付期是恒定的，而变额终身年金的给付额是按照不同的指数累进的（本研究模型中是按照物价上涨率来调整的）；在其他给付和缴费方式相同时只考虑平均余命对个人账户养老金实际收入替代率的影响，我们可以看出平均余命15岁时的个人账户养老金实际收入替代率高于平均余命为20岁时的替代率，容易得到平均余命越短替代率反而越高的结论，原因在于在给付水平相同时，按照计算缴纳保费的公式，平均余命越短所需缴纳的保费也越少。但是随着我国农村人口人均寿命的延长，农村人口的平均余命将会逐渐变长。因此，衡量制度的有效性并不是只要个人账户养老金实际收入替代率越高越好，而是要根据我国农村人口的实际情况来考虑最适合的制度设计方案。若考虑到按收入比例缴费的优越性和我国农村人口的平均余命将逐渐延长的事实，比较采取按收入比例缴费和平均余命为20岁时的给付方式，我们可以看出定额生存年金给付方式获得的替代率水平高于定期给付方式。这主要是因为定额生存年金给付方式可以实现具有不同生存概率的退休者之间年金基金积累的互济，也就是说可以实现长寿和短寿风险在年金参保退休者之间的分散；而定期给付方式下，没有达到预期余命的退休者的个人账户剩余基金积累已经由其指定受益人或法定继承人支取。[①]因此，这正好说明了本研究模型中的按收入比例缴费、采取终身变额年金给付方式的合理性和有效性。

3.5　结论及进一步分析

　　通过对中国新型农村社会养老保险个人账户制度的精算结论、实际收入替代率敏感性分析结果和年金待遇给付方案，本研究建议应从以下五个方面创建中国新型农村养老保险个人账户制度：

　　第一，在考虑到与城镇基本养老保险制度衔接的基础上，应保证新

----

　　① 刘昌平：《中国企业年金工资替代率敏感性研究》，载《世界经济》2005年第10期，第38页。

型农村社会养老保险个人账户制度的缴费率相对稳定。

从表 3 - 4 的敏感性分析结果来看，提高制度的缴费率可以显著的提高个人账户养老金实际收入替代率。考虑到目前农民收入水平还较低和需要缴纳合作医疗保险费的现实，新型农村社会养老保险个人账户制度的缴费率应保持相对稳定，这可以从一定程度上减轻农民的心理负担，保持制度的稳定性。但在政策制定时需注意的是缴费率的稳定不等于缴费标准不变，在保证缴费率一定时期内相对稳定的情况下，根据当地农民人均纯收入的增长情况适时调整缴费标准，可以确保参保农民养老金实际收入替代率提高。

第二，鼓励参保农民尽早开始缴费。

从表 3 - 3 可以看出，在其他参数假定不变时，农民参保（开始缴费）的年龄越小，所需开始缴纳的年缴纯保费就越低，尽管缴费的期限变长了，但对参保农民而言，分摊到各缴费年龄所需缴纳的保费负担较轻。如在年利率为 3%，投资收益率为 6% 的情况下，若参保人20 岁时就开始缴费，则第一年所需缴纳的纯保费仅为 0.0480 元（30岁时需 0.1067 元）；同时考虑到农民收入的不稳定性，可以允许农民采取较灵活的缴费方式，如年缴、趸缴、一次性补缴或预缴；此外，缴费标准也应该是弹性的，即规定最低缴费标准的同时还允许农民根据承受能力选择较高缴费标准，满足不同收入水平的参保农民的养老保障需求。

第三，通过农村社会养老保险个人账户基金市场化投资运营提高投资收益率。

从表 3 - 4 的敏感性分析结果来看，投资收益率对个人账户养老金实际收入替代率的影响无疑是最大的，r 每变动 1 个百分点，β 将正向变动 1 个多百分点。当前，由于新型农村社会养老保险还处于试点起步阶段，基金积累规模较小，加之金融市场还不够成熟，现行政策对农村社会养老保险基金投资方式进行严格控制，主要通过购买国债和存入银行增值。[①] 随着新型农村社会养老保险制度全面推行，应尽快放开投资限制，实现个人账户养老保险基金市场化运营。

---

① 《关于进一步防范农村社会养老保险基金风险的紧急通知》，劳社部函 [2004] 240 号。

第四，实行弹性养老金领取年龄。

原则上，只要参保人达到 60 岁且满足领取养老金的条件就可以领取养老金。但是延长领取年龄对完善养老社会保险制度具有积极的意义。在当前没有规定统一的农民退休年龄的情况下，应在统一设定 60 岁的农民"退休年龄"的基础上，实行弹性养老金领取年龄。也即参保农民在达到 60 岁之后有资格领取养老金待遇，但是每推迟一年领取养老金，可以适当提高养老金标准。

第五，建立养老金待遇调整机制。

养老金待遇指数化调整是保证退休者老年收入相对于在职人员不下降的关键。从表 3 - 5 个人账户养老金给付方案分析结论来看，采取定额终身年金方式的个人账户养老金实际收入替代率在任何缴费方式下都高于变额终身年金的替代率，但是随着经济的发展，没有任何指数化调整的养老金发放标准将使参保农民领取的养老金水平下降，不能够满足农民的养老保障的实际需要。因此，新型农村社会养老保险个人账户养老金计发标准根据物价指数定期调整能很好的解决这一问题。

4 建立财务可持续的新型农村社会养老保险制度的政策建议

4.1 建立新型农村社会养老保险制度应坚持的原则

第一，强化政府对新型农村社会养老保险制度的财政补贴责任。传统农村社会养老保险制度坚持"个人交纳为主，集体补助为辅，国家给予政策扶持"的原则。"集体补助为辅"难以落实，"国家给予政策扶持"集中体现在乡镇企业职工参保时，集体补助部分可税前列支，而农民参保没有直接财政支持，这不仅打击了农民参保积极性，也使得传统农村社会养老保险制度完全退化为农民的自愿储蓄制度。因此，政府应重新定位在农村社会保险中的责任与义务，建立以财政补贴为主导的新型农村社会养老保险制度。

第二，新型农村社会养老保险待遇标准应坚持"保基本"和"低标准起步"。"保基本"的意义在于通过实施新型农村社会养老保险制度，实现人人享有基本生活保障、免除老年贫困的目的；"低标准起步"的意义在于政府通过整合各类支农惠农资金的使用方向和建立支持新农保建设的专项资金，用于引导、扶持和激励农民在参加"低标准"保障项目的基础上，自愿选择参加更高待遇水平的保障项目。

第三，实现城乡养老保险制度衔接与过渡。从城乡养老保险制度衔接走向城乡制度并轨是当前解决养老保障问题、建立覆盖城乡居民的养老社会保障体系的必由之路。因此，新型农村社会养老保险制度建设必须考虑到当前城镇基本模式及其未来发展趋势：一方面应能有效保障广大农民积极参与，并能够为农村劳动力在城乡之间转移和迁移提供便利；另一方面应为未来城乡养老保险制度并轨减少障碍和转轨成本。

4.2 新型农村社会养老保险制度：
最低养老金＋个人账户养老金

2007 年《劳动和社会保障部、民政部、审计署关于做好农村社会养老保险和被征地农民社会保障工作有关问题的通知》（劳社部发〔2007〕31 号）表明，我国的新型农村社会养老保险制度将是一个以个人账户为主、统筹调剂为辅的模式。

第一，新型农村社会养老保险应采取"最低养老金＋个人账户养老金"的制度体系。

最低养老金制度应将农村养老保险制度的财政补贴机制与农村最低生活保障制度结合，采取社会统筹账户管理方式，由参保农民缴费与财政补贴提供等比例资金支持，待遇标准为上年农民人均纯收入 30% 的替代率；个人账户养老金制度采取个人账户管理方式，参保农民缴费记入个人账户，财政不补贴、政府不兜底，待遇水平取决于个人账户基金积累，一个"典型参保农民"可以获得相当于上年农民人均纯收入17% 替代率的养老金。将财政补贴机制与农村最低生活保障制度结合建立最低养老金制度将是我国新型农村社会养老保险制度建设的一项重要创新。

第二，最低养老金制度应采取缴费补贴方式的阶段式平衡的现收现付制模式。

制度安排：以上年度农民人均纯收入作为缴费基数和计发基数，参保农民缴费率为 7.5%，财政补贴缴费率为 7.5%，全部记入最低养老金账户；参保农民缴费满 30 年可以领取相当于 60 岁当年农民人均纯收入 30% 替代率的最低养老金。

表 4－1 最低养老金制度技术参数

缴费基数和计发基数	参保农民缴费率	财政补贴缴费率	缴费年限	退休年龄	替代率	待遇指数化调整标准
上年度农民人均纯收入	7.5%	7.5%	30 年	60 岁	30%	农民人均纯收入增长率

以 2007 年农村人均纯收入为例：按照 2007 年农民人均纯收入 4140 元计算，参保农民年缴费标准为 311 元，财政提供 7.5% 缴费率补贴意味着为每位参保农民年补助 311 元，则参保农民到 2038 年 60 岁当年可领取 5457.82 元最低养老金；按照 2008 年农村经济活动人口数，2008 年财政补贴总额为 1000 亿元左右，仅相当于 2007 年全国财政收入的 2%，2008 年"退休"农民可领取月均 100 元养老金。也就是说，各级财政当年只需要拿出不超过 1000 亿元就可以解决中国所有农民的基本养老保障问题。

未来财政负担与风险：财政补贴标准锁定为当年农民人均纯收入的 7.5%，历年财政补贴规模将随农民人均纯收入增长率和参保农民人数变化而变化；根据精算预测，按照全覆盖和当年货币价值计算，财政补贴总额将从 2008 年 1086 亿元缓慢增加，在 2046 年达到最高 3109 亿元后又逐年下降，2008～2052 年间年均补贴额为 1977 亿元；与此同时，建立新型农村社会养老保险最低养老金制度之后，将通过减少农村 60 岁以上低保对象和"五保"对象的方式还可相应地减少各级财政支出。

第三，个人账户养老金制度应采取基金积累制个人账户模式。

制度安排：以上年度农民人均纯收入为缴费基数，参保农民缴费率为 8%，记入个人账户；缴费满 30 年可以获得相当于 60 岁"退休"后历年农民人均纯收入 17% 替代率的个人账户养老金。

表 4 –2　个人账户养老金制度技术参数

缴费基数	参保农民 缴费率	名义投资 收益率	缴费年限	退休年龄	替代率	待遇指数化 调整标准
上年度农民 人均纯收入	8%	6%	30 年	60 岁	17%	通货膨胀率

　　以 2007 年农村人均纯收入为例：按照 4140 元计算，30 岁参保农民年缴费标准为 331.2 元，缴费不中断，在 2038 年达到 60 岁时当年可领取 3102.75 元养老金。

4.3　实现新型农村社会养老保险基金管理方式创新

　　选择了基金积累制就必须有相应的投资手段，治理结构与管理模式是确保基金安全的基础保障，也是基金运营监管的前提和基础。实行以个人账户为主的基金积累制模式与基金投资是一对"孪生兄弟"。从城镇企业职工基本养老保险"统账结合"的制度模式改革的过程中来看，建立"实账"运行的农村社会养老保险个人账户基金在未来也将面临巨大的通货膨胀风险与经济增长风险，实现基金的保值增值是建立个人账户的应有之义。当前我国城镇基本养老保险个人账户养老基金进行投资运营已经成为了理论界与实际部门的共识，相关的政策规定不久将出台。针对当前农村金融体系发展滞后，地方农村社会养老保险行政管理机构缺乏科学的决策手段，选择合理科学的基金治理结构与管理模式则对于农村社会养老保险个人账户基金的保值增值显得尤为重要。

　　第一，大力推行委托投资型农村社会养老保险基金管理模式。

　　根据国际上养老保险基金投资管理的主流趋势和我国农村社会养老保险个人账户基金的性质，结合农村金融市场发展的现状，农村社会养老保险个人账户基金应首选委托投资管理型基金管理方式：

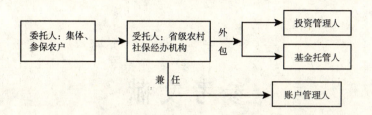

图4-1 农村社会养老保险个人账户基金治理结构图

农村社会养老保险个人账户基金属于基本保障项目，但采取基金积累制筹资方式，各级财政不提供担保。因此，农村社会养老保险个人账户基金的治理结构应采取省级农保经办机构作为受托人和（或）账户管理人，将养老保险基金的投资管理权和托管权分别委托外部竞争性商业机构的管理模式；省级农保经办机构在不具备能力的前提下，可以将养老保险基金的账户管理权委托给商业机构。省级农保经办机构、基金管理服务机构在从事个人账户养老保险基金管理服务过程中必须接受社会保障基金监管机构和金融监管机构的监督检查。

第二，积极探索银行质押贷款型农村社会养老保险基金管理方式。

农村社会养老保险个人账户基金委托商业银行进行质押贷款的方式是当前我国农村社会养老保险试点过程中部分地区采取的一种探索性措施。也就是由农村社会养老保险管理部门将农村社会养老保险基金委托给商业银行，再由商业银行按照委托要求将农村社会养老保险基金资产进行质押贷款。目前做得比较好的地区有新疆呼图壁县和四川通江县，这两个县都采取的方式是：银行委托贷款的对象必须是农村社会养老保险的参保农户，质押物是农村社会养老保险证，而出质的对象方面有所不同，新疆呼图壁县允许农户借证贷款，四川通江县要求必须本人持证件贷款。在当前我国农村金融市场发展相对迟缓，农民生产资金需求不断增长，而政府财政支持与金融机构小额信贷相对有限的条件下，积极探索农村社会养老保险基金质押贷款的基金管理方式一方面有效解决了农村养老保险基金保值增值问题，另一方面也有利于繁荣农村金融市场、促进农业生产。

参 考 文 献

蔡昉:《我国人口总量增长与人口结构变化的趋势》,载《中国经贸导刊》2004年第13期,第29页。

蔡昉、王美艳:《"未富先老"对经济增长可持续性的挑战》,载《宏观经济研究》2006年第6期,第6~10页。

邓曲恒、古斯塔夫森:《中国的永久移民》,载《经济研究》2007年第4期,第137~148页。

刘昌平:《养老金制度变迁的经济学分析》,武汉大学社会保障研究中心2005年博士学位论文。

卢向虎、王永刚:《中国"乡—城"人口迁移规模的测算与分析(1979~2003)》,载《西北人口》2006年第1期,第14~16页。

[美]马克·赫特尔著,宋践、李茹等译:《变动中的家庭——跨文化的透视》;转引自陈功:《我国养老方式研究》,北京大学出版社2003年版,第119页。

杨云彦:《中国人口迁移的规模测算与强度分析》,载《中国社会科学》2003年第6期,第97~107页。

杨靳:《人口迁移如何影响农村贫困》,载《中国人口科学》2006年第4期,第64~69页。

姚从容、余沪荣:《论人口乡城迁移对我国农村养老保障体系的影响》,载《市场与人口分析》2005年第2期,第57~61页。

袁志刚:《中国的乡—城劳动力流动与城镇失业:一个经验研究》,载《管理世界》2006年第8期,第28~35页。

"中国城镇劳动力流动"课题组:《中国劳动力市场建设与劳动力

流动》，载《管理世界》2002 年第 3 期，第 74~79 页。

劳动和社会保障部：《1999 年劳动和社会保障统计公报》，载《劳动保障通讯》2000 年 7 月 29 日。

苏琳：《农村社会保障体系正逐步形成》，载《经济日报》2007 年 10 月 11 日，第 1 版。

中国农业年鉴编辑委员会编：《中国农业统计年鉴》，中国农业出版社 2005 年版，第 455 页。

国土资源部：《我国耕地面积下降到只有 18.27 亿亩》，2007 年 4 月 12 日，http://news.xinhuanet.com/politics/2007-04/12/content_5968006.htm。

宋修伟：《2007 年农民人均纯收入达 4140 元比上年实际增长 9.5%》，2008 年 1 月 25 日，http://www.agri.gov.cn/xxlb/t20080125_961295.htm。

农业部：《农村最低生活保障政策问答》，2007 年 5 月 22 日，http://www.agri.gov.cn/ztzl/t20070522_820194.htm。

劳动保障部法制司、社会保险研究所、博时基金管理有限公司：《中国养老社会保险基金测算与管理》，经济科学出版社 2001 年版，第 209 页。

石秀和：《中国农村社会保障问题研究》，人民出版社 2006 年版。

福建省农村社保模式及其方案研究课题组：《农村社会养老保险制度创新》，经济管理出版社 2004 年版。

刘子兰：《中国农村养老保险制度反思与重构》，载《管理世界》2003 年第 8 期。

中国劳动和社会保障部课题组执笔人卢海元：《新型农村社会养老保险试点调研》，载《社会科学报》2007 年 5 月 17 日第 1 版。

戴卫东：《中国农村社会养老保险制度研究述评》，载《中国农村观察》2007 年第 1 期。

中华人民共和国民政部农村社会保险司：《农村社会养老保险基本方案论证报告》，1995 年。

N. L. Bowers 等著，余跃年、郑韫瑜译：《精算数学》，上海科学技术出版社 1998 年版。

卢仿先、曾庆五：《寿险精算数学》，南开大学出版社 2001 年版。

邹公明：《精算学概论》，上海财经大学出版社 2005 年版。

张思锋、雍岚、封铁英：《社会保障精算理论与应用》，人民出版社 2006 年版。

王鉴岗：《社会养老保险平衡测算》，经济管理出版社 1999 年版。

邱婷婷：《农村社会养老保险精算体系及实证研究》，厦门大学系统工程专业硕士学位论文，2006 年 5 月。

刘益成：《养老金个人账户化管理及其年金化问题探讨——国际视角及对中国的启示》，厦门大学工商管理专业硕士学位论文，2002 年 9 月。

崔惠兰：《中国养老金个人账户管理的探讨》，东北财经大学社会保障专业，2006 年 12 月。

刘昌平：《中国企业年金工资替代率敏感性研究》，载《世界经济》2005 年第 10 期。

邓大松、刘昌平：《中国养老社会保险基金敏感性实证研究》，载《经济科学》2001 年第 6 期。

温晓龙、宋存义、崔巍、温晓燕：《项目投资的经济敏感性分析与应用研究》，载《工业技术经济》2007 年第 7 期。

韩长晖：《敏感性分析的因素分析法》，载《上海会计》1999 年第 5 期。

苏琳：《农村社会保障体系正逐步形成》，载《经济日报》2007 年 10 月 11 日第 1 版。

邓大松、刘昌平：《新农村社会保障体系研究》，人民出版社 2007 年版。

Assaf Razin and Efraim Sadka, "Migration and Pension", *NBER Working Paper*, No. 6778, 1998.

Samuelson Paul A., "An Exact Consumption Loan Model With or Without the Social Contrivance of Money", *Journal of Political Economy*, 1958, 66, pp. 467 –482.

United Nations, "Method of Appraisal of Quality of Basic Data for Population Estimates", Manual II, ST/SOA/Series A /23, 1955.

第二篇

新型农村合作医疗制度的发展与完善[*]

杨红燕　张国斌　刘大玉

---

　　* 本篇内容系教育部人文社会科学重点研究基地重大项目《新型农村合作医疗制度研究》（05JJD840009）的阶段性成果。

1 新型农村合作医疗的经验、挑战与对策

新型农村合作医疗制度，是党和政府为解决"三农"问题、构建和谐社会而出台的一项重大惠农政策。2002 年 10 月，我国政府做出《关于进一步加强农村卫生工作的决定》，明确提出逐步在全国建立新型农村合作医疗制度，要求各地先行试点，总结经验，逐步推广，到 2010 年基本覆盖农村居民。从 2003 年 7 月以来，各地按照中央政府有关文件精神，结合当地实际，积极稳妥地开展了试点活动。许多新型农村合作医疗试点地区充分发挥主观能动性，通过政策与体制创新，在实践中摸索出了一些好的做法，积累了一些好的经验，从而为全面推行新型农村合作医疗制度奠定了较好的基础。但在实际运行中，新型农村合作医疗制度也遇到了不少困难和问题，要想使其健康持续的运行下去，需要进一步探索和完善实施方案。

1.1 新型合作医疗制度取得的成效

新型农村合作医疗制度是一项由政府引导、群众自愿、大病统筹、互助共济的新型医疗制度。经过四年来的运行，农村卫生面貌发生了积极的变化，试点工作取得了明显的成效。这主要表现在以下几个方面：

（一）合作医疗覆盖面逐步扩大

从覆盖的地区来看，自 2003 年新型农村合作医疗试点推开以来，

首批启动的试点县（市、区）有 304 个，2004 年增加到 333 个，2005 年做到了每个地（市）至少有一个试点县，截至 2005 年 9 月底，全国共有 671 个县（市）开展了新型农村合作医疗试点工作。① 截至 2006 年底，全国已有 1451 个县开展了新型农村合作医疗试点，占全国县（市、区）总数的 50.7%。② 从覆盖的人数来看，2004 年新型农村合作医疗试点约覆盖 10691 万农村人口，实际参加新型农村合作医疗的农民 8040 万人。③ 截至 2005 年 9 月底，全国有 1.77 亿农民参加了合作医疗。④ 2006 年全国有 4.1 亿农民参加了新型农村合作医疗，而全部农村人口为 7.37 亿，参合率 55.63%⑤，试点地区参合率为 80.5%。⑥ 从以上数据显示，新型农村合作医疗无论是覆盖地域还是覆盖人口数量都在逐步扩大，特别是从 2004 年以后，覆盖面增加很快。

（二）农民逐步享受到益处

新型农村合作医疗逐步扩大了参合农民受益面，提高了参合农民受益水平。从 2003 年开始实施新型农村合作医疗至今，共筹集资金 109 亿元（不包括西藏）。农民医疗负担有所减轻，2004 年平均住院费用占农民纯收入的比例从补偿前的 89% 下降到补偿后的 65%；住院病人 25.7% 得到补偿，平均住院费补偿 731 元。⑦ 截止到 2006 年底，补偿农民 4.7 亿人次；补偿金额逐年增长，累计补偿 243.9 亿元。⑧ 入户调查显示，57.6% 参合家庭获得医疗补偿，14% 家庭获得住院费补偿。⑨ 开展试点工作的地区，看病就医率有所提高，因病致贫、因病返贫的状况有所缓解，例如在甘肃省会宁县实行新型农村合作医疗后，农民住院率由 2.1% 提高到 3.86%，全县因病致贫率由 40% 降低到 11%，⑩ 广大参

---

① 中华人民共和国 2005 年国民经济和社会发展统计公报。
② 中华人民共和国 2006 年国民经济和社会发展统计公报。
③ 中华人民共和国 2004 年国民经济和社会发展统计公报。
④ 中华人民共和国 2005 年国民经济和社会发展统计公报。
⑤ 医药行业：《医改催生行业拐点 内外并举锁定成长》，中财网，2007 年 3 月 13 日。
⑥ 《中华人民共和国 2006 年国民经济和社会发展统计公报》。
⑦ 医药行业：《医改催生行业拐点 内外并举锁定成长》，中财网，2007 年 3 月 13 日。
⑧ 卫生部：《4.1 亿农民参加新农合 今年中央补助 101 亿元》，卫生部网站，2007 - 3 - 12。
⑨ 医药行业：《医改催生行业拐点 内外并举锁定成长》，中财网，2007 年 3 月 13 日。
⑩ 陆代森、汤澜、于素慧：《建立和完善甘肃省新型农村合作医疗长效机制——甘肃省新型农村合作医疗调研报告》，载《财会研究》2006 年第 11 期。

合农民得到了实实在在的好处。随着新型农村合作医疗的不断推进，农民群众对新型农村合作医疗的疑虑逐步消除，信心逐渐增强。与此同时，"小病忍，大病挺，重病才往医院抬"的情况有所下降，广大农民群众的卫生保健意识和健康风险意识明显增强，互助共济意识和民主参与监督意识得到了培育。

（三）农村医疗卫生环境逐步改善

新型农村合作医疗实行定点医疗制度，定点医疗机构的选择有效地提高了基层卫生医疗机构的自我规范意识，促成了各定点机构竞争态势，促进了医疗机构服务质量、技术水平的提高和就医环境的改善，能够较好地为参合农民提供质优、价廉、高效、便捷的医疗卫服务。各试点地区及时出台了相关政策，对医疗机构管理、药品价格、合作医疗补助程序等进行了严格规定。合管办与各定点医疗机构签订了目标责任书，加大了对定点医疗机构服务质量、药品价格以及农村医疗市场的监管力度，从而有效地规范了基层医疗卫生秩序。而且，新型农村合作医疗的实行使疾病预防控制体系得到进一步的健全完善。试点地区省、市、县三级初步建立了政府领导、部门协调、属地管理、分级负责、分类处理的突发公共卫生事件应急管理机构和卫生应急组织体系，进一步健全完善了卫生应急处理预案和监测预警系统，卫生应急反应能力明显提高。

（四）基层医疗资源逐步得到利用

新型农村合作医疗与以往的合作医疗相比，最大的特点就是以政府投入为主，而且直接把钱投给"需方"——参合农民。几年来，各级财政累计投入资金215亿元，2007年中央财政将安排补助资金101亿元。① 一方面，参合农民看病就医有了一定保障，激活并释放了农民的医疗需求。据局部地区调查，合作医疗使农民的医疗需求明显上升，27%的参合农户生病时比参加合作医疗前更为积极地治疗，30%的农户表示更愿意到医院和卫生院看病，而未参合农户中仅有13%的农户表示愿意到医院和卫生院看病。② 另一方面，各试点地区实行逐级转诊制

---

① 卫生部：《4.1亿农民参加新农合 今年中央补助101亿元》，卫生部网站，2007-3-12。
② 郝继明：《进一步完善新型农村合作医疗制度的着力点——兼及三种模式的分析》，载《中国卫生事业管理》2006年第3期。

度，规范了医疗市场，强化了乡村三级卫生网络建设，使卫生资源得到合理利用，正形成县乡村一体化格局。新型农村合作医疗的统筹补偿方案引导农民到乡村医疗机构就诊，快速增长的医疗服务工作量带动了医疗卫生资源逐步向广大农村医疗机构转移，推进了农村医疗的配套改革，有效地激活了农村医疗机构，乡镇卫生院得到健康发展，医疗资源的利用率明显提高。据局部地区调查，定点医疗机构的病床利用率上升了5个百分点，医疗总收入增长了16%。① 乡镇卫生院和村卫生室是参合人群的首选医疗机构；乡镇卫生院和县医院是参合人群的主要住院医疗机构。由此说明，农村居民的医疗服务消费趋于合理。

（五）制度逐步得到完善

目前，新型农村合作医疗制度基本形成，运行机制逐步规范，基金运行基本平稳。各试点地方已建立了较健全的组织机构，县里和乡镇都成立了合作医疗管理委员会、合作医疗监督委员会和合作医疗管理中心，配备了专职人员，有条件的地方初步实现了网络化管理。从整体上来看，新型农村合作医疗制度框架及运行机制基本形成，已建立了从中央到地方由政府领导，卫生部门主管，相关部门配合，经办机构运作，医疗机构服务，农民群众参与的管理运行机制；建立了以家庭为单位自愿参加，以县（市、区）为单位统筹，个人缴费、集体扶持和政府资助相结合的筹资机制；形成了符合各地实际的统筹补偿方案，建立了参合农民在本县（市、区）范围内自主选择定点医疗机构就医，现场结报医疗费用的结算报销办法；建立了有关方面和农民参与的以基金运行、审核报付为核心的监管制度；形成了医疗服务、药品供应等方面的规范，建立了与新型农村合作医疗制度相互衔接、互为补充的医疗救助制度。这些较健全的组织和制度保证为新型农村合作医疗制度的顺利运作打下了良好基础。

（六）党和政府的良好形象得到提升

过去一些因病返贫、致贫的农民因生活困难而去找政府帮助，但政府由于自身财力有限等原因不能从根本上予以解决，再加上农业税

① 郝继明：《进一步完善新型农村合作医疗制度的着力点——兼及三种模式的分析》，载《中国卫生事业管理》2006年第3期。

费和土地纠纷等问题，干群关系一度非常紧张。新型农村合作医疗制度的建立，促进了精神文明建设，提高了党和政府在群众中的威信和形象，尤其是在宣传发动工作中，乡村干部走村串户向农民宣传新型农村合作医疗试点工作政策，加深了同群众的联系与沟通，改善了党群、干群关系，增强了凝聚力和向心力，农民真正感受到党和政府对自己健康的关心，新型农村合作医疗政策在农村中得到普遍拥护和支持。抽样调查表明：对新型农村合作医疗制度表示很满意和比较满意分别为 28% 和 52%，表示不满意和很不满意的仅占 5%，15% 的农民持无所谓态度，83% 的被调查者对乡镇政府组织农民参合工作表示很满意和比较满意，88% 的被调查者对村委会组织农民参合工作表示很满意和比较满意，90% 的被调查者认为国家的政策能很好地贯彻到基层。[①] 同时，发扬了良好的社会风尚，有些试点地区如广东省番禺区在实施新型农村合作医疗制度中规定：对因犯罪和自杀等违法和不良行为造成伤害而产生的医疗费用不予报销，促进了社会稳定、和谐与健康地发展。[②]

1.2　新型农村合作医疗试点经验分析

各试点在推行新农合制度的过程中，根据中央精神，结合本地的实际，能够发挥自己的主观能动性，创造性的工作，使试点工作开展得有声有色，提供了许多好的做法，值得总结和借鉴。

（一）细致调查、宣传到位

建立新型农村合作医疗制度，政策性强，意义十分重大，加上我国有两次合作医疗失败的深刻教训，所以党和政府在新型农村合作医疗启

---

① 郝继明：《进一步完善新型农村合作医疗制度的着力点——兼及三种模式的分析》，载《中国卫生事业管理》2006 年第 3 期。

② 王碧华：《发达地区新型农村合作医疗模式的探索——广州市番禺区新型农村合作医疗的实践》，载《中国卫生经济》2006 年第 2 期。

动之初，态度就很明确，要求各地要先行试点，进行探索，取得经验，逐步推广。要因地制宜、实事求是、科学制订实施办法，慎重选点、细致调查是前提。最初的试点选择，按照经济情况和地理位置的不同，挑选了不同经济水平的省份，照顾了东部、中部和西部地区，以便为进一步的推广奠定基础。最初试点的浙江、湖北、云南和吉林 4 省，先行组织开展基线调查，制定试点方案，因地制宜地开展了试点工作。为积极稳妥、扎扎实实地做好新型农村合作医疗试点工作，国务院新型农村合作医疗部际联席会议进行了广泛深入的调查，听取了试点省的情况汇报，召开了专家座谈会，并召开会议讨论，形成切合实际的意见，指导和督查各个试点地区。

为了增强农民群众的参与意识，引导农民群众积极自愿参加合作医疗，宣传工作是关键。各个试点地区开展了声势浩大的立体式宣传，有形式、有内容、有声势、有实效。首先是宣传内容有针对性。针对农民关心的有关新型农村合作医疗政策、措施、报账兑付程序进行宣传，深化干部、农民对新型农村合作医疗制度重要性、必要性的认识。其次是宣传形式多样性。各地利用广播、电视、报刊以及宣传车、悬挂横幅、张贴标语等多种形式进行宣传发动；召开村民组长会、党员会、农民代表会、座谈会、家长会进行动员；鼓励镇村领导、广大党员干部家属、群众积极分子带头参加合作医疗，由他们来带动农民参加合作医疗；各县（市·区）印发"致农户的一封信"，由镇、村干部入户送到农户手中，使相关的政策和报账兑付程序深入到每家农户，使大家全面准确了解合作医疗工作的政策、所能享受的利益等。再次是宣传具有连续性。有的试点地区通过典型宣传和现身说法，谈体会、说感想，言传身教，带动他人，吸引更多群众参合。还有的试点地区及时总结经验教训，到先进地区参观学习，重点推广，及时修正本试点地区方案的不足。最后是宣传对象具有广泛性。除了加强对干部、农民群众的宣传之外，对医务人员、合管工作人员等也进行了宣传动员。对医务人员进行医疗卫生职业道德宣传，要求定点服务机构人员服务行为规范，服务水平提高和方便农民，替农民群众把"保命钱"用好；对合管人员进行"以人为本、深化服务"宣传，提高他们的管理水平，增强接受监督的意识，促进各方监督的深入落实。

（二）组织重视、部门配合

新型农村合作医疗是一项复杂的综合的系统工程，任何一个环节使不上力或脱节均会出现问题。因此，领导重视，各方支持，同心协力是推进新型农村合作医疗工作的关键，党和政府把它作为为民办事的"民心"工程来抓，作为统筹城乡发展、构建和谐社会的一项重大政治任务来运作。

首先，从中央到地方各级领导都高度重视。各级领导一把手要么亲自批示要么亲自抓，而且通过召开各级大会，讲清意义和政策，统一大家的认识。主要领导多次到卫生部门调研并着力解决碰到的问题，召开办公会议专题研究部署，成立了农村社区卫生服务项目领导小组，加强了对辖区卫生服务工作的领导，制定了相关政策。各试点地区加大对新型农村合作医疗的财政投入，保证合作医疗试点运行必需的经费，以多种方式调剂解决工作人员，特别是贫困试点地区，在财政极其困难的情况下，还能确定办公用房，配齐了必要的办公设备，保证工作的正常开展。

其次，健全组织机构。从横向上，按照我国政府现行的政治体制和不同部门的行政管理职能，根据新型农村合作医疗工作的需要，把新型农村合作医疗制度的管理体制划分为三个层次，即第一个层次是领导（协调）机构，主要第二个层次是管理机构，第三个层次是经办机构，分工明确，各司其职，保证了工作落实。从纵向上，从上到下形成了中央、省（自治区、直辖市）、市、县、乡到村联运管理，实行一级抓一级、层层抓管理的机制，做到了层层有人抓，事事有人管，为有效地推进试点工作提供了坚强的组织保障，保证了工作的正常运转，较好地发挥了组织协调、管理指导的作用。然后，部门相互配合，协同建设新型农村合作医疗。从全国目前调动的部门来看，据不完全统计，党和政府有二十三个部门参加了建设新型农村合作医疗的工作[①]，有六家商业保险公司开展了农村医疗保险业务。[②] 各部门相互协调，相互配合，落实

---

① 即党委、政府、人大、政协、宣传、农办、纪检、药监、物价、公安、卫生、农业、财政、社保、民政、计划、监察、审计、农委、扶贫办、计划生育、食品药品监管及村组。
② 即中国人寿、中国太平洋人寿、中国平安人寿、泰康人寿和中华联合保险公司。

支持和保障措施，不断完善方案，加强对新型农村合作医疗的支持，保证了试点工作良性发展。

最后，由中央到试点地区组织层次不同的工作督查组，加强对新型农村合作医疗工作的检查督促和指导；组织专家组对试点地区的工作进行业务指导，有力地促进了试点工作的开展。

（三）尊重农民、谋利为民

农民群众是新型农村合作医疗制度的推动力量和最终受益者。一些试点县的实践证明，只要耐心、细致、扎实地做好工作，新型农村合作医疗制度就能赢得广大农民群众真心实意的支持和拥护。因此，能否做到坚决贯彻农民自愿参加的原则，是新型农村合作医疗试点工作成败的关键。历史经验表明，要办好农村的事情，必须尊重农民的意愿，维护农民的权益，把农民的积极性调动起来。任何靠强迫命令让农民办的事情，都不能成功，也不会持久。在合作医疗方案的制定中，认真倾听农民群众的意见和建议，认真考虑农民群众的利益；在制度的运行机制中，尽可能多地考虑农民群众实际情况和困难，给农民群众更多的方便和照顾。

首先，强化宣传力度，把知情权交给农民。宣传实事求是，使广大农民充分认识到新型农村合作医疗对保障健康、救助重病大病的重要作用，又从实际出发，不夸大其作用。宣传形式多样化，通过采取农民喜闻乐见，寓情于理的方式进行宣传，增强了宣传的针对性、层次性和有效性，使农民参合积极性不断。

其次，签订协议，尊重农民的意愿，不搞强迫，把自主权交给农民。坚持把签订参合协议书作为农民参合工作的基本制度，切实规范参合程序，要求合作医疗经办机构在组织农民参合时，必须与农民签订协议书，并在协议书中明确新型农村合作医疗管理的有关政策及医生和患者双方的权利和义务，用契约的形式规范双方行为。农民自主确定是否参加合作医疗，变被动参加为主动参与，进一步强化了合作医疗经办机构和定点医疗机构的责任意识，从而更好地为参合农民服务。

再次，养成农民自觉缴费习惯，把决定权交给农民。在宣传引导、签订协议的基础上，采取以家庭为单位，由农民自主决定的方式参加新型农村合作医疗，并自觉按照规定缴纳个人费用。在工作中，防止片面追求参合率，采取有效措施，禁止财政、卫生等部门代缴和垫付农民参合个人应缴资金，禁止强迫命令向乡村干部定任务、搞包干、强摊派等错误做法。实践证明，只要坚持农民自愿参加的原则，就能够得到农民的支持和拥护，把好事办好。

另外，谋利为民，人性化对待农民。一方面，试点地区政府非常注重研究解决农民群众长期参与的问题，采取了适当降低住院补助门槛、建立家庭账户、慢性病门诊补助、免费体检、二次补偿、简化报销手续、降低医药费用，让利于患者、实行首诊医生连带责任制度、严格执行物价政策等多种方式，尽可能扩大合作医疗受益人群，保护和调动农民群众长期参与新农合的热情和积极性。另一方面，针对特殊情况特殊处理。对待外出打工农民，灵活务实地采取措施，有的试点区明确规定参合对象外出务工期间患病者，由本人凭住院治疗的病历资料及附件提出书面申请，其户口所在地村委会出具证明，经乡镇合管办列入补偿范围，报县合管办批准按规定报销，受到打工农民欢迎。对待农村特困户、低保户、五保户、伤残军人和农村独生子女户参加合作医疗，政府出资资助，解决了弱势群体参合救助的问题（例如河南武陟县）。

最后，提高制度的公开、公平、公正性，把监管权交给农民。通过公示，把合作医疗运行情况告诉农民；通过邀请参合农民代表加入督查监督小组，确保合作医疗公开、透明、公平、公正。

（四）因地制宜、大胆创新

在坚持农民自愿原则的基础上，结合当地经济发展水平、农民经济承受能力和医疗供需状况，各试点地区因地制宜，在交费标准、缴费方式、补偿比例及运行模式等方面，大胆创新，制订符合实际、科学规范的试点方案，是保证试点工作取得成功的重要环节。

首先，在交费标准方面，经济情况不同的试点地区，交费标准各有差异。就全国来看，东部发达地区，交费标准相对要高，但其享受的医疗水平相应也高。东部欠发达、中部和西部试点地区，一般是按中央规定农民个人承担 10 元的标准在执行。

其次，在缴费方式上，各试点地区充分发挥工作主动性，尝试不同的缴费方式。大部分试点地区是通过由银行或者代理机构让农民能在给定的时间内（时间不能太短）缴纳费用，但由于这需要农民花较长时间排队才能参加合作医疗，而收缴方式、收缴时间都对参合率都会有影响。于是，一些地方尝试新的收缴方式、改变收缴时间，以达到提高方便农民、提高参合率的目的。许多试点地区都在简化筹资程序。有的采取上门服务，边登记、边签协议、边收费的方式提高了筹资效率。有的采取滚动筹资方式，比如河南省武陟县与江苏省赣榆县采取的滚动筹资方式，即参加新型农村合作医疗的农民结报医药费时，本着自愿原则，可用报销所得费用，向镇合作医疗管理机构预交次年的参合资金，对于稳定参保率和续保率起了积极作用，而且改革缴费方式也节约了管理成本。此外，湖北省在农民自愿的基础上，由农民签约委托农税机构在秋粮收购时代收个人应缴保费，受到了农民的欢迎。

再次，尝试不同的基金运行模式。目前，新型农村合作医疗主要是由卫生部门行使行政管理职能。按照具体经办合作医疗基金支付业务的部门来分，试点地区主要探索了三种类型：一是卫生部门所属合作医疗管理中心经办。在目前试点中，这种模式占94%；二是社保部门所属社保结算中心经办，这一模式占2%，主要分布在东部农业人口比较少的地区；三是商业保险公司代理结算业务，这一模式占4%，主要在东部一些地区。另外，在补偿方式方面，目前合作医疗补偿的主要类型有单纯大病统筹（住院、住院和门诊大额费用）和大病、小病兼顾（既补住院又补门诊费用）两种类型。在全国试点地区中前者占28%，后者占72%，其中门诊费用补偿模式又分为设立家庭账户和设立门诊统筹基金两种，除沿海几个经济发达的省份外，多是以住院和门诊统筹兼顾的补偿模式为主。[1] 即使在同一省份，不同的试点县（市、区）也有采取不同的合作医疗运行模式。比如上海，经济发展水平较低的崇明县坚持以低水平、广覆盖，提高农民参保率为主要目标，实行基本医疗保障与大病住院统筹相结合的运行模式，既保证农民获得基本的医疗服务，又尽可能解决因病致贫问题。奉贤区实行区级大病统筹和乡镇基本医疗保障相结合，并对大病、重病特困人员实行医疗联动救助的合作医疗运行模式。松江区在乡镇基本医疗保障和区大病统筹的基础上，实施门诊家庭账户，主要支付家庭成员的门诊医疗费用；家庭账户用完后仍

---

[1] 李美娟、王丽、邓卫华：《我国新型农村合作医疗现行模式比较分析》，新华网。

可享受镇级门诊统筹基金的补偿。①

　　还有，在合作医疗补偿方面，依据乡镇卫生机构、县级卫生机构、域外医疗机构不同情况规定了不同的补偿比例。有些试点出于合理使用卫生资源的目的，报销比例按照卫生机构级别，采取累退式报销方式；有些试点出于解决农民承受的费用轻重不同，采取累进式报销方式。比如河津市规定，乡镇卫生机构比县级卫生机构分段报销比例高出10%，鼓励农民到乡镇卫生机构就医，促进了基层卫生机构的发展。② 有些试点根据情况，打破一次报销的做法，实行两次报偿模式。例如广州市番禺区创立两次报销模式，既集体与中国人寿保险公司签订合同，为农村人口购买了商业保险，同时农民又参加了新型农村合作医疗。农民住院持相关单据及证明文件到村委办理报销手续，村委会根据实际报销金额计算规则向村民支付报销金额后，再向保险公司索取补偿，这提高了农民的医疗保障水平。③ 另外，整顿卫生资源，提高服务质量。某些基础较好的试点地区，与北京协和医院、天坛医院等全国著名医院、名医"攀亲结缘"，实现与异地知名专家远程临床会诊和资料会诊。④

　　最后，适当扩大参保对象。新型农村合作医疗参加的对象主要是本地农村居民，但有些地区的参保对象更加广泛，如江苏省昆山、宜兴等市将未纳入城镇职工医疗保险的县城所在地的城镇居民，农村、小城镇居民和因失业等因素不再享受城镇职工医疗保险的农村常住人口也纳入新型农村合作医疗的参保对象，从而构成了完整的医疗保障体系。⑤

　　（五）完善体制、加强管理

　　开展新型农村合作医疗试点是一项新的工作，也是一项复杂的社会系统工程，除了靠组织重视、部门配合以及各试点因地制宜外，探索和

---

　　① 陈兴宝、张文忠、邵浩奇、贾晓蓉：《上海郊区新型农村合作医疗制度试点经验与评价》，载《卫生经济研究》2006年2期。

　　② 崔强：《对河津市新型农村合作医疗情况的调查》，载《山西财税》2006年4月。

　　③ 王碧华：《发达地区新型农村合作医疗模式的探索——广州市番禺区新型农村合作医疗的实践》，载《中国卫生经济》2006年2月第2期。

　　④ 吴兆新、刘剑、黄士凯：《宁阳县新型农村合作医疗长效机制建设的实践》，载《卫生经济研究》2006年第2期。

　　⑤ 孙文基：《江苏新型农村合作医疗的调查和思考》，载《南通大学学报（社会科学版）》2006年第3期。

完善新型农村合作医疗的筹资、组织、管理和监督机制是其重点。

首先，完善筹资制度，筹资形式多样化。合作医疗基金的筹措既是新型农村合作医疗得以开展的基础性环节，也是新型农村合作医疗得以持续发展的重要保证。在吸取我国农村医疗卫生改革的历史教训的基础上，《中共中央、国务院关于进一步加强农村卫生工作的决定》明确规定，实行"农民个人缴费、集体扶持、政府资助相结合的筹资机制"。而且为了增强抗风险和监管能力，要求提高统筹层次，条件不具备的地方可从乡统筹起步，逐步向县统筹过渡。大部分试点地区都贯彻了中央政策精神，按规定的标准向农民每人每年收取 10 元的保费，中央和政府补贴 20 元①。但也有试点地区在缴费数额和收缴方式方面发挥了自主创新能力，做了一些探索和尝试。例如浙江省开化市从本地经济水平和农民实际负担能力出发，规定农民每人每年缴费 20 元，财政补助 20 元。对于农民个人缴费部分的征收，开化市推行了委托农村信用社代扣缴费制度。河南省新乡市实行开放式筹资机制，将农村特困救助、扶贫、计划生育奖励等政策统筹协调，与合作医疗融为一体。根据新乡市规定，凡救助或奖励对象自愿参加合作医疗的，由政府利用相应资金为其缴纳个人应缴基金。河南省武陟县和江苏省赣榆县创新式的实行滚动式预缴费制度。各试点地区在资金筹集机制方面的政策创新，不仅推动了其自身事业的健康发展，同时也为其他地区的试点工作提供了一种可供借鉴的模式和经验。

其次，健全的组织机构。健全的组织机构是试点工作正常运行的重要保障。各试点地区形成了领导（协调）机构、管理机构、经办机构三个层次的管理体制，每个试点县、乡都成立了合作医疗管理委员会、合作医疗监督委员会和合作医疗管理中心，分工明确，负责明确，保证了试点工作的落实。

再次，重点加强对基金的管理与监督。合作医疗基金是农民的保命钱，对其重点管理和监督是新型合作医疗运行机制中关键的环节。各试点地区针对合作医疗基金的管理和监督设计了旨在保证资金安全和资金使用公开透明的管理制度。当前，按照具体经办合作医疗基金支付业务

---

① 从 2006 年，中央政府的补贴由原来的 10 元提高到 20 元。

的部门来划分，各地新型合作医疗试点的做法主要有三种，即卫生部门所属合作医疗管理中心经办、社保部门所属社保结算中心经办、商业保险公司代理结算业务。无论哪一种基金运行模式，基金均统筹使用、专户储存、专款专用，封闭运行，基金统一管理，实行"管办分离"，明确禁止挪用、挤占和提取管理费，并加强监督检查，坚持规范运行，确保了资金运行的安全。例如，江西省分宜县建立健全了基金管理制度、资金使用的"双印鉴"制度和基金管理使用督察制度，同时建立县、乡、村三级合作医疗费用公示制度。在此基础上，推行了"管办分离"模式，将合作医疗经办机构和医疗机构分离，县里成立合管会，办公室挂靠卫生局，乡镇一级成立农医所，切实保障基金管用分离、封闭运行。① 湖南韶关市将农村合作医疗基金纳入信用合作社管理，实现银行管钱不管账，经办机构管账不管钱，基金收支分离，管用分开，封闭运行。河南省新乡市和江苏省江阴市将基金全部委托给商业保险公司，以政府购买中介服务的形式，委托保险公司负责基金的管理和支付。

另外，制定科学的合作医疗补偿办法。严格按照"公开、公正、公平"和"以收定支、略有结余"的原则，既要防止补偿比例过低使基金结余过多，又要防止补偿比例过高而出现基金透支的危险。目前，合作医疗补偿的主要类型两种，即单纯大病统筹（住院、住院和门诊大额费用）和大病、小病兼顾（既补住院又补门诊费用）。而且各地在具体的比例分配、大额医疗补助起付金额、封顶金额等标准的确定上又各自不同。这些补偿类型和补偿措施，均有明显的优缺点，要扬长避短，关键是要符合当地的实际情况。如湖北长阳县实行门诊与住院统筹相结合，以住院统筹为主，同时建立风险的防范模式。江苏省丹阳市创新的市医院与乡镇卫院二次结算的两级结算模式，将乡镇卫生院作为一级结算点，乡镇卫生院定期与市医保中心进行二级结算，从而极大地提高了参保农民受偿的便利性。

最后，优化基层卫生环境。合作医疗服务机构实行资格认证制度，确定定点医疗服务机构，进行资质动态管理，与定点医疗机构签订服务协议书，制定约束措施。同时，规定定点医疗服务机构要单独建立合作

---

① 郑延涛、孙磊：《新型农村合作医疗试点经验分析》，载《理论探索》2006 年第 1 期。

医疗资金收付账目，实行计算机管理。而且进行医药配套体系建设，加大对农村卫生基础设施的投入，加强对农村卫生人员的培训和支持。一方面抑制医药价格，另一方面规范医疗机构与医务人员的行为，从根本上解决医疗服务与药品供应体系的问题。

（六）重视专家、指导督查

建立新型农村合作医疗制度是一项技术性非常强的工作，要注重发挥相关院校、科研机构、社会团体和专家学者的技术支持与指导工作。因此，重视专家对新型农村合作医疗的指导督查，是新型农村合作医疗试点工作顺利开展的基础性要素。

首先，卫生部把全国相关知名专家组织起来，成立了专家指导组，负责对全国试点工作的指导和督查。各试点省（自治区、直辖市）相应也成立了专家指导组，加强了对试点县（市）的工作指导，加强了对试点工作的总结评估，及时发现问题，总结经验教训，不断完善试点方案。

其次，卫生部与最初试点的浙江、湖北、云南和吉林四省建立了相对固定的联系，加强对四省试点工作的调研、跟踪指导和评估，协助四省对管理和经办人员进行培训，总结新型农村合作医疗的具体管理和动作办法，同时为各省、自治区和直辖市培训业务骨干，各地相应也组织了层次不同的培训，而且培训对象比较广泛，推动了面上试点工作，提高试点工作水平。

另外，卫生部专门建立了一个新型农村合作医疗网站，把有关合作医疗的政策法规、评论、专家文库、学术园地、国际信息和各地的试点工作等都放在网站上面。各试点省（自治区、直辖市）也均在网站上建立新型农村合作医疗的专门版块，把相应的政策和做法放在网站上面。这些做法便于试点地区更好的把握政策，有利于指导新型农村合作医疗的工作顺利健康的运行，有利于相互之间的学习借鉴和及时调整自己的方案。

最后，试点地区组织人员相互参观学习。特别是到试点开展较早或有创新举措且相对成功的试点地区去参观学习，借鉴其经验和做法。比如河南省新乡市和江苏省江阴市借助商业保险公司管理基金运作和支付的做法、江苏省赣榆县的滚动式预缴费制度、云南省各试点县在确定报销起付和封顶金额方面实行的"一县一策"、浙江省开化市缴费标准、广东省广州市番禺区创立两次报销模式等，都为试点地区进一步推动本地的新型农村合作医疗工作，加强合作医疗资金管理等提供了很好的借鉴和学习的平台。

当然，我国各新型农村合作医疗试点对于建立新型农村合作医疗的尝试和探索是多方面的，并不仅仅止于上文所探讨的几个方面，而且对于其他方面的实践创新同样具有深入探讨的必要性。新型农村合作医疗试点工作是一项改革性和试验性的工作，目前还没有完全成熟的经验和模式可供借鉴，需要在实践中不断探索和积累经验。尊重这些来自试点实践的政策创新经验，并在不断总结和反思的基础上加以完善和推广，则是我国新型农村合作医疗试点工作进一步深化和发展的重要途径和重要环节。

1.3 新型农村合作医疗制度面临的挑战

全国新型农村合作医疗虽然发展速度较快，试点地区取得了明显成效，积累了许多令人惊喜的经验，但是，该项工作毕竟仅仅运行了四年，作为一种尚处于试点阶段的制度，受各种因素的影响，还有不少亟待解决的问题。如果注意不到这些问题以及存在的某些负面激励，将可能降低这项制度的保障效力或者导致政策目标的偏离，影响新型农村合作医疗制度的健康运行和可持续发展。

（一）筹资困难、运行管理成本过高

首先，农民顾虑重重、合作医疗筹资困难。据部分乡镇的调查数据显示，积极响应的农民只占30%，且参加者多为老弱病残群众。[①] 导致这种现象的原因是多方面的，从主观上看是农民健康观念、互助共济观

---

① 王永茂：《对新型农村合作医疗政策的研究》，载《中共山西省委党校省直分校学报》2006 年第 1 期。

念以及风险观念淡薄，对新型农村合作医疗政策的稳定性和管理者不信任。有的农民认为自己身体好，一般不会得病；有的农民害怕交了钱而不得病，钱被别人使用，心理上不平衡；有的农民怕报销兑现难；部分信教的地区或落后地区，由于迷信思想作祟，对参加新型农村合作医疗有抵制情绪①；经济条件较好的家庭则认为合作医疗的保障水平太低，有些农民受以前参加商业保险在理赔、退保、兑现难等方面的影响，认为新型农村合作医疗与商业保险属于同一性质，缺乏诚信度，也不愿意参加。另外，由于农村长期以来的工作方式造成干群关系紧张，而且大多数农民对新型农村合作医疗缺乏感性认识，再加上参加合作医疗需要农民交纳一定数额的资金，所以对参加合作医疗兴趣不高。从客观上看，由于农村医疗卫生设施、提供的服务不能满足农民增长的卫生需求，还有些农民虽然在较大程度上赞成实行合作医疗，但由于合作医疗在农村几起几落，以及在实行合作医疗地区的确存在资金管理不善、挪用资金、账目混乱、缺乏监督等不良现象，导致农民对合作医疗相关管理组织或部门不信任，对合作医疗能否长久存在一定的担心。在不少农民对新型农村合作医疗缺乏足够了解的同时，部分参保农民期望值高，互助共济的意识明显不足，如果参合当年没有达到期望值，很难保证下一年他还能参加合作医疗。另外，医疗保险没有照顾到日益壮大的流动人口。全国农村外出打工人员占农村劳动力的 22.3% 以上，② 各试点乡镇外流人口多，尤其边远的乡村，有的村留守人口还不到原人口的10%，且大多数是举家外迁。③ 加上有些报销补偿过程中手续烦琐，并且较低的受益面和较低的补偿比例又使很多人觉得参加合作医疗的意义不大，因此，发动农民自愿参加合作医疗困难很大，致使合作医疗筹资困难，直接导致试点地区筹资总额不大，广大中西部地区，合作医疗在资金筹集上有的连最低标准也达不到，30% 以上的村不能实行合作医

---

① 葛忠奎：《阿荣旗推行新型农村合作医疗试点工作主要做法及成效》，新型农村合作医疗网。

② 孙洪军、郑立军、徐兴富：《新型农村合作医疗参合率不高的原因及对策分析》，载《卫生经济研究》2006 年第 2 期。

③ 林淑周：《福州市新型农村合作医疗制度试点县实施情况调查》，载《福州党校学报》2006 年第 2 期。

疗，即使有中央政府的资助，资金的可持续性也难以保障，[①] 影响了基金的健康持续发展。

其次，运行管理成本过高、相关部门难以为继。一方面，在新型农村合作医疗推行初期，由于上述农民方面的相关问题没有得到解决，为了达到上级规定的参合率，每年新型农村合作医疗筹资都需要基层执行机构挨家逐户上门收取，甚至需要一对一的谈判来收取。而在某些总筹资到位率比较高的试点地区，高筹资到位率背后其实隐藏着重大的隐患。因为少数试点地方出现基层干部为追求政绩，或者为扩大农民参合率以保证基金支付，强迫农民参加合作医疗的现象。有的盲目追求试点数量、定指标、赶进度；有的向乡村干部搞任务包干、农户摊派；有的强迫乡（镇）卫生院和乡村医生甚至民办教师代收代交，或要求乡镇卫生院的专业医务人员承担管理中大量具体繁杂的服务性工作；有的未征得农民同意就向企事业单位或金融机构借贷垫付，并以此套取中央的补助资金；有的通过要求扶贫单位或干部自己代为扶贫对象交付等。这种状况很难保证农民筹资的持续性，直接制约着农村合作医疗的较快推广铺开。另一方面，试点地区各级政府都成立了一套相应的新型农村合作医疗管理机构，管理人员和办公经费都列入财政预算。这对于财政状况本身就很拮据的县乡政府和较低的合作医疗筹资水平来说，是一笔不小的支出。而且这些都只是直接的制度成本。此外，县级财政不仅要安排配套支出，而且还要承担数额相当大的宣传组织费用和运转管理费用。许多县级政府迫于无法安排这部分经费，将部分费用转嫁给卫生机构，包括县医院、乡镇卫生院和村级诊所，而这些机构最终又会把这部分费用在经营中转嫁给患者。还有一个方面，在某些贫困地区的试点，信息化建设滞后，它们均采用手工操作将大量参加农村合作医疗的农民的相关资料造册登记，效率低，也导致补助审核时查阅资料费时费力，给农民报销带来很大不便，而且人为因素也比较大。更为突出的是，绝大部分县合管办人员较少，部分县尚未落实经办机构人员编制，有的看起来有编办的批文，实际上却是"在岗不在编"，如浙江省丽水市共落

---

① 韩俊：《当前农村医疗卫生服务状况调查与分析》，载《中国社会科学文摘》2005 年第 3 期。

实新型农村合作医疗工作人员编制 33 人（平均每县仅 3.6 人），要承担全市 160 多万农民的结报管理工作，任务极其繁重。同时，由于工作人员大多为兼职，市、县农医办大部分工作常常处于应付状态。① 再加上经办机构人员素质参差不齐，政策水平和业务能力难以应付工作需要，在组织管理能力上凸显窘迫，管理成本之高难以负荷。

再次，财政困难、县级政府补助资金捉襟见肘。新型农村合作医疗要求各级政府财政给予一定数量的补助，但是，农民数量巨大，各县市多的农业人口有上百万左右，少的也有十几万，其财政支持的总数是相当大的，而且许多县级财政特别是中西部贫困试点地区的县级财政，现在仅处于维持"吃饭"的财政状态。如广东省阳江市，2005 年市地方财政一般预算收入 9.9 亿元，支出 22.1 亿元，此外，2003 年起阳江市财政每年还需归还城市信用社、农村合作基金会专项再贷款共 5000 多万元，由省财政通过扣拨阳江市补助款的方式归还，财政资金缺口很大。② 在试点工作刚推行初期，由于上级政府强调重视，各级政府尚能尽力划拨一定数量给予补助，如果没有强有力的法律政策保证，在新型农村合作医疗推广之后，此项负担将长期存在，数额只增不减，再加上其他社会公益项目的配套资金，对贫困县及所在市级财政而言，潜在压力更大，那么可能影响合作医疗的可持续发展。

最后，认识不到位、措施不得力。部分试点地区市、县党委、政府领导对建立农村合作医疗制度的目的、意义认识不足，对政策理解不深，对农民的医疗保障问题普遍未引起足够的重视。有的认为农村合作医疗是卫生部门的事，把责任推给卫生部门，一推了之；有的片面强调群众自愿原则，采取放任自流的态度；有的认为城镇职工基本医疗保险制度改革主要由国家出资都有难度，而农民数量多、收入低、医疗保障面广，又主要是自费，因此集资更难，困难更大，存在畏难情绪、等待观望的态度。其结果导致农村合作医疗工作摆不上各级党委、政府的议事日程，纳不进党委、政府的工作目标，更没有制定相应切实可行的配

---

① 张晓红：《丽水市新型农村合作医疗存在的问题及建议》，载《卫生经济研究》2006年第 10 期。

② 潘江：《高覆盖率背后的隐忧——对阳江市新型农村合作医疗开展情况的调查》，载《中国金融》2006 年第 15 期。

套政策。同时，镇（村）农村合作医疗干部待遇差，农村合作医疗管理人员队伍不稳定。镇农村合作医疗干部还兼管其他农村工作，一些农村合作医疗干部不堪工作重压，纷纷要求换岗。这些都直接影响新型农村合作医疗工作的开展。并且，部分配套措施没跟上，如有些镇没有成立专门的新型农村合作医疗委员会，有些镇虽然成立了委员会，但委员会中没有农民代表参加等。个别乡镇领导班子松散，乡镇一换届，合作医疗工作受干扰，村委会的农村合作医疗管理人员也会随着村委会的改选而变化，出现了农民想参合却无处交钱办证，或者农民交钱很长时间后合作医疗证迟迟不发的怪现象。① 另外，长效宣传措施不力。在合作医疗试点之初，各试点地区都能开展大规模的宣传发动工作，但某些试点地区由于不能以一贯之、深入持久，特别是没有很好地宣传合作医疗有关报销政策，使得农民对报销政策的知晓率不高，甚至导致部分农民误解，产生"受骗"感觉，增加了收费的难度。据对福州市试点县调查显示，只有38%的农户知道"医药费报销所需要的手续"，21.1%的农户则根本不知道。"对能报销的医药费金额是怎样计算的"，70%的农户回答"有点清楚"或"不清楚"。② 许多上门宣传的干部自己对政策也不清楚，如江西省赣州市的调查显示，只有30%的工作人员主动学习合作医疗知识，大部分工作人员都按部就班地进行宣传讲解工作，③ 加上部分乡镇、村干部工作不细致，在合作医疗基金收缴过程中只求完成任务，没有细心和耐心地向群众宣传新型农村合作医疗相关政策，甚至采用哄骗手段收费，导致农民对合作医疗政策的误解和不满。

（二）基层卫生基础设施差、服务供给质量亟待提高

首先，卫生基础条件亟须投入。虽然开展试点工作的地区，由于医疗需求扩大，基础医疗机构收入增加，但是贫困地区的大部分合作医疗定点单位，特别是乡镇卫生院村卫生室条件普遍较差，基础设施落后，

---

① 甄红菊：《临清市新型农村合作医疗新方案推行中的主要问题及对策建议》，载《中国初级卫生保健》2006年第8期。

② 林淑周：《福州市新型农村合作医疗制度试点县实施情况调查》，载《福州党校学报》2006年第2期。

③ 荣静、杨川：《从参与主体看新型农村合作医疗的问题与对策》，载《经济师》2006年第7期。

房屋已经老化，医疗设备陈旧落后或者短缺，诊疗手段落后，看病仍是依靠"听诊器、血压计和体温计"，甚至连普通的 X 光机和 B 超机都没有，影响了诊断的准确性和诊疗效率。据统计，目前浙江省丽水市全市有半自动生化分析仪、心电图、X 光机、B 超、尿液分析机等且能正常使用的乡镇卫生院 29 家，仅占建制以上乡镇卫生院的 15.3%；能开展物理体检、三大常规、B 超、胸透和心电图五项体检任务的乡镇卫生院 62 家，占建制以上乡镇卫生院的 32.8%。[1] 由于设备老化，利用率降低，导致卫生部门收入减少，没有足够的资金进行维护，进而加剧了设备的老化程度，造成服务功能非常有限，严重制约着新型农村合作医疗工作的顺利开展。

其次，卫生技术力量严重不足，业务素质整体不高。新型农村合作医疗制度可持续发展的关键是农民能否得到满意的医疗卫生服务。但是，目前农村地区的医务人员队伍结构不合理，高水平的医疗技术人员比较匮乏，老医生甚至一些赤脚医生仍是农村医务主体。据统计，在大部分农村地区乡镇卫生院的卫生技术人员中，中专学历和未接受专业培训的高中以下学历者分别占 53% 和 36%，[2] 在贫困地区这一比例更大，大专学历者比例很低，大学毕业者更是少见。如四川全省乡镇卫生院中无专业学历的医务人员占 40%，本科、专科学历的人员仅 9.8%，乡村医生中大专学历为 1%，无专业学历的为 72.5%。[3] 在安徽省滁州市 8 个乡镇卫生院中共有从业人员 232 人，其中具有高级职称的仅占 1.3%，具有中级职称的占 7.3%，具有初级职称的占 67.4%，其他人员占 24%。[4] 加上乡镇投入少，乡村医生收入低，医务人员流失严重，使本已匮乏的农村医疗人才更是雪上加霜，这些已成为阻碍新型农村合作医疗长期安全运行的重大隐患。此外，有些医生的职业道德有待加强。有

---

[1] 张晓红：《丽水市新型农村合作医疗存在的问题及建议》，载《卫生经济研究》2006 年第 10 期。

[2] 阳芳、胡敏：《新型农村合作医疗保障制度的可持续发展研究》，载《农业经济》2006 年第 9 期。

[3] 荣静、杨川：《从参与主体看新型农村合作医疗的问题与对策》，载《经济师》2006 年第 7 期。

[4] 黄洪雷：《安徽新型农村合作医疗试点现状、问题及对策》，载《安徽农业大学学报（社会科学版）》2006 年第 5 期。

些定点医疗机构的医生利用职权开搭车药、回扣药及串换药品，不验证、不登记诊治或满足参合人员不合理需求。如不按转诊规定随意转诊；有的医生虚挂住院病人，造假病历，与患者串通记空账套取基金或门诊处方以住院处方补偿套取基金，甚至住院处方医院以门诊处方给病人补偿，却以住院处方向经办机构申请补偿；有的经治医生不负责任，把关不严，把不属于补偿的项目，如车祸和外伤等满足病人要求按补助对象处理；某些村医涂改处方或模仿病人在处方上签名。① 这些行为都严重的侵害着新型农村合作医疗工作的健康运作，给试点工作带来许多负面影响。

再次，医疗机构不规范行为，引致费用居高不下。在许多地区，新型农村合作医疗计划与公费和劳保医疗保险的运作模式相同或类似，即它们都是被动地报销保户的医疗账单，涉及到第三方付费的问题。这种运作模式容易引发医疗供方甚至患者的道德风险，最终导致医疗支出急剧增长。一方面，在农村，特别是经济欠发达地区，农民对医疗信息的了解及医疗常识的熟悉程度偏低，而且由于医疗行业的高度专业性和技术性，医生比患者拥有更多的信息，医生处于绝对的优势地位，而患者处在绝对的劣势地位。定点医疗机构为追逐利益故意作为的空间很大，如通过提高复诊率重复住院率、大处方、小病大治、乱检查、提高药品价格、增加特殊用药和特殊检查等，以增加医疗机构收入，获取较多收益。主要表现在：重复收费和分解收费，不严格执行国家物价政策，如本来服务项目已含的医疗服务和一次性医用耗材费用，一些定点医疗机构仍然违规另行收费；乱计费和升级收费，如有的可多次使用的耗材却按一次性使用而高收费，有的将低级别护理按高级别护理收费；自立项目和巧立名目收费，如有些定点医疗机构置国家有关价格政策于不顾，自立项目，扩大收费；无医嘱计费，医嘱中没有记录，却向病人提供服务并收费，甚至没有提供服务就收费；不按医嘱提供服务却收费等等。② 这些都加重了患者的经济负担，使合作医疗带给他们的实惠被医

---

① 桑海林：《新型农村合作医疗运行情况的调查与思考》，载《江苏卫生保健》2004年第9期。

② 陈智明：《医疗保险学概论》，海天出版社1995年版，第273~208页。

疗机构吞噬掉了。另一方面，新型农村合作医疗涉及到的医疗机构主要是县乡和村级，这些医疗机构，尤其是乡和村级的医疗机构，由于其技术水平、服务设施和管理能力等都处在较低的水平上，因此，在诊疗技术和环节、用药、服务过程等方面表现出许多不规范行为。如重复用药、不科学配伍用药、用药不对症、使用无明确疗效的药物、用药过度、用药不足和基本药物目录外用药等；没有或不遵循诊疗规范和常规，不遵循技术操作规程；不合理化验与仪器检查，包括化验和检查、重复化验和检查以及滥用大型仪器检查等；病历书写和病历管理不规范，涂改病历，参合与非参合病人病历没有分开存放等；不坚持出入院标准，随意放宽入院指征或故意延长住院天数；提高复诊率和重复住院率。① 这些问题既增加了农民的费用负担，也加大了合作医疗基金支出。不过，定点合作医疗机构的药品价格高于市场药店，农民反映较为强烈。据调查，当前农村医疗费用中，药品费用一般占到 70%～80%。在调研过程中并没有发现定点医院违规购进药品的现象，但相当一部分药品价格大大高于市场药店却是不容回避的事实。参保农户发生的药品费用在获得合作医疗报销后，有的地方仍高于药店零售价格，在一定程度上影响了农民参加合作医疗的积极性。"患个小感冒，花掉半亩稻"，农民抱怨"药费太贵"是列于农民对新型合作医疗"不满意的原因"之首，占 46.3%，其次才是乡村"医疗水平不高"，占 20.9%。② 在有的地方，合作医疗实行后，医疗费用呈现普遍上涨的趋势，农村患者可报销的部分被上涨的医疗费用抵消了。这使通过合作医疗来减轻农民医疗负担的目标很难实现，也使新型农村合作医疗本身的公益性受到影响。

最后，农村医疗卫生资源配置不合理，难以充分发挥效益。一方面，我国城乡经济水平发展很不平衡，医疗资源集中在城市，少数中心城市的医学技术水平正在逐步接近世界先进水平，而对农村的医疗卫生资源来说，相对优质资源大多集中于县城，且机构内部建设大多自成体

---

① 仇雨临：《医疗保险》，中国人民大学出版社 2000 年版，第 150～155 页。

② 林淑周：《福州市新型农村合作医疗制度试点县实施情况调查》，载《福州党校学报》2006 年第 2 期。

系，进行小而全的建设，造成了医疗卫生设施的低水平重复建设和卫生
技术人员的浪费。在乡镇一级，仅有医疗条件较差的卫生院，没有其他
的卫生机构，甚至连计划生育指导站也没有。占全国人口总数71%的
农村人口仅拥有全国卫生资源的20%，国家用在医疗费用方面的财政
支出，70%医疗费用用在城市，只有30%医疗费用用在农村。① 医疗卫
生资源分配极度不平衡。另一方面，新型农村合作医疗医疗费用报销基
本上限于公立卫生系统，许多试点地区选择定点医疗单位时并没有引入
竞争机构，这不但消除了公立卫生系统与私人系统的竞争，而且也部分
地解除了未经改革的卫生机构的市场压力。只要是公立卫生机构，服务
差、价格高也可借新型合作医疗政策得到一部分市场份额，特别是乡卫
生院，以往在市场竞争中处于劣势，由于新政策的倾斜便起死回生，这
就保护了落后的公立卫生机构，不利于医疗机构工作效率的提高。而且
定点医院选择机制的僵化可能带来很多新的问题，比如，在居住分散的
农村地区，这可能意味着患者不得不花费更大的费用、走更远的路去看
病，也可能意味着新型农村合作医疗给家庭带来的只是从到私人医生那
儿看病转为到公立机构的医生那儿看病，而实际上并没有增加患者就医
的次数。还有一方面，试点都想把病人消化在基层医院，特别乡镇医
院，但实践中，有些试点地区病人流向没有大的变化。农民最常看门诊
的医疗机构是村卫生室，在村卫生室就诊的门诊病人占总数的
58.50%，其次是乡镇卫生院，但是比例不高，占16.70%。最常住院的
医疗机构是县医院，占住院病人的42.56%，其次是乡卫生院，占
37.08%。② 结果与实行合作医疗前相比没有大的变化。乡镇卫生院住
院人次的比例低于县级医院，说明基层卫生资源没有得到充分利用。造
成基层医疗机构利用率偏低的主要原因是由于上述乡镇卫生院的技术力
量不强、基础设施欠缺、医疗服务质量偏低等原因，从而使农民对其缺
乏信心，宁愿舍近求远。由于乡镇卫生院服务水平太低，大部分农户不
得不选择在费用更高的县以上的大医院就医，这就造成很多农村基层医

---

① 《卫生部介绍农村合作医疗试点进展等情况》，新华网，2005 年 1 月 12 日。
② 田庆丰、张智民、王耀平、时松和、戴能光、武红、卢祖洵：《"河南省新型农村合
作医疗试点县基线调查"总体研究报告》，载《中国卫生事业管理》2005 年第 1 期。

疗机构陷入了"缺人才—发展缓慢—经营困难—更缺人才"的恶性循环。

(三) 制度缺陷明显、管理、补偿方案有待完善

首先，试点地区运行模式还不够成熟，有待进一步完善。如上文所述，新型农村合作医疗主要是由卫生部门行使行政管理职能。按照具体经办合作医疗基金支付业务的部门来分，试点地区目前主要有卫生部门所属合作医疗管理中心经办、社保部门所属社保结算中心经办、商业保险公司代理结算业务三种类型。这三种类型优点都很明显，但缺点也很突出。卫生部门所属合作医疗管理中心经办类型，经办人员多数是医疗机构的工作人员，同时，由于合作医疗基金只设一个账户，基金收支都由卫生部门经办。这样，实际上是卫生部门既管政策，又管基金收支，缺乏制约。因此，经办人员不可能对医疗机构诱导需求、过度用药等侵害合作医疗基金的行为加以约束，这种管理模式不利于控制医疗费用，保证基金收支安全。社保部门所属社保结算中心经办类型，缺点在于社保中心作为第三方付费，对医疗行为的约束作用较弱，并且只适用于城乡连接比较紧密的地区。商业保险公司代理结算业务类型也属于第三方付费，同样对医疗行为约束作用较弱。从长远看，商业保险机构参与新型农村合作医疗的最终目的是营利，而按照现有的参与模式，留给商业保险机构的获利空间非常小，甚至是亏损。因此，引入商业保险机构，能否保证合作医疗基金的安全、稳定，尚待观察。这三种类型，虽然县级政府加大了监督力度，成立了合作医疗监督委员会，并建立了审计监督、社会监督及群众监督等制度，但这些监督只属于事后的或外在的监督，缺乏直接的制约机制和有效的监督措施，合作医疗基金支出存在失控的潜在风险。

再次，医疗补偿政策值得再推敲。如上文所述，目前合作医疗补偿主要有单纯大病统筹（住院、住院和门诊大额费用）和大病、小病兼顾（既补住院又补门诊费用）两种类型。大病统筹模式立足于基于大数概率的大病保险，新型农村合作医疗政策方向以大病为主，主要补助大额医疗费用或住院费用。但以大病为主的保障容易诱发逆向选择，受益面必然很窄，不利于建立稳定的筹资机制。例如，按照青岛市年平均

住院率不足 3.5% 计算，至少有九成以上的农民享受不到合作医疗的好处，① 因此单纯指望农民在连续几年看不到实惠的情况下，依靠思想觉悟去帮助其他农民是不现实的。同时由于坚持农民自愿参加，很多农民对合作医疗的信任度不足，部分农民尤其是青壮年人群缺乏患病的风险意识，还有部分特困群众确实无力缴纳参合资金，这些都导致参加合作医疗的群体多数是有现实医疗需求、患病风险较高和相对富裕的农民。富裕的农民获得了农村合作医疗的好处，而贫困的农民仍然没有得到任何保障，这显然违背了建立新型农村合作医疗防止农民"因病致贫、因病返贫"的初衷。这种逆向选择，即"选择性加入"和"选择性退出"可能威胁新型农村合作医疗筹资的可持续性。在试点地区相当一部分县乡甚至出现一个很奇怪的现象，即前一年参加新型农村合作医疗并获得大病报销补助的农民，往往这时候选择不再加入，这是因为农民往往抱有某种心理预期："自己不会那么倒霉，第一年得大病，第二年还连续接着生大病"。而且，保障目标定位为保大病，事实上放弃了对大多数人基本医疗需求的保障责任，也不可能获得良好的投入绩效。与大病相比，对农民健康威胁更为普遍的是常见病和多发病，1998 年全国卫生服务总调查表明，农村约有 37.7% 的病人发病后并未及时就医，很多农民的大病都是由于耽误对小病的治疗而形成的。② 很多群众反映生病住院毕竟是少数，但常见的老病号却不少，小病自己买药更是十分普遍，只负责大病统筹而疏于对小病的防治和保健工作，必定不能从根本上改善农民的医疗保障状况。此外，大病为主的保障方式导致"小病大医"的道德风险。有调查（汤胜蓝，2005）发现，在甘肃某试点县，就出现了不少本可以不住院的病人进行了住院接受治疗。③ 另一种类型，即大病、小病兼顾类型分为住院统筹加门诊家庭账户和住院统筹加门诊统筹模式。与城镇基本医疗保险制度中个人账户的缺点相似，家庭

---

① 谭志敏、崔爽、赵军绩、杨九龙：《新型农村合作医疗筹资机制和支付方式在试点过程中的矛盾与不足》，载《中国初级卫生保健》2006 年第 2 期。

② 荣静、杨川：《从参与主体看新型农村合作医疗的问题与对策》，载《经济师》2006年第 7 期。

③ 刘军民：《新型农村合作医疗的制度缺陷及挑战》，载《中国经济时报》2005 年 11 月 1 日第 5 版。

账户会带来合作医疗基金的沉淀，分解了统筹基金互助共济的作用，而且增加了制度的管理成本。住院统筹加门诊统筹模式缺点是在按比例报销时，手续麻烦，除非建立了计算机信息系统，不然很难做到即时即报，管理成本相对较高，而且小病发生频率高，增加了监管工作量和控制道德风险行为的难度。试点中就出现了冒名借用别人的合作医疗证套取合作医疗基金的现象。试点中无论采取哪种类型，参合农民都普遍反映在看病和核销医药费的制度手续上，没能真实体现便民利民这一原则。患病农民在就医、转诊、医药费核销等过程中，常因制度执行不规范、监督措施不到位而感到手续烦琐、办事效率低下、返款不及时等，农民对此怨声较大。

还有，报销范围窄，补偿标准缺乏科学性，群众受益面较窄。在新型农村合作医疗试点中各地根据实际情况制定医药费的报销政策，其核心问题是补偿比例问题。目前实行的《基本药物目录》，是科学合理确定合作医疗支付范围，维护参保农民合法权益的重要手段。但是试点地区普遍反映目录内药品范围较窄，目录药品一般仅有 600 多种，无法满足各类疾病的治疗需要，患病农民意见较大。特别是对转诊到三级医院就诊的患者来说，因病种不同、病情轻重状况不同等多方面原因，可能会出现多数用药在目录范围外的状况，也就是说多数用药（尽管也是合理用药）都不能得到合理的报销。一般来说，转诊到三级医院有相当一部分是迫不得已，本身病又重，费用要成倍增加，这时再不能报销医药费，或报的部分太少，比例太低，必然有雪上加霜之感，同样会出现因病致贫现象，引起这部分患病群众强烈不满。并且，由于新型农村合作医疗刚刚起步，大部分试点县考虑到基金的风险问题，在方案设计上都是起付标准高，封顶线低，目录范围内报销比例低，家庭账户集中管理，造成了试点地区普遍存在着"两高三低"现象即报销门槛高、沉淀资金高、报销比例低、封顶线低、补偿病种较少，农民受益面低，农民参保后的医疗费用中自付的部分还是很高。据了解，患大病的参合农户报销的部分往往只到实际支出的 25% 左右，[①] 如都江堰市农民参合的

---

① 黄洪雷：《安徽新型农村合作医疗试点现状、问题及对策》，载《安徽农业大学学报（社会科学版）》2006 年第 5 期。

门诊受益面仅达到 9%，住院费报销约 30%，保障水平是相当低的。①
一些农民认为补偿比例低不能解决患者家庭的实际困难，决定不参保或
不续保。而且，转诊制度规定不合理。为合理使用卫生资源、节省医疗
成本，规定转诊制度是正确的，异地转诊报销比例低这一政策设计的初
衷就是引导病人理智就医，防止小病大治，减轻参合农民的经济负担。
但在目前不同级别医疗机构间的医疗质量差距难以在短期内缩小的现实
下，参合农民的大病救治基本上还是在更高一级的医疗机构进行，报销
比例过低造成参合农民的就医费用得不到合理补偿。尤其是在需要转诊
时农民的思想负担较重，想要多报销又担心医疗质量，想要放心治病又
担心承担不了高额医药费。

再有，制度实施产生了偏离公平目标的现象。新型农村合作医疗实
行农村居民自愿参加并需要按年度缴纳费用的原则，这事实上就设定了
费用门槛，以至于最贫困的农村居民，通常也是最需要帮助的人，必然
因为缺乏缴费能力而无法参加。按新型农村合作医疗制度，病人需自己
先交钱入院治疗，出院后办理相关手续才能申请补助，造成部分贫困病
人无钱入院治疗，被拒于农村合作医疗补助和救助的门外。有些试点地
区的民政部门替纳入最低生活保障线范围内的五保户、特困户农民代缴
合作医疗基金个人负担部分，虽然体现了对经济弱势群体的帮助，但真
正意义上的对特定人群的医疗救助还未建立，农村医疗救助制度救助功
能体现不足。另外，新型农村合作医疗制度采取了人均负担 10 元的基
本缴费形式，但这实际上是一种人头税的缴费形式，没有考虑到农村居
民个人和家庭缴费能力的差异，这显然会造成贫困家庭的缴费负担较
重。② 因此，在制度实施过程中产生了偏离设计初衷的一个现象，即患
病人群和低收入人群不相重合，在按人头平均收费和只报销部分医药费
用的情况下，即使对低收入人群设定较低的起报点和较高的补偿封顶
线，由于高收入人群一般比低收入人群容易更多地利用卫生资源，造成

---

① 四川省全国人大代表"新型农村合作医疗"专题调研组：《保障新型农村医疗合作制
度持续稳定地运行》，摘自《关于建立新型农村合作医疗长效机制》的调研报告，中国人大，
2006/02/10。

② 与此相比，城镇职工医疗保障制度下的个人的缴费率为本人工资的 2%，单位按职工
工资总额的 6% 缴纳，还一定程度上考虑了公平负担的问题。

事实上的高收入人群得到低收入人群的补贴的状况。而且，新型农村合作医疗制度采取个人缴纳、集体扶持与政府资助相结合的筹资原则，决定了入保者越多，国家财政补贴就越多，合作医疗基金就越雄厚。较富裕的县市，地方政府和农村居民缴费能力较强，开展新型农村合作医疗也就相对较容易，在一些地区，甚至出现了以套取中央补助资金为目的的快速推开铺面现象。各省市在启动新型农村合作医疗试点的时候，为了产生示范带动效应，基本上都是拿出当地经济发展好、财政实力较强的县作为试点地区，这就使得相对富裕的地区先一步和多享受到上级政府的资助，产生明显的补助累退效应。在经济欠发达地区，乡镇企业不发达，加上农业税的取消，乡村两级全靠国家转移支付来维持工作运转，乡村两级负债累累，导致对合作医疗的投入严重不足，财政投入启动资金缺乏，农民参保率低，基金规模小，制度覆盖率低。①

最后，立法滞后。新型农村合作医疗试点工作运行已经四年了，国家还没有把新型农村合作医疗纳入强制实施的法律范畴，新型农村合作医疗的法律地位没能得到确认，虽然国家出台了《国务院关于建立新型农村合作医疗制度的指导意见》，但是还没有具体的指导实践的法律法规，因而在认识上有时难以取得共识。为了统一思想，许多地方都以签订责任书的形式，加大基层干部参与合作医疗的责任心，但这种行政措施容易受到方方面面的影响，随意性也较大。另外，新型农村合作医疗实施过程中，农民、医疗机构、政府和商业机构四方之间无法建立契约（合同）关系，当农民权益受到侵害时申诉无门，也影响了农民参加的积极性。特别是在商业保险机构参与合作医疗的模式下，商业保险机构一方面作为受托方与政府签订委托协议，另一方面又似乎与参保农民存在着合同关系，政府、商业保险机构和参保农民三者之间的法律关系不明确，这势必会影响到三者之间权利义务关系的合理确定，增加商业保险机构在参与过程中的政策风险；同时，由于保险公司参与新型农村合作医疗缺少制度支持和配套法规，政府、政府主管部门、保险公司三方在合作过程中的责、权、利如何定位不清楚，影响了保险公司参

---

① 刘军民：《新型农村合作医疗的制度缺陷及挑战》，载《中国经济时报》2005 年 11 月 1 日第 5 版。

与的积极性。

当然，新型农村合作医疗制度在运行的过程中，除了上面所列的问题外，还有其他的问题，比如部分试点县资金运行没有真正做到封闭运行，上级市级配套经费没能及时到位，给基金管理带来难度和风险；一些地方没有按要求对资金进行定时审计，收支情况公示不规范，监督环节薄弱；审核报销环节存在漏洞；药品集中招标采购制度存在缺陷，特别是作为新型农村合作医疗定点医院很难参与药品集中招标采购过程监督；新型农村合作医疗制度缺乏投诉及仲裁机制等，都影响着合作医疗事业的全面展开。而且，随着新型农村合作医疗试点地区的增多和时间的推移，还会有更多的问题将要暴露出来。但是，不要因为问题暴露了，就怀疑新型农村合作医疗制度实行的必要性和重要性，恰恰相反，要正视和解决这些问题，不断完善这项制度，使其真正成为一项惠农政策。

1.4 新型农村合作医疗制度
可持续对策分析

对于新型农村合作医疗中出现的问题，不能简单的采用"头痛医头，脚痛医脚"的方法，应该坚持政府主导、适当引入市场机制、低水平、广覆盖、因地制宜、循序渐进发展的原则，明晰新型农村合作医疗各个相关利益主体的关系，从可持续和和谐发展的角度出发，整体谋划，确保新型农村合作医疗制度健康、规范化运行。

（一）组织重视，完善基金筹资机制

首先，继续加强组织领导。在一些合作医疗严重滑坡的地区，不完全是农民不愿参加合作医疗，也不完全是农民付不起合作医疗经费，而主要是政府缺乏积极引导，重视和支持不到位。新型农村合作医疗制度具有公共品的特点，而新型农村合作医疗的受益人常常是缺乏能力且缺乏组织的，因此，政府在提供这些市场无法完全充分有效提供的产品上负有义不容辞的责任，要保证新型农村合作医疗可持续发展，一定要强化政府的主要作用。各级政府一定要把这项工作摆上特别重要的议事日程，明确领导分工和领导责任，使各级领导、各有关部门各负其责，认真履行职能，形成合力。但是，要想让各级地方政府重视执行新型农村合作医疗政策，不能光靠行政命令，还要把激励机制和约束机制结合起来，调动地方政府的积极性。一要合理划分各级政府的事权与财权，尊重地方的合理利益。不仅要有政绩激励，考察领导干部的政绩要把执行此项工作作为一项硬指标，一票否决，而且要有经济激励，改变各级政府事权不分、事权与财权不相称的现象，要将基层政府向农民提供公共服务的职能明确化，并适当给予财力保证，要合理安排合作医疗的管理费用。二要对地方政府的行为进行有效的监督。要完善制度的信息披露制度，经办机构要保证全社会对合作医疗的知情权和监督权，要完善制度的监督体系，对县乡基层政府管理部门及医疗机构进行有效的监督，特别是要发动全体农民进行监督，至少保证有农民代表参与制度监督管理。三要在管理机构建设上，政府应按照精简、效能的原则，克服管理上的松散、粗放等缺点，形成相关部门协调动作、统筹出力的格局，力求使这些组织管理机构能根据本地的实际情况选择合适的保障模式和控制医疗补偿费用，并能得到广大农民群众的认同。

其次，继续加强宣传教育。为了促进新型农村合作医疗强制性制度变迁的成功，必须保证农民能够积极主动参与合作医疗，使对合作医疗由外生引导需求变为内生需求。对农民的内生需求的引导，需要一个过程，既包括将农民医疗保障需求从无到有的引导过程，也包括对非正式保障的需求转移到合作医疗制度上来的过程。这两个过程都涉及到农民的价值观、伦理规范、文化传统、习惯和意识形态等方面。这就要求必须继续加强宣传教育，不仅要在合作医疗推行初期加大宣传力度，而且要把宣传教育作一个机制来建设，长期不断地进行。在宣传中要做到客观、准确，要客观、全面地向农民讲清新型合作医疗的优越性和存在的不足，各新闻媒体要继续挖掘剖析典型、搞好深度报导，不断增强农民的健康观念和保险意识，树立自我保健和互助共济意识，克服农民短视心理，使广大农民真正认识和体会到建立新型农村合作医疗的意义和好处，自觉自愿地参加新型农村合作医疗，保证合作医疗的参合率，增强基金运行的安全。

最后，继续探索建立长效筹资机制。进一步加大投入并建立筹资稳定、持续增长的长效机制是巩固和完善新型农村合作医疗制度的关键和前提，也是增强对广大农民吸引力的重要措施。要实现新型农村合作医疗制度的长期稳定运行，必须建立与经济发展水平相适应的筹资机制，坚持政府补助为主导，进一步完善财政补助资金的拨付机制，并且随着经济的增长，建立合作医疗基金的动态增长机制。一是中央应继续加大对西部地区的支持力度，逐步解决农民这一最大群体的看病难、看病贵的问题。政府对贫困地区的参保农民的补助应该主要由中央和省级承担，基层政府的出资责任要逐步减少，乃至取消。二是随着经济的增长，人民生活水平的提高以及医疗需求层次的不断提高，应适当提高政府的补助标准，在强调政府责任的同时，不能忽视农民个人所应当承担的责任，也要提高农民个人筹资的标准，增强互助共济的意识。对经济发展水平不同的地区，收缴费用标准要体现公平，在筹资收缴标准的选择上可采取区别对待的办法，不同参保人收费标准可以不一样。在筹资水平的确立上，政府应充分考虑当地财政能力和农民支付能力，并由政府和农民群众共同提出适当的筹资标准，使政府补助和自筹之和足以支付保险补偿，并实行参保人多投入、多补偿政策，不搞整齐划一。三是在各级政府和农民之外，应该积极探索其他的社会筹资主体，如集体经济较发达的部分地区，可以积极探索将集体或社区作为一个主要的筹资来源。四是筹资方式要灵活多样，坚持以农民自愿为原则，探索收缴手续简便，可操作性强，筹资成本低的筹资方式。

（二）以收定支，加强基金管理和监督

首先，明确制度的目标。新型合作医疗基于大数概率的大病保险，以保大病为主，但保大病的原则建立的前提是市场机制的存在，保险人可以根据病人年龄大小、健康状况好坏采取歧视性费率并将患病风险大的高危人群排除在外，这与新型农村合作医疗的现实并不相符。新型农村合作医疗是政府推行的医疗保障制度，担负着保障所有农民的任务，以减轻农民经济负担而非以营利为目的，而且政府还要进行资金补助，主张互助共济。因此，新型农村合作医疗不可能像商业保障那样采取歧视性政策，也不可能把任何农民，包括患病风险大的农民排除在外。可是由于新型农村合作医疗坚持自愿原则，必然导致无论制度将保障内容定位于大病还是小病，都会出现逆向选择的情况，只不过保障大病会使逆向选择表现得更为严重。所以，要先明确新型农村合作医疗制度是化解大病风险、防止因病致贫，还是保障最大数量农民的健康。如果是前者，就需要以大病为主，而且要采取适当强制手段推行。如果是后者，则应以大病小病兼顾，坚持自愿原则。但无论采取哪一种保障内容，新型农村合作医疗都应根据经济发展水平的差异，在不同地区采取不同的模式。在经济发展水平较高的地区，由于筹集资金能力较强，管理水平和条件较好，可以考虑建立城乡衔接的医疗保险制度，主要以大病保障为主。在经济欠发达地区，强化政府引导，实行大病统筹，兼顾小病的保障形式，扩大农民受益面。

其次，逐步完善补偿机制。一要严格坚持"以收定支、收支平衡"的原则，保证基金的健康。既要考虑到合作医疗可能对农民医疗服务需求产生的引致作用，防止补助比例过高而透支，又不能借保障基金安全为借口而使支付比例过低导致基金沉淀过多，影响了农民收益。由于经济状况的差异不一定是农户是否赞成或参加合作医疗的决定因素，也不一定影响人们对合作医疗认识，更没有改变人们的筹资意愿，所以，各地在设计合作医疗方案时，除考虑经济因素以外，还要考虑政策导向、农户的文化程度、健康状况及心理承受能力等因素，在不断总结经验、科学测算和确保基金收支平衡的基础上，确定科学合理的补偿方案。特别是在农民受益问题上，既要坚持让农民最大限度地受益的原则，又要科学测算，保证农民可持续受益、长远受益。要根据实际不断扩大基本药品目录范围，对不同级别医疗机构报销比例、起付线、封顶线等都要根据实际需要，科学合理地确定。二要在对医药费用报销范围、基金预付额度进行严密测算的基础上，要积极探索合作医疗的预付制。在不具备实行预付制的地区，要积极采用医疗供方分担部分基金支出风险的方式，抑制医疗供方诱导需求行为。三要坚持以方便农民为原则，探索补偿手续简便，可操作性强，又便于监督的补偿方式。各地要探索建立方便快捷，规范统一的结报制度，实行出院住院医疗补偿自动结算，定点医疗机构现场直报，合作医疗管理办公室定期审核结算的制度。

最后，加强基金运行管理和经办能力建设。管好、用好合作医疗基金是推行合作医疗制度的核心，也是确保新型农村合作医疗制度健康持久发展的关键。合管办一定要加强管理，建立专账、专人管理、专款专用，任何单位和个人不得以任何借口动用合作医疗基金。要坚持以收定支、收支平衡和公平、公正、公开的原则，统一管理使用。随着新型农村合作医疗的全面推进，基金规模越来越大，监管任务越来越重，有关部门要研究制订财务会计制度，各地区要不断规范基金监管措施，健全基金管理制度，形成有效的监管机制。一要继续探索不同的基金运行模式。通过各种运营形式的实践检验，相互比较，找出适合各地最优的运行方式。继续加强商业保险机构参与新型农村合作医疗的力度，一方面要充分发挥保险公司在参与新型农村合作医疗制度建设中的有利因素，降低政府管理成本，促进政府公共管理职能的改革，另一方面要加大政府对商业保险机构参与新型农村合作医疗建设的政策支持力度，探讨适应市场规律的商业保险参与机制，在确保基金安全的情况下，保证商业保险机构的利益。二要形成立体式的监督体系，加大公开、公示力度，实行定期审计，建立严格的责任追究机制。管理监督是新型农村合作医疗制度正常运营和可持续发展的保障，其监管的要点是资金安全和基金支付。这种监督体系不仅要包括来自体制内的监督，更重要的是要有来自体制外的监督；不仅要有相关利益主体相互的监督，还要有非相关利益主体的第三方监督。在监督的过程中，特别要给农民一个表达心声的平台，要有一个便于农民与政府沟通的机制，要把知情权、自主权、监督权完整的赋予农民。不过，要注意监督成本，多用监督成本低而监督范围广又有效的方法。三要注重培训，提高经办人员和部门的业务素质。同时，政府要加强对制度各相关主体利益的协调，加强对各个部门的协调。

（三）健全机制，改善农村医疗卫生环境

新型农村合作医疗制度可持续发展的关键是农民能否得到满意的医疗卫生服务。一定要将新型农村合作医疗试点工作与农村卫生服务体系的改革和建设有机结合起来，加大对农村医疗卫生机构的监督和改革力度。

首先，加大对基层医疗卫生机构的建设。因地域条件及经济条件等优势，大部分农村居民就医仍在乡镇卫生院和村卫生室，乡镇卫生院和村卫生室作为农村卫生服务体系中的枢纽，对保障农村居民健康发挥着重要作用。因此，一定要重视对基层医疗卫生机构的建设。一要重视基层医疗机构的硬件建设。加强乡镇卫生院和村卫生室的硬件建设，提高医疗服务水平，对新型农村合作医疗健康持续发展起到关键作用。必须进一步加大力度，对基层医疗设施进行投入，必要时各级政府要拨出专项资金帮助乡镇卫生院更新设备，加强对村卫生室的建设和管理，逐步改善农村卫生基础设施条件。可以采取中央和地方财政共同负担、中西部地区以中央转移支付为主的方式，保证公立卫生院的资金供应。二要加大基层医疗机构的软件建设力度。随着参合问题的逐渐解决，给农民看病的质量和服务水平逐渐上升为主要矛盾。医疗服务质量的好坏，直接影响到农民参加合作医疗的积极性，特别是乡镇卫生院，要加强业务技术和职业道德教育，提高医务人员的素质。农村医疗队伍综合素质不高、人才缺乏是提高农村卫生服务质量水平的瓶颈。解决人才问题，除了要加强在职培训，提高现有医护人员水平外，还要上级医疗机构加大对基层医疗机构的人才扶持力度，派人支援农村卫生工作，而且基层医疗机构自身也要实行倾斜政策，吸引人才或自己建立农村卫生人才定向培养机制。另外，还要注意加强医德医风教育，坚决做到合理检查、合理用药、合理收费，严禁做不必要的检查，严格掌握疾病诊断标准和住院治疗条件，不得随意放宽住院条件和无故扣押病人，同时要严格掌握转院转诊条件。凡出院病人就地随时结算，不得刁难患者。

其次，整合现有资源，完善农村三级医疗服务网络。实施农村区域卫生规划，优化卫生资源配置，加强农村卫生工作全行业管理，明确三级卫生服务网络各自的功能定位，发挥农村卫生网络的整体功能。进一步推进乡村卫生服务管理一体化进程，鼓励县、乡、村卫生机构开展纵向业务合作，提高农村卫生机构的整体服务功能，防止医疗资源分配不均的状况。同时，定点医疗机构的选择要引入竞争机制，坚持择优选定，注意充分发挥公立和民办医疗卫生机构的积极性。另外，特别要注意分清政府对公共卫生的责任，对传染病预防、妇幼保健等公共卫生项目，应该由政府免费提供，增强传染病预防和应对突发性公共卫生事件的能力。贫困地区，应该通过各级政府的转移支付制度来解决公共卫生支出。要克服单纯从减轻政府负担角度将本应由政府负担的公共卫生费用摊派到新型农村合作医疗基金中列支的倾向。

再次，建立科学的控费机制，完善管理监督机制。合作医疗得以持续发展的关键是控制医疗费用，这关系到整个制度的成败。可以从四个方面着手：一是要完善诊疗规范，建立方便农民看病的定点医疗机构，强化行医规范化管理。二是规范药品流通。主要从药品流通和药品消费环节着手，推进农村药品物流配送和监督网络建设，减少药品流通环节，在县乡医疗机构实行医药分开核算、分别管理，切断医务人员收入与售药之间的联系。三是在提高基层医疗机构服务水平的基础上，建立合理的转诊制度，避免参合农民过度医疗行为。四是要明确医方、患方、付费方的三方权利和义务关系，形成相互制衡的关系。

最后，建立健全医疗救助制度。作为合作医疗制度的补充由各级政府出资、社会资助，建立医疗救助制度，解决农村五保户、烈军属和贫困家庭参加合作医疗的困难，承担对因大病医疗费用高，超过合作医疗封顶线后的医疗费补助，以解决农民"因病致贫、因病返贫"问题。目前我国农村贫困人口还比较多，对他们，特别是对中西部贫困地区的农村，要加大救助的力度。但特别要注意的是，医疗救助资金要通过政府转移支付制度来解决，不能把它摊派到新型农村合作医疗基金中进行列支。不过，卫生部门和民政部门可以加强协调，注意把建立医疗救助制度和建立新型农村合作医疗制度衔接好，真正发挥合作医疗制度和医疗救助制度对缓解农民"因病致贫、因病返贫"作用。另外要注意的是，农村医疗救助费用报销也要简化手续，真正为需要帮助的农民提供方便。

（四）加快立法，出台相关法律法规

新型农村合作医疗作为社会保障体系的重要组成部分，不是权宜之计，而是解决我国农民看病问题的一项长期的、科学的、复杂的系统工程，因此，需要法律的保障和支撑。从我国农村合作医疗发展的历史上看，导致农村合作医疗"办"、"改"、"停"的原因之一就是长期以来我国农村合作医疗主要依靠高度集中统一的行政干预和行政政策实施的，缺乏法律的规定性。目前，国家虽然已把合作医疗写入了《农业法》，卫生部、财政部和农业部也联合下发了《关于建立新型农村合作医疗制度的意见》，但是实际操作难度很大，具体用于指导实践的法律法规还没有。因此，必须加快农村合作医疗制度的立法工作，建立起相应的法律法规，完善合作医疗成果。全国人大或人大常委会要制定全国统一的关于农村合作医疗方面的法律，国务院针对新型农村合作医疗应出台相应的行政法规。既要对新型农村合作医疗进行立法，把新型农村合作医疗的组织机构、保障内容、管理办法、基本用药目录、定点医疗机构管理、住院及转诊办法、筹资额度及补助标准、动作程序和相关利益主体的权利与义务等以法律的形式明确下来，做到有法可依，又要对新型农村合作医疗配套工程进行立法，如农村医疗体系建设和公共卫生服务的开展等，共同对农村卫生事业的发展加以规范。有立法权的地方人大和政府在不违背国家法律和制度的前提下，制定地方性法规进行补充和完善。只有通过法律形式，将新型农村合作医疗制度固定下来，才能保证新型农村合作医疗制度规范、健康、可持续发展。

（五）深化改革，加快提高农村经济发展水平

由于农村经济发展水平的不平衡，各地社会保障制度发展的进程不一。从整体上来看，经济发展水平好的地方，社会保障制度建设得相对较好，经济水平欠发达的地方，社会保障制度建设得相对差一些。特别是部分中西部贫困农村地区，没有足够的经济基础支持"准社会保险性质"的新型农村合作医疗制度的建立和运行，没有能力对所有农民提供基本的医疗保障。因此，要想真正使新型农村合作医疗制度可持续健康运行下来，除了其他方面的努力外，根本的一点还是要千方百计发展经济，加快对外开放，深化改革，促进农民增收。发展是硬道理，只有经济发展了，农民口袋里有钱了，受教育多了，思想认识才能提高，才有机会参保，才能从根本上解决农民健康问题。因此，政府要充分利用市场机制，积极引导、组织和扶持农户产业调整结构，优化农业经济结构；推进农业产业化经营和市场化经营；加强农业基础设施建设；引进农业先进技术与生产资料，实现传统农业向现代农业的转变、传统农村向农村现代化转变；坚持启智式扶贫；按照统筹城乡经济社会发展要求，认真研究新阶段农业和农村经济工作中出现的新情况、新问题，不断加大对农业和农村的投入。要进一步转变职能，增强大局意识和服务意识，为农民搞好技术、信息、法律等方面的服务。动员社会各方面的力量，积极开展科教、文化支农活动，健全农村公共卫生体系，为农民增收搞好全方位的服务，千方百计把农民收入搞上去。

2 中部地区新型农村合作医疗试点状况实证分析

——以河南省新乡市为例

新乡市，是经国务院特批、全国第一个全面推行新型农村合作医疗试点的地级市。启动于 2003 年 9 月的新乡市新型农村合作医疗，以 2004 年 4 月中国人寿新乡分公司成功参与运作为契机，决策部门果断推行"政府组织引导，职能部门监督管理，中国人寿承办业务，定点医疗机构提供服务"的管办分离的运行机制。这种创造性的机制一经运行，很快引起社会各界的广泛关注，并被称作"新乡模式"。

2.1 新型农村合作医疗制度的"新乡模式"

目前，新型农村合作医疗主要是由卫生部门行使行政管理职能。按照具体经办合作医疗基金支付业务的部门来分，主要有三种类型：一是卫生部门所属合作医疗管理中心经办。在目前试点中，这种模式占 94%。二是社保部门所属社保结算中心经办，这一模式占 2%，主要分布在东部农业人口比较少的地区。三是商业保险公司代理结算业务，这一模式占 4%，主要在东部一些地区。目前合作医疗补偿的主要类型有单纯大病统筹（住院、住院和门诊大额费用）和大病、小病兼顾（既补住院又补门诊费用）两种类型。在全国试点地区中前者占28%，后者占72%，其中门诊费用补偿模式又分为设立家庭账户和设立门诊统筹基金两种，除沿海几个经济发达的省份外，多是以住院和门诊统筹兼顾的补偿模式为主。目前，新乡市采取的是商业保险公司代理结算业务、合作医疗补偿类型采取大病统筹加家庭账户的形式。

新乡市推行的新型农村合作医疗制度，最初采取以政府资金投入为主，集体扶持和农民个人缴费等多渠道筹资的办法，整个运行过程都是由政府组织领导、管理业务的，商业保险机构没有介入新型农村合作医疗制度的业务运行。它最终形成"新乡模式"，这与新乡原阳县利用保险公司和保险机制进行城乡困难群体医疗保障的探索有关。2003年3月，在新乡市民政局的支持下，原阳县民政局率先开始了利用保险公司和保险机制解决大病保障问题的试点。试点针对的第一个援助对象是优抚军人。2003年7月，在农村新型合作医疗尚未启动时，原阳县民政局就与当地人寿保险公司合作推出了优抚重点对象住院保险。

2003年9月，新乡市新型农村合作医疗试点启动，全市8个县的338万农民都参加了试点。两类试点尽管都是农民自愿投保、政府补贴的住院医疗保障，不过，一类作为社会医疗统筹，政府部门不仅管决策，而且直接经办和直接管理；另一类作为保险公司的团体险，则由政府以签约方式间接管理。

2003年12月，新乡市政府发文推广原阳县经验，自2004年1月1日起，在全市推开由保险公司办理的优抚重点对象自愿参保、政府补贴的住院保险。2004年4月6日，原阳县在优抚对象住院保险的基础上，又进一步推出了全县城镇低保对象集体投保人寿保险公司住院医疗保险的计划。2004年4月22日，新乡市政府正式决定将新型农村合作医疗经办业务委托给中国人寿保险公司新乡分公司，将338万农民的近亿元合作医疗资金的存储和开支交由保险公司经管。由此，新乡这个全国第一个整体参加新型农村合作医疗试点的地级市，成为第一个突破政府管办不分的传统管理模式的城市。

中国社科院社会政策研究中心副主任杨团曾对"新乡模式"这样

评价："在短短的不足一年的时间内，新乡市能够如此集中地将三种城乡困难群体医疗保障交由保险公司承办、经办，而且开创了300多万人的保障规模，这不能不说是个奇迹，是个特例。"

那么，"新乡模式"到底是怎样运行的呢？具体来说，它的运行方式如下。

（一）"新乡模式"的组织机构

新型农村合作医疗制度的组织机构由组织引导机构、承办业务机构、定点医疗机构、监督管理机构组成。

新型农村合作医疗领导小组、各县（市）新　　　寸合作医疗管理委员会为组织引导机构。其负责本辖区新型农村合作医疗的组织领导、宣传和发动工作；在尊重群众意愿的基础上多方多渠道筹资，确保资金按时到位。

新乡市中国人寿及各县（市）中国人寿为承办业务机构。其负责审核基金交费清单、建立合作医疗专用账卡，编审支付手续，审核补助，管理基金，参与合作医疗基金的筹集；在各县（市）、乡（镇）定点医疗机构设立补助服务窗口，负责业务人员招聘及管理、工资及有关费用；严格按照新型农村合作医疗《报销基本药物目录》、《不予补助范围》等规定办理补助支付业务；每月公示合作医疗基金的使用情况，按照要求提供相关资料，接受社会及有关部门监督。

县（市）新型农村合作医疗监督管理办公室指定的医疗机构为定点医疗服务机构。其严格执行国家、省、市对医疗机构和医务人员的各项规定及新型农村合作医疗的各项规章制度，为参加新型农村合作医疗的农民提供优质、规范的服务；严格执行新型农村合作医疗《报销基本药物目录》，使用《报销基本药物目录》以外药品，应告知病人或病人家属；严格执行物价部门制定的收费项目和收费标准，接受社会监督；及时为设在本院的支付服务窗口提供参加合作医疗农民入、出院情况；为中国人寿服务窗口提供办公场所。

市、县（市）新型农村合作医疗监督管理办公室为监督管理机构。其负责监督检查新型农村合作医疗制度相关政策规定的执行情况；监督检查工作计划落实情况；监督检查补助资金的发放情况；监督检查合作医疗基金的管理、使用、公示情况；指定合作医疗定点医疗机构并检查监督其提供服务情况；接受群众的举报和投诉、查处违规违纪行为。

有关部门应按照职责各负其责。财政部门负责资金的筹集和管理；计生部门负责特定独生子女（独生子女未满 18 周岁，其父母一方已满 50 周岁或虽未满 50 周岁但一方已做绝育手术）的审定，民政部门负责特困户、五保户的审定及特困户、五保户、特定独生子女户个人缴纳部分资金的筹集；审计部门负责每半年对合作医疗基金的使用情况进行审计；药监部门负责监督定点医疗机构的药品质量。

（二）"新乡模式"的筹资额度及补助

农民以家庭为单位自愿参加新型农村合作医疗，筹资标准为每人每年 30 元。其中：，人每人每年缴纳 10 元，省、市、县三级政府按照 3∶3∶4 的比例对参加新型农村合作医疗的农民每人每年补助 10 元，中央财政每人每年补助 10 元。

农民中的五保户、特困户、特定独生子女户参加新型农村合作医疗个人应缴纳的基金由民政部门按有关规定和程序从医疗救助资金中给予一定补助。

对参加新型农村合作医疗农民医疗费用的补助，分为小额医疗费用补助和大额医疗费用补助两部分。参加合作医疗五保户的医疗费用按新乡市新型农村合作医疗制度相关规定给予补助，其余部分仍由原救助渠道解决。

（三）"新乡模式"的运行程序

（1）新型农村合作医疗的资金筹集分农民交纳和政府补助两部分

农民个人以家庭为单位缴纳的新型农村合作医疗基金，以行政村为单位，由村委会负责逐人逐户登记造册并开具省财政厅统一印制的"新型农村合作医疗基金专用票据"收取；各乡（镇）政府汇总所辖村缴费名单和金额后，核准上缴各县（市）农村合作医疗基金财政专户；各县（市）财政部门拨付本级应补助资金并按照有关程序，向上级财政部门申请专项补助资金。

中央、省、市财政的专项补助资金，逐级下拨到县（市）财政后，由县（市）财政部门汇总各级财政专项补助资金和农民个人缴纳的新型农村合作医疗基金，及时足额拨付县（市）中国人寿在国有商业银行设立的专用账户。

（2）资金管理

新乡市新型农村合作医疗基金管理，本着以收定支、专款专用、专户储存、收支两条线的原则管理使用。当年结余基金全部转入下年继续使用。

县（市）中国人寿在国有商业银行设立新型农村合作医疗基金专用账户，单独核算、专账管理，确保新型农村合作医疗基金的安全。任何单位和个人均不得以任何理由挤占、挪用和截留。

（3）补助支付分小额补助的支付和大额补助的支付

对于小额补助的支付，定点医疗机构必须使用统一的双联处方、收费票据和家庭账户补助登记表。

患者持"新型农村合作医疗证"到本县（市）内定点医疗机构门诊看病、取药，按照新乡市新型农村合作医疗制度规定的小额医疗补助标准，采取家庭账户资金递减的方式给予补助。补助资金从家庭账户资金中递减，登记递减时，患者（家属）在补助登记表上签名，医生在病人"新型农村合作医疗证"账户递减栏目上签名。家庭账户年度节余资金留作下年使用，但不得抵缴下年合作医疗基金，超支部分自理。定点医疗机构将登记递减情况每月核对汇总一次，逐级报送县（市）中国人寿审核并拨付小额医疗费补助资金。

对于大额补助的支付，参加新型农村合作医疗的患者在本市内的县（市）、乡（镇）定点医疗机构住院出院时，凭五种证件，即新型农村合作医疗证、身份证或户口簿、出院证或诊断证明、处方底联或一日清单和收费收据。在所住医院补助服务窗口审核办理补助手续，随时出院随时报销。在本县（市）以外的其他县（市）定点医疗机构住院的，报销标准按该农民参加合作医疗县（市）规定标准执行。

到新乡市市区内医院住院的患者，应在住院后两日内通过各种方式与户口所在地县（市）中国人寿联系备案，出院后持上述所列证件，在本县（市）中国人寿直接办理补助手续。

参加新型农村合作医疗的农民到本市以外的医院住院，应在住院后3日内通过各种方式与户口所在地县（市）中国人寿联系备案。出院后持上述所列证件，在县（市）中国人寿直接办理补助手续。

参加新型农村合作医疗的农民，户口在本市范围内迁移者，年度内的小额医疗费用在原籍地登记递减，年度内发生大额费用时，由迁入县（市）中国人寿办理补助支付手续。

对参加新型农村合作医疗但年内没有动用合作医疗基金的农民或重点人群（老年、育龄妇女等），每年安排一次体检。体检范围由市、县（市）新型农村合作医疗监督管理办公室根据年度基金使用情况提出，报市新型农村合作医疗领导小组、县（市）新型农村合作医疗管理委员会批准。体检工作由乡（镇）定点医疗机构组织实施，并建立健康档案。体检费用由县（市）中国人寿从合作医疗基金中支付。

2.2 新乡市新型农村合作医疗
制度运行的现状

（一）获嘉县新型农村合作医疗制度的运行情况

获嘉县辖 14 个乡镇，215 个行政村，截至 2006 年 4 月底，总人口400647 人，其中农业人口 331209 人。2003 年度有 271592 名农民参合，占农业人口的 81.5%，2004 年度有 251153 名农民参合，占农业人口的75.4%，2005 年度有 26 万人参合，占农业人口的 79.88%，2006 年度已有 26.5 万人参合，占农业人口的 80%。

2003 年度，获嘉县共筹集合作医疗基金 814.8 万元，其中门诊补助基金 217.3 万元，大额补助基金 597.5 万元。截至 2004 年 4 月底，全县有 169223 人享受了合作医疗补助，补助金额 602.9 万元。其中门诊补助 161458 人，补助金额 211 万元，占门诊补助的 93%；住院补助7765 人，补助金额 391.8 万元，占大额基金的 65.6%，补助达 5000 元的有 104 人。结余大额基金 205.7 万元，参合农民体检需支出 40 万元，实际结余 165.7 万元。

2004 年度，获嘉县共筹集合作医疗基金 627.9 万元，其中门诊补助基金 226 万元，住院补助基金 401.9 万元。截至 2005 年 4 月底，参

合农民共补助 57487 人，补助金额 343.3 万元。其中门诊补助 52693
人，补助金额 95.6 万元，占门诊补助基金的 44%；住院补助 4794 人，补
助金额 247.7 万元，占大额基金的 42%；大额补助基金剩余 279.8 万元。

截至 2006 年 4 月底，共有 32.6 万参合农民享受了新型农村合作医
疗，其中住院 15881 人次，补助金额 1185 万元，达到封顶线 5000 元以
上的有 208 人。获嘉县新型农村合作医疗制度经过两年多的运行，目前
进展顺利、运行平稳。

（二）封丘县新型农村合作医疗制度的运行情况

封丘县辖 19 个乡（镇），606 个行政村，总人口 73 万人，其中农
业人口 65.7 万人。2003 年、2004 年两年累计筹资共计 2793.5 万元。
截至 2005 年 12 月底，全县已享受到补助的农民累计达 69.79 万人次，
累计支出合作医疗基金 2156.9 万元，占基金总额的 77.2%。其中，享
受大额补助的农民累计达到 25656 人次，累计补助金额 1442.7 万元；
享受门诊小额补助的累计有 67.24 万人次，补助金额 713 万元。2005 年
共有 519027 农民参加合作医疗，参合率为 78.92%。截至 2005 年 5 月
底，已享受补助的农民为 154131 人次，支出合作医疗基金 634.24 万
元。其中大额住院补助为 8127 人次，补助金额为 450.52 万元；小额补
助 146004 人次，补助金额为 183.72 万元。目前封丘县新型农村合作医
疗制度整体运行平衡。

（三）获嘉县、封丘县新型农村合作医疗制度运行特点

从获嘉县、封丘县新型农村合作医疗制度运行近三年的状况来看，
它们的运行呈以下特点。

（1）农民参合率呈先高后低再高的趋势。从 2003 年至 2006 年，获
嘉县参合率分别为 81.5%、75.4%、79.88%、80%，2003～2005 年封
丘县参合率分别为 88.77%、73.3%、78.92%。这主要是因为第一年往
往由于各地方政府行政干预而带有强制性，所以会有较高的参合率；而
第二年行政干预的少了，多是农民自愿参合，所以参合率会下降；以后
由于农民从合作医疗制度中确实得到好处，产生示范效应后，再加上对
新型合作医疗制度认识加深，参合率又逐年提高。

（2）基层医疗环境进一步得到改善。乡（镇）卫生院增加了业务，
困难状况有所缓解。由于历史的原因，压在农村基层卫生院头上有"三

座大山"：卫生基础设施不完善、医疗设备落后、卫生人员素质低，造成部分乡（镇）卫生院处于瘫痪或半瘫痪状态，严重影响了农村公共卫生体系的建设和农民就医。而实行新型农村合作医疗以后，扩大了农村医疗市场。按照新乡市 2003 年度参合人数计算，新乡市每年农村的医疗市场新增资金约为 1.2 亿～1.5 亿元。据 2004 年 1～4 月份获嘉县对 14 所乡（镇）卫生院调查，门诊人数、住院人数、业务收入与去年同期相比分别增加了 8.32%、27.78%、28%。获嘉县全县乡镇卫生院业务收入 2005 年较 2003 年增长了 66%。2004 年封丘县乡（镇）卫生院门诊及住院业务总量为 194318 人次，比 2003 年增加 17.42%，业务收入由 2003 年的 551 万元增加到 2004 年的 670 万元，增加 21.6%，使全县三分之一濒临倒闭的乡卫生院恢复了正常运行。

基层医疗卫生秩序进一步规范。定点医疗机构的选择标准有效地提高了基层卫生医疗机构的自我规范意识，促进了医疗机构服务质量、技术水平的提高和就医环境的改善。新乡市及时出台了相关政策，对医疗机构管理、药品价格、合作医疗补助程序等进行了严格规定。合管办与各定点医疗机构签订了目标责任书，加大了对定点医疗机构服务质量、药品价格以及农村医疗市场的监管力度。从而，有效地规范了基层医疗卫生秩序。

（3）部分农民小病拖、大病扛的现象得到扭转，有病早医、大病住院的意识逐步确立。农民中有这样的说法："救护车一响，一头牲畜白养；住上一次院，一年农活白干；致富十年功，大病一日穷。"所以，我国农村病人中有 33% 的人应就诊而未就诊，农村住院病人中有 45% 的人疾病未愈即要求出院。实行新型合作医疗制度后，2004 年 1～4 月，整个新乡市村级医疗机构的门诊人次比上年同期增加 2/3；从 2003 年 7 月至 2004 年 7 月，享受大额补助且达到封顶线（即报销 5000 元医疗费及以上）的达 516 人。2006 年 1～6 月，仅获嘉县，享受大额补助且达到封顶线的就达到 208 人。2005 年，获嘉县全县 10763 名合作医疗住院报销人员中，在乡镇卫生院住院的有 5666 人，占住院总人数的 52.6%。新型农村合作医疗在一定程度上缓解了农民小病拖、大病扛的困难和因病致贫、因病返贫问题，减轻了农民因病产生的经济负担，改善了农民的生产、生活质量，农民从新型农村合作医疗试点中切实得到了实惠。

（4）监督更加有效。试行业务承办与监督管理分离后，政府和有关部门可以更好地集中主要精力负责基金的筹集和对医院、保险公司实施监督管理，从机制上解决了卫生部门既负责审核支付又履行监督职能可能出现的监督不到位问题，使监督更加有效。

（5）节省了政府行政管理成本、基金更加安全。中国人寿管理合作医疗基金，承办合作医疗的具体业务，配备工作人员，承担业务网络的建设、工作人员工资及运转经费，减轻了政府人员编制压力和财政负担。另外由中国人寿管理合作医疗基金，避免了它被挪用、截留等风险，使基金更加安全。

（6）业务效率增高、提高了业务承办机构现有设备的利用效率，实现资源共享。目前，中国人寿用于理赔的机构、设备已延伸至县（市）定点医疗机构，由中国人寿承办业务可利用其较为成熟的网络系统及现有人员、规范的管理机制和及时的支付手段，为农民提供方便、快捷的服务。实行定点医院机构服务窗口直接兑付，即病人在县内定点医疗机构住院，出院后即可直接到服务窗口办理大额补助领取手续，极大地方便了参合农民，受到了群众的欢迎。

（7）增强了人民对政府的信任。新型农村合作医疗实施以来，有效地缓解了农民因病致贫的现象，密切了党群、干群关系。农民反映，从来都是听说去医院花钱，却没听说看完病还能去医院领钱的。最初发动农民自愿参加新型农村合作医疗时，很多人都不相信，自己看病，国家会给报销，所以对参加新型农村合作医疗持观望、怀疑的态度。即使参加了的农民，要么是被迫的，要么就是抱着试看的态度。当有人看完病，拿着凭证去报销时，发现自己的医疗费确确实实可以报销，农民才打消顾虑，说党和政府没有骗农民，确实在为农民办好事。在封丘县调研时，我们从县卫生局听到这样一个故事：2003 年 7 月才实行新型农村合作医疗时，一个老太太，为了报销仅 3 元的医疗费，从农村赶到县的合管办（那时中国人寿还没有接受新型农村合作医疗的业务），来回的路费远远大于 3 元钱，但当她拿到报销的 3 元钱时却非常的开心。工作人员问她这值不值，她说值，她就是为了看她的医疗费能不能报销，原本就没有打算能报销的，现在报销了，说明国家的政策是可信的，政府没有欺骗农民。这样的故事绝非个案，这样的心态也绝非个案，它反映了整个农民的心声。

2.3 新乡市新型农村合作医疗制度推行的经验

新乡市新型农村合作医疗试点，从运行机制设计上看存在一定的筹资、管理、支付风险，需要靠进一步改革创新来消化。为了化解这三大风险，新乡市整合社会资源，进行管理创新，积极探索"开放式"新型农村合作医疗管理模式，并取得了一些突破。

（一）以家庭为单位"参合"、建立"开放式"筹资机制

卫生部专家测算过，如果农民"参合"面达不到70%，新型农村合作医疗将无法运转。为了提高农民"参合"率，新乡市采取以家庭为单位筹资的办法。

获嘉县卫生局长卢保贵说，1992 年，获嘉搞过一次农村合作医疗，以个人为单位筹资"参合"，结果参加合作医疗的都是老弱病残，运行时间不长，先期生病的人就把医疗基金花完了，后来生病的农民无法获得补助，合作医疗基金成为一笔"烂账"。

在实行了农民以家庭为单位筹资"参合"后，一次性出资较多，超出农民心理承受底线的问题暴露出来。国家规定，中西部地区新型农村合作医疗筹资标准为每人每年 30 元，其中中央财政补助 10 元，地方财政补助 10 元，农民个人缴纳 10 元。而对于一个 4 口之家，如果没人生病住院，每年"白交"40 元，农民会觉得太吃亏。调查发现，如果将农民交的 10 元钱全部用于参加大病统筹，有 60% 的人会退出新型合作医疗。对于农民缴纳的 10 元钱，国家规定可分为住院大额补助和门诊小额补助两类。新乡将这部分资金分为家庭账户和大额统筹两类，其中 1 元钱为大额统筹，9 元钱划入家庭账户，用于小病门诊费用，当年用不完可以结转下年。新乡市的做法引起了一些争议，一种观点认为，

在住院大病统筹中，农民每人只交1元钱，却获得财政20元的配套资金；而家庭账户资金，只是让农民把左口袋里的钱放到右口袋中，没有真正进入新型合作医疗基金。中国人寿保险公司新乡分公司副总经理曹国良说，"一元钱统筹"限制了对大病农民赔付标准的提高，解决不了农民因病致贫问题，还抬高了大病补助的起付线，降低了受益面。截至2004年底，新乡"参合"的338.6万农民中，享受大额住院补助的仅占2%。

而新乡市一些干部则认为，在起步阶段，"收10元返9元"是为了让农民更多地尝到甜头，增加合作医疗的吸引力。随着农民"参合"意识的加强，大额统筹比重可逐年增加，最终过渡到全额征收。

在建立新型农村合作医疗制度中，新乡市积极探索开放式筹资模式。新乡市将农村特困救助、扶贫、计划生育奖励等政策统筹协调，与合作医疗融为一体。凡救助或奖励对象自愿参加合作医疗的，由政府利用上述资金为其缴纳个人应缴基金，即解决筹资难问题，也扩大了新型农村合作医疗的覆盖范围，使有限资金发挥更大效益。2005年，新乡市民政部门动用部分农村扶贫、特困群体医疗救助等专项资金，为农村五保户、特困户代缴了新型合作医疗个人基金128万多元，较好地解决了农村特困群众无力"参合"的问题。在执行计划生育奖励政策上，新乡依托新型农村合作医疗，设立了专项用于为父母年满50岁的独生子户缴纳其应缴费用的基金。2004年，新乡市共有6.6万名独生子女户家庭成员不缴一分钱，加入了新型农村合作医疗。新乡市的一些干部建议，由于新乡是粮食主产区，国家每年要对农民进行粮食直补，可否在农民自愿的基础上，将部分粮食直补资金直接转为新型农村合作医疗基金。由于2005年河南省取消了农业税，粮食直补资金必须向农民直接发放，而与其财政部门发钱、医疗部门收钱，不如在直补资金发放点上搞联席办公，对自愿"参合"的农民进行"手续转换"，多退少补。

如果能实现粮食"直补"资金直接划转为"农村合作医疗"基金，困扰合作医疗的"筹资难"也可迎刃而解，而在西部退耕还林区，也可以让退耕还林补助资金直接进入农村合作医疗基金。中国人寿获嘉分公司经理徐步臣说，新型合作医疗农民筹资部分，也应采取开放式的筹资标准，可按"多缴多补、少缴少补"原则执行。即对缴纳 10 元钱的农民，按现行标准补助，对自愿多缴的依据农民个人多缴的额度，提高补助标准，并将多缴部分纳入商业保险运作，使现行的农村合作医疗逐步过渡到政府资助、农民受惠下限锁定的商业保险。另外，还应搞好宣传发动，将向农村合作医疗基金捐资，作为社会慈善事业的组成部分，动员社会力量充实基金。

（二）建立"管办分离"新模式化解管理风险

新乡市合作医疗资金是以县为单位运行，8 个县市平均每个县市掌握着上千万元的资金。前新乡市委书记连维良坦言："目前基层各方面发展都面临资金瓶颈，基层什么钱都敢花，这笔资金的安全隐患无时不在。可能一天不出问题，两天不出问题，不敢保证常年不出问题。"推行新型合作医疗，必然要建立一套管理机构，新乡市测算，市县乡三级政府从事农村新型合作医疗的工作人员共 544 名，加上办公场所和设备等，每年将增加财政支出 1500 万元，超过了市政府直接投入新型农村合作医疗基金的资金。农村县财政困难，在配套了农民的"看病钱"后，很难再拿出"养人钱"。由于缺少经费，许多专家都担心"管钱人"挪用合作医疗基金。获嘉县卫生局长卢保贵说："我对基金安全问题非常担心，上千万元农民的'保命钱'从手边过，我天天提心吊胆。"

卫生部门自管、自办，既是"运动员"也是"裁判员"，难保不出事。按传统模式思考问题，农村合作医疗是政府的事，政府就得包办。但实施起来，面临诸多困难。长期靠卫生部门一家担负这样大的系统工程，跨行业、跨部门来搞财务、赔付等问题，很难办好。新乡市将原来由卫生部门管理的新型农村合作医疗基金，全部划转到中国人寿保险公司新乡分公司，以"政府出钱购买中介服务"的形式，委托保险公司负责新型合作医疗基金的管理和支付业务。这种管办分离的模式，为新型合作医疗的健康运行探索出一条新路。这样做首先是有效保障了医疗基金的运行安全，基金直接划拨到中国人寿新乡分公司的专用账户后，公司按收支两条线的原则管理、支付，阳光操作，确保了资金安全。其次，充分利用中国人寿原有的运营网络和专业人员队伍，新乡市财政每年只付给中国人寿新乡分公司基金总额 1% 的管理费用，大大减轻了政府的经济负担。同时，设在各县的农村新型合作医疗监督管理办公室只保留4~5名工作人员，专司监督。一方面监督保险公司按管理规定合理支付，另一方面监督定点医院按药品目录合理用药，并设立了举报电话，建立定期公示、巡视、审计、责任追究制度，加强了农村新型合作医疗的监督管理。面向广大参保群众，具体办理医疗补助业务的中国人寿，以其近20年的健康保险医疗费用审核理算经验、业务过硬的专业队伍、规范的企业管理机制和良好的商业服务理念，大大提升了农村新型合作医疗的服务水平，受到群众一致好评。

（三）加强卫生院建设、降低支付风险

获嘉和封丘两县的乡镇卫生院大部分是在集体所有制联合诊所基础上建立的，2003年以前，国家的建设投资几乎为零。许多卫生院难以为继，仅靠听诊器、血压计、体温计等"老三件"看病。而乡镇卫生院是农村医疗网络的"中枢"，农村新型合作医疗如果不同乡镇卫生院建设同步进行，不仅难以解决农民"看病难"问题，也增大了合作医疗基金的支付风险。

获嘉县对三位分别在乡、县、市三级医疗机构治阑尾炎的农民的医疗费用进行调查，发现医疗费用支出分别为589元、2206元、3161元，而合作医疗报销款分别为144元、340元、721元。

获嘉县卫生局长卢保贵说，如果大部分农民都到大医院看病，农村合作医疗基金很快会出现支付危机。一些基层卫生部门的同志反映，从2003年起，国家和省两级财政开始加大对乡镇卫生院建设、改造的投资，但于历史欠账过多，乡镇卫生院资金缺口仍然很大。早在2002年，获嘉县就对乡镇卫生院建设筹资体制进行改革，采用公有制主体不变前提下的股份合作、委托经营等方式，将所有权和经营权分离，吸引社会资金投资乡镇卫生院建设。在股份合作或委托管理期间，卫生院产生的利润按4:6分成，投资人享受60%利润，卫生院用分得的40%的利润逐年赎买投资方资产。

获嘉县乡镇卫生院改革两年，就吸引社会投资2070万元，新建门诊住院病房1.6万多平方米，在原有基础上翻了一番。2004年，获嘉县参加新型农村合作医疗的住院者中，在乡镇卫生院看病的达43%。

为了吸引更多农民到乡镇卫生院看病，从而推动乡镇卫生院建设，新乡市还调整了农民在乡、县、市三级医院看病的报销比例，变通行的"大头朝上"为45%、35%、30%的"大头朝下"，提高农民在乡镇卫生院就医报销比例。报销比例调整后，一些条件好的乡镇卫生院业务量增加三成以上。

（四）强化政府的推动力和群众的内动力

在推行新型农村合作医疗时，要靠行政引导、政策推动，调动群众的积极性。实行领导包抓、部门促抓、干部蹲抓的办法，把合作医疗的目的、意义、条件、办法讲明讲透，使参加新型农村合作医疗变成广大农民的自觉行动。如果政府撒手不管，放任自流，群众会难以理解和接受，新型农村合作医疗就无法顺利启动，即便开展起来也不能规范运行。

发动群众自觉参加是做好新型农村合作医疗工作的关键，只有顺应群众的愿望，了解群众的需求，解答群众的疑虑，引导群众的行动，让农民眼见为实，并通过典型辐射和带动，才能做到政府倡导一事，农民参与一事，促进试点工作深入开展。在启动报销程序时，新乡市获嘉和封丘两县均采取送钱上门、采访患者谈感受、多家媒体宣传报道等措施，极大地激发了群众的内在动力。

2.4 新型农村合作医疗制度运行中存在的问题

新型农村合作医疗制度在新乡市获嘉和封丘两县运行整体较平稳，但也还存在一些问题需要解决。

（一）监管分离的运行模式，形成了多个参与部门，各部门间的协调工作出现障碍

特别是卫生局对保险公司处于信息不对称的地位，而且各种监督都是事后的，不能进行事前预防。目前的农村合作医疗是一种政府主导型，由卫生部门主管，合作医疗管理机构由政府组织建立，其管理和运

作成本完全由政府支付。由于合作医疗基金沉淀较多，卫生部门可以获得一定的管理费用，所以一般倾向自保，卫生部门不希望商业保险公司涉及此项业务，故不支持商业保险公司参与合作医疗，甚至认为商业保险公司以利益最大化为目标，不可能管理好农民的合作医疗基金。因此在新乡市获嘉和封丘这两个县，合作医疗主管部门对保险公司支持不力，政府部门与保险公司协商的管理费用相对不足，影响了保险公司参与的积极性和持续性。

（二）控制医疗费用的问题

合作医疗得以持续发展的关键是控制医疗费用。新型农村合作医疗并不是单纯经济意义上的筹资与给付，突出的难点是医疗费用的控制，特别是药品价格的控制。随着制度的建立，参合者的潜在医疗需求会不断释放出来，基金的风险也会不断增加，因此要运用综合措施来减缓医疗费用的增长速度。就新乡健康保险市场而言，在现行的医疗卫生体制下，极易诱发道德风险。保险人作为独立于医患双方之外的第三方付款人，缺乏对医患双方的利益约束机制，具体表现是：被保险人缺乏动力机制去努力控制医疗消费需求，而且医疗保健市场的信息非对称性也使得被保险人很难控制医疗费用的不合理支出；相反，医疗机构则处于信息优势地位，存在着诱导服务的内在冲动，过度医疗行为较为普遍，医疗机构会采取"小病大治、高档检查与治疗、延长住院天数"等行为方式，而这些过度医疗行为发生的费用最终又全部转嫁给保险人承担。为达到套取医疗保险金的目的为伪造病史、涂改病历、虚假住院等违法现象也仍旧屡禁不止。在调查中，农民反映强烈的问题之一是药价上涨过快，虽然参加新型合作医疗的农民可以得到部分报销，但是，由于药价上涨，报销加自付药费反而使医疗费用比以前更多。从县卫生局和财政局了解的情况看，卫生局与医院关系密切，因此对定点医院缺乏监管动力。有农民告诉我们，他们发现定点医疗机构对合作医疗加价，比如原来10元的药卖给合作医疗病人可能是11元、12元，而这实际上变相提高了合作医疗的成本。特别是小病报销时，从家庭账户扣除报销的部分，加上自付部分，农民的医药负担只升不降，所以，有些农民说家庭账户并不划算。如何控制医疗费，新乡市获嘉和封丘两县都还没有很好的解决方案。

（三）报销范围窄，大额补助起付线过高，群众受益面较窄

从调研情况看，新型农村合作医疗制度的医疗保障程度很低，"一元钱统筹"限制了对大病农民赔付标准的提高，解决不了农民因病致贫问题，还抬高了大病补助的起付线，降低了受益面。截至 2004 年底，新乡"参合"的 338.6 万农民中，享受大额住院补助的仅占 2%。在获嘉和封丘两县，大额补偿比例只占医疗花费的 30% 左右，大额补助对不同级别医疗机构采取不同的起付线和报销比例，分段计算，最高补助限额为每人 5000 元（2006 年，新乡市把大额补助限额调整为 10000 元）。显然 5000 元的封顶线对一般疾病尚可，可如果对像癌症等大病，所能缓解的经济压力依然较小，依然会"因病返贫"、"因病致贫"。

（四）家庭账户问题

家庭账户在推行新型农村合作医疗初期具有相当的意义。在参保之初，家庭账户形式使农民感到自己交的钱还由自己用，生病时就会及时就诊，看到实惠的农民愿意参保。因此它在释放农民医疗需求，吸引农民参保，提高参保率方面有无可比拟的优势。

但是，对于一些农民来说，因身体健康而很少看病，或者突然死亡等原因，可能带来大量的门诊基金沉淀，如果家庭账户的资金连续不能得到使用，长时间会造成门诊基金账户管理混乱、难以查清，加上沉淀资金不能随意支取，这样一来，一方面将占用农民部分资金，使得有限的合作医疗基金得不到充分利用，另一方面给卫生局等相关部门带来大量文档保存处理的压力，增加政府管理成本。

另外，家庭账户的实行也使本就不多的资金分流，降低了大病统筹的比例，不符合新型合作医疗大病统筹的初衷。家庭账户的实行限制了对大病农民赔付标准的提高，解决不了农民因病致贫问题，还抬高了大病补助的起付线，降低了受益面。

（五）如何平衡商业保险机构的营利性和社会性问题

中国人寿担心两种风险，一是政治风险，合作医疗涉及"三农"问题，非常敏感，农民的这 30 元钱，是要得到实惠的，得不到会是什么结果，一旦基金出现透支，那怎么办？如果降低支付标准，将导致农民群众对保险公司服务的不满，产生对保险公司诚信度的怀疑，甚至引

发群体上访事件；如果财政追加资金，补足基金支付缺口，势必增加财政支出压力，在财政资金不能及时到位的情况下，政府可能要求保险公司先行垫付，两种情况下都会给保险公司带来一定的信誉风险和经营风险，尤其诚信形象受损将会给公司未来在农村市场开展业务带来巨大的负面影响。如在 2005 年，作为新型农村合作医疗业务运行的唯一完整自然年度，当年新型农村合作医疗基金支出大于收入 960.75 万元，只是由于 2004 年滚存下来的节余较大，才没有出现支付危机。第二是经营风险，保险公司不承担经营风险，主要提供日常管理服务，收取相应的管理费。但盈利是其基本出发点，就目前看，它的盈利为负数，管理费用不能弥补运营成本。中国人寿保险公司新乡市获嘉县分公司经理徐步臣给我们算了一笔账，新型农村合作医疗服务中心有 6 个工作人员，每人每月 400 元，一年工资 28800 元，再加上场地、设备、网络、纸张等一干费用，以及 22 个乡镇医疗服务机构（每个 2 人，月补助 200 元）的费用，一年下来要十多万元。而新乡市财政每年给人寿保险公司的管理费为合作医疗基金总额的 1%，获嘉县近三年的合作医疗基金每年大致 600 万至 700 多万元，管理费才 6 万至 7 万元左右，实际上人寿保险公司在赔钱。如果碰上支付危机，保险公司将会面临更大的经营危机，这对保险公司参与合作医疗基金的模式可持续发展是一种威胁。如果上述两种风险不解决，保险公司参与新型农村合作医疗能持续多长时间，还很难定论。

（六）部分乡镇卫生院整体服务功能还需要进一步提高

虽然近三年新乡市对乡镇卫生院投入力度较大，但随着农民医疗需求潜力的释放，乡镇卫生院不能满足群众日益增长的医疗需求。农村医疗资源严重不足，乡（镇）卫生院设备陈旧，医务人员素质不高，药品市场混乱。新乡市为减少农民的逆选择与道德风险问题，以防止其小病到大医院治疗，虽然在补偿标准上规定起付线、报销比例和封顶线从乡镇—县—市分为三个不同的等级，但是如果相应的医疗机构医疗服务能力不能得到相应的提高的话，那么这些问题仍然会继续严重的存在下去。

（七）新型农村合作医疗合理定位的问题

由于筹资水平有限，合作医疗保障内容要合理确定，只能解决以大病为主的基本医疗问题。千万不能把合作医疗"当成一个筐，什么东西都能装"，将保障内容无限扩大。如一些地方把政府已有专项投入的艾滋病筛检与治疗、计划免疫等都纳入了合作医疗报销范围，势必降低合作医疗保障水平，影响合作医疗的健康发展。

（八）新型农村合作医疗监督处罚没有法律依据，致使对一些违纪行为的处理难度较大

在调查中我们发现，农民反映药价上涨过快，过度医疗行为较为普遍，医疗机构采取"小病大治、高档检查与治疗、延长住院天数"等行为方式，而这些过度医疗行为发生的费用最终又全部转嫁给保险人承担；另外，为达到套取医疗保险金的目的，伪造病史、涂改病历、虚假住院等违法现象却仍旧屡禁不止。虽然党的十六届三中全会在公报中六次提到建立社会保障体系，加速发展保险业，但在具体的配套政策及其实施上还显得滞后。目前新型农村合作医疗的商业化运作缺乏政策法规的基础保证，政府基金也不能保证及时足额到位，给商业化运作带来经营隐患，商业化运作也没有税收优惠政策。对于这些问题，地方法规要么没有涉及，要么规定得非常抽象，操作性不强或随意性很大，缺乏法律的具体规定。

（九）新型农村合作医疗制度仍然存在一定的信任危机

实行新型农村合作医疗以来，虽然密切了农民与政府之间的关系，但从整体上来看，农民对新型农村合作医疗制度仍然存在着一定的信任危机，对乡村干部、政府、乡镇卫生院也存在着一定的不信任感。这主要是由于合作医疗政策宣传还没有到位，农民对政策了解不够。加上以往合作医疗的失败和存在的种种不合理现象在农民心中留下的阴影，以及农村其他社会事务中的一些失误，使得农民变得怀疑、谨慎，对合作医疗信心不足，担心政策的改变、不能持久，从而产生了理性农民在合作医疗中的"不理性行为"。另外，在目前资金筹集和运行过程中，也存在着影响对政府信任的隐患。新型农村合作医疗资金由多方共同筹集，中央规定地方政府新型农村合作医疗配套资金先到位，中央的财政配套资金才能到位。县财政大多并不富裕，甚至连年赤字，地方对新型农村合作医疗的配套资金必须到位的硬性条件无疑使入不敷出的县乡财政雪上加霜。如果因为地方财政配套资金不到位，从而引起连锁反应，

政府配套资金都不能及时到位的话，必然影响新型农村合作医疗基金的运行，从而使群众对政府信任又有所减弱。

2.5　新型农村合作医疗制度的改进建议

对于新型农村合作医疗中出现的问题，不能简单的采用"头痛医头，脚痛医脚"的方法，应该明晰新型农村合作医疗体系，划清权责利关系。一种制度若想长久，真正解决问题，必须具有一定的弹性。所以要从可持续和和谐发展的角度，确保新型农村合作医疗规范化、制度化运行发展。针对上述问题，我们提出以下几点建议：

1. 加快相关立法、进行配套改革，营造新型农村合作医疗有利发展的宏观环境

首先要加快关于新型农村合作医疗制度方面的立法工作，把组织机构、筹资额度及补助标准、动作程序、法律责任以法律的形式明确下来。无论是政府自己运作还是商业保险机构参与新型农村合作医疗的运作，国家都要出台明确的政策和法律法规，使各方责权利明确，既要保证责任到位，又要保证监督到位，还要保证工作能顺利开展。

其次要进行配套改革。实行新型农村合作医疗制度是一项系统工程，涉及面广、牵涉问题多，如果只着眼新型农村合作医疗制度本身的运作，而不顾其他与之相关的工作，新型农村合作医疗的运行基础就很薄弱，反而不利于它的工作开展。新型农村合作医疗制度的实行，受益者表面上是农民，但药价上涨使利益最终落入医院口袋。因此，新型农村合作医疗制度的实行还需要医药生产流通体制改革和医疗服务机构改革相配合，需要其他"三农"工作顺利进行的配合。

最后要继续加大新型农村合作医疗制度的宣传力度。虽然参加新型农村合作医疗要求农民自愿，但由于新型农村合作医疗工作刚刚起步，还是新生事物，农民对其好处了解的不深入，如果政府不加强宣传和引导，新型农村合作医疗工作可能会陷入困境。因此，政府应把宣传它作

为一个制度，长期、定期地进行宣传。宣传不要走形式，玩花架子，要真正深入农村，进入农户。还要设立咨询服务窗口，便于解决群众的疑难问题，做到有事必复，有问必答，不拖延推诿。

2. 科学分配分配合作医疗基金、补偿结构，降低大病补助起付线，提高大病补偿封顶线报销比例，扩大农民的受益面，真正解决农民的因病致贫问题

首先，根据新乡市合作医疗的模式，要科学地分配好三部分基金。一是基本医疗基金，即解决常见病，实行家庭账户，约占资金总量的30%，由农民家庭掌握使用。基本医疗基金账户既可以用于看病，也应可以用于预防保健或体检等。家庭账户实行一段时间后，在农民接受新型合作医疗的基础上，取消家庭账户，把资金集中用于大病统筹，提高报销比例，扩大报销范围。二是大病统筹基金要以大病统筹为主，即解决大病的医疗费用报销，约占资金总量的40%～50%。三是新型农村合作医疗风险防范金，占约占资金总量的20%。

其次，要科学的划定报销比例和大病的门槛，提高大病补偿封顶线报销比例。一是在新型合作医疗制度框架内，建立大病统筹基金，对农村常见的大病进行补偿。二是实行再保险。与商业保险公司合作，对本地区的农民患肿瘤、白血病等重病，按3～5元的标准进行集体大病投保，或者对农民治疗花费10万元以上的大病进行投保，以有效的规避风险。三是实行大病救济制度。由政府或慈善部门对农村大病的困难户进行补助，不管何种方式，要使总的报销比例达到70%左右，才能真正解决农民的因病致贫问题。

3. 继续加强商业保险公司参与新型农村合作医疗的力度

首先，充分发挥保险公司在参与新型农村合作医疗制度建设中的有利因素，如保险公司在医疗产品开发与推广、核保、理赔以及医疗行为规范管控等风险管理手段与方法上，已经积累了大量经验，借鉴和应用保险公司已有且日渐成熟的流程与经验，对农村医疗保险能起到快速发展的促进作用。商业保险公司参与新型农村合作医疗，确实降低了政府管理成本，促进了政府公共管理职能的改革。所以，要加大政府对商业保险公司参与新型农村合作医疗建设的政策支持力度，国家可出台明确的政策法规，为新型农村合作医疗的商业化运作提供基础保证。

其次，要保证政府基金能够及时足额到位，以减少保险公司经办合作医疗的营业风险和信誉风险。例如，对于新乡市目前对于经营合作医疗出现亏损的局面，地方财政可以增加对其管理费用的补助，或者是提供适当的税收优惠政策。

再次，建立风险防范机制。尽快通过地方法规的形式，建立"新型农村合作医疗风险准备金"，并明确相应的准备金提取、保管、使用、监管等规定，建立新型农村合作医疗风险防范机制，提高新型农村合作医疗的抗风险能力，降低保险公司参与合作医疗管理所产生的经营风险。

4. 建立科学的控费机制，完善管理监督机制

合作医疗得以持续发展的关键是控制医疗费用，这关系到整个制度的成败。可以从四个方面着手：一是要诊疗规范，建立方便农民看病的定点医疗机构，强化行医规范化管理；二是建立基本药品目录。由于药品市场的市场化导向，药品的使用不仅受医生个人素质的影响，往往还受到利益的驱动，使费用升高，这是目前的现实。所以，建立农村基本药品目录是必需的。三是要建立逐级转诊制度。在农村社区确定 1 ~ 2 所医院就诊，按规定才能向上级医院转诊，这是控制费用的有效办法，对于医疗市场的管理也有好处。随着农村医疗市场的逐步开放，这也是必要的控费手段。四是要明确医方、患方、付费方的三方权利和义务关系，形成相互制衡的关系。例如，新乡市人寿保险公司参与合作医疗的模式做到了医方和付费方的分离，这从制度上来说是较为合理的。但由于在实际中存在保险公司和医疗服务提供者之间的利益博弈，使得"管办分离"的监督并未得到很好落实。

因此，目前重点是对现行模式的完善，加大公开、公示力度，实行定期审计，建立严格的责任追究机制，保险公司要切实把好医疗费用补偿的审计关，减少医疗保险基金的不必要支出，降低基金的运行风险。同时对乡镇卫生院要规范化管理，进行教育宣传，提高他们的业务能力和服务水平，增强其为广大农民健康服务的意识。

3 东部地区新型农村合作医疗试点状况实证分析

——以江苏省江阴市为例

江阴市于 2001 年 11 月率先实施农村住院医疗保险，建立了政府组织推动、保险机构专业化运作、卫生行政部门监管、群众积极参与、覆盖全市城乡的农村医疗保障体系，有效缓解了农民"因病致贫、因病返贫"问题。保险业参与新型农村合作医疗的专业化模式降低了农村住院医疗保险的运作成本，提高了农村住院医疗保险的抗风险能力，增强了农民的保险意识，切实提高了农民群众的医疗保障水平。

一、江阴市卫生工作情况简介

截至 2005 年底，江阴市医疗卫生机构有 324 个，其中医院、卫生院 35 所，编制床位 3166 张。实际开放床位 4107 张，卫技人员 4660 人，其中执业（助理）医师 2099 人，乡村执业医生 968 人。公立医院、卫生院 32 所，编制床位 3037 张，实际开放床位 4011 张，卫技人员 56 人。厂矿医院 1 所，编制床位 26 张，实际开放床位 26 张，卫技人员 24 人。全市卫生事业经费 6895.43 万元，比 2004 年增加 19.58%，占市财政支出的 1.72%，全市门急诊 313 万人次，比 2004 年上升 8%，收治住院 15.23 万人次，比 2004 年上升 13%；实际占用床位 113.45 万床日，比 2004 年上升 9.9%，平均床位使用率 91%。全市医疗机构总收入 9.94 亿元，其中医疗业务收入 9.63 亿元，比 2004 年上升 14.62%；业务支出 8.55 亿元，比 2004 年上升 15.1%；业务收支节余 10820 万元，比 2004 年上升 11.02%。

2005 年为江阴市社区卫生服务机构建设年，全市规划建设农村社区服务中心 25 个，农村社区卫生服务站 156 个；城区社区卫生服务中心 7 个，城区社区卫生服务站 35 个。依托镇卫生院和城区医疗卫生机构，共建成社区服务中心 32 个。由各镇社区卫生服务中心（卫生院）下村延伸设点，按设置规划新建或将原有的村卫生所改建成农村社区卫生服务站 170 个；社区卫生服务覆盖率 90.58%，年内共吸纳乡村医生 351 人，分流 94 人。

二、江阴市农村合作医疗的历史和发展

自"文化大革命"以来，江阴市各乡镇一直在举办合作医疗，参加合作医疗的农民每人每年缴纳的资金由最初的 2 元钱到 20 世纪 90 年代的几十元。

1995 年由中国人寿江阴支公司牵头做农村合作医疗保险，由于缺乏社会保险运作经验，资金管理不规范，政府补贴不够，最终由于亏损严重而中断。

2001 年 11 月江阴市委市政府贯彻"三个代表"重要思想，积极为老百姓做实事，办好事，在全省率先尝试实施了农村住院医疗保险制度，即新型农村合作医疗的雏形，采取了"征管分离，行政监督"的方案，全市统筹管理，由太平洋人寿保险公司提供业务服务。此外江阴市还建立了学生医疗保险，纳入农村医疗保险统一管理。

江阴市第一轮农村住院医疗保险（2001 年 11 月 1 日～2002 年 10 月 30 日），全市应参保人数 908901 人，实际参保 790024 人，参保率 86.9%，共征缴农村住院医疗保险基金 2100 余万元（含市、镇二级财政补贴 500 万元），其中个人缴费 10 元，市、镇市、镇二级财政每人补贴 5 元。共补偿 31256 人次参保对象，补偿金额达 1435 万余元；补助 54 名肾移植、慢性尿毒症肾透析参保对象的门诊医疗费用 25.25 万元。第一轮实际补偿金额为 1460 余万元，群众受益率达到 4% 左右，受益面相当于城镇职工基本医疗保险。

第二轮农村住院医疗保险（2002 年 11 月 1 日～2003 年 10 月 30 日），实际参保 87.5 万余人，参保率达 96.3%，个人缴费 10 元，市、镇二级财政每人补贴 5 元，共征缴农村住院医疗保险基金 2600 余万元。共有 47525 人次参保对象得到了结报补偿，补偿金额总数达 2192 万余元，受益率达 5.4%。继续对肾移植、慢性尿毒症肾透析参保病人进行一次性医疗补助，共补助 60 人 30 万元。第二轮实际补偿金额为 2222 万余元。根据第一轮试点的经验，江阴市在第二轮又将参保对象进一步扩大到没有固定收入的城镇居民和非本市户籍的外来务工人员。

第三轮农村住院医疗保险（2003 年 11 月 1 日～2004 年 12 月 31 日），应参保人数 91.3 万人，实际参保 90.6 万人，参保率达 99.23%，江阴市财政按全市应参保总人数每人每年补贴 10 元，镇财政也补贴 10 元，农民自负 20 元，共征缴农村住院医疗保险基金 4550 万元。全年全市共有 56681 人次得到了结报补偿，结报金额 4385 万元，补偿率达 20%，并对肾移植、慢性尿毒症肾透析参保病人进行了一次医疗补助。

江阴市 2005 年度新型农村合作医疗保险应参保人数 93.7 万人，实际参保 93.7 万人，参保率达 100%，江阴市财政每人每年补贴提高到 30 元，镇财政补贴提高为 20 元，农民自负 20 元，共征缴农村住院医疗保险基金 6930.48 万元。全年全市共有 63421 人次得到了结报补偿，结报金额 5616.16 万元，补偿率达 25.52%。同年，市政府决定对 60 周岁以上的参保老年人实行免费健康体检，收益老年人达到 12.571 万人，农村住院医疗保险基金支出体检费用 251.42 万元。

2006 年，江阴市农村住院医疗保险参保率继续达到 100%，农民个人缴纳 30 元、市财政补贴 50 元、镇财政补贴 40 元，人均拥有保费 120 元，基金总额达 1.1 亿多元，并开设农村住院医疗保险门诊补偿，对到社区卫生服务中心就诊的本市户籍参保病人的门诊用药费用给予一定比例的结报补偿，并实行最高处方额限制。门诊用药费用的结报比例为 20%，最高处方限额为 40 元。实行门诊医疗保险补偿封顶制，每人每年最高累计补偿额为 100 元。

2006 年上半年江阴市农村医保补偿费用为 3581.11 万元，补偿人数为 40444 人次，人均结报 885 元，住院补偿率达到 30.96%，比 2005 年提高 5.44 个百分点。与此同时，农村医保实行医疗救助，662 人次贫困群众得到人均 593.18 元的救助。目前已有 11.62 万人次参保群众共享受到 61 万元门诊补偿优惠政策。为了扩大农村医保的受益面，从 2006 年起，低保户、五保户、重点优抚对象等 3 类贫困群体除像往年一样仍可免费参加农村医保外，还可享受医疗救助。据统计，共有1.9万名贫困群众符合免费参保的条件，这类人群如果生病住院后，除享受正常农村医保结报外，还可按照20%的医疗费用（进入结报范围的医疗费用）标准给予医疗救助。到目前为止，共有662人次得到医疗救助，人均593.18元。

从2006年8月1日起，江阴市以顾山镇为试点，开始实行农村合作医疗保险刷卡结报制。2006年底，农村合作医保刷卡结报制将在全市社区服务机构全面推广。

从2006年9月起，根据江阴市委、市政府的统一部署，江阴率先在省内推出农村住院医疗保险对象免费享有体检、免费拥有健康档案之举，在2005年对15万60周岁以上参保对象免费体检的基础上，从2006年秋季到2007年1月，江阴市决定花4个月时间，以除7周岁以下儿童和在校中小学生（已按儿童保健保偿要求体检）以外的参加2006年度农村医疗保险的参保群众为对象，开展全民免费健康体检和健康档案建档工作，预计将有65万参保群众从中受益。

2001年以来，江阴市新型农村合作医疗保险的参保率逐年上升，于2005年度达到100%，收益率、补偿率5年来也稳步提高，2005年度分别为20.45%和25.52%，政府补贴由最初的5元增加到90元，且于2006年开始全面推行农村住院医疗保险门诊医疗补偿，保障力度逐年加大，保障水平和服务水平逐年提高。

三、江阴市新型农村合作医疗的基本模式

1. 组织管理监督模式

江阴市农村医疗保险属社会统筹医疗保险，由市政府统一组织实施，市有关部门共同组成江阴市农村住院医疗保险领导小组，领导小组下设办公室（即江阴市新型农村合作医疗管理委员会办公室），办公室设在卫生局，主要行使农村医疗保险的监督管理职责，对业务管理机构及定点医疗机构进行监督管理；负责农村合作医疗保险统筹基金的日常管理工作等。

各镇人民政府（开发区管委会）对本辖区的农村合作医疗保险工作负总责，并成立相应的农村医疗保险工作领导小组，由镇（开发区）卫生、财政、地税、工商、教育、劳动、社保等部门组成。主要负责本

辖区内基金的征缴工作等。

江阴市农村合作医疗保险统筹基金集中至市农村合作医疗保险基金财政专户实行收支两条线管理，封闭运行，在全市范围内统筹补偿使用，当年资金结余转入下一年度，资金亏损由政府承担，市农村住院医疗保险领导小组委托中国太平洋人寿保险股份有限公司江阴支公司（简称太保公司）行使业务管理职能，设立农村合作医疗保险业务管理中心（简称农保业管中心）。农村住院医疗保险业管中心受市农村住院医疗保险领导小组和太保公司双重领导，负责做好农村合作医疗保险的结报补偿工作；做好农村合作医疗保险的业务管理和服务工作等。

江阴市推行农村合作医疗保险专管员制度。原则上本市每个定点医疗机构设一名农村合作医疗保险专管员（简称农保专管员）。农村住院医疗保险专管员由市农村住院医疗保险业管中心负责聘用并签订劳动用工合同，同时负责管理，市合管办对其聘用、调整、辞退进行监督。农村住院医疗保险专管员的主要职责有：参保对象资格核准管理；参保对象登记和如实告知管理；参保对象输单初审管理；参保对象结报支付管理等。

江阴市农村合作医疗保险统筹基金接受市财政局和审计局的监督、审计，主动接受市人大、政协、社会各界、新闻媒体和参保群众的监督，严禁任何单位和个人借支、挪用和不合理补偿。

江阴市各医疗机构在市卫生行政部门的日常监督和管理下，严格执行有关政策，完善并落实各种医疗制度，保证服务质量，提高服务效率，做到因病施治、合理收费。

2. 筹资模式

（1）筹资水平

由江阴市卫生局、合管办认真总结以往经验，充分调查研究，科学设定标准，平衡基金盘子，提出下年度农村医疗保险的初步实施方案，农村住院医疗保险领导小组深入讨论并报市政府常务会议进行专题研究，以确定下年度个人缴费标准及政府补贴数额。2006 年度，江阴市大幅提高补贴标准和适当调整个人缴费标准，市镇两级财政补贴达到90 元，农户个人缴费 30 元。

（2）资金来源

根据江阴市人民政府澄政发〔2005〕115号文，农村住院医疗保险筹资采用个人缴费、集体扶持、政府资助的办法，目前江阴市政府资助占主导地位。

（3）征缴方式

江阴市农村医疗保险统筹基金征缴实行整户参保制度。以年度为单位征缴和补偿，保费按年计收，并按整户参保的原则一次缴清，实行一人一号的保险号制度。除已参加城镇职工基本医疗保险者外，其余户口在江阴市的农业人口及非农业人口均应参保。非江阴市户籍的外来务工人员在坚持整厂（单位）参保的前提下，可以参加农村合作医疗保险，但只限于享受住院补偿，不享受门诊补偿及门诊特殊病种救助。

江阴市农村医疗保险的征缴工作坚持一级对一级负责的原则，由镇政府（开发区）负总责，市政府下达各镇（开发区）应参保人数指标，各镇政府（开发区）与各行政村（社区）签订任务书，并纳入年终精神文明考核。

贫困人口（指民政局核定的最低生活保障线以下的对象和五保户）个人自负部分免缴，保费由市、镇（开发区）两级财政各承担一半；对于各类企业的在职职工，地税部门以企业为单位按30元/人·年负责代征收；对于各企业参保的外来人员，地税部门以企业为单位按60元/人·年的标准（企业承担30元，个人自负30元）负责代征收。

3. 补偿模式

（1）补偿范围

住院补偿：住院期间的治疗费、药费、化验费、检查费、手术费等（具体标准按江阴市农村医疗保险有关规定执行）。

门诊补偿：当年度参加本市农村医疗保险的参保人员在本市社区卫生服务中心（镇卫生院）就诊时发生的符合市农村医疗保险门诊费用报支范围的门诊用药费用，可按规定给予补偿。实行参保人员在本市范围内门诊自主择院制度。参保人员在江阴市任何定点医疗机构（镇卫生院）门诊时发生的符合市合管办规定的门诊用药费用，可按规定给予补偿。

门诊特殊病种救助：慢性尿毒症（肾透析）、器官（限肝脏、肾脏、肺脏）移植、精神病、红斑狼疮、恶性肿瘤、再生障碍性贫血、血友病。经严格界定符合救助范围的参保人员发生的符合规定的门诊医疗费用，由市合管办审核后，年终给予一次性救助，救助款由市合管办通过各农村住院医疗保险窗口统一发放。

（2）补偿标准

住院补偿比：参保人员的住院费用补偿，按规定分次、分级计算，300 元以下不予补偿，301～5000 元补偿 50%，5001～10000 元补偿 60%，10001～30000 元补偿 70%，30001 元以上补偿 80%。全年累计最高补偿额为 60000 元。越在基层医疗机构就医，补偿比例越高；在本市医疗机构就医补偿比例高于在外市就医补偿比例；整户参保人员比未整户参保人员补偿比例高；学生补偿比例高于一般参保人员，但全年累计最高补偿额仍为 60000 元。

门诊补偿比：每人每次门诊最高额为 8 元，即每张处方可结报的最高限额为 40 元、补偿比例为 20%，超过部分自理，个人全年累计最高补偿额为 100 元。参保人员门诊时应得的个人部分由就诊医疗机构在门诊总费用中直接予以扣除。

（3）支付模式

除门诊费用直接扣除外，住院补偿采用垫付报销制。在本市医疗机构诊治的，出院时可持出院记录、收费内容清单（医嘱单）、发票、身份证至驻该医疗机构农村住院医疗保险专管员处按规定申领补偿。意外伤害须提供门诊病历。在外市医疗机构诊治的，出院后持上述凭证至市农村住院医疗保险业管中心按规定申领补偿。

四、江阴市新型农村合作医疗的成功经验

江阴市新型农村合作医疗几年来的稳步发展得益于政治、经济、管理等多方面因素，突出表现在如下几个方面：

1. 政府的积极引导与强力支持

农村医疗保险属社会统筹医疗保险，具有很强的公益性，政策性强，涉及面广，工作难度大，没有各级党政领导的重视和支持是很难办起来或持续发展的。历年来，江阴市委市政府都把农村合作医疗作为民心工程、实事工程抓实办好。把农村合作医疗事宜列入市政府常务会议专题研究，精心组织实施，协调有关部门各司其职，密切配合，财政支持力度大，确保各项工作全面落实到位。为农村住院医疗保险工作提供了强有力的政治保障。

2. "征、管、监"相分离，多方共赢

经过多年运作，江阴市农村合作医疗现已形成政府积极引导和推动、保险公司提供专业服务、政府职能部门有效指导和监督的工作机制。以往由政府直接办理农村住院医疗保险基金结算和支付业务，管理成本高，难以杜绝人情支付和暗箱操作等问题，老百姓意见很大。现在太平洋寿险江阴支公司接受江阴市政府委托运营管理农村住院医疗保险资金，由于保险公司的专业优势，精算准确，管理手段先进，确保了农村住院医疗保险资金的盘子既没有入不敷出，也没有发生大量资金沉淀的情况。此外市卫生局设立新型农村合作医疗保险办公室（以下简称"市农村住院医疗保险办"），负责监督业务管理中心的基金运作情况和全市各定点医疗机构对参保病人的医疗行为。卫生行政部门不参与农村住院医疗保险基金的运作和结报补偿等日常性事务工作，只负责监督管理和政策的调研与完善，改变了以往既做运动员又当裁判员的做法，真正实现了从办农村住院医疗保险向管农村住院医疗保险的政府职能转变。

由于"征、管、监"相分离，以往农村合作医疗中存在的筹资难、管理不规范、人情赔付、不透明和低效率等问题基本杜绝，真正让广大农民获得最大利益。政府委托商业性专业机构提供公共服务，使政府得以从烦琐的事务性工作中解脱出来，实现了政府职能的转变，降低了行政成本。保险公司通过管理农村住院医疗保险业务，积累了农村健康保险的基础数据，提高了公司在农村的知名度和可信度，带动了商业保险业务向深层次、高水平发展。

"征、管、监"相分离全新运作机制的有效运行，切实提高了当地农民的保障水平，基本解决了以往存在的"因病致贫、因病返贫"问题，呈现出农民满意，政府、保险公司和医疗机构多方共赢的良好局面。

3. 政策完善，管理强化

按照以民为本、为民造福的要求，江阴市农村住院医疗保险政策不断调整，进一步提升了农村住院医疗保险的健康保障水平，近年来尤为明显。一是调高了补贴标准；二是扩大了补助范围；三是提高了补偿标准，使大多数患病住院的参保农民得到了更高的保障、更多的实惠。

江阴市先后出台并完善了多项农村住院医疗保险相关制度，为农村住院医疗保险工作的健康运行提供了有力的制度保障。按照新型农村合作医疗的要求，结合本地实际，江阴市自行研制开发了农村住院医疗保险管理软件，在农村住院医疗保险业管中心建立数据管理中心，各定点医疗机构设立工作站，建立了全市联网的计算机管理网络，将全市90万参保群众的一般情况、家庭成员、现病史和既往病史及农村住院医疗保险结报范围内的药品、手术、治疗等费用的补偿比例等数据输入电脑，对全市参保人员的结报补偿工作进行网络化管理，实现了新型农村合作医疗工作的现代化管理。农村住院医疗保险业管中心通过网络对参保群众出院结报补偿结算进行审核，确保了结报补偿的科学性、合理性和及时性，电脑排斥人情，网络维系公平，使得结报补偿更加透明和公正。同时，电脑联网提高了结报补偿结算的速度，实现了农村住院医疗保险参保病人的实时结报和当场结报，大部分病人出院时就可得到保险补偿，提高了农村住院医疗保险工作的可信度。农村住院医疗保险办通过网络对参保患者住院期间的治疗、用药情况进行监督，确保了定点医疗机构对参保病人治疗、用药的规范化和合理化。

同时，江阴市财政局按照《江阴市农村住院医疗保险管理办法》的要求，严格合理管理好基金。江阴市审计局对基金监督审计，采用了就地审计等监督手段，确保基金取之于民、用之于民。江阴市卫生局、合管办还切实加强对各医疗单位的日常监督和管理，督促各医疗单位严格按规定诊治病人。从审计的情况看，江阴市农村住院医疗保险工作已步入了规范化的发展轨道。

五、江阴市新型农村合作医疗可持续发展的建议

江阴市新型农村合作医疗运行几年来的实践证明，这一制度是解决目前农民"看病难、看病贵"的一种好形式，是政府的一项利民举措，取得了明显的效果，受到农民群众的欢迎，但建设新型农村合作医疗制度是一项长期而艰巨的任务，不可能一蹴而就，必须不断改革与完善以求可持续发展。

1. 保费征缴及时足额

保费征缴是农村住院医疗保险工作的重点难点环节，事关农村住院医疗保险工作成败与否。首先各级政府补贴一定要保证落实，市财政补贴的部分由市财政安排列支；镇财政补贴的部分，各镇务必克服困难，一级对一级负责，确保补贴资金及时足额到位。同时鼓励和引导经济较好的行政村对村民应缴保费进行适当补贴，充分调动农民群众缴费的积极性。此外，还应加大宣传力度，征缴与宣传相结合，征缴与特殊病种门诊补助申报相结合，征缴与免费体检相结合，深入群众，教育群众，感动群众，促全民参保到位。最后，在征缴过程中，要重视方式方法，不断总结自身经验，也可借鉴外省外市在保费征缴上的先进措施，不断探索，创新机制，确保基金筹措到位。

2. 筹资水平稳步提高

随着农村经济社会的发展和人民生活水平的提高，随着医疗消费水平的提高，合作医疗的筹资水平应相应提高，补偿范围应相应扩大，在这些指标上，江阴市与兄弟城市相比有一定差距，但不可单纯追求数字，不切实际提高各项标准，而应稳步前进，建立定期增长的长效机制，以逐步提高农民的医疗保障水平，使合作医疗持续、健康发展。

3. 监督管理严格强化

各相关单位要高度重视农村住院医疗保险基金监管工作，定期组织基金专项检查并配合不定期的抽查，加强资金监督管理，落实工作措施，切实履行职责。对检查中发现的存在问题，要督促有关单位落实整改措施，限期整改完毕。向社会公布基金使用和管理情况，以接受社会各界和人民群众的监督。

强化对定点医疗机构的监管。相关单位要加强日常监督，严格督促检查，杜绝各类弄虚作假行为。对违反规定的定点医疗机构，卫生行政部门要提出警告直至取消其定点医疗机构的资格，并对当事人进行严肃查处，决不姑息迁就。定点医疗机构要加强医务人员医德医风建设，正确处理社会效益和经济效益的关系，提高医疗技术服务水平和服务质量，为参保农民提供经济优质的医疗服务。

各相关单位还应强化对诊疗行为和结报补偿的监管。各定点医院应严格遵循用药规定，合理住院，合理检查，合理用药，合理治疗，杜绝不合理住院、乱检查、乱收费和大处方行为。对滥开大处方、滥用药品、乱开检查的医务人员，要按有关规定严肃处理。合管办定期公示基金结报补偿情况，接受社会监督。业管中心需不断改善软硬件条件，升级优化计算机管理系统，确保结报补偿的规范、公正、快捷。

4 西部地区新型农村合作医疗试点状况实证分析

——以陕西洛川为例

　　陕西省洛川县新型农村合作医疗的试点有两种不同的形式。一种是按照中央关于新型农村合作医疗政策精神推行的"大病统筹"；另一种是洛川县旧县镇推行的"小病统筹"试点。

一、洛川县的新型农村合作医疗试点（"大病统筹试点"）

　　2003 年洛川县被陕西省政府确定为首批新型农村合作医疗试点县之后，按照中央文件所要求的大病统筹为主的医疗费用补助原则，结合洛川县实际，洛川县制定了《新型农村合作医疗试点工作实施方案》，于 2004 年 1 月正式启动新型农村合作医疗试点。

　　1. 农民统筹金统筹标准

　　根据洛川县农村实际和农民经济收入状况，县政府决定以家庭为单位，每人每年交纳统筹基金 15 元，其中 5 元为大病统筹基金，解决农民因患病住院的医药费用补助，10 元划入个人账户，由农民个人决定用于门诊小病等医疗费用的使用。

　　2. 补助方法

　　住院费用补助方法，主要采取非除外责任自负段之后的按比例补助方法。经过 2 年的试行，在不断总结经验的基础上，方案几经修改逐渐臻于完善。方案规定：在不同医院住院其补助的比例不同，具体为在本县乡镇卫生院住院，补助 60%；县级医院住院补助 50%；县级以上医院住院补助 40%。同时限定了每人全年一次或多次累计最高补助金额，一般病例补助不超过 1 万元，特殊病例 1.5 万元。参照外地经验，洛川县又制定了 31 种单病种费用包干制度。

3. 统筹金筹集情况

2004 年洛川县农民参加新型农村合作医疗的有 14095 人，占农业人口的 88%，共筹集合作医疗资金 522.4255 万元，其中中央 145 万元，省级 66 万元，市、县各 50 万元，农民个人筹集 211.4255 万，用于大病统筹基金 3523750 元，划入农民个人账户 1409500 元。其中由民政部救助的五保户、特困户 8050 人，计 120750 元。

2005 年洛川县农民参加新型农村合作医疗的有 143093 人，占农业人口的 88.7%，农民筹资 2152395 元。

4. 医药费用补助情况

2004 年洛川县因患病住院得到补助的农民 3278 人，补助金额 195.12 万元，其中乡级住院 1334 人次，补助 47.25 万元，县级医院住院 1574 人次，补助 80.2 万元，县以上医院住院 370 人次，每人最高补助 10000 元。

2005 年 1～7 月，补助 2591 人，占参保人数的 18.1%，较 2004 年同期增加 1002 人，补助金额 216.87 万元，月均补助 30.98 万元，住院病人人均补助 837.02 元，较 2004 年同期增加 40%。

截至 2006 年 6 月 25 日，洛川县累计享受合作医疗基金补助 135463 人次，共补助金额 987.17 万元。其中，门诊补助 125365 人次，补助金额 161.20 万元；住院补助 10098 人次，补助金额 825.96 万元，占农民住院总费用的 38%，人均住院补助达到 818 元，个人补助达到 10000 元以上的有 30 人，特殊病例达最高补助标准 15000 元的有 5 人。

实践证明，洛川县的新型农村合作医疗试点取得了显著成效，缓解了农民因病致贫的压力，为农民解决了实际困难，在农民中有不错的口碑。

二、洛川试点新型农村合作医疗的成功经验

1. 广泛开展调查研究

在启动前和进行中，县主要领导和主管领导先后多次深入农村开展工作调研，充分了解社情民意，掌握农村实际，并多次召开会议专门研究和探讨此项工作，正确把握试点方向和原则。

2. 成立专门组织机构

洛川县成立了"农村合作医疗管理委员会",由县长任主任,县委、县政府分管领导及卫生局局长任副主任,有关部门负责人为成员。管委会下设办公室,为新型农村合作医疗综合办事机构,科级建制,事业单位、全额预算,编制 6 人,卫生局局长兼任办公室主任。各乡镇也成立了管理委员会,由乡长任主任,相关领导、医疗机构负责人和农民代表组成。县乡各定点医疗机构都设立了合作医疗办公室,由医院院长任主任,层层落实人员、经费、办公地点,明确了工作职责,为试点工作提供了强有力的组织保证。

3. 坚持从实际出发,不断完善试点方案

试点工作启动前,围绕确保农民受益得实惠这一核心,洛川县在开展基线调查、广泛征求意见的基础上,经过认真测算、反复论证,结合本县实际,本着农民能承受的原则,按照"低补助、广覆盖,能支付,不透支,农民群众受益得实惠"的思路,制定下发了试点工作方案。把农民参加合作医疗个人缴纳部分确定为 15 元,其中 10 元划入个人门诊账户,由农民在定点医疗机构自主支配使用,其余 5 元纳入大病统筹基金,用于农民因患大病住院医疗费用的报销补助。把乡、县、县以上医院农民住院自付段分别确定为 200 元、600 元、1000 元,报销比例分别确定为 60%、40%、30%。一般病例和特殊病例最高封顶线确定为5000 元和 8000 元,出台了 14 种单病种定额包干补助方法。在报销补助上,采取非除外责任个人自付段之后按比例补助和单病种定额包干补助两种形式,实行报销补助"直通车",患者在出院的当天就可得到合作医疗基金的补助。为了使试点方案更具操作性,洛川县同时下发了《农村合作医疗基本用药目录》、《农村合作医疗审核补助方法》等配套文件。并在试点过程中坚持经常性调查研究,根据试点运行中出现的新情况、新问题,经过认真分别测算,反复讨论研究,先后对方案进行了 4 次修订和完善。最终将乡、县、县以上医院住院自负段分别确定为 100元、300 元、600 元,报销比例分别确定为 60%、50%、40%,将一般病例和特殊病例最高封顶线分别确定为 10000 元和 15000 元,将单病种定额包干补助范围由原来的 30 个扩大到 37 个,将用药目录由 565 种扩大到 943 种,将特殊病例补助报销范围由原来的恶性肿瘤一种扩大到包括先天性心脏病、颅脑外伤（手术治疗）、肾病综合症在内的 4 种。通过对关键项目的适时调整，农民受益面逐步扩大，受益水平明显提高。经过综合分析比较，2005 年住院患者较 2004 年增长了 1033 人次，人均补助费用较上年提高了 256 元，2006 年 1 ~ 6 月份，出院病人人均补助达到 1050 元，较 2005 去年同期提高了 211 元，且整体运行情况平稳，达到了合作医疗基金能支付，不透支，收支平衡的要求，农民对合作医疗满意程度达到 95% 以上。

4. 广泛动员宣传，切实解决农民认识问题

几年来，洛川县始终以动员农民群众积极参与为目的，采取会议宣讲，电视和报刊开辟专栏，广播覆盖，标语上墙，资料入户等行之有效的方式，深入宣传新型农村合作医疗制度的特点和好处，讲明参加合作医疗的权利和义务，动员农民群众积极自愿参加。同时注重宣传实效性。利用受益农民的现身说法与算账对比等形式，通过他们用切身体会、真实事例去带动身边的农民参加合作医疗。通过扎实细致的宣传工作，基本做到了家喻户晓，人人皆知，为筹资工作的顺利进行奠定了广泛的群众基础。洛川县农民参合率在 2003 年 88% 的基础上，平均每年上升 1.4 个百分点，2006 年农民参合率高达 92.74%。

5. 关注弱势群体，把医疗救助与试点工作同步实施

关注农村弱势群体，是新型农村合作医疗制度的本质要求。试点工作一开始，洛川县就制定下发了《关于对贫困人口参加农村合作疗实行救助的通知》和《关于农村计生户在参加合作医疗中享受优惠政策的通知》，明确了农村弱势群体和农村计生户享受救助与补助的程序和标准。几年来，全县累计救助农村弱势全体 25111 人，救助参合资金 376665 元，补助计生户 13185 户 41558 人，补助参合资金 207790 元。针对农村弱势群体参加合作医疗后仍然有病没钱治的实际，在五保户住院补助中，洛川县采用取消个人自付段，直接按比例补助的形式，剩余部分由民政部门从救助基金中解决。贫困人口住院治疗，在按合作医疗政策补助后，剩余部分由个人提出申请，民政部门按自付金额分段计算，实施二次补助。

经过几年的努力，洛川县新型农村合作医疗试点工作已经取得积极成效，正向着全面覆盖的目标加速前进。

三、洛川县旧县镇的"小病统筹"试点

洛川县旧县镇的"小病统筹"试点，是由杨团为代表的中国社会科学院社会政策研究中心的研究人员主导推行的试点。这一试点采用的是真正的"合作"模式，即通过建立农会的形式实现农民对新型农村合作医疗真正的管理。这一试点的起源是 2001 年对洛川的一次社会文化调查，当年底，中国社会科学院社会政策中心的研究人员组成研究小组再次到洛川及相邻的黄陵县，调查农村医疗卫生服务改革，在调查的基础上，结合对国内外医疗卫生服务发展总体趋势的把握，初步形成在中央的新型合作医疗制度改革的基础上，试验再进一步建立社区医疗体系的思路。

2004 年，洛川县在全面推行新型农村合作医疗的基础上，支持中国社会科学院政策研究中心课题组在旧县镇实施"乡镇基本卫生服务统筹试点"（基本卫生服务统筹简称"小统筹"以区别于新型合作医疗试点中以大病保险为主的"大统筹"）。解决农民初级卫生预防保健和基本医疗问题。

（一）试点的背景

中国农村地区的基本卫生服务为市场主导，政府提供的卫生服务不充分，预防保健服务更少；乡镇卫生院由于政府财政拨款不足，为了能够足额发放医护人员工资，以"经济效益为中心"，"以药养医"的现象十分普遍。乡村医生开办的个体诊所商品化程度高，价格比镇卫生院便宜，但医生本身的医疗水平没有保证。洛川县 2003 年开始的新型合作医疗试点以大病统筹为主，在一定程度上解决了少数人"因病致贫"或"因病返贫"的问题，但新型合作医疗试点只重视"大病"，轻视"预防保健和小病"。而实际上，我们都知道所有的大病都是因为不知道正确的预防方法或小病不治而积重难返的，所以重视预防保健和小病统筹的这种"防微杜渐"的方法才是要达到真正提高农民健康水平的根本措施，而非大病统筹这种"亡羊补牢"。洛川县旧县镇的"基本卫生服务统筹"试点正是在上述背景下提出的，其目的是：探索适合我国农村乡镇社区基本卫生服务的体制、机制和机构模式以及以较小的资源代价可持续地增进农民健康水平的宏观卫生政策。

（二）试点的主要内容

"基本卫生服务统筹"试点的主要内容包括：

1. 农民按自愿原则以家庭为单位参加农民医疗合作社（农医合）。农医合是消费合作社性质的群众组织。在村级由家庭代表推举村农医合代表，然后由村农医合代表组成镇农医合理事会，选举产生镇农医合主任。34 个村的农医合代表组成镇农医合代表会及其委员会，负责社区服务中心和 6 个社区服务站质量监督，反映农医合社员意见和建议，同时成立由政府、社区卫生服务中心、农医合委员会组成的镇农医合协商会，协商会主任由镇政府镇长担任、研究试点工作中重大问题，协调农医合组织和镇卫生院的关系。

2. 农民每人每年缴纳 10 元基金，成为"农医合"社员（理想模式是用新型合作医疗的个人账户资金缴纳）。在试点期间，由项目资金模拟投入，社员暂不缴费，以避免试验风险，实行"先尝后买"。

3. 个人缴费完全由农医合理事会管理，用于以集体购买方式购买医疗服务；以镇卫生院为供方，由卫生院向下延伸建立社区卫生服务中心，作为初级医疗和卫生服务供给者。农医合组织集体购买镇卫生院社区服务中心的预防、保健、小病治疗等基本医疗服务和优质低价药品。管理上，镇社区服务中心根据村分布区域设立 6 个社区服务站。6 个社区服务站的 13 名医护人员来源于公开的社会招聘（大多没有行医许可证）。长远而言，农医合负责筹集资金，代表社员与供方进行集体谈判，签订服务合约，监督供方履行合约，维护社员权益。

4. 农医合有权选择医疗卫生供给者，可以是乡镇卫生院，也可以是独立运作的其他具备能力的服务提供者。农医合与供方签订合同，采取总额预算方式进行预付，集体购买医疗卫生服务。

5. 目前，镇卫生院承诺建立社区卫生服务中心，为社员提供一体化的医疗卫生服务，主要包括：建立个人健康档案；开展健康教育；提供妇幼保健（包括政府购买的服务）；社员就诊免收服务费；药品批零价差价控制在 10% 以内，让利于农民；逐步建立慢性病人管理服务；就诊上门服务只收交通成本，不增收服务费。

"基本卫生服务统筹"包括 4 个基本要点：

1. 统筹单位以乡镇社区为地域界限，既区别于传统合作医疗一般以村为统筹单位，也区别于新型合作医疗以县为统筹单位。

2. 筹资方式为互助统筹，既区别于自愿购买的商业医疗保险，也区别于强制性的社会医疗保险。

3. 服务购买和支付方式为农民自治组织集体购买和按人头总额预付。既区别于分散的个人购买，也区别于行政性的政府买单。

4. 组织化的集体监督。传统合作医疗和新型合作医疗都没有"用者监督"的机制，"小统筹"中建立了农民医疗合作组织对社区卫生服务站的集体监督机制。

（三）试点的资金来源

经过大略测算，只要农民参保人数达到全镇人数的 85%，就可以保证"小统筹"有足够的资金可持续的发展下去。2004 年项目伊始，项目组拟订试点资金来源于新型合作医疗中的农民个人账户中的每年 10 元/人。但在征询上级意见后，因为中央文件中没有规定可用农民的筹资做社区卫生服务，所以得到的答复是，不能动用农民个人账户中的钱。在这种情况下，卫生部请课题组换地点重做试点，自己筹资，课题组表示前期工作已有基础，且不应失信于当地农民，拟找到资金后继续试点。2004 年 3 月香港爱德基金会资助旧县镇全体农民年人均 10 元的缴费，共资助两年（2004 年、2005 年）。2006 年在爱德基金会模拟农民出资结束后，严格遵照村民自主自愿原则，筹集基金 1347 户，42320元，投保户数达到全镇总户数的 40.7%，不到当时测算可运行的 85%，在负债运行一段时间后，得到香港乐施基金会资助，补足了剩下的59.3%，模拟未缴费的农民缴费。

（四）试点现状

旧县镇卫生院成立了社区卫生服务中心，由院长兼任中心主任，选派卫生院内一名干部任专职常务副主任，专门抓社区卫生服务站的工作。同时健全社区卫生服务站的各项工作制度、职责，制定了严格的、具体的工作质量考核细则。做到按日检查考核，规范运行。社区卫生服务站建立以来为农民提供了低价优质的药品，利润加成率不超过 10%，为 3270 户 13080 名农民建立了健康档案；开展慢性病全程跟踪服务和健康教育；健康咨询及预防保健；坚持 24 小时值班制；为农民提供了方便、快捷、优质的基本卫生服务。据统计，从建站开始截至 2005 年 6

月底，6 个社区站共接待门诊病人 12549 次，急诊出诊 188 人次，对 1468 名慢性病患者进行了跟踪服务，康复随访 77 人次，妇幼、防疫服务 3659 人次，接待健康咨询 272 人次，开展健康教育 15 期 1500 多人次，举办健康教育专栏 84 期，受教育群众达 55999 人次，为农民优惠药费 10148.83 元，按市场价加成计算可为群众减少医药费用 76116.21 元，免收出诊费、挂号费、诊断费、治疗费 14672 元，从 2005 年 6 月 14 日开始再次下调药品批零差价到 7%，就此一项每年给群众优惠医药费用 12157 元，社区卫生服务通过优质、低价和方便的服务为旧县镇的 13000 多人带来了真正的实惠。

旧县镇的社区卫生服务，因为有农医合给予的全额补偿，所以可以降低药价，使农民多受益。自试点以来，社区卫生服务站实行药品低差价，带动了整个旧县镇所有的私人诊所、乡医院纷纷降价。目前社区卫生服务站仍保持着全镇最低药价，这一点一直得到农民的称赞。

（五）试点面临的问题和建议

1. 农民不能完全分清"大统筹"与"小统筹"

试点第一年因为有爱德基金会资助，旧县镇的农民没有缴费就得到了社区基本卫生服务，加之试点初期用农民个人账户资金支付小统筹的方案曾在大会公布，农民印象很深，后来先尝后买的新方案再做宣传效果不大，导致农民分不清课题组的基本卫生服务试点与县里的新型合作医疗试点，认为自己所得的全是大统筹带来的。

2. 新旧两种体制之间存在矛盾和冲突

尽管社区卫生服务站用了小统筹的新体制，但是其上级卫生机构——乡镇卫生院还是旧体制，而且旧体制的力量远大于新体制，新旧两种体制的价值取向不完全相同，社区卫生服务站的药品优惠影响到医院的收入。

3. "小统筹"与"大统筹"之间不能接轨

基本卫生服务统筹试点与新型合作医疗目前不能接轨，各行其是，导致新型合作医疗难以突破只保大病，政策受益面小的问题，而基本卫生服务统筹难以解决资金来源的可持续性问题，同时由于乡镇卫生院体制和机构改革滞后，因而导致两者之间无法接轨。

4. 社区卫生服务站人员的业务素质不高

鉴于乡镇卫生院在职人员素质不高，加之由于体制和人事制度难以进行合理调配，社区服务站只能以聘用中专生为主。而近年来医学中专办学质量下降，毕业生能力低，致使社区卫生服务站人员的业务能力较低，不能完全满足农民需要。大部分医生没有行医执照，得不到农民信任。

5. 农医合组织缺少可持续性发展的经济基础

2004～2005 年度，农医合组织的运转费用从爱德基金会模拟农民缴费的总额中支出（占 10% 左右）；2005～2006 年度，农医合组织的运转费用就不好从农民缴费的基金中支出。因此，农医合组织的生存既不能靠农民缴费支撑也不能一直依靠社会捐助，必须有自己的经济来源。解决农医合的经济问题，首先要使它注册成为独立的社会团体或民间非营利组织，然后再寻求自身生存的经济门路。

（六）试点中的认识

显然，试点的目的是希望在农村也与城镇同步实现社区卫生服务体系，向西方学习，实现社区由全科医生负责，全科医生熟悉社区环境和病人的所有病史，可以针对性的给予更贴心的诊治和保健服务等，实现六大基本的社区卫生服务，不仅可以提高健康水平，也可以实现预防小病，大病难来的目的。但在目前，虽然我国农村的经济条件比以前有提高，温饱问题基本解决。但在当前的经济条件下，大病的保障都还只是刚刚起步的情况下，就想要全面覆盖农民医疗服务的全部，恐怕有一定现实难度。

目前，最主要的问题是"小统筹"长期发展下去的资金可持续性来源问题。据相关测算，必须保证有 85% 的人参加"小统筹"才能保证"小统筹"的继续存在，否则缺少经济支持，试点将只能是试点，而无法成为一个可以长期存在的社会公益性农民自助项目。

也许可以走乡镇卫生院与社区卫生服务站相结合的道路。乡镇卫生院拥有来自国家次财政和自愿参加"小统筹"的农民交纳的基金以后，可以用基金弥补财政拨款的不足，然后再药品价格上让利于农民，同时将服务站社会招聘的医务人员与卫生院的医生统一使用，社区服务站的人员向卫生院的医生学习提高业务水平，卫生院医生向服务站人员学习良好的服务态度。

参考文献

吴仪：《扎扎实实做好新型农村合作医疗试点工作——在全国新型农村合作医疗试点工作会议上的讲话》，http://news.xinhuanet.com/zhengfu/2004 - 03/01/content_1337618.htm，2003 年 12 月 4 日。

邓大松、杨红燕：《新型农村合作医疗利益相关主体行为分析》，载《中国卫生经济》2004 年第 8 期。

杨红燕：《中国农村合作医疗制度可持续发展研究》，武汉大学博士学位论文，2006 年。

邓大松、张国斌：《关于新型农村合作医疗制度探索中的思考——基于河南省新乡市获嘉和封丘两县的调查》，载《学习与实践》2007 年第 2 期。

张学增、黄金虎、朱云法：《商业保险公司介入新型农村合作医疗管理的可行性研究》，载《卫生经济研究》2006 年第 2 期。

丁少群、尹立中：《农村医疗保障：新型农村合作医疗该向何处去》，载《中国卫生经济》2005 年第 3 期。

汪建国、王建培、朱艾勇：《对安徽省新型农村合作医疗试点县农民的调查报告》，载《卫生经济研究》2006 年第 6 期。

肖俊辉、王小燕、刘婷、潘挺军：《对广东省欠发达地区新型农村合作医疗的调查分析》，载《卫生经济研究》2006 年第 6 期。

谭志敏、崔爽、赵军绩、杨九龙：《新型农村合作医疗筹资机制和支付方式在试点过程中的矛盾与不足》，载《中国初级卫生保健》2006 年第 2 期。

何永华：《关于新型农村合作医疗有关问题的建议》，载《中国卫生事业管理》2005 年第 1 期。

郑振、潘宝骏：《新型农村合作医疗试点工作存在问题与建议》，载《福建医科大学学报（社会科学版）》2006 年 6 月第 2 期。

孙洪军、郑立军、徐兴富：《新型农村合作医疗参合率不高的原因及对策分析》，载《卫生经济研究》2006 年第 2 期。

中国社科院社会学所：《农村社区卫生服务体系与政策研讨会会议报告集》，2005 年 11 月 3 日。

洛川县人民政府：《洛川县新型农村合作医疗试点工作汇报》，2006 年 7 月 3 日。

第三篇

完善农村
最低生活保障制度

王增文

1 农村最低生活保障制度产生的背景及发展脉络

1.1 中国农村最低生活保障制度产生的背景分析

一、中国农村贫困群体的生计特点及贫困形式

（一）中国农村贫困群体的生计特点

我们根据英国国际发展部所制定的可持续性生计发展框架来分析一下中国贫困农户的生计状况和特点：

1. 中国农村贫困群体的自然资本受风险因素影响较多，当风险发生时，由于其自身没有可及的物质资本予以补救，面对风险他们大多都是听天由命，不能发挥其主观能动性，从而体现出中国贫困农户应对风险的脆弱性。

2. 由于中国农村贫困群体的物质资本一般勉强能够或完全不能维持自身生活和生产的需要，所以在风险来临的时，不能及时迅速地转换为可交换的物质资本来降低其生存的脆弱性；在金融工具及其服务等方面的可及性也很低，由于其没有积累或者仅有积累甚微的可流动的金融资本。所以，面对风险时，他们更倾向于农村的非正规的金融机制。

3. 中国农村贫困农户的人力资本质量低下。由于农村贫困农户缺

乏物力和财力来对其子女进行人力资本投资，再加上人力资本的投资回报的滞后性特点。导致绝大部分的中国农村贫困户对其子女的人力资本的投资费用是很低的。

4. 农村贫困户占有的政治资源以及社会资本非常有限，由于其相对狭窄和封闭的社会网，导致其很难拥有和分享社会资本和政治资源。从而，使得其抵御风险的能力非常弱。

所以，生计的脆弱性、资产转换上的有限性、社会资本和政治资源可及方面的缺乏性是目前中国贫困农户的主要特点。从中国农村贫困群体对社会资本的占有情况来看，中国农村主要有以下几种贫困形式：

（二）中国农村贫困的主要形式

1. 教育贫困

农村贫困率的高低与农村贫困群体的受教育的程度有非常直接的关系，文化程度较低的农村人口更易陷入贫困。贫困与受教育程度两者是相互影响和加深的。由于文化程度低，该群体不能获得更高的收入而导致贫困；而贫困使其更无能力加强自身的技术培训以及对其子女进行人力资本投资，这样会进一步强化其弱势地位，逐步进入了"贫穷—没文化—贫穷"这样的恶性循环圈。所以，在无法得到受教育权利的状况下，这些农村家庭的贫困会以这种恶性循环圈代代相传。

2. 政治贫困

农村贫困群体的政治贫困是指政治上缺乏真正代表低收入农民公共利益的人大代表，1979 年以来，伴随中国市场化进程的加快，农村社会结构也出现了明显的贫富两极分化的现象。尽管身份都是农民，但他们的利益诉求也出现分化，所以导致他们各自代表的利益也不同。现实中，当选人民代表大会代表的大部分是农村干部、农村致富能手、为经济发展做出突出贡献的人，这些群体大部分是处于农村的富裕阶层。所以他们不能完全代表大多数贫困农民的利益倾向。中国目前的选举法规定①，每 96 万农村人口产生一名全国人大代表。如图 1－1 所示，在全国人大历届人大代表中，农民代表的比例不但没有达到法定人数，而且

① 张富良：《完善人民代表大会制度保障农民民主政治权利》，载《人大研究》2004 年第 10 期，第 24 页。

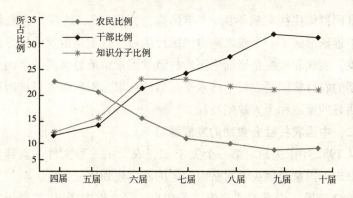

图 1 – 1　历届全国人大代表中各主体所占比例

资料来源：代志明：《新型农村合作医疗补偿机制歧视问题研
究》，载《中国软科学》2007 年第 2 期，第 20 页，整理而得。

所占比例逐渐下降。表 1 – 1 显示了 1996～1999 年各级人民代表大会代
表比例构成，农民代表比例相对也较低。这样的代表分配比例以及代表
名额向农村高收入阶层的倾斜，使得农村贫困群体的利益诉求难以得到
充分反映。

表 1 – 1　各级人大代表身份构成比例表（1996～1999 年）

	地　区	代表总数	工人（%）	农民（%）	军人（%）	干部（%）	知识分子（%）	归国华侨（%）	其他（%）
间接选举	全　国	2979	10.84	8.06	9.00	33.17	21.08	1.24	16.61
	省（自治区、直辖市）	16755	14.01	10.47	4.66	42.8	20.95	1.02	6.09
	市	62017	15.83	17.76	2.29	36.79	20.32	0.72	6.29
直接选举	县	589830	9.83	37.28	0.91	35.01	12.68	0.19	4.1
	乡（1996）	2451808	4.06	71.49	20.12	0.11	4.22	—	—
	乡（1999）	2423374	3.66	71.50	20.32	0.10	4.42	—	—

资料来源：刘智等编著：《数据选举：人大代表选举统计研究》，中国社会科学出版社
2001 年版，第 366 页。

3. 疾病贫困

农村贫困人口承受疾病风险的能力极低，患病率异常的高。而由于
经济上的贫困与高额的医疗费用，以及医疗费用分担比例极不合理性，

农村贫困群体往往有病不医,"小病拖,大病扛",这样,在农村贫困家庭中逐渐形成了一个难以逾越的医疗困境,这就是由疾病所导致的贫困现象。疾病和残疾是当前中国农村致贫因素中最显著的两个因素。改革初期的农村贫困是农村整体水平落后的结果,而当前农村贫困则更表现出明显的家庭和个人缺陷特征。

二、中国农村社会救助的发展脉络

从 1982 年中央制定第一个关于"三农"的一号文件一直到党的十七大以来,国家对解决农村贫困问题的总体规划历程如下:

1982 年第一个有关"三农"的中央一号文件中指出:"要国家、集体、个人三方面兼顾,不能只顾一头。集体提留、国家任务都必须保证完成。应当向农民讲清,国家在照顾农民利益方面已尽了最大努力,农民也要照顾国家经济困难,努力发展生产,增加商品,多作贡献。切实帮助贫困地区逐步改变面貌。"此一号文件重在强调农民的自立自主性,通过自身努力来摆脱贫困。1986 年的第 5 个关于"三农"的中央一号文件——《关于 1986 年农村工作的部署》中进一步指出:"当前应把重点放在帮助那些至今尚未解决温饱的最困难地区,经过调查,做出规划,拨出资金,采取有效措施,使之尽快得到温饱,逐步走上能够利用本地资源优势,自力更生发展生产、改善生活的道路。在一般的贫困地区,主要是落实政策,端正生产方针,在开发林、牧、矿业及其他土特产方面给予必要的支持,把经济搞活。作为解决农村困难群众生活问题的制度安排,中央对建立农村低保制度的提法逐步强化。"

第一个直到第五个有关"三农"的中央一号文件,以及后来的几个有关"三农"的中央一号文件基本上都重在强调农民的独立自立性,利用本地的资源,通过自身努力来脱贫。国家主要目标是帮助最贫困的农村地区解决温饱问题。到后来的农村开发式的扶贫政策,其宗旨也是在为中国农村的经济建设服务,都是把经济的发展作为第一要务。

建立农村低保的主要依据是民政部在 1996 年印发的《关于加快农村社会保障体系建设的意见》和《农村社会保障体系建设指导方案》两个文件。文件中都要求"有条件的地方要积极探索建立农村最低生活保障制度"。《中国农村扶贫开发纲要(2001~2010 年)》提出了农村低保制度的基本立足点是要尽快解决少数贫困人口温饱问题。根据国家有关部门和一些国际组织多年的调查分析，中国农村绝对贫困群体的成因主要有5种：因病、因残、年老体弱、缺乏劳动力或劳动能力低下、生存条件恶劣。这部分群体占中国农村人口的3.5%左右[①]。帮助这部分人解决温饱问题是民政部门下一步的重要举措。

2004年中央一号文件又一次提出"有条件的地方，要探索建立农民最低生活保障制度"，2004年中央一号文件在时隔18年后再次选择"三农"作为主要内容，并作出在全国范围内取消农业税并给予100亿元粮食直补的决定。其后的几年，中央一号文件一直以"三农"主题，中央财政对"三农"的投入大幅增加。2004年，中央财政用于三农的支出为2626亿元，2005年为2975亿元，2006年为3397亿元。[②] 2005年中央一号文件和《中共中央关于制定国民经济和社会发展第十一个五年规划的建议》都明确要求"有条件的地方，要积极探索建立农村最低生活保障制度"。2006的中央一号文件指出："要进一步完善农村'五保户'供养、特困户生活救助、灾民补助等社会救助体系"；"有条件的地方要积极探索建立农村最低生活保障制度"。

2007年中央一号文件提出："继续搞好开发式扶贫，实行整村推进扶贫方式，分户制定更有针对性的扶贫措施，提高扶贫开发成效。在全国范围建立农村最低生活保障制度，各地应根据当地经济发展水平和财力状况，确定低保对象范围、标准，鼓励已建立制度的地区完善制度，支持未建立制度的地区建立制度，中央财政对财政困难地区给予适当补助。"这是2007年中共中央一号文件的第一句话。党的十七大报告中也指出："完善城乡居民最低生活保障制度，逐步提高保障水平。"

可见，从农村社会救助的发展脉络来看，中国自1949年以来，农村最低生活保障制度是非常零星、分散和应急性的，一直没有形成一个非常系统和统一而完善的体系。尽管如此，从中国政府制定的几个中央文件一号文件以及党的报告中仍能够看到，中国政府对于农村贫困问题一直是非常重视的，不仅制定了大量政策、制度规范贫困救济事业，还

---

① 宋扬：《让城乡人民共同享有改革成果》，载《中华工商时报》2007年3月8日。
② 国家统计局：《2007中国统计年鉴》，中国统计出版社2007年版。

为扶贫工作投入了大量财力和物力，保障了那些处于生活困境的人的基本生活，在很大程度上维护了社会稳定。

1.2 中国农村社会救助制度的变迁

从基础层面来看，中国农村社会救助的政策和制度及其变迁，特别是农村最低生活保障制度的探索、提出到 2007 年实施的整个发展脉络，反映出了社会理念和制度水平的提升。归结起来，中国的社会救助制度大体经历了 3 个大的转折点：由"救急不救贫"型向"扶贫"型救济转变、由"仁义道义救济"型救济向"制度救济"型救济转变、城市低保向全民低保（农村低保和城市低保）转变。

一、1978 年扶贫政策的实施——"救急不救贫"型救济向"扶贫"型救济转变

（一）1949～1978 年，农村贫困人口生活救助以临时性灾民生活救济为主，资金来源以农民集体互助共济为主

1950 年到 1954 年国家发放大量的救灾救济款以及救济物资，救济灾民和孤老病残人员。1956 年，中国进入全面建设社会主义时期，在城市形成了就业与保障一体化的保障制度。社会救济主要面向城乡没有劳动能力、没有收入来源、没有法定赡养人或抚养人的"三无"社会成员，社会救助费用主要由国家承担，但农村主要由生产队给予补助。1961 年到 1963 年三年困难时期，国家拨付农村社会救济款和灾民生活救济款 23 亿元，拨款是 1949 年以来最多的一次。1956 年一届人大三次会议通过《高级农业生产合作社示范章程》，规定对无依无靠的孤老病残社员实行"五保"（即保吃、保穿、保烧、保教、保葬）供养，1958 年，全国农村享受"五保"待遇的有 519 万人[1]。"文革"十年期间，

---

① 宋士云：《新中国农村五保供养制度的变迁》，载《当代中国史研究》2007 年第 1 期，第 95 页。

国家为农村灾民拨付了 30 多亿元的生活救济费。

（二）1978 年后，社会救助改革最有成效的是在农村开展扶贫工作

1982 年民政部等 9 部委联合下发《关于认真做好扶助农村贫困户的通知》后，扶贫工作在农村全面展开，1994 年国务院又部署实施《国家八七扶贫攻坚计划》。传统社会救助制度的适用对象主要是：（1）城镇和农村居民因遭受自然灾害造成财产和收成受到巨大损失的居民。国家将 70% 左右的救灾款用于解决灾民的吃饭问题，25% 左右用于修建房补贴，10% 左右用于衣被救济，5% 左右用于防疫治病。（2）"三无"（无法定赡养人或抚养人、无劳动能力、无可靠生活来源）人员以及孤老残幼等。他们是长期的救济对象。政府在农村主要是建立了敬老院，1994 年全国孤老残幼有 330 万人，提供救济款 13.6 亿元，其中政府提供了 1.88 亿元；[①]（3）社会上的生活困难者。他们因各种原因（如家庭成员生病、家庭人口多劳动力少、失去工作机会等）而陷入贫困，他们中的一部分是暂时困难者，对他们实行的是临时救济，而另一部分则是长年困难者对其实行的是定期定量救济。

在这一阶段，农村在实行了家庭联产承包责任制，国家也加大了农村社会贫困救济金的投入。1978 年国家用于"五保"户的救济金 2309 万元，占国家拨付的农村社会救济费用的 10%，1994 年为"五保"户拨付救济金 7554 万元，占国家拨付农村社会救济费用的 27%；[②] 1978 年到 1994 年的 15 年间，农村贫困人口生活救助逐步探索定期定量救助，资金开始由乡镇统筹。

总结起来，1949～1978 年这一阶段，社会救助的主要形式是救灾、救危和救急，主要特点是救灾、救危和救急但不救贫；由于它只是从人道主义和同情心理的角度出发的救助，没有上升到社会责任和民生权利的制度安排层面，所以它与现代公民理念的国家治理原则还有差距。1978～1999 年阶段，在农村主要是开发式扶贫，在城市主要是补贴式扶贫，第一次实现了"救急"向扶贫型救济转变，在理念和实践上迈

---

① 《中国统计年鉴 2005》，"收养性社会福利事业单位基本情况"，国家统计局网站，www.stats.gov.cn。

② 《中国统计年鉴 2005》，"收养性社会福利事业单位基本情况"，国家统计局网站，www.stats.gov.cn。

出了关键性的一步。

二、1999 年城市低保的正式建立——"仁义道义救济"向"制度救济"转变

在 20 世纪 90 年代后期，席卷整个中国城镇的大规模的下岗分流是中国城镇当时面临的最大的社会困难。据《2000 年社会蓝皮书》统计的数字①，1998 年底，中国国有企业失业人员为 1190 万人。就是在此背景下，城市最低生活保障制度应运而生。在国家还没有统一政策的情况下，1993 年 6 月，上海市率先建立城市居民最低生活保障线制度，并且取得了较好的社会效应。在这之后到 1995 年，中国有 12 个城市建立并实施了这一制度。

截止到 1997 年，中国有 206 个城市建立了最低生活保障制度。1997 年 8 月，国务院颁发了《国务院关于在各地建立城市居民最低生活保障制度的通知》，要求到 1999 年底，中国所有城市和县政府所在的镇都建立起这项制度。1999 年 9 月，国务院颁布了《城市居民最低生活保障条例》，全国有 668 个城市和 1638 个县政府所在镇建立了城市居民最低生活保障制度。最低生活保障对象为 282 万人，其中传统民政对象（"三无"人员）占 21%，新增对象（在职、下岗、失业、离退休人员）占 79%。② 此条例的颁布，也标志着中国的社会救济制度真正从"仁义道义性"救助转向"制度性"救助，使城市居民最低生活保障工作的法制化管理向前迈出了最关键的一步，填补了中国在社会救济制度方面的空白。2000 年底，全国享受城市最低生活保障待遇的人数达到 382 万，③ 城市居民最低生活保障制度为城市贫困人口提供了最基本的生活保障。

2001 年，国务院决定扩大保障面，要求将符合条件的城市贫困人口全部纳入最低生活保障范围，由中央财政列支最低生活保障资金，做

---

① 汝信、陆学艺、单天伦编：《2000 年社会蓝皮书》，社会科学文献出版社 2000 年版，第 68 页。

② 《中国统计年鉴 2000》，"收养性社会福利事业单位基本情况"，国家统计局网站，www. stats. gov. cn。

③ 刘前：《城市居民最低生活保障制度与促进就业》，载《昆明大学学报》2006 年第 1 期，第 6 页。

到应保尽保。2001 年开始，中央财政的投入逐渐增加，低保制度的资金"瓶颈"被突破，保障对象也从 1998 年的 184 万，2000 年的 403 万，猛增到 2002 年的 2065 万人，2003 年的 2184 万人（见图 1－2）。

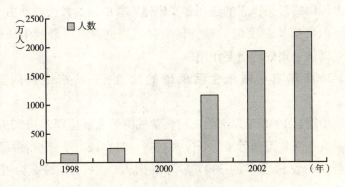

图 1－2　1998～2003 年城市低保对象数量分布

资料来源：洪大用：《城市居民最低生活保障制度的新进展》，
社会科学文献出版社 2002 年版，第 127 页。

这一阶段的城市社会救助工作取得了很大的成就，为中国经济结构和社会结构的顺利转型提供了良好的基础。城市最低生活保障制度的实施将绝大多数城市居民由于经济结构和产业结构调整而导致下岗失业的这部分群体以"安全网"的形式保护起来，为社会营造了安定的国内环境，维护了中国经济和社会转型的顺利进行。在当时中国社会保障制度很不健全的情况下，农村低保的建立和实施在促进经济发展、维护社会稳定方面发挥了积极的作用。

但是，这段期间，在顾及城市贫困群体的生存问题的同时没有考虑到广大农村地区的贫困群体。而且由于工业化初期的"剪刀差"、公共支出对城市畸形偏重、物价持续上涨、农民收入增长缓慢甚至停滞不前等，以及作为化解和预防风险的保障机制——社会保障制度以及作为最后一道安全网的"兜底工程"——农村最低生活保障制度仍是一片空白，城市与乡村不但在分配领域有很大的不公，而且在再分配领域也同样存在极大的不公平性。

总的看来，这一阶段由于经济体制改革明确了以市场经济为导向，经济和社会体制的急剧转轨和企业改革的逐步深化，以及经济全球化和亚洲金融风暴对中国的冲击，临时性救济、定期定量救济等政策实施有所松动，社会救济出现了"重城轻乡"的现象。但是，从整个中国社会救济制度的发展脉络来看，1999年城市最低生活保障制度的正式建立具有里程碑的意义，它的建立和实施标志着中国的社会救助由"仁义道义型"救济向"制度型"救济转变，而且也为农村最低生活保障制度的建立提供了很好的借鉴作用。

三、2007年农村最低生活保障的建立——城市低保向国民低保转变

纵观中国自1978年以来的农村扶贫战略的发展历程，从20世纪80年代初解决普遍贫困到后来的开发式扶贫，都在致力于减少农村贫困人口的数目。在农村现存的3000多万贫困人口中，约20%为五保户，30%为残疾人口，超过20%的居住在不适宜生存的条件恶劣地区。[①] 这说明现有的农村贫困群体的分布由连续的"面"变成现在离散的"点"，并且很大一部分农村贫困群体已被严重边缘化，如果再用传统的开发式扶贫方式对中国现有的农村贫困人口进行扶贫其效果不会像以前那样明显。这就迫切需要建立一种比开发式扶贫战略更加精确的瞄准机制和救助方式来帮助农村的这部分边缘群体脱离贫困。

另一方面，截至2002年底，城市最低生活保障制度已经实现"应保尽保"，到2007年，低保人数稳定在2200万人左右。然而，8亿农民并不在低保范围之列。作为最后一道"安全网"的最低生活保障制度，应当将所有不能或不能足够从其他保障中获得待遇的人保护起来，所以这道安全网对于经济发展、社会稳定，尤其是中国目前的经济体制改革意义重大。据最新资料统计[②]，在贫困县里，由于残疾、长期患病、自然灾害等原因最后丧失劳动能力的占了贫困县人口总数的6.7%。在2005年，当年因病致贫，因病返贫的农户大概占了返贫总人口的26%。我们不得不承认，中国目前的首要任务就是发展经济，但是，经济的发展应该是以更多的人受益为首要条件。然而，作为农村发

---

① 李小云编：《2005年中国农村情况报告》，社会科学文献出版社2006年版，第154页。
② 王志宝：《农村低保首先解决残疾、患病人员的返贫问题》，http://news.sohu.com，2007年3月6日。

展的最后一道"安全网"的最低生活保障制度在广大的农村地区基本上还是一片空白。无论是从发展经济还是维护社会稳定方面来说，在农村地区建立最低生活保障制度都是我们下一步必须要贯彻和执行的首要任务。

结合以上两个方面以及中国农村的实际情况来看，在广大的农村地区建立最低生活保障制度是最适宜的制度选择。目前，对于中国农村3000万左右的贫困人口来说，建立农村最低生活保障制度可以解决他们最基本的生存问题，而且通过农村低保的配套改革措施可以保障他们的基本发展权益。在1996年初，民政部就明确提出了在全国范围内积极探索农村居民最低生活保障制度建设问题。1996年以来，农村低保制度的实施一直都是热点话题，各个省市农村地区纷纷建立了适合本地区实际状况的最低生活保障制度。2004年1月，福建省成为全国第一个全面实施农村居民最低生活保障制度的省份，也将率先在全国建成一个广泛覆盖城乡所有困难群体的最后一道安全网。

2004年底，全国有8个省份的1206个县（市）建立了农村最低生活保障制度，有488万村民、235.9万户家庭得到了农村最低生活保障。2006年底，全国建立农村低保制度的省、自治区、直辖市已达到23个，其余地区也在进一步完善农村特困户定期定量救助制度的基础上，积极起草有关农村低保制度的文件。从23个省、自治区、直辖市的情况看①，2133个县（市）开展了农村最低生活保障工作，有1593.1万人、777.2万户得到了农村最低生活保障，共有325.8万户、775.8万人得到了特困救助，部分特困户逐步纳入了农村最低生活保障。截止到2007年2月，据民政部公布的数据②，全国农村最低生活保障制度覆盖人数为1728.8万。

在2007年召开的"两会"中，温家宝总理的政府工作报告又对这个"老热点"问题给出了明确答案。那就是要在全国农村范围建立最低生活保障制度。在全国范围建立农村低保制度，将符合救助条件

---

① 卫敏丽：《全国有23个省份建立农村最低生活保障制度》，中国农业信息网（www. agri. gov. cn），2007年5月24日。

② 《2007年一季度全国民政事业统计数据》，www. mca. gov. cn，2007年6月24日。

的农村贫困群体纳入保障范围，稳定持久地解决农村贫困人口的温饱问题，是实施农村低保制度的主要目标。设定这一目标主要有两点考虑：(1)《中国农村扶贫开发纲要（2001～2010 年）》提出，2010 年前要"尽快解决少数贫困人口温饱问题"，实现这一任务，一方面需要加大扶贫开发力度，帮助有劳动能力的贫困人口通过发展生产逐步摆脱贫困状况，另一方面需要通过实施该制度对常年贫困人口给予救助，解决其基本温饱问题；(2) 党的十六届六中全会提出了，到 2020 年基本建立覆盖城乡居民的社会保障体系的目标。这就要求加快农村社会救助体系建设的步伐，特别是要尽快建立农村最低生活保障制度，使困难群众能够通过低保救助维持起码的生活水平。

因此，2007 年农村最低生活保障的建立标志着城市低保向国民低保（农村低保和城市低保）转变，也意味着中国在再分配领域的划时代意义的变革。

1.3 当前中国农村最低生活保障
制度运行情况及其模式

一、目前农村最低生活保障制度的基本情况

温家宝总理在十届全国人大五次会议上的《政府工作报告》和《中共中央国务院关于积极发展现代农业扎实推进社会主义新农村建设的若干意见》（中发〔2007〕1 号）都指出，2007 年在全国范围建立农村最低生活保障制度，这是建设社会主义新农村和构建农村和谐社会的一项重要举措。截至 2007 年 3 月底①，全国已有 26 个省（自治区、直辖市）全面建立了农村最低生活保障制度，其他地方在完善农村特困户生活救助的同时，也在准备向农村最低生活保障过渡。全国农村最低生

---

① 民政部：《中国民政统计数据》，国家统计局网站（www.stats.gov.cn），2007 年 5 月 20 日。

活保障制度覆盖对象为 1788.4 万人，另外，还有农村特困救助对象 577.5 万人。按照有关的工作部署，2007 年底全国各地农村都要建立和实施农村最低生活保障制度。为了更好更快地推进农村低保制度的实施，我们来了解一下目前农村低保制度实施的基本情况。

（一）主要目标和出发点

党的十六届六中全会提出了 2020 年建立覆盖城乡居民的社会保障体系的目标任务，这就要求加快农村社会救助体系建设的步伐，特别是要尽快建立起广大农村贫困群体迫切需要的农村最低生活保障制度，使农村贫困群体能够通过该救助制度维持最起码的生计。在全国范围建立农村低保制度，将符合救助条件的农村贫困群体纳入保障范围，长远地解决好全国农村贫困人口的温饱问题，是农村低保制度的重要目标。要实现这一目标必须做到两点：（1）通过实施农村低保制度对处于绝对贫困线以下的的困难贫困群体实施救助。（2）调整对农村低收入群体的开发扶贫扶贫方式，进一步加大力度，帮助有劳动能力的农村低收入群体通过发展生产来逐步摆脱贫困。

（二）对象的划定范围

各地规定的农村低保对象范围一般是低于当地绝对贫困线的农村贫困群体，从各地实施的农村低保工作的实际状况来看，大多数县市要求的保障对象是那些因疾病、年老体弱、残疾、家庭缺少劳动力、有智力障碍的和生存条件恶劣等原因造成家庭贫困的群体。这主要是由于大部分农村地区的低保工作还处于起步阶段，限于财力、物力、人力等原因，先将农村最贫困的群体纳入低保范围。然后，将低于绝对贫困线的人员都能够纳入进来，最终目标是"应保尽保"。鉴于此，农村低保保障的重点放在那些由于缺少劳动力的家庭等农村贫困群体，鼓励有劳动能力或者有部分劳动能力的农村贫困群体依靠自身能力解决生计问题。

（三）低保标准的确定

在确定低保标准方面，除了少数东部发达地区外，一般都是围绕国家每年公布的绝对贫困标准，国家 2007 年公布的贫困标准是人均收入低于 693 元/年。从目前农村低保的实施状况来看，各地制定的农村低保标准大多都高于国家的贫困线标准。目前全国已实施农村低保的地区平均标准为年人均 1000 元左右。2006 年下半年以来，一些中西部省份陆续出台了农村低保政策，享受救助的人数有所增加，但按人均计算的补助水平则略有下降。从补助水平的省份分布状况来看①，2006 年全面实施了农村低保制度的 23 个省份，平均补助水平为月人均 35.4 元，其中，东部地区月人均 50.9 元，中部地区月人均 25.3 元，西部地区月人均 25.5 元。从有关部门调查了解到的情况以及部分专家学者的观点来看②，一般认为给低保对象的实际补助金应以月人均 30～40 元为宜，至少不能低于 30 元。

（四）低保申请、收入核算和确定低保对象的方式

核定农村低保申请人家庭收入等情况，是审核审批农村低保对象的一个很关键的程序。目前各地农村根据本地实际，对于核定低保申请人的收入等情况采取了因地制宜的方法，主要可以分为两种类型：

1. 城市化水平较高东部经济发达地区，由于已经实现了城乡低保一体化运行，可以做到在较准确地核定低保申请人家庭收入的基础上，按照申请人家庭年人均纯收入与保障标准的差额发放。

2. 中西部农村地区，由于农村居民收入没有固定的收入渠道，家庭收入难以准确核算。但鉴于中国农村住户的特点，通常是在初步核查申请人家庭收入的基础上，更多地依靠民主评议等办法来确定低保对象，并采取按照低保对象家庭的困难程度和类别，分档发放低保金。这样做比较适合中国农村的实际情况，同时也较为简便易行。

各地在实施农村低保制度的过程中，都对低保对象的申请、审批程序作了具体规定，并遵循公开公正透明等基本原则。从各地做法来看，一般都是由户主向乡（镇）政府或者村民委员会提出申请；村民委员会开展调查、组织民主评议提出初步意见；经乡（镇）政府审核，由县级政府民政部门审批。乡（镇）政府和县级政府民政部门对申请人的家庭经济状况进行核查，了解其家庭收入、财产、劳动力状况和实际生活水平，结合村民民主评议意见，提出审核、审批意见。通常，申请人需要如实提供关于本人及家庭的收入情况等信息，并积极配合有关的

---

① 龙文：《农村最低生活保障政策问答》，载《农村实用技术》2007 年第 7 期，第 27～28 页。

② 民政部最低生活保障司：《贫困农民从政府领取低保金一般是多少》，www. dbs. mca. gov. cn，2007 年 12 月 18 日。

审核审批部门按规定进行的调查或评议。

（五）低保资金财政投入情况以及发放形式

农村实施农村最低生活保障主要是体现政府的责任，那么资金也主要来自各级财政的投入。过去各地实行农村低保的资金都来源于各级地方。2006 年，各地财政共支出了农村低保资金 41.6 亿元，加上农村特困户定期定量救助资金 13.9 亿元，一共是 55.5 亿元。[①] 从 2007 年起，中央财政将对财政困难地区实施农村低保制度给予资金补助。中央对地方的补助，将成为支持地方建立和完善农村低保制度的重要资金来源。通过银行、邮局、信用社等机构实行社会化发放低保金的办法发放到农村低保户手中。

二、农村低保制度与城市低保制度的差别

农村低保和城市低保都是保障贫困群体的基本生活权益，维护社会安定团结、构建和谐社会、促进经济发展和社会全面进步的需要。由于城市低保制度已经实现了"应保尽保"，其实施过程中积累了不少宝贵经验。所以，城市低保制度的实施可以为农村低保制度的建立和实施提供很好的借鉴作用。但在现阶段，不能简单地照搬城镇最低生活保障制度，农村与城市在诸多方面存在差异，这些差异是导致两种制度在具体细节方面存在不同的重要原因。因而，建立农村最低生活保障制度，既要符合最低生活保障制度的一般特征，又应充分考虑中国农村居民的生活习惯、生产方式、经济和发展水平以及社会结构的特殊性。所以很有必要来搞清楚农村低保与城市低保的不同之处，具体来说有以下几个方面的差别。

（一）城乡居民的生产和消费方面

1. 家庭生产资料和收入来源方式不同

在生产资料占有方面，城市居民几乎没有任何生产资料，绝大多数城市居民是靠务工赚取收入。而农村居民拥有土地这种属于自身的最为重要的生产资料。实际上，尽管农民拥有土地，但近几年以来，农业生产资料价格指数持续上涨，来自于土地的收入已经大幅下降。土地的保障作用仅仅在于提供生计，农村居民一旦丧失劳动能力，土地对其的保

---

① 潘跃：《农村低保全面起航》，载《人民日报》2007 年 5 月 28 日。

障作用就几乎随之消失。

在收入来源方面，城镇居民收入与就业挂钩，一旦丢失工作，收入几乎全部消失。农村以土地为主要生产资料，收入的主要来源是以土地为载体的农副业（如土地的承包、租赁、养殖、种植等收入）。所以，这就决定了两者在保障对象确定上的差异。城镇最低生活保障制度关注的重点是孤老残幼人员，也包括城市居民中的下岗、失业群体。其中，失业人员占较大的比例。而农村最低生活保障制度关注的重点是以无劳动力、受自然灾害侵害的暂时贫困性家庭，其对象以"五保户"、患有重大疾病或残疾、孤儿、弱智等缺乏劳动力的家庭为主。

2. 家庭收入核实周期及方法不同

在家庭收入核实周期上，城市居民以月收入为周期，而农村则以"季"或"年"收入为周期的。从而决定了城市居民最低生活保障金以月为周期发放，而农村居民最低生活保障制度主要以"季"或"年"为周期进行发放。在家庭收入的核实方法上，城市居民家庭收入采取工资收入的标准核定。由于中国长期以来农村一直是自给自足的状况，在农村居民计算收入上，很多农副产品的收入和支出很难计算出其准确价值。此外，近年来随着农村外出务工人员剧增，家庭打工人员的收入是否计算以及如何计算也是一个难题。

3. 家庭的消费方式的不同

城镇居民的消费主要是靠货币流动，所有生活资料用品都需要用货币在市场上购买，家庭生活所需要的所有物品和服务包括吃、穿、用、住、行都必须用现金交易。农村居民的生活资料在某种程度上仍是"自给自足"的消费方式，故对市场的依赖程度很低。因此，对城镇居民的低保形式以货币发放为主，实物为辅；而对农村居民则可以两种救助形式并重。实施实物救助的方式，可避免因市场变化而影响贫困家庭的基本生计的状况。

（二）农村低保与城市低保制度方面

城市低保的发展是先构建制度框架，后落实所需低保资金；先是实现"制度覆盖"然后实现"水平覆盖"。现在看来农村低保的制度框架也已经初步建立起来了。比较而言，农村低保与城市低保在制度上还是存在一定的差别。

1. 核实家庭收入的方法与确定低保标准不同

城镇贫最低生活保障线的制定主要以"基本需求法"来制定，是以各种维持基本生活的支出为标准来统计贫困标准的；而农村最低生活保障线的制定是"实际收入"为标准，是以包括各种农产品等实物收入来大体折算的。但农村低保对象在贫困线测算方面并非像城市低保线那样严格按照数学方法测算出来的。从武汉大学社会保障研究中心所调查样本县的情况看，在核实家庭收入时，强调的是"因地、因时、因户制宜"。同样农村低保"补差"也不像城市低保那样是严格"计算"出来的。而是大多采用了"对象分档、对号入座"的方式。也就是首先把低保分几个档次；然后根据村民共识和投票确定等基层民主决议方式确定低保户该享受哪个档次的低保标准。如湖北省襄樊市把农村低保分为三个档次：第一类是鳏寡孤独（没有进福利院的），每月每人50元的标准；第二类是痴呆傻残无劳动能力，每人每月按30发放。第三类是病残人员，按每人每月15元进行发放。实践中，也有一些地方在确定最低生活保障标准时，规定农村低保标准按照城市低保标准的60%制定。这也是一种切合实际的做法。

2. 确定低保对象的方式不同

在农村低保对象确定方面，强调的是村民共识的基层民主决议，如对低保对象实行投票、集体评议等方式，而不是像城镇低保那样通过收入测算方法确定低保对象。

3. 动态管理的强度和频率不同

对农村低保对象的动态管理不像城市低保那样每月都要进行一次。农村低保对象相对来说更具稳定性。引起农村低保对象的家庭收入低下的主要因素就是家庭缺乏主要劳动力。所以其收入的提高不是一朝一夕的事情。从一些地方的实践看，对农村低保家庭复核的次数，根据不同的分类及每一类对象的实际情况，一般是每年1~4次。

（三）农村低保与城市低保现状方面

从农村低保和城市低保实施的过程来看，除了制度上的差异外，在现状上也存在着比较大的差异，具体来说表现在以下几个方面：

1. 低保对象的比例

城市低保现已经实现"应保尽保"，其低保覆盖面已达到100%；

而农村低保制度由于刚刚实施不久，其覆盖面和比例相对较低，并且农村贫困人口因指标、金额限制很多，一些本应享受低保的群体被置之低保制度之外。

2. 低保标准和低保资金差异

城市低保标准远远高于农村低保标准。调研中发现，某县城城镇低保标准根据贫困类型，其标准在 140～170 元之间，而农村低保标准每月才 60 元，人均补差每月 25 元左右，城乡差别很大。城市低保资金常常略有节余，而农村低保资金则较为紧缺。

3. 低保群体素质

城市低保对象多半是受教育程度较高，对国家政策法规相对来说比较了解，对于低保的申请程序比较熟悉且知晓率比较高，资料和证件也比较齐全。而农村低保对象大多是一些老、弱、病、残、智障者，边远山区多，交通不便，证件和资料也不齐，而且对低保的政策和制度知之甚少，文化素质偏低，小学文化和文盲占大多数。

2 对当前中国农村最低生活保障制度的评估

农村低保制度自实施以来，其济贫效果已经被人们所认可。它使两千多万的农村贫困群体生计得到了保障，对保护弱势群体与构建和谐社会发挥了巨大的作用，从而维护了社会的团结和稳定。该制度还完善了中国农村的再分配机制，是中国农村分配制度上的一大飞跃。但是，我们也应该对该制度在制定和实施过程中存在的问题和不足进行评估。

2.1 农村最低生活制度运行效果

一、中国农村最低生活保障制度实施和推进的效果分析

（一）低保资金筹集

中国城市低保制度自实施以来，低保资金的筹集是由地方人民政府列入财政预算，纳入社会救助专项资金项目，真正做到了专项管理、专户专用。而农村低保资金的来源在 1996 年民政部下发的《农村社会保障建设指导方案》中，明确规定主要由当地各级财政和村集体负担。这就决定了农村低保资金的筹资模式是县、乡、村三级共担的。但是，1994 年以来的分税制改革，对县、乡、村三级负担的保障金形成了很大的冲击。在东部沿海等经济较发达的省份低保金的筹集是不成问题的；对于中西部等经济不发达的省份，则很难实现这种三级共担的筹资

模式，其资金的筹集基本上是依赖政府的财政转移支付。但是很长一段时期，政府的经济重心在城市，各种优惠政策基本是针对城市低保群体实施的，其财政转移方面也存在着比较严重的"重城轻乡"倾向。自1999 年国务院正式颁布《城市居民最低生活保障条例》以来，中央财政开始追加预算，到 2005 年城镇居民最低生活保障支出为 190.7 亿元，而农村最低生活保障支出只有 25.1 亿元，分别占民政事业费的 29% 和3.8%。① 2007 年 8 月，武汉大学社会保障研究中心调研小组在听取了部分县民政部门、扶贫办领导同志的情况介绍，从中了解到由于农村地区刚刚建立和实施低保制度，一些试点县因自身拿不出最低生活保障配套资金致使很多符合农村低保标准的贫困群体享受不到低保待遇。其主要原因是配套资金政策难以实施，具体表现在：

1. 贫困县财政无能力支付农村低保配套资金。近几年来，由于受减免农业税政策的影响，再加上县财政不断扩张，从而导致其财政收入相对减少。财政状况不但没有改善反而越发的困难。调研中了解到，很多地方由于地方财政配套资金跟不上，导致中央和省级转移支付的低保资金也不能到位。但是如果县财政不能完成资金配套，中央、省级财政就不予承担支付农村低保资金，配套资金政策将会成为制约贫困县实施农村最低生活保障制度的"屏障"。

2. 农村低保配套资金政策不适于在贫困县实施。一方面，从理论上讲，农村村低保资金的配套改革措施行得通，国家也极力倡导贫困县大力发展经济，积极增加财政收入。制定了大量的优惠政策，如免费信贷、转移支付、开发式扶贫等。但另一方面，从可行性上来讲，县财政状况的好转需要几年、十几年甚至几十年发展，在近期从县财政收入中支付配套资金几乎是不可能的。低保群体只有从中央、省级财政收入中支付农村最低生活保障资金，才能解决低保资金。

（二）实施范围较窄、覆盖面较小、制度保障水平较低

据民政部公布的数据②，2007 年 2 月，仍有 2000 多万农民没有解决温饱问题。截止到 2007 年 11 月份，农村最低生活保障制度既没有实

① 《中国民政统计年鉴 2006》，国家统计局网站（www.stats.gov.cn），2006 年 1 月 20 日。
② 《2007 年一季度全国民政事业统计数据》，www.mca.gov.cn，2007 年 6 月 24 日。

现水平覆盖，也没有实现制度覆盖，更没有做到"应保尽保"。现在很多农村地区的低保制度还是延续着一些传统的农村社会救济项目。很大一部分的农村贫困群体得不到救济和补助，尤其是一些突发情况造成生活困难的贫困群体，如由于某些乡镇企业倒闭，出现生活困难的"田野"工人；由于生产经营不善而面临困难处境的农民；由于家庭成员生病、子女高额的学费等导致生活贫困的村民等，他们中绝大部分没有被纳入到农村最低生活保障对象范围之列。

1999 年到 2006 年期间，中国农村最低生活保障人均补差额在 230～340 元之间（见表 2-1）。

表 2-1　农村最低生活保障人均补差

单位：元/年

年　份	1999	2000	2001	2002	2003	2004	2005	2006
人均补差	234.10	244.50	263.95	236.64	339.96	332.58	306.91	275.66

资料来源：1999～2005 年数据来源于《中国民政统计年鉴 2006》，国家统计局网站，（www.stats.gov.cn），8 月 20 日；2006 年数据来源于民政部：《2006 年民政事业发展统计公报》，www.sowosky.com，2007 年 1 月 26 日。

把表 2-1 通过物价指数转换成表 2-2（2003 年到 2006 年期间农村居民消费价格指数为 110.98），把表 2-1 与表 2-2 画在一个坐标系后得到图 2-1，从图 2-1 我们可以看到，农村低保人均补差额从 2003 年以来呈现出持续下降的趋势。

表 2-2　通过价格指数调整后的农村低保人均补差额

单位：元/年

年　份	1999	2000	2001	2002	2003	2004	2005	2006
人均补差	212.73	222.27	239.95	215.13	309.05	302.35	279.09	250.6

资料来源：由表 2-1 的数据经过价格调整而得到的，2003 年到 2006 年期间农村居民消费价格指数为 110.98。

（三）制度实施的均衡性差

1. 各省之间的制度实施不平衡。在一些富裕省市如北京、上海、山东、浙江及部分中部省份如湖北、安徽等，还有一些自治区已经全面

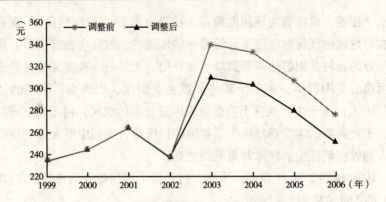

图 2－1　1999～2006 年农村最低生活保障调整前后人均补差额

　　资料来源：根据表 2－2 的数据绘制，2003 年到 2006 年期间农村居民消费价格指数为 110.98。

开展了农村最低生活保障工作，而在广大中、西部地区由于经济基础较差、低保资金来源不足、贫困人口数量多，只是在小范围内试点。

　　2. 省内地区间的制度实施也存在着不平衡。在经济较发达的广东省内就存在着显著的地区差异，低保补助标准最高的佛山市是 310 元/人月，最低的和源市仅有 60 元/人月①。

　　（四）缺乏与其他社会保障制度的衔接性和协调性

　　中国农村社会保障制度是由社会救济制度、农村养老制度、农村合作医疗制度、农村优抚安置制度等组成的完整体系，各项制度功能各异，作用不同，缺一不可。目前大部分农村地区已存在新型农村合作医疗制度和农村最低生活保障制度，其他制度只是零零星星的存在，所以到目前为止还没有构成一个制度体系，这些都成了农村社会保障的"短板"（见图 2－2）。而且由于农村各种社会保障制度建立的先后顺序、力度、实施范围和不同，造成了与农村最低生活保障很难衔接的问题。很多农民因病致贫和农村老人由于没有养老依靠而均被列入农村最低生活保障范围。如果新型农村合作医疗制度和医疗救助制度以及农村养老保险制度在农村有效实施，这样一部分低保对象

_____

　　①　王桂娟：《关于完善农村社会保障制度的思考——广东农村社会保障制度调研报告》，载《中国经济快讯周刊》2002 年第 15 期，第 16 页。

的生存问题就可以通过其他社会保障制度形式得到解决，从而就可以让出更多的资金来扩大最低生活保障的有效范围，能够惠及更多需要保障的农村贫困群体。

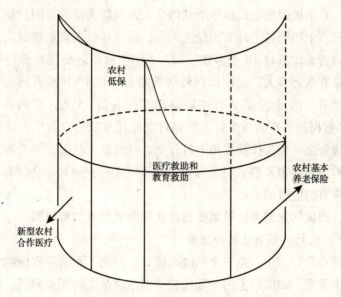

图2-2 农村社会保障的"短板"

（五）基层救助组织的人员、管理方式及手段

"上面千条线，下面一根针"，农村低保工作面广量大、任务重，是基层民政部门存在的主要困难。农村低保制度实施过程中，各项救助款项、救助物资最后都要通过乡（镇）、村（社区）发放到低保群体手中。而目前除少数县外，基层农村低保工作队伍力量薄弱和匮乏的问题还很突出。在山东省沂水县调研时了解到，由于该县的乡镇民政部门现在减员增效，使得每个乡（镇）的民政所只剩下两三人负责几千人的低保工作，工作人员与低保人员之比大约为1∶900，这么多人的低保工作就全部靠两三个民政工作人员来推行和实施（包括审查、核实、公示以及发放）。此外，他们还要负责还要负责五保供养、大病医疗救助、残疾人补助和一些基层组织建设。据富官庄乡民政部门负责人介绍，他们是一人负责900多人的低保工作，而人口多的杨庄镇是一人负责将近4000人的低保工作。特别是每年复核的时候，不仅要填大量的表格，

还要逐一登门核实，业务政策性强、任务重，导致乡镇民政工作人员承担的工作量巨大，而且还缺乏专项工作经费。

类似的问题其他省份也存在，如湖北省襄樊市在 2006 年乡镇机构改革时，乡镇民政所也仅留一个到两个人，致使大量的贫困户调查、核实、公示、上报等各个环节因缺乏人员，很难按要求真正落到实处。再如，河南省孟津县辖 10 个乡镇、227 个建制村，需要民政部门长期服务的对象有 6 万多人，发放低保救济款物每年达 1000 多万元。乡镇民政所撤销后，10 个乡镇共有兼职民政工作人员 15 人，有的乡镇仅 1人。① 多数民政工作人员走村入户靠自家摩托车或者自行车，仅为救助对象发放资金一项工作就忙得不可开交。针对以上状况，不少地方（如湖北省的部分县市）将农村低保对象的认定工作交由村委会负责，完全放弃了应有的监督职责。

二、制度的知晓率、政策受益者比例和低保发放等问题

（一）农村低保制度的知晓率

笔者选取好、中、差三个档次在湖北、河南、湖南等省份的农村地区调研中发现，90% 以上的干部比较强调低保制度的实施问题，而极少关注有关提高知晓率的问题。在入户调查中还发现，特困人口的家庭成员将现在新推行的农村最低生活保障制度理解成"送温暖"、困难救助、灾害救济等以前的等非正规形式，完全不认为是一种权利和制度，而当成是政府的施舍和恩赐。究其原因主要有两个：

1. 农民缺乏对公共产品表达自身需求偏好的适当渠道。农村公共产品供给的种类和数量基本是由基层政府在没有征求农民意见的情况下替农民作出的决策。这样就导致了单一的"自上而下"的农村公共产品决策程序。再加上农村贫困群体平常处于农村社区的边缘化位置，从而导致其认知能力不高，加上基层政府宣传的也不到位，导致了农村贫困群体对政府新推行的农村低保制度知之甚微。

2. 低保政策在实施过程中，其低保对象名额的确定是自上而下的。民政部门的操作流程一般应当是：特困人口提出申请→村委会讨论公

---

① 曲昌荣：《农村低保，还要迈还要迈好几道"坎"》，载《人民日报》2007 年 8 月7 日。

示→报县市级审批。但实际上很多贫困人口自己本人并没有提出申请更没参加评定过程。按这个流程操作，县民政局按照当年社会救济金的总额，参考各乡镇特困人口的数量和状况确定指标，下拨低保资金。然后规定几个发放的档次（如湖北省襄樊市农村低保分三个档次：每人每月给予30元、50元、60元不同标准的救助；贵州省将农村低保分5个档次，一档每人每年补助不低于500元，五档每人每年补助不低于120元；海南省的农村低保标准有7个档次，分别为每月补助93元、90元、80元、70元、67元、65元及60元），再由乡镇民政办来确定具体受益人，上报后作取舍平衡，就决定了下来。这个操作过程存在两个问题：（1）由于贫困群体是否能享受低保以及享受哪个档次的低保，在很大程度上是取决于村干部的，这样在存在某种意义上的权力"寻租"行为。（2）由于农村最低生活保障资金不需要有结余，而在界定低保的享受人员的标准时是严格控制的，这样出现了年度资金沉淀较多的状况，个别县市想尽一切办法把资金挥霍掉，出现了像假造花名册冒领低保金和医疗救助金的案件。

（二）低保对象的经济调查

农村低保家庭经济情况调查是确定申请人是否符合申请标准必需的程序，主要是审核申请救助的低保对象的收入状况。能否得到低保的关键就是申请者个人收入或家庭成员的人均收入是否低于政府确定的低保线。笔者在调研中了解到，低保制度在审批、核查、调查等关键环节有的执行不够严格，有的根本就没有实施过。在申请对象的资格审核等环节中主要是依靠经验或者是对低保申请者主观上进行判断，对居民收入情况的调查甚少。

（三）农村低保制度的受益者比例和低保标准

目前，相对城市来说农村低保制度的受益者比例和低保标准还是偏低的。要达到城市低保的受益者比例和标准还有一段很长的路要走。据民政部有关资料统计显示①，截止到2006年末，全国农村低保人口为1509万人，约占农村总人口的2%。而全国城市低保人口大约为2230

---

① 倩茹：《民政部设三调控杠杆　确保农村低保建制覆盖全国》，载《第一财经日报》2007年1月19日。

万人，接近城镇人口的 4%。根据不少地区的摸底排查和有关部门的测算①，我国农村绝对贫困群体约占农村人口的 3.5%，其中西部地区约占 4%，东部地区约占 3%。这是中央给予地方低保资金补助的基准点。到 2007 年底，农村低保要覆盖 3000 万人，约占农村总人口的 4%，与城镇低保比例基本持平。实际上，达到这个比例还是很困难的。就算农村和城镇都达到 4% 的水平。城乡低保"两个标准"还是相差较大。统计显示②，2006 年末全国城市低保月人均补差为 169 元，而许多省市的农村低保月人均补差只有 30 多元，一些地区制订的低保标准人为割裂城乡社会，偏离城乡一体化改革目标。

（四）农村低保金的发放

到 2007 年底，农村低保制度的实际运行和操作当中出现了很多低保资源配置被扭曲的现象。最主要是低保金的发放问题。在实际操作过程中很多不够低保资格的人获得了这项资源。从而导致了整个社会效用的降低。在实际操作中，假设政府了解申请人信息的过程中存在着使该项信息扭曲的因素（如存在申请人对自己的真实信息和状况进行隐瞒、相关政策执行人员利用职权为自己的亲属申请、挤占名额的现象等），而政府要真正完全准确地了解申请人的相关信息的成本是巨大的。对于冒领者来说，他可能因为自己的家庭成员有经济收入，这笔钱对其来说效用并不是很大的，这笔钱应有的效用就会大大地减少，那么就导致了社会福利的损失。我们利用效用理论来分析③，如图 2 - 3，由于冒领现象的存在将导致面积为 ABCD 大小的社会效用损失，即 B 冒领了 A 的保障金，而 A 比 B 更需要这笔钱，即这笔钱对于 A 的效用远远大于 B，UA 为 A 的效用曲线，UB 为 B 的效用曲线。

这只是最一般的情况，在调研中还发现对低保资源的配置扭曲程度更大的现象。在一些小城镇，地方政府可能向中央政府谎称需要更多的

---

① 邵芳卿：《民政部设三调控杠杆　确保农村低保建制覆盖全国》，载《第一财经日报》，2007 年 1 月 19 日。

② 宋振远、苏杰、苏万明：《弥合城乡社保差距路有多远》新华报业网（http://news. xhby. net/system），2007 年 7 月 24 日。

③ Nicholas Barr：《福利国家经济学》，中国劳动社会保障出版社 2003 年版，第 237 页。

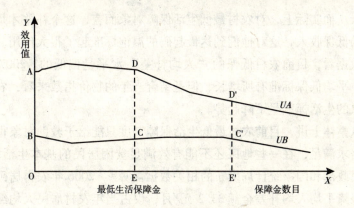

图 2 - 3　农村低保金对低保群体的效用图

资料来源：Nicholas Barr：《福利国家经济学》，中国劳动社会保障出版社 2003 年版，第 237 页，作者参考整理而成。

低保金，通过这种类似"诈骗"的方式，地方政府就可以有更多的可支配资金，以创造更好的政绩。若地方政府将该项新增保障金用于提供给更多的需要补助的农村贫困群体，那么该地方政府的行为就会使社会福利增加。但是普遍出现的现象是对该项资金的占用，将直接导致社会福利的损失。

2.2　农村低保制度资源的利用效率及财政负担能力评估

一、最低生活保障制度满足程度

根据民政部的数据，截至 2007 年 6 月底，全国平均的低保标准为每人每月 71.40 元，平均人均补差为每月 28 元。[①] 具体而言，农村最低生活保障制度人均补差的计算是方法是将农村低保标准减去低保对象实

---

① 唐钧：《农村低保应惠及每一个应保对象》，载《农民日报》2007 年 8 月 21 日。

际收入。而实际上，对农村最低生活保障对象而言，这个补差才是实际得到的低保收入，这对他们到达最起码的温饱标准起了很大作用。但从绝对数据看，目前农村低保的"人均补差"水平是偏低的。2007 年上半年，平均低保标准有所增长，但是结合当年的物价指数来看，农村低保对象的生活标准呈下降趋势。

从整体上讲，目前农村最低生活保障制度只能给予救助对象很低水平的需求满足，在一些地区还不能有效满足贫困居民的基本生活需求。根据民政部和国家统计局发布的相关数据测算①，2006 年农村居民最低生活保障平均人均补差金额 33.2 元/月，仅占当年农村居民人均纯收入的 11.1%。从他们的实际生活需要和物价指数角度来看，享受这种水平的农村低保救助并没有改变低保对象的贫困状况。

2007 年 8 月，武汉大学社会保障研究中心有关研究人员就中国农村低保制度实践进行了一次较大规模的调查，调查覆盖全国 10 个省份的部分农村地区，即华中（河南、湖北、湖南、江西、四川）、华东（浙江、山东、江苏）、西北（陕西、甘肃）的农村地区，调查对象包括低保对象和基层低保部门、扶贫办等。调查形式为问卷调查和访谈。调研中了解到，由于实施最低生活保障制度的目标是克服现实的贫困，针对这样的目标来制定标准时导致了许多现实问题：

1. 救助标准太低。最低生活保障提供的仅仅是满足最低生活需求的资金或实物，把目标仅仅放在"保生存"这样低的层面上。根据对基层干部调查的结果，很少有人认为低保群体的保障标准偏高。与此同时，有相对大比例的民政部门干部认为现行的绝对贫困线是偏低的。特别是对"三无"人员、重残人、高龄老人等人群而言，更是如此。

2. 由于把农村贫困家庭的复杂情况简单化，导致现行农村低保线的制定结构和标准单一。其制定原则没有考虑贫困家庭规模和种类的差异性，均按照同一个救助标准运行。其制度设计中，没能设计如老人、疾病、残疾、单亲家庭等不同农村贫困群体的实际需要，导致

---

① 民政部财务和机关事务司：《民政部发布 2006 年民政事业统计数据》，www. mca. gov. cn，2007 年 1 月 19 日。

了制度操作过程中不少实际问题难以解决。由于救助对象的需求满足度有限，客观上导致了两个结果：（1）救助对象不得不通过其他途径获取必需的收入，如有的 70 多岁的老年人不得不从事繁重的体力劳动；（2）救助对象逐步陷入低生活水平的贫困的恶性循环圈。因此，救助对象的需求满足度不足，很大程度上偏离了农村低保制度的预期目标。

二、制度中的隐含税率导致的"贫困陷阱"和"福利依赖"现象

（一）"福利依赖"现象及其成因

美国学者 Harrington 认为[①]，贫困是一种文化、一种制度和一种生活方式，贫困一旦成为事实就无法改变，而且它本身具有一代一代地延续下去的代际传递的规律。农村低保制度的设计初衷是对生活困难的人给予暂时性和过渡性的最低标准的生活保障。然而农村低保制度在实践过程中却反映出一个很明显的迹象：人为地制造一个长期的低收入群体。具体来看表现在两个方面：（1）所谓"贫困陷阱"，是指由于低保制度对低保群体实行的是 100% 的边际税率，即收入增加多少，救助金就相应减少多少，因而对农村低保家庭来说，在一定范围内的收入增加并不能提高贫困家庭的整体收入。因此大大挫伤他们参加工作的积极性。（2）由此导致的"福利依赖"现象。从因果上来分析，"贫困陷阱"现象最终会慢慢转化为"福利依赖"现象。

"福利依赖"现象是指具有劳动能力的低保对象不愿从事工作而长期依靠政府低保福利生活的现象。[②] 这种现象在世界各个国家的社会救助中是普遍存在的问题，这些国家和地区都在寻求解决这些问题的方法。低保对象中的福利依赖问题，给社会带来的负面影响很大，可以从两个方面来分析其原因：

1. 从低保群体个人方面的因素来看

（1）文化素质低。在被调查的农村低保对象中，近 90% 为小学以下文化程度，不到 5% 的低保对象为初中文化程度，即 95% 以上的农村

---

① 左春玲、袁伦渠：《解读中外低保制度中的隐含税率》，载《石家庄经济学院学报》2007 第 6 期，第 26~27 页。

② 蓝云曦、周昌祥：《社会结构变迁中的福利依赖与反福利依赖分析》，载《西南民族大学学报·人文社科版》2004 年 8 月期，第 469 页。

低保对象为初中以下文化程度。

（2）农村低保家庭中的老、弱、病、残等现象突出。在调研中了解到，农村低保群体中得慢性病或大病病人占到了农村享受低保群体的 40％以上，部分家庭成员为了照顾病残家人而无法去寻找工作，只好依赖政府的最低生活保障。

（3）心理因素失衡因素。由于农村低保对象大多是老、弱、病、残以及单身等群体，他们处于农村社区的最低层，受到很大的社会歧视，使得他们中的很多人从心理上放弃了追求更高生活质量的愿望，而选择依赖国家提供的低保金生活。

2. 从经济方面的因素来看

（1）就业机会减少，劳动力价格进一步降低。由于 20 世纪 80 年代出生的人口群体大部分已进入劳动年龄，使得现在每年有近千万新增就业群体进入劳动力市场。而且，产业结构调整始终都是在围绕市场发展来运作，市场因素不仅造成部门升级过程对富余劳动力的排斥，而且还会提高就业门槛，使就业空间相对缩小，使得劳动力的价格进一步降低。农村低保对象因自身文化以及身体等各方面的素质低下，就业更加困难，从而不得不转而完全依赖低保金生活。

（2）隐含税率因素。农村低保和城市低保一样都是先确定最低生活保障线，然后调查申请人的家庭收入状况。当个人收入低于最低生活保障线时，按其"差额"进行"补差式"救助。这种方案产生了一个大家可能忽视的问题，那就是，享受这种低保福利的家庭收入每增长 1 元钱，就要减少 1 元的补助收入，这相当于对其征收了 100％的个人所得税。农村低保群体为了不减少低保收入，很大一部分群体宁可选择不劳动。调研中也得出了这样的结论：如果没有远远超过低保金的个人劳动收入，很难吸引农村低保群体参加工作。所以，隐含税率成为影响低保群体工作积极性的关键和决定性因素。

（二）隐含税率导致"福利依赖"现象的实证分析

为了研究隐含税率问题，笔者有针对性地选择了经济相对发达地区的重庆市的部分农村地区、经济处于中等的湖北省襄樊市的部分县市的农村地区和经济欠发达的甘肃省的部分农村地区进行研究。为了研究福利依赖现象，我们首先来看一下隐含税率问题：

（1）隐含税率的含义①

这里所说的隐含税率是指，领取社会救助的家庭当家庭成员参加工作时，所得工作收入全部从低保救助额中进行扣除，相当于100%的对低保对象征收个人所得税，这就是隐含税率。隐含税率计算公式：$t = 1 - \dfrac{\Delta Y_D \times 100\%}{\Delta Y \times 100\%}$。

其中，t：表示隐含税率；

ΔY_D：表示可支配收入增加的百分比；

ΔY：名义收入增加的百分比。

假如一个农村低保家庭的人均名义收入为每月30元，贫困线为每月60元，则每人可领取救助金30元；如果名义收入提高到50元，则可领救助金降到每人10元。名义收入提高了50%，而其获得救助后，最终的可支配收入仍然是60元，可支配收入没有增加，这相当于按100%的隐含税率对个人所得进行了扣除。这种隐含税率很大程度上打击了农村低保群体的工作的积极性。隐含税率越高，存续的区间就越长，则贫困者提高名义收入的努力反而会带来救助的减少。这可能使他们放弃工作，而专门依靠低保救助，进而影响整个社会的经济效率。

（2）现行农村低保制度中的隐含税率问题

低保制度中的隐含税率不仅仅存在于城市最低生活保障制度中，同样也存在于农村的低保制度中。现行农村的低保普遍实行的是"补差式"救助，即农村的贫群体只能获得低保线与其名义收入差额部分的低保金。这样的制度设计就会导致"隐含税率"问题。归纳起来大体可以分为以下三种情况：

①农村低保制度中实施"核定收入"的办法存在的隐含税率问题。这种形式存在于部分落后省份的广大农村地区。由于资金的缺乏，这些省份的部分县市大都采用"核定收入"的办法，即考虑低保申请者的家庭人均收入。以甘肃省为代表，其低保标准为600元/年，也就是每人每月50元左右。如图2-4所示，由于存在核定收入的做法，农村低

---

① 左春玲、袁伦渠：《解读中外低保制度中的隐含税率》，载《石家庄经济学院学报》2007第6期，第27页。

保申请者可能获得的低保金被扣除了 X，实际获得的部分如线段 AB 所示，因此其隐含税率为 100%；线段 BC 表示的是当月名义收入超过低保标准 50 元/月时，不再享受低保救助的情况。线段 BC 斜率为 1，所以 BC 段的隐含税率为 0。

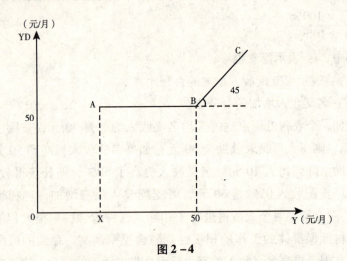

图 2 - 4

资料来源：左春玲、袁伦渠：《解读中外低保制度中的隐含税率》，载《石家庄经济学院学报》2007 第 6 期，笔者整理而成。

②农村低保制度中实施"核定收入"的办法且具有配套改革措施的隐含税率问题。这种农村低保形式存在于东部和部分中部的一些省份的农村地区，以湖北省为例，该省大部分农村地区的低保标准线为国家制定的贫困线每人每月 60 元左右。在一定程度上也规定了"核定收入"的办法。但其农村地区普遍实施了农村低保制度的配套改革措施，如襄樊市的农村地区实施了大病医疗救助政策以及贫困户的危房改造等项目。

图 2 - 5 是该类型农村低保制度下低保群体可支配收入随名义收入变化而变化的曲线。线段 AB 的隐含税率为 100%，线段 CD 的隐含税率为 0，"减免"部分 BC 的隐含税率为无穷大。由于实行"核定收入"的办法，救助区间也缩短了 X。

③农村低保制度中无"核定收入"的办法下的隐含税率问题。像重庆等地区的农村低保制度与其他省份模式相比，最大的差别在于它不是按"核定收入"来计算家庭收入的，而是按照实际的"名义收入"

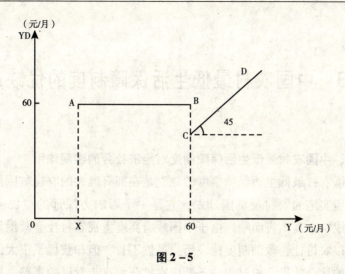

图 2 - 5

注：BC 为减免部分

资料来源：左春玲、袁伦渠：《解读中外低保制度中的隐含税率》，载《石家庄经济学院学报》2007 第 6 期，第 26 ~ 27 页，笔者整理而成。

来计算的。其农村低保标准为平均每人每月 120 元左右，没有被缩减，也就是隐含税率为 0，如图 2 -6。而且，该市农村低保群体的收入都高于绝对贫困线。

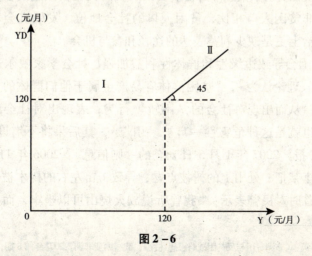

图 2 - 6

资料来源：左春玲、袁伦渠：《解读中外低保制度中的隐含税率》，载《石家庄经济学院学报》2007 第 6 期，第 26 ~ 27 页，笔者整理而成。

2.3　中国农村最低生活保障制度的优缺点

一、中国农村最低生活保障制度对经济社会的客观作用

中国农村最低生活保障制度的建立是在拥有庞大的农村贫困群体的基础上所实施的农村反贫困计划，它是一个影响力深远的"民生"工程，其成本之高不言而喻。由于中国政府高度重视农村社会救助体系建设，所以农村社会救助制度建设历史虽然不长，但却获得了很大的进展和良好的社会效果，通过走一条低成本扩张而逐步发展的道路，取得了很好的社会效应。

（一）低保制度是修补和谐社会的"短板"，维护社会安定团结的"镇定剂"

我们首先来看一下贫困潜在的危害性：

1. 贫困首先是物质贫困然后由物质贫困逐渐向物质贫困、精神贫困、政治贫困并存转化。[1] 由物质贫困引发的文化贫困进而会引发政治贫困。与非贫困人口相比，贫困人口的社会地位、发展机会均处于低层，在政治上更是缺少利益表达的途径和参与机会。

2. 贫困会导致边缘性和群体性利益加强。社会学家威尔逊的"集中化效应"理论认为[2]，"贫困群体容易产生属于他们群体的反主流的病态文化，从而出现对社会的'不轨'行为，表现出对社会的种种冲突现象。也就是这种危害性一旦被'引爆'，其后果将不堪设想"。据《中国税务报》2007 年 1 月 5 日刊登的一则信息[3]：2006 年 11 月 9 日，流浪老汉李某把一处山上的树枝点燃，导致 1 亩左右的树木被烧毁。李老汉在自首时对民警表示："我曾听说放火烧山可以坐牢，而坐牢有饭

---

① 安春英：《非洲贫困与反贫困战略思想述评》，载《西亚非洲》2007 年第 8 期，第55页。
② 段敏芳：《弱势群体如何走出贫困的恶性循环》，载《财贸研究》2005 年第 5 期，第 11 页。
③ 杨言：《农村低保：修补和谐社会的"短板"》，载《中国税务报》2007 年 1 月 5 日。

吃、有衣穿，不用再流浪。"

所以，农村最低生活保障制度的缺位，会影响到千百万农村贫困群体的基本生存问题，也会制约中国农村经济和社会的发展。这最终会成为中国构建和谐社会进程中的一个"短板"，社会必将要付出高昂的成本和代价。

(二) 农村最低生活保障制度能增进社会福利、促进效率和扩大需求

这一点可以用经济学上的三个著名理论来分析：

1. 收入风险理论

农村最低生活保障是防止私人收入风险转化为社会风险的一种制度和政策。收入风险在一定程度上是个人风险，但是当这种风险积累到一定程度，个人收入风险就会发展变为影响社会稳定的农村社会风险。因此有效的防范农村贫困群体的收入风险，对于农村经济发展和社会稳定具有重要意义。市场对于产品的提供和风险防范是有效的，但是市场也有失灵的时候，所以必须通过代表公共利益的政府才能解决这类收入风险。其中政府实施的农村最低生活保障制度是最基本的防范个人收入风险的制度。

2. 需求理论

农村最低生活保障制度是扩大农村社会有效需求的客观需要。在中国二元化经济和社会条件下，社会需求被人为的分为城市和农村两种需求。由于二元化经济和社会结构下城乡发展差距比较大，因而就可能出现城市需求过度饱和与农村需求严重不足并存的局面。农村低保制度的建立和发展，可以在一定程度上化解这种情况，刺激农村的有效需求。

3. 效用理论

福利经济学家庇古认为①，个人的收入效用是边际递减的，因此，从富人向穷人转移收入，穷人增加的效用要大于富人减少的效用，从而提高整个社会的福利水平。所以对农村贫困群体实施最低生活保障，以确保其最低的或基本的生活需要是可以提高社会整体福利的。福利经济

---

① 尼古拉斯·巴尔：《福利国家经济学》，中国劳动社会保障出版 2002 版，第 90～91 页。

学第二定理表明，市场经济可以实现反映社会意愿的任何一个帕累托最优配置。这在政策方面的启示实际上是要求政府通过再分配的方法来达到最优目的，避免市场受到政府干预导致价格扭曲而改变实际决策行为从而造成效率损失等现象。所以，针对农村贫困群体的低保制度作为政府的再分配手段也是必要的。

现假定政府（G）既考虑农村贫困群体（P）的效用也考虑到本身效用，那么 G 和 P 都因为 G 向 P 援助而获益。在最简单的情形下，G 和 P 各自有一个效用函数，而且随它们的收入变化而变化。即：

$$U^G = f(Y^G) \, ; U^P = f(Y^P)$$

其中，U^G 和 U^P 分别代表政府和农村贫困群体的效用，Y^G 和 Y^P 是其各自的收入。

但现在假设，G 的效用不仅由自己的效用而定，而且还依赖于 P 的收入。那么：

$$U^G = f(Y^G, Y^P) \, ; f_1 \geq 0, f_2 \geq 0$$

其中，f_1 和 f_2 分别是 U^G 对 Y^G 和 Y^P 的偏导。这时就产生一个外部性，因为在其他因素不变的情况下，G 的效用会随 P 的增长而增长。此时，政府向农村贫困群体的再分配是合理的：只要 $\dfrac{\partial U^G}{\partial Y^P} - \dfrac{\partial U^G}{\partial Y^G} \geq 0$，这种再分配会增加 P 的效用（因为 P 的效用上升），同时也会提高政府的收益。$f_1 \geq 0$ 表明，随 P 的收入增长，G 的收益也提高；$f_2 \geq 0$ 表明，由于 G 自己收入减少，而使他的效用减少。只要 f_1 大于 f_2，则从 G 到 P 的再分配便具有合理性。从目前中国构建和谐社会和城乡一体化的目标来看，从 G 到 P 的再分配是极具有合理性的。

二、现行农村低保制度本身的缺陷

（一）由低保制度的"选择性"而导致"社会排斥"的负面效应极为突出

"选择性"原则是低保制度最为突出的特点，因为它涉及到低保对象的目标瞄准问题，有效的目标瞄准机制可以提高低保资源的利用率，使得有限的低保资源更加瞄准那些最贫困的群体，使其能够得到救助。但是目标瞄准机制不健全就会导致资源的逆向流动，流向富裕群体。由于现行的农村低保制度是与户口捆绑在一起的，这就造成了对一部分农村贫困群体的社会排斥。

1. 乡镇企业职工。20世纪80年代开始乡镇企业突飞猛进，造就了一大批"田园工人"，由于后来大批乡镇企业破产和不景气，目前全国近1亿多乡镇企业职工既未进入城市低保，也未进入农村低保。低保制度应该是可以帮助这部分"田园工人"解决生计问题的，但是城市低保申请中，最重要的前提是"持有非农业户口的城镇居民"，而农村低保申请的前提是农村区域内的非城镇户籍的居民，所以户籍条件就限制了这些困难群体的享受资格。

2. 失地农民。中国约有4000万失地农民也未能得到有效保障，没有被低保制度所覆盖。政府对这部分群体实行农转非，但他们却享受不到与城市居民同等的待遇。然而按照农村最低生活标准，他们收入又高于当地农村的最低生活保障线标准，这样就导致这一部分失地农民无法享受低保。

3. 两边户。这种情况是指一个家庭中既有农村户口成员，又有城市户口成员，这类情况绝大多数也属于"农转非"家庭。这种家庭往往就是家庭中有一人在城市工作，同时又要负担其他农村户口的家庭成员的生活，负担很重，但是由于户籍的特殊性，导致他们非工非农，使得农村低保和城市低保都不能把其包括进来或者说完全包括进来。这种社会排斥也使得他们在一定程度上被限制了获取正当的经济、公共服务等资源的资格。

（二）农村低保"民心"工程与"民生"工程的不一致性

从刚刚实施农村低保制度省份农村的状况来看，大多是按照县、乡、村三级的筹资原则。当前，各省份农村地区共同面临的困难就是资金不足，陷入了提高覆盖率就要降低保障水平的困境。笔者2007年8月在对湖北省襄樊市谷城县农村最低生活保障制度的调查中发现，尽管在市、县两级政府的大力支持和帮助下，已经建立起农村低保制度。但由于资金的不足，只能优先保障最贫困者，覆盖率尚未达到50%，而保障水平为60元/月的标准。再加上2007年物价指数的攀升，这种低水平的保障对低保户的生活而言所起的作用非常有限，在对享受低保村民的入户调查中了解到，他们更多的是感谢政府的温暖而非低保救助制度本身。这种状况在中国其他省份的农村地区也普遍存在，地方政府由于财政的不足，将农村低保作为一项精神层面的"民心"工程来实施。由于民生是民心的基础，而作为农村社会最后一道安全网的农村最低生活保障制度，其首要的任务是从物质层面，而非精神层面满足农村贫困群体的基本生计问题。目前很多省份的做法实际上是在强化农村低保制度的"精神化"作用的同时，弱化其本身的物质作用。由于这种做法根本不能解决农村贫困群体的生计问题，从而造成了"民心"工程与"民生"工程的不一致性。

（三）农村贫困群体的最低生活保障权的赋权与无权相对立

中国《宪法》明确规定："中华人民共和国公民在年老、疾病或者丧失劳动能力的情况下，有从国家和社会获得物质帮助的权利。"在需要时接受国家和社会的救助是公民的法定权利，农民是中国公民的主要组成部分，他们享有宪法规定的物质帮助权。[①] 赋权是把平等的权利通过法律、制度赋予对象并使之具有维护自身应有权利的能力。1999 年，政府为城市居民享受最低生活保障制度而专门制定了《城市居民最低生活保障条例》，而占中国人口 2/3 以上 8 亿多的农民尽管其中的一部分贫困群体已经享受到了农村最低生活保障制度，但是这种享受低保的权利不能得到法律的认可和保障，政府没有为他们制定专门的法律法规，致使他们在享受最低生活保障方面处于一种无权状态。这样就形成了宪法的赋权与农村低保制度无权的对立。

（四）农村低保制度的区域发展不平衡与社会保障制度的公平性相矛盾

随着农村低保制度的逐步实施，北京、天津、浙江、江苏、福建、湖北、湖南等省份已全面建立了农村最低生活保障制度，其他个别省、市、自治区则分别相继实施。从建立和实施状况来看，存在着明显的区域发展不平衡状况。经济越发达的地区农村低保制度覆盖率越高，保障水平越高；而经济越是落后的省份农村低保制度覆盖率越低，保障水平也越低。具体表现在：

---

① 林莉红、孔繁华：《从宪定权利到法定权利——我国农村居民最低生活保障制度建立情况调查》，载《河南省政法管理干部学院学报》2007 年第 4 期，第 98 页。

1. 中西部省份的农村低保制度建立和实施晚于东部沿海省份

中国农村低保制度的建立如同经济发展状况一样，呈现从东部经济发达地区和大城市向中西部及落后地区辐射，即已全面建立农村低保制度的省份集中在东部经济发达的沿海地区，而经济落后的中西部地区该项制度建设则明显滞后甚至缺失。从而形成了一种"中心—边沿"效应。

2. 农村低保的保障水平自东向西成递减分布

在已实施农村低保制度的地区，因地方经济发展水平的差异造成保障水平的较大差别。如北京市农村最低生活保障标准最高的是朝阳区为每人 2880 元/年，最低的是密云县每人 970 元/年，采取全额或差额补足制①；湖北省襄樊市农村居民最低生活保障标准为每人 660 元/年，原则上月人均救助金额不低于 15 元。上述三地最低生活保障标准相差最大近 5 倍，相应的保障水平差别则更大。而从全国农村居民的实际生活需求来看，这种悬殊的差别是极不合理的，它与社会保障机制的公平性要求也是相悖的。

---

① 官翃：《农村最低生活保障制度悖论分析》，载《求索》2007 年第 3 期，第 92 页。

3 中国农村最低生活保障制度的适应性分析

3.1 农村低保制度的可持续性分析

一、农村低保制度配套资金、与其他制度衔接情况以及配套改革的可持续性分析

（一）农村低保制度配套资金的可持续性

1. 资金来源问题

中国农村低保制度资金主要来源于国家财政，通过财政的转移支付有效的改善了农村低保资金的供给状况。但是，当前贫困省份的县市把发展经济作为第一要务，财政收入的边际投资倾向很大。在调研中发现，很多地方政府在安排财政预算时，更多的偏重于那些能够带来经济效益的或者能够展示其政绩的经济建设项目，农村低保资金的安排往往排在最后，资金不足的后果往往就是严格限制低保对象的进入条件，降低低保金水平。由于基层政府对低保资金的不够重视及资金来源的不顺畅，这大大的减弱了低保制度应有的功能。

2. 政府对农村低保资金的保证度问题

（1）财政对贫困地区农村低保资金的保证度。2007年以来，一些中西部省份陆续出台了农村低保政策，虽然保障人数有所增加，但按人均计算的补助水平则略有下降。根据民政部的统计数据①，截至 2006 年底，农村低保对象实际领到的低保金为月人均 33.2 元；到 2007 年第一季度末，则为 27.6 元，有下降的趋势，考虑到 2007 年的价格指数上涨，其下降幅度更为明显。过去，各地实行农村低保的资金都来源于各级地方财政，2006 年各地财政共支出了农村低保资金 41.6 亿元，加上农村特困户定期定量救助资金 13.9 亿元，一共是 55.5 亿元。② 2007 年，中央财政将对财政困难地区实施农村低保制度给予资金补助。随着农村低保制度的全面建立，中央对地方的补助以及地方的配套资金的逐步加大投入，将成为支持地方建立和完善农村低保制度的重要资金来源。

（2）政府对富裕省份农村低保金的保证度。对于富裕省份的农村地区来说，其农村低保资金主要是由基层政府分级承担。目前大部分富裕省份按照"福建模式"筹资。"福建模式"是指："对人均财力 1.2 万元以下的 41 个县市、1.2 万～1.5 万元的 3 个县市、1.5 万～2 万元的 8 个县市分别由省财政按 70%、45%、15% 予以补助。"而且，大部分富裕省份还将农村低保资金全面纳入各级财政预算，保证这部分资金足额到位。其中，福建省 2004 年省级财政预算支出增加 5 亿多元，低保资金占去了 2.14 亿元。2005 年省级财政预算支出比 2004 年增加 2 亿多元，低保资金预算就增加了 5000 万元。③ 可见，就富裕省份而言，政府对低保资金的保证度相对来说还是比较高的。

3. 资金管理问题

低保资金的管理在农村低保制度的实施过程中发挥着举足轻重的作用，但现阶段，农村低保资金使用管理方面存在一些不容忽视的问题，应引起我们的高度重视。具体而言主要存在两个方面的问题：

（1）低保资金收支结余不实。目前财政、民政部门低保资金账户存在收支结余不实的状况。地市级财政部门为了减少年底低保资金账户

---

① 徐卓君：《农村低保：构筑社会保障最后一道防线》，www.spark.com.cn，2007 年 9 月 22 日。

② 《2007 年一季度全国民政事业统计数据》，www.mca.gov.cn，2007 年 6 月 24 日。

③ 福建省财政厅：《探索农村全面低保的"福建模式"》，http：//fl.cq.gov.cn，2005 年 2 月 26 日。

的余额，向上一级争取低保资金，将部分低保资金拨入城区财政部门低保资金相关账户，到第二年初转回。县（市）民政部门为了减少年底低保资金的余额，将余额中的大部分资金拨入同级预算的"暂存款"等账户①。还有的为了花掉余下的农村低保资金，而假造低保花名册来冒领低保金。以上种种情况造成农村低保资金收支结余的不实，影响了相关部门对低保资金使用情况的核实和资金调拨。

（2）低保资金被违规挪用、滞留、随意扩大开支范围等问题。很多基层政府在农村低保资金的使用中，未按规定发放给农村低保群体，而是将低保资金用于弥补政府部门其他方面的资金缺口以及在相关项目之间调剂使用，没有做到专款专用。

（二）农村低保制度与其他制度衔接情况

1. 农村低保与五保户供养制度的衔接

从目前农村社会救助改革趋势来看，农村低保与五保户供养制度开始逐渐衔接，其主要方式是变"双轨制"为"单轨制"。② 农村五保供养的资金在经济体制改革之前是来自集体经济收入，实施家庭联产责任制后，其资金来源变成五保户田亩的代耕收入和乡村的公共事业收费这两部分。2005~2006 年全国大多数地区全面取消农业税，乡统筹和村提留被取消了。而且五保供养资金全部由财政转移支付，列入乡镇、村的转移支付预算。在许多县市调研时，发现其五保供养的资金主要来源于救灾救济款。而且上级财政是把村干部工资、五保金、优抚金等统一划拨给县市，由各县市根据各乡、村的情况划拨给乡镇，再由乡镇划拨给各村。这样，许多乡镇干部、村干部考虑到五保对象多了会占用本乡或本村的上级转移支付经费，为了保障个人自身利益，很多村子出现了少报或瞒报五保户的现象，导致了部分五保户群体没有得到救助。

一些地方针对上述情况在农村五保供养制度改革方面进行了探索，将五保户划入到农村最低生活保障范围，并集中供养，变"双轨制"

---

① 周中：《低保资金管理中存在的问题和建议》，载《中国审计报》2005 年 12 月 26 日，第 2 版。

② 李小云编：《2005 年中国农村情况报告》，社会科学文献出版社 2006 年版，第 243 页。

为"单轨制"。所谓"双轨制"与"单轨制"主要是就农村最低生活保障制度与五保户供养制度的衔接方式而言的。根据是否将五保户列入农村低保对象，很多省份将农村最低生活保障制度划分为"双轨制"与"单轨制"：凡是五保户没有被列入农村低保对象的农村社会救助制度可视为"双轨制"运行；而五保户被列入农村低保对象的，农村社会救助制度可视为"单轨制"运行。按照"单轨制"的观点，农村最低生活保障对象是农村居民中低于最低生活保障线的贫困群体，而农村五保户都是没有劳动力、没有收入来源的农村贫困群体，理应属于农村最低生活保障对象的范畴。它突破了原有的农村救助对象范围。但在实际操作中，也有很多省份将五保户与低保对象分开实施救助，仍享有原来的五保待遇。重庆市和贵阳市均采用"双轨制"运行。如贵阳市规定，凡持有贵阳市农村居民户口，农业家庭年人均收入低于户籍所在区（市）当年农村低保标准的农村居民（不包括农村五保供养对象）均可申请纳入保障范围。新疆、广西、陕西等省、自治区以及部分城市如包头市、南昌市、武汉市等的农村地区则采用的是"单轨制"运行。如陕西省规定，农村低保对象范围是：农村特困家庭，五保户，因病、因残、因灾导致家庭缺少主要劳动力的，难以维持日常基本生活的以及有特殊生活困难的农村居民。新疆为保证五保户的社会供养金按时足额发放，而把过去由村委会"三提五统"承担的五保户供养金改由政府财政支付。南昌市则将农村五保户全部纳入低保范围。

很多省份的农村地区从五保户的利益角度出发，没有采取"单轨制"，其主要出发点是保证其供养标准不因农村最低生活保障制度的实施而下降，更好地维护其权益。由于五保待遇往往高于农村低保待遇，所以这些地方的农村地区仍将五保制度与低保制度并列运行。据了解①，很多地方在没有实行农村低保制度时，农村救助制度主要包括五保户救助制度和特困群众救助制度。如贵阳市五保户享受的救助待遇是800元/年，而特困群众享受的救助待遇只有300元/年，当农村最低生活保障制度取代特困群众救助制度后，其标准由各地自定，如息烽县就

---

① 李小云编：《2005年中国农村情况报告》，社会科学文献出版社2006年版，第244页。

标准定为 720 元/年，低于五保待遇。

从短期看，采用"双轨制"具有一定的合理性，因为它保护了农村五保群体的利益。但从长远考虑，随着经济的发展和农村最低生活保障标准的调整，"双轨制"运行会逐渐失去实际意义；将农村五保户纳入最低生活保障范围并集中供养，是顺应农村经济发展变化的农村五保制度改革的良策。

2. 农村低保制度与其他救助制度的衔接

目前农村低保制度与其他救助制度衔接的主要方式是建立以最低生活保障制度为中心的社会救助体系——变"多轨制"为"单轨制"。其近期衔接方式是：改革创新计划经济体制下的农村社会救助模式、完善救助政策和整合救助资源、协调部门整体配合和救助行动、救助经费专项落实、建立与经济社会发展水平相适应的"单轨制"农村低保制度；形成以农村低保制度为基础，以养老、医疗、教育等专项救助为补充的农村社会救助体系；并逐步与城市社会救助接轨，最终形成社会救助体系城乡一体化。

这种衔接方式主要优势在于：（1）"单轨制"模式中，更能够实现制度的整合与统一，内容更加而丰富；对困难群体包括衣、食、住、行、医等的基本生活实施全方位的救助。（2）"单轨制"的制度更加强调了每个部门在从事救助工作时注重部门间的协调与配合。（3）"单轨制"的制度设计从统筹城乡经济社会发展的高度着眼，做到覆盖所有农村社会的贫困群体，同时考虑到城乡的标准在现阶段有所差别。最终还是实现社会救助体系的城乡一体化。

3. 资金管理方式的配套衔接

目前资金管理方式改革的主要方式是：变"分散制"为"集中制"。农村五保等社会救助制度与农村最低生活保障制度并行，会使本来就很分散的农村救助资金变得更加不集中，这样会加大其管理成本。目前，中国农村社会救助有资金救助和实物救助两者形式，既包括五保户救助、农村低保救助，还包括专项救助、特困群众的定期救助、临时救助。目前，各种形式的农村救助制度独立运行、难成一体，这样使得救助工作缺乏统筹规划，从而导致了农村救助工作管理成本高的问题。所以，很多省份都在尝试规范和整合农村社会救助资金管理方式。主要做法是要把农村低保制度、农村五保制度、专项救助制度、临时救助制度、定期救助制度等项目资金全部归入农村最低生活保障制度资金账户。只保留针对所有农村贫困群体的农村低保救助这种长期救助形式和针对农村受灾群体的临时救助资金管理形式。而救助资金分为农村低保资金和临时灾害救助资金，两类资金专款专用、专项管理。从统筹安排救助资源、降低管理成本的角度出发，这种资金管理的衔接配套方式是适应当前和今后以农村低保制度为中心的社会救助制度发展需要的。

（三）农村低保制度的配套改革问题

1. 农村低保配套改革资金和扶贫款项的"逆向分配"现象，导致了农村低保配套政策的不可操作性，使得这些配套措施和项目更多的是瞄准农村的"富裕"阶层，出现了农村低保的"瞄偏"现象。

由于社会政策和社会福利从来就是紧密结合在一起的，社会政策是实施福利分配的一种手段和方式。[①]一般来说，社会福利分配方式有四种[②]，即：普遍供应、分类性供应、选择性供应以及优待某些弱势群体。由于社会资源的稀缺性，谁将从社会政策中受益成为问题的关键，上述四种分配方式中除了普遍供应外，其他三种福利的分配方式都存在着不同程度的受益对象的选择性问题，这也一直是中国支持农村弱势和贫困群体的社会福利政策中存在的关键问题。

目前，中国的很大一部分扶贫政策和资金在贫困乡村的实施效果都不明显，其主要原因在于政府政策没有设计出让农村弱势和贫困群体受益的机制。并且也缺乏政策实施效果评价体系，对政策实施状况进行及时的反馈。政策重制定、出台和筹资而轻实施、监督和评估。政府每年根据这些社会政策提供的支农资金达千亿元，这些资金中的很大一部分农村的贫困群体很难受益。

如湖北省襄樊市民政部门在农村贫困群体中实施的"危房改造"政策就反映了这样一个现实。该市制定的"危房改造"政策作为农村

---

① 李小云编：《2005 年中国农村情况报告》，社会科学文献出版社 2006 年版，第 99 页。

② Berkowitz, *America's Welfare State from Roosevelt to Reagan*, Baltimore: Johns Hopkins University Press, 1991, p. 118.

低保制度的配套政策，虽然解决了一批农村特困户的住房困难，特别是享受低保的群众的住房问题；但也存在着对象的"瞄偏"问题。像谷城县茨河镇住房救助名额为 60 户，但受助者自己需出 5000 元，其余的由县（主要是出资金）、乡（配套一部分资金）、村（主要是提供一些瓦、木板、砖等的建筑材料以及出工等）给予补齐。本来是一件关系"民生"的惠民工程，但是，由于政策不能顺利的推行，上一级政府利用施压的手段，使得"民生"工程变成了一种"政绩"工程。这种配套改革政策形式与农村低保制度设计理念是不完全相同的，因为它需要低保户自己出一部分资金。由于农村低保人口本来就是老弱病残、缺衣少食，让其配套一部分资金是相当困难的。这样的政策也成了低保户的一种负担。所以很多村子出现了普遍"退助"的现象。结果，政策没有起到预期的效果。

中国农村很多扶贫款项不能够覆盖大多数的贫困群体，在实施村级扶贫规划的重点村中，项目的选择受到了管理方便与农户需求分散这一矛盾的制约，而无法做到准确瞄准。最近的一项研究表明[1]，扶贫项目对贫困群体和低保户的覆盖率只有 16%，而对中等户和富裕户的覆盖率分别为 51% 和 33%。扶贫贷款流向既不是贫困群体集中的贫困村也不是穷人主导的企业，而是一般性的企业。2007 年 7 月，在山东省沂水县的农村调研时发现，由于该县的私营经济比较发达，特别是个体食品公司就有 200 多家，该县的扶贫款项绝大多数都流向了这些小型个体企业。当然，所支持的这些企业都会对本县域的经济发展起到推动作用，从而拉动就业，可能给农村贫困群体带来收入的增加。但是，这些小型企业并无准确瞄准贫困群体的机制，因此，所带来的就业并不必然意味着政府制定的扶贫政策是瞄准贫困群体的。而且，目前扶贫资金依然归一些县乡级的民政部门管理，缺乏监督机制。所以，资金偏离轨道也就无法避免了。

2. 农村低保配套改革措施实施基础不牢，存在很大的弊端

由于像农村医疗救助、住房救助与教育救助等低保配套改革措施实

---

① 林莉红、孔繁华：《从宪定权利到法定权利——我国农村居民最低生活保障制度建立情况调查》，载《河南省政法管理干部学院学报》2007 年第 4 期，第 100 页。

施基础不牢，而产生了较大的负面效应，具体表现在：（1）制度产生负向激励效应。第一，诱使部分非贫困群体主动滑落为贫困群体，来争取低保金或者享受其配套政策如医疗和教育救助等低保配套项目；第二，产生"过度救助"的可能。由于享受农村低保的贫困群体会附带享受一些配套的优惠政策，这样会产生一系列的连锁反应。像对低保对象实施的医疗和教育救助可能会产生"过度救助"的可能。那么，这对非贫困群体，特别是未被低保制度覆盖的低收入群体产生制度性的不公平。（2）实施农村低保制度的配套改革政策会面临很多的障碍。这些政策的实施需要很多政府以及经济部门和社会部门的大力配合：家庭如有疾病、伤残人员时需要医疗部门出具证明；低保家庭有未成年子女读书时，需要教育部门给予证明；对于低保对象丧失劳动能力的需要劳动和社会保障部门出具鉴定。如果各个部门协调不好就会影响审查结果。

3. 农村最低生活保障制度的立法滞后不利于低保制度的推行和实施

目前，中国初步建立起了农村最低生活保障框架，但到目前为止还没有一部完整的社会救济法，而发达的资本主义国家如英国、瑞典等现代社会救助制度建立的进程就是一个不断完善救济法的过程。[①]从中国目前农村低保实施情况来看，立法滞后不利于农村低保制度的实施。

（1）由于社会救助立法滞后妨碍了农村低保工作的落实，很多必要的工作程序由于缺乏法律依据而经常被搁浅。如农村低保制度的实施方案只是明确了低保对象的准入条件，也就是家庭人均收入与家庭固定财产低于某一固定值的农村贫困家庭；但是却没有明确规定核查收入的条件和依据。很多需要调查的项目没有办法实施，如核查低保申请者的银行账户的收入是收入核查的最有效依据，但民政部没有审查私人银行账户的权力及合法性。所以在实际工作中，只能依靠群众投票，张榜公示，群众监督等经验的程序来审核。各个省指导农村低保工作的依据只

---

① 杨立雄、陈玲玲：《发达国家社会救助制度改革趋势》，载《决策参考》2006 年第 8 期，第 26 页。

有刚出台的《某某省人民政府关于全面建立和实施农村居民最低生活保障制度的通知》等类似的通知性文件。

由于文件、通知等缺乏法律约束效应，各种违背农村低保初衷的不良行为层出不穷。人民日报也针对这些情况披露了几起典型案例。针对一些不良现象大部分农村地区的做法是：以入户调查为重点，要求坚持"谁入户调查、谁签字负责"；在低保对象审定过程中，实行三榜公示制度，将审批结果公布于众，公布举报电话，接受社会监督；坚持农村低保对象民主评议制度；以制度建设为重点，做好分类管理、动态管理工作。但仅仅揭发以及制度方面的规范还是不够的，更需要的是法规建设。

（2）中国目前的农村最低生活保障制度由于受计划经济时期农村社会救济政策的影响，对其有着强烈的"路径依赖"，很多地方还延续着旧体制的落后的保障模式。

第一，由于社会救助立法的缺失，导致经费及各级财政的投入不够，再加上配套改革措施的不完善，所以低保救助对象极端有限。农村除了"五保户"、特别贫困的家庭以及部分临时性贫困的群体得到救助以外，大多数处在绝对贫困线边缘的群体难以得到任何形式的救助。

第二，目前，农村低保工作重"制度"覆盖率，轻"水平"覆盖率的现象很普遍。很多地方的农村低保还是停留在节假日的"送温暖"等活动上，节假日一过，大部分贫困群体还是挣扎在生存线上。

当前各省份地方政府正在积极探索制定有关法规性文件，如参照相对成熟的《农村五保供养工作条例》，建立相应的《农村居民最低生活保障条例》。像武汉市已经施行《武汉市农村居民最低生活保障办法（试行）》，吉林市也已经颁布了《吉林市农村居民最低生活保障管理办法》，河南省人大将《河南省农村居民最低生活保障条例》列入2007年立法调研项目。其他很多省市的《农村居民最低生活保障条例》也已经开始起草。

二、农村最低生活保障制度存在的"制度陷阱"问题

从中央财政和地方财政对低保资金的转移支付状况来看，主要存在以下两个方面的"制度陷阱"问题。

（一）中央财政和省级财政转移支付制度的"制度陷阱"

据民政部的统计数据[1]，截至 2007 年 7 月底，全国已建立农村低保制度的地区共保障低保对象 2311.5 万人、1074.6 万户；尚未建立农村低保制度的地区，救助农村特困对象 355.3 万人、146.6 万户，这部分人 2007 年底将逐步转为低保对象。根据国务院文件要求，农村低保对象为家庭年人均纯收入低于当地低保标准的农村居民。但是由于各地区的经济社会发展水平差异较大，低保工作步伐不一致等原因。但是按照城乡一体化的目标，同时也为体现城乡贫困人口同等待遇的社会公平性。既然城市已经实施了低保制度而且在 2002 年就实现了"应保尽保"的水平[2]，就应该在农村同样也达到这个目标。从表面上看，在全国范围内推行和实施农村低保制度，仅仅需要再增加 300 亿元财政支出，在中国 GDP 快速增长的背景下，达到这个目标似乎不难。但是，我们来做一组分析，如果按照 2007 年中国绝对贫困线人均 693 元年收入的标准，中国农村还有贫困人口 3000 万人左右，按年人均 865 元的相对贫困线标准，贫困人口会达 9000 万人左右；如果按照世界银行制定的人均每天生活费 1 美元的绝对贫困线标准，那么中国贫困人口的规模则会达到 1.5 亿左右。因此，在农村全面实施最低生活保障制度和配套政策，就有一个制度陷阱的问题。出于保守计算，以年人均 600 元为基数，3000 万人需要低保金 180 亿元，9000 万人需要 540 亿元，1.5 亿人就需要 900 亿元。若以年人均 800 元为基数，3000 万人需要低保金 240 亿元，9000 万人需要 720 亿元，1.5 亿人就需要 1200 亿元。并且低保的标准将会随物价逐步的提高，如果年人均标准提高 100 元，以 1.5 亿人计算，财政总支出年增加 150 亿元。而且低保金具有"刚性"能易升不易降，再加上医疗救助、教育救助等配套改革政策，一旦在全国范围内普及农村低保制度，并实行水平覆盖，低保资金将会成为一个"制度陷阱"。

---

[1] 贺大姣：《完善农村低保制度 逐步实现应保尽保》，载《企业家天地网络杂志》2008 年第 1 期，www.qyjtd.com，2008 年 1 月 20 日。

[2] 王增文：《中国实施"低保"政策存在的问题与对策》，载《经济纵横》2007 年第 7 期，第 6 页。

（二）基层政府财政部门资金配套制度的"制度陷阱"

在前面农村低保资金筹集部分已经了解到，农村低保制度不能过分强调地方主观能动性。由于中国是一个地域广阔的人口大国，几乎所有的关于农村方面的政策的执行都必须依赖基层政府。向地方放权、发挥地方政府的主观能动性成为中国自 1978 年以来的一个成功经验。但是目前，已经把这种让权形式机械的转移到了公共服务部门，导致了很多制度的推行受到阻碍。例如，湖北省农村低保资金由省、市、县三级共同承担，以省级财政为主，省级和地方筹资比例为 5:1，尽管地方筹资比例很低，但是从目前的状况来看，县乡级财政还没有完成这 1/6 资金的配套。一方面，财政收入划分的相对清晰是中国财政体制的一个特点，而另一方面，各级财政支出责任却缺乏正规明晰的划分，在实际执行政策时，往往是责任被层层下压。在改革开放以前，绝大多数的公共服务项目由地方政府提供，虽然中国的财政体制经历了强烈的"阵痛式"改革，但目前，这种体制的"路径依赖"现象依然非常明显。如在医疗卫生、教育等重要的社会服务领域，地方政府支出占到了 90%以上；在农村社会救助方面，几乎全部由地方政府承担。这与国际经验恰恰相反。在发达的资本主义国家，社会救助支出几乎全部由中央财政转移支付。可以预见，随着农村低保的推行和实施，会对本已经"摇摇欲坠"的地方财政将再添负担。

因此，农村低保制度如果普遍实施，县、乡的低保配套资金将成为低保资金筹集的"瓶颈"。其主要表现在于，作为纯粹政府行为与完全责任的低保金筹集和发放存在一个很大的悖论，那就是财政越困难的地区它需要投入的资金越多。这样，在人均年收入低，需要救济的人口多的地区，它们推行低保制度就面临入不敷出的局面。因此，由地方政府为主提供农村低保资金的政策将会使得地区差距更加明显。中国东中西部的经济发展落差一直越拉越大，一旦农村低保资金由地方财政提供为主，而中央政府不给予财政支持，低保标准最终不可避免地会出现地区分化，中西部落后地区贫困农民基本的生存权、发展权将受到挑战。所以，目前贫困县市的农村低保资金需要政府进一步加大投入，而基层财政对资金的配套需要一个循序渐进的过程。

3.2 其他制度对农村低保制度
影响的可持续性分析

一、"分税制"改革对农村低保资金配套的影响

农村低保制度对"分税制"改革前的财政制度具有强烈的"路径依赖"现象。农村低保救助原则上属于地方性公共产品，地方政府财政应承担支出的主要责任，中央财政具有在全国范围内进行收入分配调节的职责，对农村低保制度承担补充责任。

但在调研中发现很多实际问题，例如在与湖北省襄樊市谷城县民政部门的有关领导谈到农村低保资金配套问题时，他们非常清楚地意识到如果低保户仅仅依靠低保金是远远不够生活的，而且农村低保的覆盖仅仅是"制度"上的，而不是"水平"上的广覆盖，一些本应该享受低保的农村贫困群体还没有享受到。我们当时就问："为什么不去争取更多的名额呢？"他们不好意思的回答："由于我们县财政也是吃饭财政，我们少争取一个名额，我们就少出点配套资金啊！"由于低保资金投入缺乏硬性规定，那些"吃饭财政"的县完全不能提供配套资金。

这些现象反映出了农村低保资金投入机制还不完善。支出增长了，农村低保人数多了，低保资金的投入不足，这是各级民政干部反映强烈的问题。目前，某些省市像湖北省省级财政对农村低保资金的补助机制已基本建立，补助力度逐渐加大，农村低保资金由省、市、县三级共同承担，以省级财政为主，省级和地方筹资比例为 5：1，截止到 2007 年 6 月份共筹资 2.76 亿元。[①] 但市、县级财政对农村低保资金投入缺乏硬性规定。对财政困难的市、县来说，拿出这 1/6 的资金来还是很难的。据了解，在农村低保覆盖面提高后，部分依赖"吃饭财政"的县已经开始"吃不消"了。近年来，农村低保救助标准不断提高，个别地方资

---

① 张志峰：《湖北农村低保资金以省级投入为主》，载《人民日报》2007 年 8 月 9 日。

金缺口越来越大，经济欠发达地区这一问题更为突出。导致上述现象的主要原因是：

1. 中央和地方事权和财权范围交叉、错位，并且缺乏法律规范和详细的界定。导致了中央和地方政府对像农村低保等这类公共产品的权责界定模糊。

2. 由于不尽合理地财政分担机制，使得地方政府在推行农村低保制度等这类公共产品遇到财力不足的问题。自 1994 年"分税制"改革以来，因为经济发展水平不平衡，位于不同省份的同一级政府即便是拥有相同的财权，其财力可能会相差特别大。因此，过分强调地方政府的事权，而不考虑其财权问题是不行的。

二、传统的财政转移支付制度对农村低保资金来源的影响

一方面，农村低保资金划拨对以发展经济为第一位的传统财政转移支付制度形成强烈的"路径依赖"；另一方面，行政管理费用的弹性系数虚高。导致政府绝大多数的转移支付资金流向了这两方面。

（一）农村社会救助资金占总支出的比例严重偏低

1. 社会救助支出在社会保障支出中所占比例严重偏低

尽管中国计划经济体制下的财政也为国家实施贫困救助提供财力保障，但是中国传统的财政支出主要集中在生产建设领域，存在财政"大包大揽"、生产性领域和非生产性领域不分、公共与私人支出混杂等问题突出。国家的财政转移支付主要投向了生产建设性领域，而在公共产品尤其是在社会保障领域方面的投入被置于财政转移支付的相对次要位置，国家财政社会救助责任没有得到充分体现，财政任务过多的转嫁给了集体组织、营利性组织和基层自治组织，社会救助制度以临时性、救急性为主。

（1）发达国家的社会救助支出占社会保障支出的比重远高于中国的社会救助支出占社会保障支出比重。发达国家经济发展水平高，其贫困人口比重远远低于中国，但社会救助支出比重远高于中国的社会救助支出占社会保障支出。如图 3-1 所示，从图中可以看出，这些国家的社会救助支出虽然差异很大，但至少都占到社会保障支出的 5% 以上。作为发展中国家的中国，其农村社会救助资金投入不但不应低于这些国家的社会救助投入比重，而且还应该高于这些发达国家的社会救助比重。

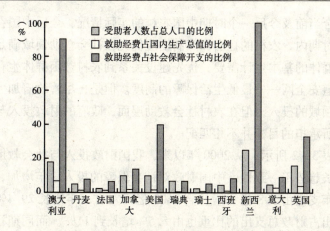

图 3 - 1　部分发达国家社会救助开支情况

资料来源：根据瑞典"国际社会保障研讨会"1996 年 6 月资料整理而成。

（2）中国社会救助占社会保障支出的比重较低

从表 3 - 1 可以看出，中国的社会保障资源在不同项目间分配很不平衡，尽管 2000～2003 年财政对社会救助的投入在增长，占社会保障支出的比重在增加，但最高的 2003 年只有 3.81%，其占社会保障总支出的比例明显偏低。而同期基本社会保险资金的支出占社会保障支出的比重一直在 70% 以上，这种资源分配格局对于中国这样一个存在大规模需要救助的贫困群体的国家而言是很不合理的。

表 3 - 1　中国社会救助支出占整个社会保障支出的比重

年　份	社会救助 支出（亿元）	社会保障 支出（亿元）	社会救助支出占社会 保障支出比重（%）
2000	59.71	3058.63	1.95
2001	89.99	3649.68	2.46
2002	141.63	4718.97	3.00
2003	217.69	5713.22	3.81

注：社会救助支出为抚恤与社会福利支出中的社会救济福利费；社会保障支出为基本社会保险金支出、抚恤与社会福利支出、国家财政社会保障补助支出之和。

资料来源：根据国家统计局：《2004 年中国统计年鉴》，中国统计出版社 2004 年版，整理而成。

综合当前及今后一个时期中国农村的实际情况，今后中国在相当长的一个时期内，农村的社会保障制度应优先在社会救助领域满足广大农村贫困群体的基本生计需要，优先建设关系到农村贫困群体生存问题的最后一道安全网——最低生活保障的制度。但是，尽管政府加大了在社会保障领域的投入，但在农村社会救助层面，政府的财政投入与社会救助制度所承担的目标并不相匹配。

如表 3－2 所示，从 2000 年以来，我国财政投入与社会救助资金投入的增长趋势不一致性。中国财政对社会保障的投入逐年增加，社会保障经费年支出由 598 亿元增长到 3600 亿元左右，年增长 29.4%；社会保障支出占财政总支出的比重也由 5.5% 增长到 11%。而同期社会救助方面，尽管投入总量不断增加，但在财政支出中的比例没有得到同步提高，尤其是在社会保障经费中所占的比重偏低，与中国当前农村社会保障制度建设的重点不相符合。

表 3－2　中国主要社会救助制度的政府财政投入情况

年 份	城市低保资金(1)(亿元)	农村救济资金(2)(亿元)	国内生产总值			财 政 支 出		
			总量(亿元)	比重(1)	比重(2)	总量(亿元)	比重(1)	比重(2)
2001	112	89	97314.8	0.115	0.091	18902.6	0.59	0.47
2002	108	58.8	105172.3	0.103	0.060	22053.2	0.49	0.27
2003	153.1	78.9	117390.2	0.130	0.067	24649.9	0.62	0.17
2004	172.7	47.7	136875.9	0.126	0.035	28486.9	0.61	0.17
2005	191.9	79.9	183085	0.105	0.044	33708.1	0.57	0.24
2006	195	74.4	156615	0.125	0.048	38373	0.51	0.19

资料来源：2002～2006 年数据是根据 2002～2006 年《中国统计年鉴》相关数据整理而成；2006 年数据来源于江治强：《完善社会救助的政府公共财政研究》，中国社会保障网（www.cnss.cn），2007 年 9 月 14 日。

从国际经验来看，即使经济较为发达、社会保障制度较为完善的国家也十分重视对社会救助制度的财政投入（见图 3－1）。然而作为最大的发展中的国家之一的中国，社会救助支出占社会保障支出的比重尽管从 2000 年到 2003 年一直处于上升的趋势，但是一直都比发达国家和许多发展中国家的比重低。中国政府在对社会救助整体投入方面，社会救助资金支出占社会保障事业的资金份额还处于较低的水平，这种分配比例严重制约了中国包括最低生活保障制度在内的社会救助制度所发挥的"兜底效应"和最后一道"安全网"功能。

2. 农村社会救助金占民政事业费用比例呈现出一定的下降趋势

图 3—2 展示了 1997 年到 2006 年中国民政事业费用支出占国家财政支出的比重，从图中可以看出，从 1997 年到 2001 年这个比重一直稳定在 1.5% 左右，但 2001 年到 2006 年这个比重迅速上升到 2% 以上，说明了政府对民政事业开始重视。

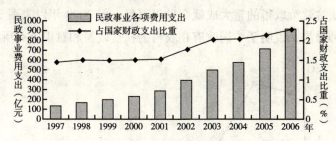

图 3—2 民政事业费占国家财政支出比重

资料来源：民政部：《2007 年民政事业发展统计公报》，http://cws.mca. gov.cn，2007 年 7 月 20 日。

但是，如图 3-3 所示，从农村社会救助费用与民政事业费用的支出情况来看，民政事业费用的支出从 1999 年的不到 200 亿元飞快的上升到 2006 年的近 800 亿元，增长了近 3 倍；而在此期间的农村社会救助资金几乎是停滞不前。

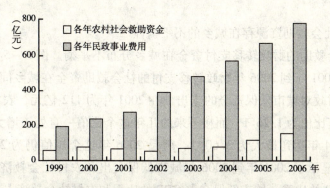

图 3-3 农村社会救助费用与民政事业费用

资料来源：中华人民共和国民政部：《2007 中国民政统计年鉴》，中国统计出版社 2007 年版，笔者整理而成。

　　图 3-4 表示各年农村社会救助费用占民政事业费用的比重。在 1999 年到 2001 年这 3 年间，农村社会救助金占民政事业费用的比例都在 30% 左右徘徊，并且有稍微的上升趋势；但从 2000 年到 2002 年这 3 年间，这个比重急剧下降，在 2002 年，这个比重竟不到 20%；从 2003 年到 2006 年间，这个比重一直处于上下波动的趋势，没有超过 30%，就是最高的年份 2006 年也只有 27%。这种社会救助资金占民政事业费用的比重骤然下降的变动趋势，应该为我们敲响警钟。中国自改革开放以来，扶贫政策取得的重大成就令世界瞩目，但 2000 年以来图 3-4 所示的这种趋势，说明了中国政府在农村的扶贫政策和意识上有所松动。

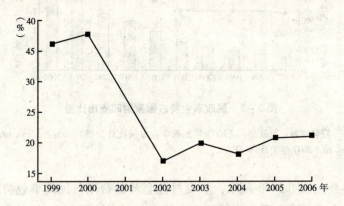

图 3-4　农村社会救助费用占民政事业费用的比重

资料来源：中华人民共和国民政部：《中国民政统计年鉴》
(2000～2007 年)，中国统计出版社，笔者整理而成。

3. 社会救助资源存在城乡的不平衡性

　　社会救助的财政转移支付资金在城乡分布不平衡。图 3-5 所示的图形是 2001 年到 2006 年财政转移支付的社会救助资金在城乡间的分布状况，财政对城市低保资金的支出额在 2001 年为 112 亿元，农村为 89 亿元，其比值为 1.26∶1，而接下来的几年这个比值一直处于增大状态，到了 2004 年达到最大为 3.60∶1，就是 2006 年这个比值仍为 2.59∶1。图 3-6 显示了 2001 年到 2006 年城市低保支出和农村社会救济支出分别占 GDP 的比重。城市低保金占 GDP 的比重和农村社会救济占 GDP 比重，从图形上看其变化趋势基本上是一致的，但是两条曲线的斜率告诉我们，在处于上升的年份中，城市低保金占 GDP 的比重上升的速度远远大于农村社会救济资金占 GDP 的比重上升速度；而在下降的年份，城市低保金占 GDP 的比重下降的速度却远远小于农村社会救济资金占 GDP 的比重下降速度。这充分说明了政府在对农村和城市的社会救助资金转移支付方面存在比较重的"重城轻乡"现象。如果这种趋势继续保持"路径依赖"，会把农村刚刚脱贫的居民再次"拉入到"农村贫困群体的行列。

图 3 - 5 财政转移支付的社会救助资金在城乡间的分布

资料来源：中华人民共和国民政部：《中国民政统计年鉴》（2003～2007年），中国统计出版社，笔者整理而成。

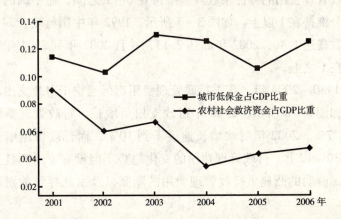

图 3 - 6 财政对农村和城市社会救助转移支付资金占 GDP 的比重

资料来源：中华人民共和国民政部：《中国民政统计年鉴》（2002～2007年），中国统计出版社，笔者整理而成。

（二）行政管理费用的弹性系数虚高

行政管理职能是政府的一项最基本的职能，指国家依法行使国家权力，组织和管理国家事务的活动。相应的，政府所需的行政管理支出是财政用于各级权力机关、行政管理机关、司法检察机关和外事机构行使其职能所需经费，是纳税人必须支付的社会成本。行政管理支出是政府在履行其职能过程中所耗费的社会资源，是全社会成员所必须担负的社会成本，政府提供的服务可视作其"产出"，因而也可以对政府的投入做成本—收益的分析，此收益与成本之比即为政府的行政效率。在政府所能提供的服务数量和质量一定的情况下，行政管理支出是决定政府的行政效率的重要因素。从中国的实际情况来看，行政管理支出的增长速度过快，超过了财政总支出的增长速度，行政管理支出占财政总支出的比重也在逐年增加，这严重影响了政府的行政效率。

我们用行政管理费用的弹性系数来衡量行政管理费用支出的轻重情况，其计算公式为[①]：

$$行政管理费用的弹性系数 = \frac{行政管理费增长率}{财政支出增长率}$$

行政管理费用的弹性系数理应维持在 0～1 之间，而中国的实际情况大部分维持在 1 以上。如图 3-7 所示，1992 年中国行政管理费用的弹性系数高达 1.46，2002 年高达 2.13，并且 2002 年到 2004 年期间一直维持在 1 之上。[②]

自 1980～2004 年，我国行政管理费用都远远快于财政支出的增长速度。如图 3-8 所示，1980 年财政支出负增长，行政管理费用却增长了 16.7%，2002 年财政增长速度不到 10%，而行政费用增长速到达到了 30% 以上。行政管理费用的变化趋势不但没有下降而且还在加速上升，鲜明的凸显了行政管理费用的膨胀以及由此导致的财政支出

---

① 谢冰洁：《我国行政支出现状及其改革的急迫性解析》，载《科教文汇》2007 年第 7 期，第 143 页。
② 郎彦辉：《我国行政管理支出的现状及改革》，载《统计与决策》2005 年第 4 期，第 79 页。

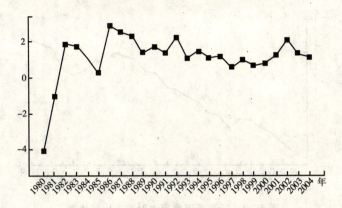

图 3 - 7 各年行政管理费用的弹性系数

资料来源：国家统计局：《中国统计年鉴》（1981～2005 年），中国统计出版社，笔者整理而成。

结构的扭曲，这样也减少了用于社会性支出的财力。如图 3 - 9 所示，2004 年中国行政管理费用达到 4059.91 亿元，拿去 1/10 的行政管理费用就可以把中国农村剩余的 2000 多万农村绝对贫困人口完全纳入低保范围。

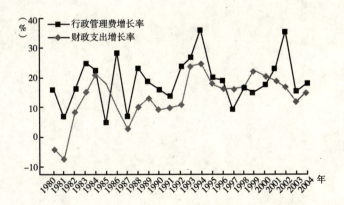

图 3 - 8 财政支出增长率与行政管理费用支出增长率

资料来源：国家统计局：《2005 年中国统计年鉴》，中国统计出版社 2005 年版，笔者整理而成。

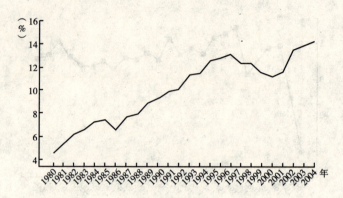

图 3－9　行政管理费用占财政支出的比重

资料来源：国家统计局：《中国统计年鉴》（1980～2005 年），
中国统计年鉴出版社，笔者整理而成。

4 中国农村贫困线及其
测定的实证研究

4.1 贫困的界定及其测算方法

一、国内外学者对贫困线概念的界定和贫困线的主要功能

贫困线是最低生活保障制度研究的重要内容，它衡量的是人们在年老、疾病残疾、失业或其他缺少固定收入的情况下，能维持最低限度生活的标准。确定最低生活保障线的关键在于计算出科学合理的贫困线标准。因此，我们必须从贫困线的概念出发，来研究农村最低生活保障线及其测算问题。世界各国研究贫困的学者提出过各自不同的关于贫困的概念，比较有影响的有以下几种：

1. 世界银行将贫困界定为"缺少达到最低生活水平的能力"。[①]

2. 诺贝尔经济学奖得主阿玛蒂亚·森认为[②]，应把贫困从概念上定义为：能力不足而不是收入低下。因此把贫困划分为收入贫困（income poverty）、人类贫困（human poverty）和知识贫困（knowledge poverty）。所谓的收入贫困是指缺乏最低水平的、足够的收入或者支出。所谓的人

---

① 世界银行：《1990 年世界发展报告》，中国财政经济出版社 1991 年版，第 182 页。
② 阿马蒂亚·森：《贫困与饥荒：论权利与剥夺》，商务印书馆 2001 年版，第 14 页。

类贫困是指缺乏基本的人的能力，如文盲、营养不良、缺乏卫生条件、平均寿命短等。所谓的知识贫困是指人们缺乏获取、应用知识与信息的能力，以及缺乏权力、机会与途径获得这一能力。

3. 英国的奥本海默（Oppenheim）在《贫困真相》一书中认为[①]："贫困是指物质上的、社会上的和情感上的匮乏。它意味着在食物、保暖和衣着方面的开支要少于平均水平。……首先，贫困夺去了人们建立未来大厦——'你的生存机会'的工具。它悄悄地夺去了人们享受生命不受疾病侵害、有体面的教育、有安全的住宅和长时间的退休生涯的机会。"

4. 英国社会学家汤普森（Townsend）认为："居民中那些缺乏食物、很少参加社会活动和缺少最低生活条件的资源的个人、家庭和群体就是所谓贫困的。"[②]

5. 中国研究贫困的学者也结合中国实际提出了对贫困概念的理解。童星、林闽钢认为："贫困是经济、社会、文化落后的总称，是由最低收入造成的缺少生活必需品和服务以及没有发展机会和手段的一种生活状况。"[③] 胡鞍钢认为："收入贫困必然会导致人类贫困和知识贫困，而人类贫困和知识贫困又是导致收入贫困的重要根源。"[④]

综合上述几种观点，可以将贫困分为两类：绝对贫困和相对贫困。绝对贫困是指缺乏维持生存的基本物质条件，相对贫困是指相对一定社会的中等生活水平而言的贫困。一般说来，绝对贫困是一种客观定义，强调"维持生命"这一概念。相对贫困是一种主观定义，重点强调社会成员之间生活水平的比较，带有价值判断含义。结合相对贫困和绝对贫困的概念我们来看一下贫困线的主要功能：

（1）测算功能。测算不同群体的贫困发生率，以便更恰当准确地

① Carey Oppenheim, *Poverty: The Facts*, CPAG, 1993, p. 273.

② Townsend, *Poverty in United Kingdom: A Survey of household Resourcesand Standards of Living*, Penguin, 1979, p. 245.

③ 童星、林闽钢：《我国农村贫困标准线研究》，载《中国社会科学》1994 年第 3 期，第 87 页。

④ 胡鞍钢、李春波：《新世纪的新贫困：知识贫困》，载《中国社会科学》2001 年第 3 期，第 53 页。

确定和瞄准贫困对象，以帮助民政部门为那些位于贫困线以下的群体提供救助；（2）评估功能。用于评估政府所采取的政策对贫困的影响、效果和作用，以便能够随时进行调整和改进；（3）剖析功能。剖析贫困的成因，从而能够总结贫困的类型，为政府因地制宜的制定社会救助政策提供参考；（4）对比功能。衡量不同时期贫困发生率的变化，从而能够把握贫困动态和预测贫困趋势，以便寻找最有效的减缓和消除贫困的方式。

二、目前测算贫困的主要方法

有了贫困的概念，接下来看一下贫困线和贫困率的概念及其测算方法。由于贫困线分为相对贫困和绝对贫困，那么与此相对应，贫困线也分为相对贫困线和绝对贫困线两种，相对贫困线是用来确定相对贫困的收入标准；绝对贫困线是用来确定绝对贫困的收入标准。

1. 相对贫困线测算方法主要有两种：

（1）平均收入法。这一方法是以全体居民平均收入的1/2或1/3作为相对贫困线。中国一般是以人均收入的1/2作为贫困线。

（2）比例法。该方法的主要思想是把全体居民按收入从低到高或者从高到低排序后，规定其中某一比例的最低收入群体为贫困群体，这一群体当中的最高收入即为贫困线。一般是把占全体居民总数10%的最低收入群体确定为贫困群体。

2. 绝对贫困线的计算方法主要有以下四种：

（1）恩格尔系数法。这种方法是建立在恩格尔系数概念和恩格尔定律基础之上的。国际上一般认定恩格尔系数的方法是：首先确定一个最低食物支出标准，用这一标准除以恩格尔系数0.6（国际上，一般把恩格尔系数大于等于0.6的人口定义为贫困人口），便得到了绝对贫困线。

（2）基本需求法。该方法将能够满足贫困群体的基本生存需求作为绝对贫困线制定的宗旨。

基本生存需求 = 最基本食品消费需求 + 最低限度的非食品消费需求

如果把满足基本生存需求的费用定义为贫困线，用 D 表示；把满足最基本食品消费需求的标准定义为食品贫困线，用 DF 表示；把满足最基本非食品消费需求的标准定义为非食品贫困线，用 NF 表示，那么，绝对贫困线 = 食品贫困线 + 非食品贫困线。

即：$D = DF + NF$。

（3）马丁法。由世界银行马丁·雷步林先生提出。这一方法要求在确定基本食品支出的基础上，通过建立总支出与食品支出之间关系的线性回归模型，就有关统计资料和数据计算出绝对贫困线。

（4）线性支出系统（LES）法和扩展的线性支出（ELES）法。其主要思想是把居民的各类消费品支出分为基本消费需求和超额消费需求，把其中的基本消费需求作为确定贫困标准的依据。

4.2 中国现行农村贫困标准的测算方法及评析

一、中国现行农村绝对贫困线的测定方式

（一）绝对贫困线的测定方式

中国农村现行的农村贫困线的确定是国家统计局农调总队在1986年对全国617万户农村居民进行收支调查以及在1984年的历史资料的基础上，采用马丁法计算得出的。并选择农民人均纯收入作为标识贫困线的指标。农村贫困线的计算步骤是：

1. 选择人体必需的最低热量的摄入量

最低热量摄入量是指维持人体正常生活所必需的热量摄入量的最低限度。据营养专家的意见，中国农村居民维持正常生活的热量日摄入量应为2400大卡，其最低限度应为2000大卡，考虑到农村居民主要从事体力劳动的实际情况，选2100大卡作为农村贫困人口必需热量摄入标准比较切合实际。

2. 选择合理的基本食品消费项目和数量

根据1984年全国农村住户调查资料，用最低收入农户的食品消费清单，同时去掉食品消费中有害性或享受性消费项目，保留12类必需的食品消费项目，再按每人每天摄入热量2100大卡计算。

3. 确定达到人体最低营养所需的最低食物支出，根据相应价格水

平测算最低食品费用支出，作为食品贫困线

凡是出售和购买的产品各按其格计算，对于农民自产并且用于自身的农产品，则按国家统一价计算。依次计算出 12 种基本食品的平均价格。最低食品费用支出是各项食品消费量和相应混合平均价格计算的最低食品消费额之和。据测算，1984 年农民人均最低消费金额为 119 元人民币。

4. 用最低食品费用支出除以基本食品支出的比重就是农村在 1984 年的绝对贫困线

根据对 1984 年中国农村的恩格尔系数以及消费结构分析，基本食品支出占总的生活消费支出的比重定为 60% 是适合当时农村现状的。1984 年农村居民的食品贫困线 119 元除以 60%，约为 199 元。故 1984 年的农村绝对贫困线确定为 200 元。1984 年农村居民绝对贫困线确定后，然后，根据农村物价指数的变化，计算出 1984 年以后各年的绝对贫困线：1985 年为 206 元，1986 年为 213 元，1987 年为 227 元，1988 年为 236 元，1989 年为 259 元，1990 年为 268 元，1995 年为 530 元，1996 年为 580 元，1999 年为 625 元，2006 年为 683 元，2007 年为 693 元。中国农村主要年份的贫困标准如表 4－1 所示，变化趋势由图 4－1 给出。

表 4－1 中国农村主要年份的绝对贫困标准

年　份	1984	1985	1986	1990	1995	2000	2003	2004	2005	2006	2007
绝对贫困标准（元/年）	200	206	213	300	530	625	637	668	683	683	693

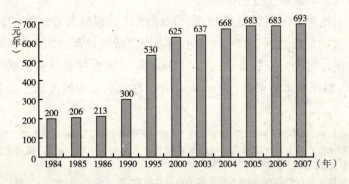

图 4－1 中国农村主要年份的绝对贫困线

（二）相对贫困线的测定方式

国际上，一般把占全体居民总数的 10% 的最低收入群体作为贫困群体。有的发达国家把 20% 最低收入人口视为贫困人口和扶贫对象。经济合作与发展组织把一个国家或地区社会中位收入或者平均收入的 50%～60% 作为这个国家或者地区的贫困线，若收入低于该标准就可以认为是处于贫困状态，其家庭、人口为贫困家庭和贫困人口。① 中国一般是以人均收入的 50% 作为相对贫困线，2006 年农村居民人均纯收入为 3587 元，那么农村贫困地区的相对贫困标准则为年人均纯收入 1793.5 元。② 其所代表的水平是能够维持健康生活所必需的食品支出以及为提高抵抗风险能力、维持长期温饱无忧所需要的最低消费支出，与国际上 2 美元 1 天的贫困标准（按美元兑人民币汇率为 1:8 计算）基本一致。这两种方法简单明了，而且使受助者得到救助金额与社会上大多数人的收入同步增长，能够分享经济和社会发展的成果。

二、对中国现行农村贫困线的评析

联合国的贫困标准是人均每天消费 1 美元，按美元和人民币的汇率 1:8 计算的绝对贫困标准为 2920 元人民币，这远远高于中国农村现行的 693 元人民币的绝对贫困标准。

随着人们生活水平的提高，将"每人每天 2100 大卡的热量"作为唯一条件建立食物组合，只考虑热量而没有考虑如维持最低健康标准的每人每天摄入 62 克蛋白质及其他营养要素的最低摄入的需求，是不足以维持人体的健康生存状况的。

针对绝对贫困线偏低的情况，国家统计局根据营养学家的建议③，将"主食能量比达到 75%"（即由粮食提供所需热量的 75%），作为建立食物组合时的另一个条件，得出 2004 年中国农村食品贫困线平均为 686 元，根据基本需求法：D = DF + NF，在食品贫困线上加上非食品支

---

① 林闽钢：《中国农村贫困标准的界定》，载《管理现代化》1994 年第 2 期，第 25 页。
② 李永生：《十六大以来我支农惠农政策综述：春风化雨润三农》，载《农民日报》2007 年 10 月 12 日。
③ 郭洪泉：《我国农村最低生活保障的政策选择》，载《中国社会科学院院报》2007 年 6 月 7 日。

出（NF），得出全国农村低保线平均为 889 元，其所代表的生活水平是健康生存所必需的食品支出，和那些愿意牺牲必需的食品支出所换取的基本非食品支出。

上述方法计算的农村低保线从理论上可以得到很好的解释，从农村的实际情况来看，中国现行农村的绝对贫困标准（2007 年为年人均693 元）和世界绝对贫困标准（每天人均消费 1 美元）的内涵基本是一致的，都是按照能否满足维持生存的基本生活需求划分的。这是由于：（1）中国农村居民对蛋白质摄入大都来自价格比较低的植物性蛋白食物为主，这一点不同于西方国家以动物性蛋白肉类为主；（2）中国农村居民的必需的日用品，比如衣服、鞋袜、住房等价格相对便宜；（3）中国农民由于拥有土地这种生产资料，很多食物可以从成本比较低的土地上取得。农民的粮食、蔬菜等食品均可以通过自产自销的方式满足其基本生活需要。而且农村贫困居民在交通娱乐等项目上的花费几乎为零。所以，中国现行的农村的绝对贫困标准虽然略低于世界绝对贫困标准，但它的确能够维持农村贫困人口的最低需求。从这个意义上来说，2007 年国家制定的绝对贫困线 693 元与国际通行的 1 美元 1 天的贫困标准的内涵是基本一致。从中国的经济承受能力来说，也是切实可行的标准。

4.3　影响贫困线制定的因素

2001 年国家颁布的《中国农村扶贫开发纲要（2001～2010）》是指导新世纪中国农村反贫困的纲领性文件。目前，中国农村贫困人口的分布正由集中连续的"面"向零星分散"点"过渡，国家扶贫攻坚的重点随之由贫困县域转向村落。由于农村贫困户的复杂性和差异性，对农村贫困线的测定也不再是那么简单。所以我们必须要找出影响贫困线测定的因子。

按国际通行的做法，贫困线是由最小需求和最小收入两个基本要素构成。最小需求反映的是社会公认的最低福利水平，最小收入是社会公认的不能维持最低生活水准的收入，以下几个因素会影响到这两个基本因子①：

一、对贫困测量单位和指标体系的选择

目前确定贫困线的测量单位有 3 种：个人、核心家庭、家庭，但各有优缺点。到底哪一个测量单位最适宜，各个国家会根据本国的国情进行选择。库兹涅茨在其对收入分配的研究中提出了选择收入分配单位的 3 个基本标准②：可界定性、收入形成和使用决策的独立性与人口的不遗漏性。个人是最基本的单位，也最符合可界定性标准，但另外两个标准决策独立性和人口不遗漏性却不符合；核心家庭符合决策独立性标准，由于它包括核心家庭一起生活的家庭人员，所以人口不遗漏性标准却不能满足；家庭可以作为基本的测量单位，符合人口不遗漏性标准，但它不满足可界定性与收入形成和使用决策的独立性这两个标准。从世界各国在制定贫困线时所采用的测量单位来看，家庭这个测量单位备受青睐。笔者结合中国二元经济结构的典型特征和 2007 年在全国部分省市农村地区调研的状况来看，认为在广大农村地区以家庭作为测量单位是切合中国国情的。

在指标体系选择方面，从目前世界各国制定贫困线的实践来看，主要考虑和采纳的指标有可支配收入、消费支出、国家人口数、效用、热量及社会发展指数等。贫困线的确定是从人体所必需的食物支出和非食物支出为出发点的，用效用这个表示福利的指标是非常适合的，但是个人的效用很难量化和计算，它只是一个定性的描述性指标。消费支出大体也能反映个体的效用水平，但是一方面由于消费指标难以取得统计资料；另一方面，个体某一时段的消费支出并不能完全反映居民生活质量方面的情况。像某农村居民在 A 年份花掉几乎所有的积蓄来盖房子，我们就不能以这一年该村民的消费为依据而建立贫困线。所以实际操作中，这些消费需要被剔掉的。由于可支配收入的资料较

---

① 王荣党：《农村贫困线的测度与优化》，载《华东经济管理》2006 年第 3 期，第 45 页。

② 库兹涅茨：《各国的经济增长》，商务印书馆 2005 版，第 125 页。

易取得，目前，在绝大多数国家都使用它作为制定贫困线的基础指标。热量摄取量通常与收入或消费支出指标结合使用在许多国家特别是发展中国家作为制定贫困线的依据。莫利斯（Morris，1979）年提出了利用"有形生活质量指数"指标和联合国开发计划署在1990年的人类发展报告中提出的"人类发展指数"来测定贫困线[①]，这种方法在测量贫困时在权数的选择上存在不确定性，国际上很少被采用。总的来看，每个测量贫困的指标各有优缺点，没有一个测量指标能够把所有指标的优点涵盖进来。但综合各国的实践来看，最常用的指标还是可支配收入和家庭消费支出。

二、家庭的规模和结构

当使用家庭作为贫困的测量单位时面临的一个困难就是剔除家庭规模对消费的影响。随着家庭的人口数量的增多就可以形成消费的规模经济影响，如大家庭可共用厨房和厕所、多人一起吃饭比一人吃饭更经济、老人和小孩在食品和衣着方面的需求比成年人低等。表4-2给出的是1984年美国不同家庭规模的贫困线和个人贫困线，图4-2给出了不同家庭规模的贫困线和个人贫困线的变化趋势图。

表4-2 1984年美国不同家庭规模的贫困线和个人贫困线

家庭规模（人）	贫困线（美元）	个人贫困线（美元）	家庭规模（人）	贫困线（美元）	个人贫困线（美元）
1	5278	5278	6	14207	2368
2	6672	3336	7	16096	2299
3	8277	2759	8	17961	2245
4	10609	2652	9人以上	21247	2124
5	12666	2533	—	—	—

资料来源：周彬彬：《向贫困挑战》，人民出版社1991年版，第94页。

从图4-2可以看出，随着家庭规模的膨胀，以家庭为单位的贫困线逐级上升，但以个人为单位的贫困线却是逐渐下降（也就是平均到每

---

① 胡锡琴、曾海、杨英明：《解析人类发展指数》，载《统计与决策》2007年第1期，第136页。

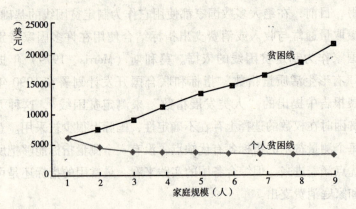

图 4 - 2 1984 年美国贫困线与家庭规模的关系图

资料来源：根据表 4 - 2 数据绘制而成。

个人所领到的贫困救助金是递减的），贫困线与家庭规模成反比。为了剔除家庭规模的影响，在建立贫困线时一般都先确定一类标准家庭（包括规模和构成），然后选择不同家庭对标准家庭的调整系数，从而形成可比收入。下面我们用统计学软件来模拟一下美国贫困线与家庭规模间的函数关系式。

表 4 - 3 模型的参数估计

曲线方程	常数项	b1	b2	b3
二次曲线方程	3700. 714	1463. 124	48. 653	—
三次曲线方程	3116. 603	2022. 455	- 84. 100	8. 850

自变量:家庭规模(人)   因变量:贫困线(美元)

二次曲线（quadratic）模拟方程：

$$y = 3700.7 + 1463.1 + 48.7N^2$$

三次曲线（cubic）模拟方程：

$$y = 3116.6 + 2022.5N - 84.1N^2 + 8.9N^3$$

表4-4　模型概况

曲线方程	模 型 概 况				
	R Square	F	df1	df2	Sig.
二次曲线方程	0.996	753.265	2	6	0.000
三次曲线方程	0.997	477.155	3	5	0.000

自变量:家庭规模(人)　　　　　　　因变量:贫困线(美元)

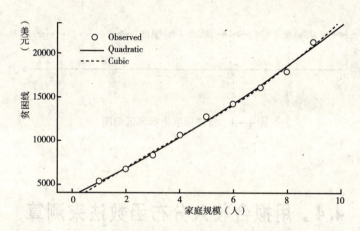

图4-3　1984年美国贫困线与家庭规模的函数的曲线拟合分布图

　　从模型的概况表4-4以及拟合图形4-3来看,两个方程的拟合效果差不多,无论采用哪一个方程都比较好地拟合了1984年美国贫困线与家庭规模的变化趋势。通过对两者之间的函数关系的模拟,我们就可以剔除家庭规模对贫困线制定的影响。

　　三、时间跨度和反贫困目标

　　制定农村贫困线时必须考虑的一个因素是时间单位,由于它可以用来区分长期贫困和短期贫困。一般来说,时期越短越能准确反映贫困的状况。在西方一些发达国家,使用周或月贫困线来测量短期贫困;对于中国来说,存在二元经济和社会结构的影响:由于市场化程度很高,城市可以使用月或周贫困线;但在广大的农村地区,农民的收入主要来源于农业收入,由于农业收入受季节性影响较强的,所以使用年贫困线或者季贫困线比较适合农村实际状况。

　　贫困线划定是反贫困目标制定的依据。贫困按其综合内容可划分为生存贫困、生活贫困和发展贫困三种类型。反贫困目标的不同，导致贫困线的确定也不相同，按照很多学者所主张的划定方法通常把贫困线设计为三条①：特困线、贫穷线和发展线（如图4-4所示）。贫困线划定对反贫困目标制定的影响主要表现在四个方面：（1）测定贫困的广度和深度；（2）贫困监测系统和扶贫网络的构建；（3）扶贫政策瞄准机制的选择；（4）扶贫效果评估体系的设计及推行。

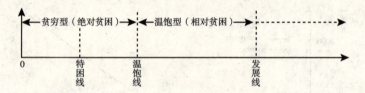

图4-4　贫困标准坐标系区间图

4.4　用拟合收入分布函数法来测算中国农村的贫困线和贫困率

一、低收入群体数目对绝对贫困线移动的敏感性

处于绝对贫困线上的人数对绝对贫困线的移动相当敏感。而现存农村低保配套改革措施没有惠及到略高于绝对贫困线的农村相对贫困群体。这部分人群所面临的消费滞后问题类似于中等收入人群。所以，这部分农村非贫困居民，只要收入稍有减少，或者在其他方面的开支稍有增加，就极有可能被拉入到农村贫困群体的行列。他们发生贫困的风险相当高。下面通过三种统计方法来看中国贫困人口数目对贫困线的高度敏感性。

---

① 童星、林闽钢：《我国农村贫困标准线研究》，载《中国社会科学》1994年第3期，第87页。

（一）《2005 年国民经济和社会发展统计公报》的统计方法测算的农村贫困人口数量对贫困线的敏感性

《2005 年国民经济和社会发展统计公报》认为①，按照 2005 年中国人均纯收入低于 683 元的绝对贫困标准，估计农村贫困人口数目为 2365 万；按年人均纯收入 684～944 元的标准，估计农村低收入人口为 4067 万。其中，农村人均纯收入低于 600 元的户数占 2.25%，低于 800 元的户数占 4.13%，农村人均纯收入介于 600～1000 元的户数占 4.73%。农村居民人均纯收入低于 1000 元的户数占 6.97%。

（二）按比例法测算的农村贫困人口数量对贫困线的敏感性

根据 2006 年《中国统计年鉴》② 数据可知，2005 年中国农村贫困线为 861.27 元，农村人口为 74544 万人，根据 2005 年 5 等分农村居民家庭基本情况表，按照收入占全部居民户的最低 5% 为贫困户，2005 年农村贫困户有 813.8 万户，贫困人口约为 3727.2 万人；若按收入占全部居民户的最低 10% 为贫困户，2005 年农村贫困户有 1627.6 万户，贫困人口约为 7454.4 万人。

（三）按收入比例法测定的农村贫困人口数量对贫困线的敏感性

若按国际通行的收入比例法分析农村贫困状况，农村贫困人口数量对贫困线的变动更为敏感。2005 年中国农村居民人均纯收入为 3254.9 元③，取平均收入的 50%，那么，农村地区的贫困标准则为 1627.45 元，就有 20% 的农村居民户属于贫困户。

综上来看，贫困线很小的移动都会引起贫困人口的很大变化。这对政策的制定有重要的意义。因为这表明一部分非贫困居民只要收入稍有减少，或者在非食品方面开支稍有增加，就可能陷入贫困。从 2007 年农村低保的实施情况来看，由于农村相对贫困群体对绝对贫困线的高度敏感性，出现了两种普遍现象：（1）低保管理的动态性不强，"易进不易出"，福利依赖现象严重；（2）出现了选择性贫困现象。选择性贫困人群在中国农村贫困人群中占有很大的比例。他们的当期收入完全有能

---

① 《2005 年国民经济和社会发展统计公报》，国家统计局网站，www.stats.gov.cn，2006 年 2 月 28 日。

② 《中国统计年鉴 2006》，国家统计局网站（www.stats.gov.cn），2006 年 8 月 26 日。

③ 《中国统计年鉴 2006》，国家统计局网站（www.stats.gov.cn），2006 年 8 月 26 日。

力维持其在绝对贫困线上的消费,但由于他们还面临子女的教育问题,以及大病医疗问题,而导致边际消费倾向偏低。因为中国现行的农村最低生活保障制度之中,贫困线的制定标准只是仅能维持生存需要,也就是说仅仅在强调收入贫困;对人类贫困和知识贫困虽然认识到了,但由于资金的紧张而导致相应的支持力度不够。

所以,政府在确定农村低保线同时不仅要顾及到收入贫困,划定合理的贫困线,保障农村贫困绝对群体得到最低生活保障,维持生存需要;还要关注相对贫困群体的人类贫困及知识贫困问题。

因此,政府除了救助贫困线以下的家庭,农村最低生活保障的配套改革措施还要注意增加农村低收入家庭应对风险的能力,建立社会安全网。即政府应提高对农村低保群体动态管理机制效率,同时还要制定相应的配套改革措施,保障其卫生和医疗问题,以及其子女得到基本教育的权利,从而提高农村低收入群体自身脱贫的能力。

绝对贫困线能够解决农村贫困群体的生存生计问题,但最终不能彻底解决他们的贫困问题。我们更应该关注的是相对贫困群体的发展问题。那么,相对贫困线的制定和实施就变得重要起来。以下我们将以湖北省襄樊市农村人均收入的调查数据,结合中国农村的实际状况,利用拟合的收入分布函数来测算一下襄樊市农村的相对贫困线和贫困率。其他省市的农村贫困线和贫困率也可以用类似的方法得到。

二、用拟合收入分布函数来测算农村贫困线和贫困率

(一) 收入分布函数模型的构造和测算的基本理论

1. 收入分布函数的构造

通过调研数据,给出了农村纯收入分配的分组数据,现根据 de Boor 在 1978 年提出的二次函数逼近法求解近似密度函数的方法,将调研农村的居民收入分为若干个收入区间、各个收入区间的农村居民的家庭数、总平均收入、家庭的平均人口作为模型测算的数据。然后,将各个收入组的家庭人口数取平均数。记收入区间从低到高依次为:$(x_0, x_1]$, $[x_1, x_2]$, $[x_2, x_3]$, $\cdots$, $[x_m, x_{m+1}]$),记第 i 个区间 $[x_{i-1}, x_i]$ 内人口份额为 f_i,记农村居民人均纯收入为 μ。用分段二次多项式构造农村收入分配的近似密度函数 $g(x)$,若记 $[x_{i-1}, x_i]$ 上 $g(x)$ 的表达式为 $g_i(x)$,则:

$$g_i(x) = a_i + b_i(x - x_i - 1) + c_i(x - x_i - 1)^2$$

其中，a_i，b_i，c_i 为待定参数。且 $g_i(x)$ 满足：

(1) 连续性条件 $g_i(x_i) - g_{i+1}(x_i) = 0$；

(2) 导数连续性条件 $g_i{}'(x_i) - g_{i+1}{}'(x_i) = 0$，且 $\int_{x_{i-1}}^{x_i} g_i(x)\,dx = f_i$；

(3) 对于任何区间 $[x_{i-1}, x_i]$，若记 $\Delta_i = x_i - x_{i-1}$，由条件（1）、（2）得：

① $a_i + b_i + b_i\Delta_i + c_i\Delta_i{}^2 - a_{i+1} = 0$

② $b_i + 2c_i\Delta_i - b_{i+1} = 0$

③ $a_i\Delta_i + 2b_i\Delta_i{}^2 + 3c_i\Delta_i{}^3 = f_i$

④ $g_1(x_0) = 0$，$g_{m+1}(x_{m+1}) = 0$（边界条件）

由于数据中没有给出最右边收入区间的右端点 x_{m+1}，按照王祖祥 (2006)[1] 的做法，首先，取 $x_{m+1} = Mx_m$，其中 M 为足够大的正数。用 $g_1(x) = a(x/x_1)^\alpha$，$g_{m+1}(x) = (bx + c)(x_m/x)^\beta$ 来代替。

其次，利用连续性条件与密度条件 $\int_{x_{i-1}}^{x_i} g_i(x)\,dx = f_i$ 确定 $g_1(x)$ 的参数，而用连续性条件 $g_{m+1}(x_m) = g_m(x_m)$ 以及密度条件 $\int_{x_{i-1}}^{x_i} g_i(x)\,dx = f_i$ 与平均收入条件 $\int_{x_m}^{\infty} g_{m+1}(x)\,dx = f_{m+1}$，$\int_{x_{i-1}}^{x_i} xg_{m+1}(x)\,dx = f_{m+1}\Omega_{m+1}$ 确定 $g_{m+1}(x_m)$ 中的参数，其中 Ω_{m+1} 是 $[x_m, \infty)$ 上农村人口的平均收入。

最后，估计得到 $g_1(x)$，…，$g_m(x)$ 后，前 m 个区间上的平均收入 Ω_1，Ω_2，…，Ω_m 可确定，进一步确定 Ω_{m+1}。由于有了农村收入分配的近似密度函数 $g(x)$，即可得相应分布函数为：$F(x) = \int_0^x g(y)\,dy$。

2. 用收入分布函数进行贫困线、贫困率测算

理论上讲，概率分布函数能全面描述某地区全体居民个人收入，用随机变量 X 来表示，假设 X 的分布函数为 $F(x)$，其含义为某地区的全体居民中个人收入低于或等于 x 的居民所占的比例，即：

---

① 王祖祥、何耀：《中国农村贫困评估研究》，载《管理世界》2006 年第 3 期，第 72 页。

$$F(x) = P(X \leqslant x) = \int_0^x g(y)\,dy$$

知道了收入分布函数，就掌握了该地区居民的个人收入的分布规律。实际操作上只能根据调查数据去拟合收入分布函数。根据拟合的收入分布函数，就可以在已知绝对贫困线的情况下，计算出相对贫困线。

（1）根据拟合收入分布函数 $F(x)$ 及相对贫困率 $p = 10\%$ 时，计算出相对贫困线 $x_p = F^{-1}(p)$，即在相对贫困率 $p = 10\%$ 时，相对贫困线为 $x_p = F^{-1}(p)$ 元。

（2）根据拟合收入分布函数 $F(x)$ 及已知的绝对贫困线 x_0 元，计算出相应的绝对贫困率 $p = F(x_0)$。

（二）收入分布函数拟合的探索性分析

对于所考察的地区个人分布服从什么样的分布函数，我们先进行探索性分析。在有关收入分配的资料中，最常见的收入分配拟合函数有：正态分布函数、伽玛分布函数和帕累托分布函数。下面用 2006 年襄樊市农村地区每月人均可支配收入的调查数据进行收入分布的拟合探索性分析。首先给出其样本直方图，如图 4－5。

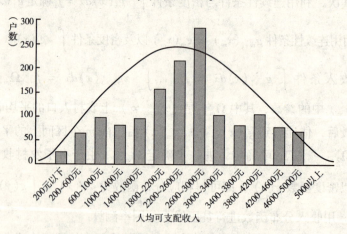

图 4－5　2006 年襄樊市农村人均可支配收入

其次，我们来看一下，襄樊市 2006 年农村居民家庭人均可支配收入的偏态系数的大小。根据数据，我们可以通过 SPSS13.0 软件计算得到，如表 4－5 所示：

表 4 - 5 2006 年襄樊市农村居民家庭人均可支配收入统计量表

均值(元/年)	中位数(元/年)	众 数	标准差(元/年)	偏态系数	标准偏态误差
2684.6000	2800.0000	100.00ᵃ	1838.40790	0.212	0.616

a. 所显示的是最小众数。

偏态的程度可用偏态系数来衡量，以 S_K 表示。其公式为[①]：

$$S_K = (\bar{x} - M_2)/S$$

在正态分布情况下，平均数、中位数和众数是一致的，即：

（1）$S_K > 0$，称为正偏的；

（2）$S_K = 0$，称为正态的；

（3）$S_K < 0$，称为负偏的。

其中，$\bar{x}$ 表示均值；M_2 表示众数；S 表示标准差。

把表 4 - 5 的数据代入上面的公式，有：

$$S_K = (2684.6 - 100)/1838.41 = 0.212 > 0$$

因为 $S_K > 0$，所以是正偏的，但由于非常接近于 0，我们认为 2006 年襄樊市的农村居民家庭人均可支配收入基本上属于正态分布。所以就剔除其他偏态分布的函数，按照其为正态分布来进行拟合。

再次，用 P - P 概率图可以直观探索个案是否与某个概率分布的统计图相一致，P - P 概率图是根据变量的经验分布函数对所指定的理论分布函数绘制的图形。如果被检验的数据符合所指定的分布，则代表个案的点簇在正方形的对角线上。从图 4 - 7 可以看出正态偏差值都在 -0.06 到 0.08 之间，所以我们认为 2006 年襄樊市的农村居民家庭人均可支配收入基本上属于正态分布。

（三）用极大似然估计法来测定正态概率密度的参数

下面根据 2006 年襄樊市农村人均可支配收入数据用正态分布拟合收入分布函数，来测定其中的未知参数。

---

① 罗娟娟：《农民收入分布函数的探讨》，载《保险职业学院学报》2007 年第 1 期，第 70 页。

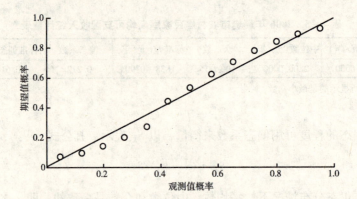

图 4 - 6　襄樊市农村人均可支配收入正态检验的 P - P 概率图

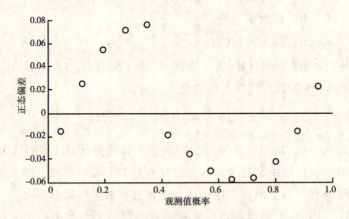

图 4 - 7　襄樊市农村人均可支配收入的
正态检验趋势 P - P 概率图

2006 年襄樊市农村家庭年人均可支配收入记为 X , 则:

$$X \sim N(\mu,\sigma^2)$$

根据以上数据结合极大似然估计法得, μ 和 σ 的似然函数为:

$$L(\mu,\sigma) = \prod_{i=1}^{n} \left[\frac{1}{\sqrt{2\pi}\sigma} e^{-\frac{(\xi_i-\mu)^2}{2\sigma^2}} \right]$$

$$= \frac{1}{(\sqrt{2\pi}\sigma)^n} e^{-\frac{1}{2\sigma^2}\sum_{i=1}^{n}(\xi_i-\mu)^2}$$

似然方程为:

$$\frac{\partial \ln L(\mu,\sigma)}{\partial \mu} = \frac{1}{\sigma^2}\prod_{i=1}^{n}(\xi_i - \mu) = 0,$$

$$\frac{\partial \ln L(\mu,\sigma)}{\partial \sigma} = -\frac{n}{\sigma} + \frac{1}{\sigma^3}\sum_{i=1}^{n}(\xi_i - \mu)^2 = 0$$

进一步得到：

$$\hat{\mu} = \frac{1}{n}\sum_{i=1}^{n}\xi_i = \bar{\xi}, \hat{\sigma} = \frac{1}{n}\sum_{i=1}^{n}(\xi_i - \bar{\xi})^2 = S^2$$

则 $\bar{\xi}$ 和 S^2 分别是 μ 和 σ^2 的极大似然估计量，把以上 2006 年襄樊市农村家庭年人均可支配收入数据分别代入：$\hat{\mu} = \bar{\xi}$，$\hat{\sigma} = S^2$，得到 $F(x)$ 中的参数为：

$$\mu = 2597, \sigma = 894$$

所以，$X \sim N(2597, 894^2)$，即 X 的密度函数为：

$$g(x) = \frac{1}{\sqrt{2\pi}894}e^{\frac{(x-2597)^2}{2\times894^2}}$$

用正态分布作为襄樊市农村地区年人均可支配收入的拟合分布的 X^2 检验，如表 4-6。

表 4-6   拟合分布的 X^2 检验表

收入分布（元/年）	观察值	期望值	残差值
200 以下	25.00	26.12	-1.12135
200~600	65.00	65.56	-0.56217
600~1000	98.00	98.10	-0.10085
1000~1400	82.00	82.32	-0.32452
1400~1800	96.00	96.13	-0.12881
1800~2200	157.00	156.28	0.72393
2200~2600	216.00	214.45	1.54872
2600~3000	283.00	280.51	2.48533
3000~3400	103.00	103.03	-0.03095
3400~3800	82.00	82.32	-0.32452
3800~4200	106.00	105.99	0.01098
4200~4600	79.00	79.37	-0.36646
4600~5000	69.00	69.51	-0.50625

注：共计 1473 户。

X^2 检验统计量：

$$X^2 = \sum_{i=1}^{13} \frac{(n_i - np_i)}{np_i} = 16.824$$

在 $a = 0.05$ 时，$X_{0.05}^2(13 - 2 - 1) = 18.307$，所以拒绝域为 $W = \{X^2 \geqslant 18.307\}$，由于 $X_{0.05}^2(13 - 2 - 1) = 18.307 > X^2 = 16.824$，故显著性水平为 0.05 下，不拒绝 H_0，认为襄樊市农村地区年人均可支配收入服从正态分布。

（四）用拟合的收入分布函数进行贫困线和贫困率的测算

1. 根据拟合的收入分布函数 $\varphi(x)$ 及相对贫困率 $p = 10\%$ 计算相对贫困线

由于 $\varphi(x) = \int_{-\infty}^{x} f(t)\,\mathrm{d}t = \int_{0}^{x} \frac{1}{\sqrt{2\pi}894t} e^{\frac{(t-2597)^2}{2\times894^2}}\,\mathrm{d}t$，即：$\varphi\left(\dfrac{x_p - 2597}{894}\right) = 0.10$，从而得到：

$$x_p = \varphi^{-1}(p) = 1451$$

即在相对贫困率 $p = 10\%$ 时，2006 年襄樊市农村家庭每年人均可支配收入低于 1451 元者为相对贫困家庭。

2. 根据拟合的收入分布函数 $F(x)$ 及已知的绝对贫困线 $x_0 = 693$ 元计算相应的绝对贫困率 $p = F(x_0)$

$$\begin{aligned}
p &= \varphi\left(\frac{x_0 - 2597}{894}\right) = \varphi\left(\frac{693 - 2597}{894}\right) \\
&= \varphi(-2.32) = 1 - \varphi(2.32) \\
&= 1 - 0.9898 \\
&= 0.0102
\end{aligned}$$

所以，按照 2007 年的绝对贫困线年人均 693 元的标准，可知 2007 年襄樊市农村处于绝对贫困线以下的人口比重为 0.0102%。

收入分布函数不仅能够测算贫困线，而且在收入分配的数量研究中有着非常重要的作用。因为收入分布函数能够对收入分配结构给予清晰的衡量，而且对研究消费需求、储蓄等问题提供了一个重要的理论基础。由于现有统计资料的特点使得估计收入分布函数存在数据信息不足的困难，本章根据武汉大学社会保障研究中心 2007 年 8 月对襄樊市农村地区的居民收入情况的 1500 份随机问卷调查数据，通过整理和筛选，得出了

1473份有效问卷和数据，估计了2006年该市农村地区居民收入分布函数。数据分析的结果显示，襄樊市农村地区居民年人均收入基本上服从正态分布，这种收入分布结构基本上是符合该地农村实际的（大部分农村家庭年人均收入偏低）。用正态分布来描述襄樊市农村家庭人均收入的分布基本上是忠于统计数据所反映的信息的，估计结果是可以接受的。

（五）结论和建议

从中国的社会经济结构看，贫困问题主要是在农村，农村的绝对贫困人口约占全国贫困人口的90%左右。因此，认真研究当前中国农村的贫困问题具有相当重要的意义。无论是国际社会，还是中国政府及各地方政府，在制定和实施反贫困政策中都要涉及到贫困线的测算和认定问题，只有确定出一个科学合理的贫困线才能分出谁是贫困人口，测定出贫困人口的准确数量，弄清贫困人口的贫困深度。

2001年以来，中国政府明确提出农村扶贫工作的重点是保障农村贫困人口温饱问题。笔者认为，随着农村市场经济的突飞猛进，目前农村中处于低保线以下的贫困人口的主体主要是老、弱、病、残以及弱智等弱势群体。所以，政府在制定贫困线标准时应该尽量考虑到这一点，建立起两条贫困线标准并行针对性的扶贫。也就是说，首先要解决农村老、弱、病、残以及弱智等弱势群体的生计问题，保障他们的温饱问题，建立一条绝对贫困线；然后在此基础上，综合考虑农民的脱贫意愿、防御风险能力等因素，建立一条相对贫困线。农村贫困标准必须首先要满足农村贫困人口的生计问题，并且其标准要随着物价指数的波动而不断的变化。

中国农村相对贫困线标准是我们下一阶段的扶贫工作重点要考虑的问题，政府应该考虑到那些人均年纯收入满足生存所需之后，从简单再生产向扩大再生产转化、进行发家致富的低收入农户，政府应给予其积极的支持和引导。通过确立相对贫困线，政府能更准确地瞄准这一部分低收入农户。

这两条农村贫困线标准的建立，将有助于政府更好地瞄准农村贫困群体，调整扶贫总体思路，制定明确的社会经济发展目标。按照市场经济的法则，把继续做好农村贫困人口的扶贫工作与促进贫困地区社会经济的可持续协调发展结合起来，逐步改变中国以前的扶贫战略，从而能够把因地制宜和因户制宜相结合，更好的发挥农村最低生活保障制度的应有功能。

5 完善中国农村最低生活
保障制度的思考和建议

5.1 发达国家社会救助改革趋势

一、发达国家在反贫困方面的政策和改革措施

(一) 要求权利和义务的对等——对受助者提出工作要求

西方发达国家的社会救助改革的主要思想是在新自由主义与凯恩斯主义之间寻求平衡,社会救助理念从最初的普惠型救助转为有限型救助,权利性救济改为与义务相关联的工作性福利。其改革趋势主要呈现出 4 个特点①:控制费用增长、降低替代率、对受益人重新分类、限制受助时间。这种转变的主要宗旨是在社会救助中增加对受助者工作的要求。

西方各国在对社会救助进行改革的同时,对原来与社会救助有关的词汇也进行了一定的修改。如英国把以前所用的"失业救济金"和"失业收入支持"变成了"寻找工作津贴";新西兰采用"公共薪金"代替失业和疾病救济金。这种改变的理念更加强调积极主动的争取工作福利,而不是被动接受救济金。美国用"贫困家庭临时救助"取代

---

① 杨立雄、陈玲玲:《发达国家社会救助制度改革趋势》,载《决策参考》2006 年第 8 期,第 28 页。

"未成年儿童家庭援助",使得享受救助金的时间被缩短了。这一变化表明了美国政府正在让贫困群体逐步摆脱"福利依赖"观念,也说明了政府对社会救助态度的转变。美国、新西兰以及加拿大的一些地区近期已将这一群体扩展到单身父母和有部分工作能力的残病人。这一系列的变化表现出的趋势是有工作能力或者部分工作能力而享受贫困救助的群体已被要求寻找和参加工作。

在美国,接受救助的单亲父母两年内需要每周工作至少 20 小时,后来逐渐增加到每周 30 小时,核心家庭要求每周至少工作 35 小时。美国联邦政府还制定了社会救助受益家庭的就业目标。1997 年,受助者家庭要求至少有 25% 以上的成员就业,核心家庭则要达到 75% 以上;2002 年,两个数字分别增加到 50% 和 90%。没有完成目标第一年则减少 5% 的拨款,以后每年递减 2%。[①] 1996 年,又通过一项法案加强了对受益人的培训要求。为了便于社会救助受助者能在劳动力市场找到工作,州和当地社区为那些享受贫困家庭临时救助,并且很难找到工作的家庭,创造额外工作机会。而且,美国残疾人或者长期患病者可获得额外的基金,但其目的也是帮助他们能够尽快就业。

另一个明显的改革理念是强调履行与工作相关的义务。在美国的社会救助改革中,联邦政府的社会救助基金不再是无条件的拨付,各个自治州也互相竞争削减转移支付,以避免社会救助费用的无限制扩张。美国政府对社会救助所采取的新措施产生了深远的影响,它使得社会救助的人数在很短的时间内出现了锐减的现象。

新西兰的社会救助改革理念强调的是积极援助,互惠义务。它对单亲家庭、病人和残疾人的工作能力进行一定的评估和鉴定,对没有孩子而领取失业救济金者的配偶也提出要求工作。1998 年,新西兰又用"公共薪金计划"取代"失业救助和病残救助",这一计划在得到补贴的同时更强调工作的义务。目前,新西兰正在实施"指南针"和"为顾客提供服务"这两个计划,以帮助受益者自立。"指南针"计划目的是帮助受益的单身父母在寻找就业机会时能获得援助和培训。在其他国

---

① 黄晨熹:《标准构建、就业动机和欺瞒预防——发达国家社会救助的经验及其对上海的意义》,载《华东理工大学学报(社会科学版)》2004 年第 2 期,第 19 页。

家，像加拿大的许多省也要求单亲父母参加福利性工作；荷兰要求凡得到社会救助的人都被要求重新寻找就业岗位。

（二）贫困群体享受"普惠型"政策——对参加的救助对象实施税收减免

新西兰针对有工作的低收入家庭实施家庭税收抵免政策，提高受益者征税起点，增加受益家庭收入。同样，美国实施劳动所得税收抵免政策，为低收入工作家庭提供额外救助，它获得的边际费用的增加超过从社会救助中获得的保障金。

发达国家非常重视对受助者的工作培训，通过就业培训不仅能够使得被救助者能够脱离贫困，摆脱福利依赖，而且还能够提高投入—产出的回报比率。对美国实施的劳动所得税收抵免政策的研究表明[1]：参加"人力资源开发和培训行动"的女性年收入会增加 1926 美元；参加"广泛就业和培训行动"的女性年收入增加 1797 美元；参加"工作伙伴行动"的女性年收入增加 960 美元；参加"工作激励项目"的女性年收入增加 438～728 美元；参加"商业部门工作机会"的女性年收入增加 444 美元。而对男性来说，参加"人力资源开发和培训项目"，年收入增加 151 美元；参加"工作伙伴项目"，年收入增加 970 美元。并且从长远看来工作培训的回报率更大。

这种"普惠型"政策有着非常重要的激励效应。绝大多数发达国家的政府为了促进就业采取了各种措施，包括与私营部门、志愿者组织、地方政府和社区建立合作关系，鼓励就业机构雇用失业人员。

二、发达国家在反贫困政策领域改革中的共同理念

（一）利用生命周期与社会风险管理的农村反贫困政策理论——变"下游"政策为"上游"政策的反贫困视角

按照世界银行的风险管理框架，社区、家庭和个人都会面对来自不同方面的风险，其中包括自然的也包括人为的风险。因为贫困群体应对风险的工具极其有限，所以导致他们更容易遭遇风险，风险的发生对于他们造成的负面影响也会更大。风险不仅使他们难于脱贫，而且还会导

---

① 高文敏：《借鉴国外社会救助的经验完善我国城镇居民的最低生活保障》，载《理论探讨》2004 年第 6 期，第 65 页。

致其贫困程度进一步加剧（像存款贬值）。因此，世界银行的风险管理框架除了关心贫困的现状外，而更加关注贫困的成因。所以该风险框架除了实施贫困的补偿外，更加重视贫困的预防。

所以，从 20 世纪 90 年代以来，发达国家在反贫困政策领域中的一个明显变化是①：从对贫困的整体干预转向了对个体贫困的干预。从理念上来说就是，"社会保护"要日渐取代"社会保障"。在世界银行、国际劳工组织（ILO）、经济合作组织（OECD）和亚洲开发银行（ABD）等国际机构的倡导下，社会保护的政策框架最主要的是基于生命周期理论的"上游干预"政策。这种政策逐渐被越来越多的国家、地区以及学术机构所认同。"上游政策"② 就是在"上游"消除贫困产生的条件和机制，切断贫困产生的链条，注重儿童的发展性。其主要思想包含了以下几个方面的内容：反贫困政策是根据贫困群体的生命周期理论进行干预；利用社会风险管理理论对贫困进行预防；注重对人力资本的投资。

（二）实施社会救助和经济的亲贫困增长的反贫困理念

从发达国家实施的反贫困理念来看，目前主要存在着两种类型的扶贫方式：一种是"涓滴式"扶贫。这种方式是通过刺激经济增长促使贫困群体在经济增长中得到更多受益。实施亲贫困增长主要是指能够使贫困群体参与经济活动并从中得到更多经济实惠的增长方式。衡量经济增长是否能够起到减缓贫困的作用主要是看亲贫困增长是否减少贫困的增长（Ravallio 2003）③，在增长过程中的分配转移，其所认为的"亲贫困"是否使贫困群体收入的增长率比非贫困群体收入的增长率高。目前很多的发达国家对贫困群体开始实施亲贫困增长的社会救助的协调战略。另一种是"瞄准式"扶贫。这种方式主要是以社会救助政策为主。西方发达国家在过去很长一段时间内的福利制度以及中国的最低生活保

---

① 徐月宾、刘凤芹、张秀兰：《中国农村反贫困政策分析》，载《中国社会科学》2007 年第 3 期，第 26 页。

② 杨立雄、陈玲玲：《发达国家社会救助制度改革趋势》，载《决策参考》2006 年第 8 期，第 27 页。

③ Martin Ravallion and S. H. Chen, "Measuring Pro-poor Growth", *Economic Letters*, 2003: 78 (1).

障制度基本上属于"瞄准式"扶贫的范畴。但从发达国家最近几年实施的反贫困计划来看，其逐渐开始把"涓滴式"扶贫和"瞄准式"扶贫两种方式结合起来了。

（三）为贫困群体提供"工作分享"措施促使其就业

汉弗莱斯（Humphreys，1986）将工作分享（work sharing）定义为[1]："为了维持或提高就业水平，通过重新调整付薪工作时间安排的方法"；德雷兹（Druze，1986）为[2]："为了减少大范围的非自愿性失业而在员工之间进行的工作重新分配"；欧洲工会组织（1988）解释为[3]："工作分享就是为了这些所有希望工作的人提高就业机会，根据对目前工作需求短缺的观测与分析，采取在特定的经济系统中重新分配工作总量的方法提高就业水平"。归纳起来，工作分享主要有以下种类：工作岗位分享、德国实施的"缩短法定工作时间"、美国实施的过渡性退休和英国实施的"弹性工作制"等形式。其主要措施包括：工作重新分配、调整付薪工作时间、重构工作岗位等。

美国自实施"工作岗位分享制"和"过渡性退休"措施以来，其就业形式发生了很大的变化。美国实施的工作岗位分享制，是指由雇主与员工双方自愿实施的弹性工作方式。通过工作分享加既强了工作岗位的流动性，又缓解了美国的就业压力，还进一步保护了核心员工的利益。而"过渡性退休"措施是让接近退休年龄的员工逐步缩短工作时间和减少工作任务，通过一段时间的缓冲，让该部分老员工从工作岗位上逐渐退休。也就是企业让那些专业技术水平较高的老员工培养新雇用的青年员工。随着老员工的工作时间逐步减少，青年员工的工作时间则逐步增加，直到老职工正式被青年员工完全取代。据了解[4]，美国大约 600 家大公司已经实施工作分享计划。目前，日本和德国也正在实施这种政策。

① David Gray，"Work-sharing benefits in Canada：an effective employment stabilization policy measure?"，*Industrial Relations*（Canadian），September 22，1996.

② Arkin William，Dobrofsky Lynne R. 1978. "Job sharing"，in Rhona Rapoport and Robert N Rapoport（eds），*Working Couples*，London，Routledge and Kegan Paul，pp. 135.

③ 李贵卿、陈维政、毛晓燕：《缓解失业压力的新思路——工作分享》，载《统计与决策》2006 年第 24 期，第 124 页。

④ William K. Roche，Brian Fynes and Terri Morrissey，"Working time and employment：a review of international evidence"，*International Labour Review*，Vol. 135，1996，No. 2.

5.2　发达国家的反贫困政策对中国农村低保配套改革政策衔接的借鉴

国外有大量的理论和实践表明，社会资本对人的发展至关主要，世界银行发展问题专家 Woodcock 认为①，拥有较多的社会资本的群体容易获取物质资源以应对各种形式的危机。社会资本也就是那些嵌入个人社会关系网络中的资源，如权利、财富、声望等，这些资源不为个人直接占有，而存在于人和人的交往中发挥其效应。由于低收入群体所面临的不仅仅是物质资本的贫困，而且社会资本贫困也是他们面临的主要贫困形式。由于物质收入贫困，导致他们社会关系网的欠缺而不能更好的利用社会资源。

所以，对于农村贫困群体的救助就不仅仅是对其生计的援助，还要使其能够利用社会资本获得重新发展机会。因此，完善中国农村低保配套政策就要坚持农村低保救助与开发并重，在给农村贫困群体提供最低生活保障的同时，要进一步采取更强有力的措施，提高农村低保群体和低收入群体抵御风险与自我脱贫能力。

当前中国农村低保制度很大程度上照搬了城市低保制度的做法，以家庭为单位将贫困家庭中的所有成员一起纳入了保障范畴。我们的调查显示，接受农村低保的对象除了老、弱、病、残这部分失去劳动能力的人群以外，还包含了相当数量的未成年人和部分有劳动能力的群体。对于老、弱、病、残这部分群体来说，保障基本生计是一个比较切合实际的目标。但对于未成年人来说，不仅仅在于解决其基本生计问题，还应该要保障他们接受良好的教育，以便为后来有个良好的发展创造条件；而对于有劳动能力或者有部分劳动能力的群体来说，低保政策的目标应

---

① 吕青：《低保：操作失当减损社会成本》，载《中国社会保障》2007 年第 5 期，第 42 页。

该是限制其享受低保金的条件和时间，而把提高其获取社会资本的能力、帮助他们通过自身劳动来增加收入作为目标。所以针对以上情况，笔者将结合国外社会救助改革的办法和措施对中国农村低保配套政策的完善提出几点建议：

一、实施基于生命周期理论的"上游干预"策略

在调研中我们了解到，农村低保政策的实施结果经常陷入"政策衍生新问题"的怪圈。由于政府对农村低保政策的选择其实就是对农村贫困问题的选择，而当试图通过农村低保政策解决农村贫困问题时，往往会衍生出新的问题。如上一章我们阐述的湖北省襄樊市对农村低保群体实施的住房救助配套政策而存在的"逆向分配"等现象就属于政策衍生出的新问题。所以，在制定农村低保政策及其配套改革政策时应从实际和政策的可持续性上着眼，才有可能避免只针对眼下众多问题的解决而迷失了中长期的发展目标的问题。

当前农村低保制度配套政策的设计应当考虑农村未成年人的成长发展问题，把享受农村低保家庭的未成年人教育摆在首要位置，这是使贫困家庭走出"贫困陷阱"的根本出路。

但目前中国农村实施的低保政策属于一种"下游干预"政策，其设计基本上处于应急性需要。根据人的生命周期基本理论，人生的各个阶段是相互关联的，一个人前一阶段的经历会对其下一阶段的经历产生重大的影响甚至是起决定性作用。对享受农村低保的贫困群体而言，具体表现为前一阶段的贫困状况影响到其后续阶段的发展。所以，农村低保政策应该瞄准的是低保群体的各个生命阶段，要针对农村低保群体和处在低保线附近的低收入群体的不同的生命阶段给予不同的救助方式。

根据 OECD 国家基于生命周期理论进行干预的积极社会政策以及结合中国农村低保的实际情况，笔者认为，应通过下面两个阶段完善农村低保的配套政策：

1. 对于处在就业年龄以下的农村低保群体的子女来说，政府应对其采取"上游干预"政策。那么，低保配套改革措施的首要目标就是对这些农村低保群体的子女进行教育投资，帮助其完成九年制义务教育，对于能够继续深造的提供教育贷款；对于不能继续深造的提供技术培训支持，从而使他们有较好的生活起点和公平的机会。

2. 对于达到就业年龄并且具有劳动能力或者部分劳动能力的农村低保群体来说，低保配套改革措施的目标就是克服就业障碍，提供就业培训和力所能及的就业岗位，以保证他们不被排斥在社会的主流之外；对于享受农村低保的老、弱、病、残等完全失去劳动力的群体来说，低保配套改革措施的目标就是提高他们的经济和社会参与率，使他们的生活水平不因物价指数的上涨而下降。

二、促进农村低保家庭劳动力就业的政策重心是使低保群体逐渐摆脱"福利依赖"

农村低保对象就业与休闲的变换关系可以通过图 5－1 来说明。图 5－1 给出了农村低保者收入与可能得到的闲暇间的关系，农村贫困群体在享受低保制度之前为 B 小时的闲暇，即 B 点；AH 显示了其通过劳动而获得的收入机会。假如现在引入最低生活保障制度，在这项制度下，使得贫困者的收入不低于 OC，通过线段 CDE 来表示。如果贫困者选择了 24 个小时的闲暇，那么他就得到 CO 等于 BE 的低保补助。如果他通过劳动，其可支配收入上升到低保线以上，如 GE 所示。但是，由于现行农村低保制度是差额补助，每增加 1 元收入，他就会失去 1 元的

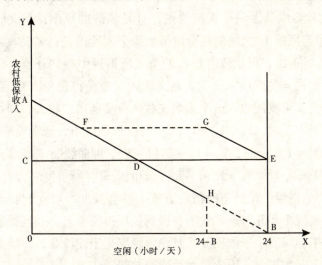

图 5－1 农村最低生活保障下预算约束的图示

资料来源：参考尼古拉斯·巴尔（Nicholas Barr）著：《福利国家经济学》，中国劳动社会保障出版社 2003 年版，第 255 页，笔者整理而成。

低保金，这样，他的可支配收入也就被固定了，如虚线 GF 所示。这就是在第三章提到的隐性税率问题，也就是低保者等同于被征收了 100% 的隐含边际税率，这样导致低保群体不可能提高其净可支配收入；那么参加工作的经济激励也消失了。预算约束线可被分解成 AF 和 GE 两部分。农村低保群体作为理性经济人不会去选择 GE 线上的点（因为在 G 点和 F 点有同样的收入，但在 G 点却有更多的闲暇）。农村低保制度的这种特殊结构导致了对于那些在一定程度上养活自己的人来说，由于劳动和不劳动对他们来说得到的收入是完全没差别的，所以，处在这种收入水平上的人其数量是很少的，因为这种补助体制几乎使得他们完全依赖政府，所以低保制度在一定程度上带来了一个很糟糕的现象——是在自谋生活与依赖政府之间严格分离的趋势，使得低保制度人为地制造了一个贫困群体。

在这方面，发达国家的解决方案为我们提供了很好的借鉴作用。那就是合理平衡就业和救助，鼓励低保对象就业增收，提高低保人员的经济收入使其收入在 AF 处。美国学者提出了负所得税方案①，所谓负所得税方案是以社会平均收入 Y_2 作为所得税起征线；名义收入在起征线 Y_2 以上的社会成员缴纳个人所得税，且是累进的税率；名义收入在贫困线 Y_1 和起征线 Y_2 之间的社会成员免除个人所得税；名义收入在收入保障线 Y_1 以下的，可从政府征收的个人所得税中得到补偿，即负所得税。负所得税 = 贫困线 -（个人名义收入 × 负所得税税率）。获得负所得税后的个人可支配收入 = 个人名义收入 + 负所得税收入，即：

（1）$Y \leqslant Y_1$ 时，$Y_D = Y_P + Y(1-R)$，即曲线 I ，隐含税率为 R；

（2）$Y_1 \leqslant Y \leqslant Y_2$ 时，$Y_D = Y_P + Y(1-R)$，即曲线 II ，隐含税率为 0；

（3）$Y \geqslant Y_2$ 时，$Y_D = Y(1-R)$，即曲线 III ，所得税率为 r。

图 5 - 2 描绘的就是负所得税方案下社会救助者可支配收入增长的情况。在线段 I 和 II 区段，贫困者得到负所得税收入，并且线段 I 可支配收入的增加幅度小于线段 II ，其隐含税率高于线段 II ，即随着领取救助区间的上升和扩大，隐含税率呈递减趋势。

---

① 蓝云曦、周昌祥：《社会结构变迁中的福利依赖与反福利依赖分析》，载《西南民族大学学报·人文社科版》2004 年 8 期，第 472 页。

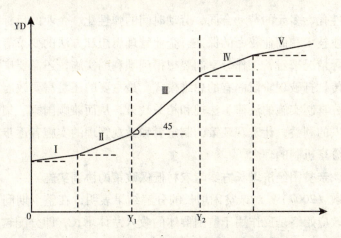

图 5 – 2 负所得税方案下可支配收入变化曲线

资料来源：左春玲、袁伦渠：《解读中外低保制度中的隐含税率》，
载《石家庄经济学院学报》2007 第 6 期，第 28 页。

负所得税方案有利于鼓励低保群体通过就业来增加其收入，同时也
起到了一定的激励效应。而且，递减的隐含税率有利于名义收入的快速
提高，缩短隐含税率的持续区间，也节约财政对低保金的支出量。因
此，该解决方案能够较好地解决中国农村低保制度中隐含税率带来的负
面影响。从中长期看来，建议政府应逐步引入该项方案。

三、发达国家实施工作分享对中国农村促进低保者就业的启示

目前，在中国劳动力严重过剩、就业岗位极其缺乏的背景下，农村
低保群体由于缺乏必要的劳动技能和专业知识，导致这个农村弱势群体
的就业前景不容乐观。国家应提倡各企事业单位科学安排员工，在不减
员而能增效的前提条件下，扩大就业门路，尽量安排部分农村低保群体
的就业。在这个大的社会背景下，非常有必要引入工作分享机制。因为
通过对农村有工作能力的低保群体实施工作分享计划，可以实现对农村
贫困群体的利益分享，从而让更多的农村贫困群体通过自身劳动来分享
经济发展的成果。

Sheley Elizabeth（1999）提出顺利实施工作分享制的条件是①：工

---

① Sheley Elizabeth, *Job Sharing Offers Unique Challenges*, Geneva, 1999, (6)：46 – 48.

资的柔性化、多元的劳动合同、劳动时间的弹性化、企业的目标函数调整、企业技术和商业秘密的保证、企业管理思想和方法的变革等。从中国的实际情况来看，工作分享制要想得到顺利的实施，还需要广泛和有力的宣传，打破现阶段固有的思维模式。最主要的还是需要政府出台关于工作分享制实施的法律、法规和相关政策，从而兼顾国家、集体和劳动者个人的利益，让宏观政策的制定者和微观管理的实施者逐步能够接受工作分享机制的理念。

四、亲贫困经济增长方案与农村低保政策的协调实施

阮敬（2007）[1] 对亲贫困增长的分解结果表明，在整个期间，收入的分配效应始终是反作用于贫困群体的收入总体增长，即分配越不公或分配差距越大，对贫困群体的总体增长起的反作用越大。中国在 1978~1988 年间，分配效应非常大，说明在经济转轨时期的收入分配不公非常突出，经济增长在这一段时期内表现为亲富的。因而，致使亲贫困增长率降低，加之 20 世纪 90 年代初期的通货膨胀，导致财富相当大一部分流入高收入阶层，对广大农村贫困群体的收入增长造成了非常大的冲击。2000 年以来，国家采取了一系列相应的农村扶贫措施，使得分配效应降低比较明显。但是 2005 年以来分配效应又有所上升，分配不公的状况又有所恶化。又由于人力资本积累的惯性影响，社会资源在一定时期内也会向富裕阶层聚集。但随着我国经济增长方式由粗放型向集约型转变，通货膨胀基本上得到有效控制，农村贫困度有所降低，其参与经济活动的积极性提高，对经济增长的分享也越来越多，因而，在1995~2000 年，经济增长表现为亲贫的。2001 年以来，虽然农村贫困群体的收入增加明显，但由于 2007 年新一轮通货膨胀又有所抬头，导致其抵消了部分亲贫经济增长的效果，并且分配效应有恶化的趋势。当前应采取相应的有效措施进一步改善收入不平等的状况，逐步建立起以"涓滴式"扶贫为基础，以"瞄准式"扶贫为重要手段的扶贫政策，使农村贫困群体分享更多经济发展成果。

实施亲贫困增长能减轻农村低保制度的压力，使得社会的初次分配

---

[1]　阮敬：《中国农村亲贫困增长测度及其分解》，载《统计研究》2007 年第 11 期，第57 页。

更具公平性。由于权利"寻租"行为和利益集体的存在，导致政府制定经济政策时容易倾向于富裕群体，从而导致市场竞争的不公正，也侵害了农村贫困群体通过市场竞争获取利益的权利。这样一种状况明显加大了农村低保制度所承受的压力。为此，政府在完善农村低保制度的同时，要高度重视完善初次分配的市场机制，维护市场竞争的公平性，以便更好地发挥市场机制的初次分配功能，使在市场竞争中跌入农村低保行列的人数最少化。同时要加强对农村有劳动能力和有部分劳动能力的低保群体提供就业培训，使其尽快参与到市场竞争中去。

5.3 对中国农村低保制度及其相关制度的建议

一、完善中国农村低保制度的建议

（一）低保政策设计

民政部要制定全国统一的农村最低生活保障制度，规范和指导各地农村低保工作的开展，其政策设计应遵循从实际出发、与经济和社会发展水平相适应的原则。具体来说应考虑以下几个方面：（1）维持当地农村居民基本生活所必需的衣、食、住、行等费用；（2）要适合当地农村地区经济、财力、物力水平和状况，针对不同的地区实行分类指导；（3）参考当地农村的物价水平。农村低保起码应该保证低保对象的基本生活水平不低于绝对贫困线。从目前来看，建立农村低保制度应以中央财政为主，实行属地管理。低保具体标准由县以上各级地方政府根据本地区农村的实际情况自行制定。农村低保标准的实施，除了少数东部发达地区，一般地方都应参照国家每年公布的贫困标准来制定。2007年中国的贫困标准是年人均纯收入低于693元。目前，中西部地区农村年低保标准一般应在600元至800元之间，东部地区一般在1000元至2000元之间。

（二）低保对象审核

在农村低保对象审核上应该遵循公开、公正、透明的原则，对低保对象的申请、审批程序应严格和细化。在确定农村最低生活保障对象的过程中，为保证整个流程的公平公正，各地都相应地采取了一系列民主公开的措施，包括严格执行民主评议、张榜公布、群众监督等程序，具体流程是：自愿报名（可以代报）→村代表讨论→投票→张榜公布→初步拟定低保名额→交县民政局→发证领取。由户主向乡（镇）政府或者村民委员会提出申请；村民委员会开展投票、调查、讨论、组织民主评议提出初步意见，经乡（镇）政府审核，由县级政府民政部门审批。而且，贯彻属地管理原则，即以户口所在地作为低保救助管理的基本单元，无论困难人员住在何地，都必须纳入户口所在地的街道或乡镇统一管理。乡（镇）政府和县级政府民政部门对低保申请人的家庭经济状况应该进行严格核查，了解其家庭收入、财产等情况，最后确定名额，发放低保证书，并且要经常进行抽查、检查，而且要把其变成一项最基本的工作程序。

（三）救助范围和标准

应逐步将农村五保救助、特困户定期定量救助、临时救助等农村社会救助制度统一划到农村低保制度范畴，救助对象的重点依然是缺乏主要劳动力的农村特困户。在确定农村救助标准的方法上，中西部地区的农村低保对象主要通过民主评议方式确定，进行一定的家庭收入核算，然后就农村贫困户的性质及其家庭状况制定出几个档次，按档次进行发放；而对于东部发达地区可以按照"城乡一体化、标准有差别"的原则进行。中西部地区应当围绕维持农村低保对象的基本生计为目标进行救助，低保标准由各地在参照国家绝对贫困线的基础上制定，最低标准不能低于国家制定的贫困线，并根据当地实际情况制定使各项救助水平相衔接。东部发达地区的标准可以适当高一些。

（四）救助方式和收入核算

中西部地区由于人力、物力以及贫困程度大等现实问题，不宜采取补差办法，应当采取简单易行的管理模式，可以根据救助对象的家庭劳动力状况和贫困程度，将其大致分为几个等级，实行分等级救助方式。考虑到中西部气候恶劣，自然灾害发生频繁，而家庭收入主要来源于每年度的农牧业生产等因素，农村低保金每月或者每季度发放一次，还应坚持与经常性救助和自然灾害临时性生活救济相结合。东部发达省份的农村地区，由于其农村的城镇化程度较高，则可以根据当地实际实行与城市低保相一致的管理办法。

和城镇居民相比，在核算农村低保对象的收入上会存在一定的困难，因为农村居民的收入是不固定的，他们大部分的收入很难用货币来衡量。因此，核定农村低保申请人家庭的收入情况是审核审批低保对象的最困难的一关。所以，建议在目前农村低保政策下，对于核定低保申请人的收入等情况宜采取地区有差别的方法。对于中西部经济落后省份的农村地区和部分东部省份的农村欠发达地区，应在初步核查申请人家庭收入的基础上，更多地依靠民主评议等办法，结合村民民主评议意见，提出审核和审批意见。在申请和接受审核的过程中，随机的抽取低保户的邻居村民作为代表，配合审核及审批工作，并采取按照贫困对象家庭的困难程度和类别来确定低保对象和分档发放低保金。对于东部经济发达省份的农村地区，由于城市化水平高，已经实现了城乡低保一体化运行，可以参照城市低保收入核算方法在较准确地核定低保申请人家庭收入的基础上，按照申请人家庭年人均纯收入与保障标准的差额，采用"补差式"发放。

同时，为了提高各项救助资金使用的整体效益，以避免重复救助，对无论东部还是中西部的农村地区都要厘清各项收入之间的关系，区分财政已安排的各项支农惠农资金的性质与作用，对生产性、褒扬性和非生活性的救济资金不应计入家庭收入，而各项生活性补贴则应计入家庭收入。

（五）农村基层管理手段和方式

一方面，由于目前中国信用体系的缺乏，农村低保制度的推行必须进行家庭收入核查，这样就需要依靠大量的人力、物力和财力的投入来推行，同时还要依靠农村村民的监督；另一方面，作为推行农村低保政策的乡（镇）民政部门，更要重点加强社会管理。

所以建议，应在推进农村综合改革过程中，使各地合理调整内部资源配置，中央和地方财政应按农村低保资金的相应比例安排低保工作的专项经费；乡镇政府在不增加编制的情况下应提供必要的办公设备，保证有不低于4人专职从事农村低保管理工作，同时要加强农村社会救助工作队伍建设，加强其业务素质，从而提高服务质量。到目前为止基层民政部门大多没有配备电脑，个别基层民政部门虽已配备，但大多没有用来审核低保工作。对低保群体的管理以及服务仍是手工操作，社会救助对象的基本资料也信息不全，更没有建立信息管理网络，严重影响工作效率和质量。民政部门应尽快建立和实施农村社会救助网络体系，依靠基层社会事务所，积极运用现代信息技术，及时、准确、动态的汇集城乡各类贫困群体的基本信息，提高社会救助工作的效率。要尽快实现全国社会救助工作的"上统筹、下整合"问题，在乡（镇）、村构建社会保障救助站，充分利用"一个口子上下"的工作平台，形成一个网络体系，实现经办机构、服务网络和工作程序便民化。从而保证各部门资源共享、信息互通，使救助对象不被遗漏，享受待遇大体公平。

农村社会救助网络系统的设计范围包括整个农村社会救助体系，系统的主体功能模块包括：农村低保、农村五保、农村医疗救助、农村教育救助4部分，附属功能有：社会救助网站、网上申请救助、信息发布系统等。具体可以如下建立社会救助信息管理系统：

建立的顺序是从上到下。首先，建立省级农村社会救助系统，集中收集各市、县（区、市）救助信息，对全省救助信息进行综合查询和管理，并向民政部系统集中上传数据。其次建立市级农村社会救助网络系统，集中收集各县（区）救助信息，对全市救助信息进行综合查询和管理，并向省级系统集中上传，这样，所有连接互联网的县（区）、乡（镇）、村（社区）都能通过各自的账户登录系统，管理所辖范围的救助信息。最后建立县级农村社会救助系统，来覆盖全县救助管理工作。所有连接互联网的乡（镇）都能通过各自的账户登录系统，管理所辖范围的救助对象信息。县民政部门可以上传数据到省（市）救助系统。从而实现农村低保系统的网络化运行。

在基层政府管理方面，民政部门应为每一个农村低保户都建立一个档案，由于年人均收入情况是动态的。因此，应采取相应的动态管理机制，对于农村人均收入超过低保标准的农户将其退出低保行列；对于收入在低保线以下的贫困户应及时包括进来。还应采取群众监督、县乡抽查等行政手段对低保户的管理进行监督，对于不符合条件的农户取消低保资格。这在一定程度可防止民政工作人员在管理过程中权力"寻租"现象的发生。

（六）资金的筹措机制

1. 在低保筹措机制上，中央、省、市、县等各级政府应该合理划分权责，不搞"一刀切"

中央和省一级政府要建立农村低保专项调剂基金用于补充贫困县市农村地区的保障基金不足，这样可以充分发挥中央和省级政府对农村低保政策的宏观调控作用。要合理确定市县两级财政各自负担比例，根据保障对象和地方财政能力分担。

财政较好的省区，应主要从省、市、县三级财政收入列支低保资金。取消国家重点扶贫县市财政的低保配套资金政策，由中央、省、市三级财政承担绝大部分的低保资金，但贫困县市的乡（镇）政府也要负担一部分农村低保资金。其主要考虑的是，乡（镇）财政负担一部分资金的做法可以有效地保证农村低保家庭收入调查与核定工作的质量，这样在很大程度上就避免了乡镇政府为争取上级补助而尽量多的上报低保人数的"逆向选择"行为的发生。具体做法可以参考农村最低生活保障的"福建模式"。在调研中了解到，福建各省施行乡（镇）级资金负担制度，一般分担比例较小，不会对乡（镇）级政府产生很大经济负担。

县市级政府可参照中央与省级政府的财政分担办法，在中央财政划定的标准下，根据县市具体财政收支以及该地区农村低保救助规模，合理确定本市范围的农村低保标准，并形成合理的各级分担机制。

2. 应建立政府财政资金为主，社会民间资金为辅，资金来源多渠道的筹资机制

建立和实施农村低保制度是农村特困人口维护基本生存权利的客观要求，同时，也是政府行为。因此，主要由政府财政解决农村低保资金来源问题，对政府来说是责无旁贷的。但社会民间资金是不可忽视的农村低保资金的来源渠道，应鼓励社会民间（政府机关、社会团体、企事业单位或个人等）资金积极参与农村低保资金筹集。也可从有条件的乡镇财政和较富余的农村集体经济收入中拿出一部分钱作为农村低保资金来源的补充。

3. 建议部分福利彩票销售收入应归入农村低保资金的范畴

可制定一定的优惠政策，让民政部门能够支配一部分福利彩票销票收入，让其作为低保资金来源的一部分。

二、健全和完善与农村低保制度有关的其他制度和政策

（一）尽快建立和健全中央和地方事权与财权相匹配的制度

1. 尽快建立与事权相匹配的财权制度

为解决事权与财权范围交叉、错位等问题，建议尽快出台一部关于政府转移支付的法律法规对各级政府的财权和事权给予详细的界定。从而使得中央和地方政府对农村低保等这类公共产品的权责明晰。西方许多发达国家如美国、加拿大、德国和一些发展中国家如阿根廷、印度、巴西等通过长期的改革和实践，不但已经成功的实施了各级政府间的事权划分，对于各级政府之间以及同级政府间可能出现的事权与财权范围交叉、错位等问题，这些国家的法律规范都给予了详细的规定，并且大多数以法律法规的形式加以规范。这为中国提供了很好的借鉴。

鉴于以上国家的经验，在划分中央与地方的事权和财权的问题上，要遵循从中国国情出发的原则，结合公共需求以及公共产品的层次性理论分别界定各级政府的事权范围。通过协调中央与地方收支关系，从而确定与其相匹配的财权。同时，为健全财税体制问题，应制定相应的财政转移法，从而使得财政转移的财权与事权相匹配。从中国的具体情况来看，可以如表 5-1 界定农村低保及其救助权责。

表 5-1　中国农村社会救助项目

各类项目	制度设计目标和理念	救助群体	权责划分
最低生活保障	对所有收入在绝对贫困线之下的农村居民提供收入支持	农村贫困居民	地方政府分级管理
五保供养	对属于特殊群体的农村居民提供收入支持	农村特殊类型居民	地方为主、地方分级管理
医疗救助	对于收入在贫困线以下的农村居民提供某个方面的特殊服务	农村贫困居民和特殊类型的居民	地方为主、中央与地方分级管理
教育救助	对收入在贫困线以下的农村居民提供某个方面的特殊服务	农村中的贫困家庭的儿童和在校学生	地方政府管理
临时性救助	对因临时原因遇到困难的农村人口进行救助	农村贫困居民	地方政府管理
定期定量救助	对长期贫困的农村人口进行救助	农村贫困居民	地方政府管理

资料来源：根据民政部相关政策整理而成。

从中长期来看，农村五保、农村临时性救助、农村定期定量救助都应归入到农村低保的范畴。医疗救助和教育救助都属于农村低保制度的配套措施，从公共经济学理论的角度来看，应属于地方政府的责任，所以建议中央政府尽快建立与此事权相匹配的财权制度。

2. 在地方政府实施农村低保制度时中央政府应适度让权

农村低保救助很大程度上体现了农村社区的邻里互助观念和习俗，在解决农村低保群体自身救助需要时，社区组织也能形成一种直接的、有效的服务力量，应给予农村社区农民动员和协调更广泛的经济资源和社会资源以更大的自主权。政府通过责任让渡的方式放权给农村社区，这样是很利于提高资源配置效率的。

（二）促进农村低保群体在低保配套项目选择上的自主决策权，增强其政治上的发言权

1. 要改对农村贫困群体"自上而下"提供救助的方式为"参与式"低保

农村低保群体的贫困不仅表现为物质贫困，还表现为缺乏政治上的发言权。目前，在低保政策实施的过程中，基层政府习惯于"为民做主"的思想，这种思想严重伤害了农村贫困群体的利益。政府掌握着农村低保资金的使用权和配套项目的审批权，但很多情况下政府并不能确切了解到采用何种方式分配低保资金才能最有效地帮助农村低保群体摆脱贫困，这往往导致低保资金使用的低效率问题。所以，要改变这一状况，就需要促进农村低保群体在低保配套项目选择上的发言权。农村"参与式"低保的核心就是使低保群体在整个农村低保的实施过程中享有参与权、选择权、决策权和监督权；在低保配套项目的评估、决策、申报、实施到监管等环节，应该让低保群体参与。在这种体制下，基层民政部门能够使低保资金的使用和调度发挥到最大效益，更能够把资金用到实处。现实中，一些非正式的扶贫组织已经开始采用这种方式。[1]这些非政府组织在贵州、云南、甘肃等地的实践表明参与式扶贫较之传统的扶贫方式能更有效地利用扶贫资金。归结起来这种参与式做法的理

---

[1] 蔡纯一：《转型期农村公共产品供给的政策设计》，载《商业研究》2003 年 11 期，第 167 页。

念是：（1）事权和财权同时同步下放到基层，摒弃以前对农村低保等这类公共产品的"自上而下"的管理体制。由于传统的决策方式下农村低保资金管理先是由省分块到市，然后由市到县，再到乡，最后到村，由于乡、村一级基层政府没有权力支配和调整，致使这种管理体制严重束缚了基层政府的决策力。（2）通过促进农村贫困人口参与低保的整个过程，从而能够更确切地了解到低保群体的差异性，使得基层政府更需要有较大的主动性。

实际工作中，应逐步让当前的农村低保方式转化为"参与式"低保，从而使地方政府能够将选择权、决策权下放给农村低保群体，使其能够真正参与。同时，还要改革传统的公共服务考核评估体系。传统的考核体系只"对上负责，不对下负责"，没有考虑农村贫困群体的选择意愿。这往往导致面子上的救助工程。"参与式"低保落脚在基层，其绩效的评估要以低保群体的受益度和满足度为基础。使得基层领导在相当程度上会顾及贫困群体的意愿和想法，从而变"对上负责，不对下负责"的工作作风为"既对上负责，又对下负责"。所以建议政府部门应逐渐引入"参与式"低保。

2. 在全国人大代表名额分配上要依法保证中低收入的农民代表的比例

首先要保证现有规定的名额比例。前面提到，中国目前的选举法规定[①]，每 96 万农村人口产生 1 名全国人大代表，全国人大和地方人大都应该在选举全国人大代表中贯彻这一规定，不折不扣地按照这个比例推选农民代表，并且应给予中低收入的农民一定的代表名额，而不应完全是富裕农民和农民企业家代表，同时，也不允许挤占挪用农民代表名额给其他阶层。全国人大常委会代表资格审查委员会应严格履行法律赋予的职责，认真审查各个选举单位是否按照比例足额选出农民代表，坚决杜绝少选或者未按照选举法规定选举农民代表的做法。在此基础之上，要逐渐缩小城乡选民比例的差别，最终实现城乡平等，真正体现人们是国家主人的宪法意图。具体来说，应从两个方面着手：

① 张富良：《完善人民代表大会制度保障农民民主政治权利》，载《人大研究》2004 年第 10 期，第 26 页。

（1）在经济上，建立健全组织，疏通农村贫困农民的经济利益表达渠道。进行农村组织体系创新，让农民真正能够表达自身的利益需求，在继续增强农村集体组织经济实力和服务功能、发挥国家基层经济技术服务部门作用的同时，鼓励、引导和支持农村发展各种新型的社会化服务组织，引导农村贫困群体自主开展农村公益性设施建设。当前应尽快研究制定《农民权益保护法》及其配套法律法规，充分赋予贫困农民在社会救助、社会保险等方面的权利。

（2）在政治上，切实维护贫困农民的民主权利，促进贫困农民的广泛参与。健全村民自治机制，进一步完善村务公开和民主议事制度，同时让贫困农民享有知情权、参与权、管理权、监督权。让农民真正享有民主选举、民主决策、民主管理、民主监督的权利。不断推进农村民主法制建设、切实保障农民的民主权利。

（三）完善中国农村低保群体就业制度和政策的建议

有学者针对欧洲 7 国的研究显示①，当其最低生活保障金对贫困群体的替代率超过 80% 时，救济金累加高于或者等于工作收入时，其就业的动力将大大减弱。对中国农村低保群体来说这个替代率水平几乎为 100%，但考虑到农村低保群体多为未成年人、长期患病者、残疾等失去劳动能力的农民。所以政府在促进劳动力就业制度和政策方面，不能照搬发达国家的做法。结合中国农村贫困群体的特定结构和现实制约，促进就业的政策设计应做到以下几点：

1. 对于失去劳动能力和部分劳动能力的农村低保群体要以救助为主

我国农村低保对象成员构成大多是孤寡老人、未成年人、长期患病或者残疾等弱者等，由于缺乏必要的劳动技能和较低的文化素质，其就业难度远比普通人群要大得多。因此，建议政府对于这一社会弱势群体的帮扶机制主要以低保金为主，通过不断完善以最低生活保障制度为中心，以教育、医疗等配套制度为辅的救助体系，构筑长效补助机制，确保其享有基本的生存、医疗、教育等权利，使困难群众的基本生计和发

---

① 陈广胜、马斌：《农村低保家庭劳动力就业的政策选择》，载《浙江社会科学》2005年第 5 期，第 97 页。

展权得到有效保障。但对于其中具备部分劳动能力的人员，则应采取更加有效地促进就业措施，这是低保制度职能的重要体现。

2. 有劳动能力的低保群体，应尽量将其安排在本乡镇就业

农村低保对象中有劳动能力和有部分劳动能力的人员是促进就业的主要目标人群，但这一群体由于其结构特征决定了其只能留在本地就业：（1）低保群体家庭状况决定了该群体离不开家。由于该群体的绝大多数家庭有残疾人、重病人或者需要照顾的婴幼儿等，故这些家庭中即使有劳动能力的家庭成员也很难在外地就业。（2）尽管部分农村低保群体有劳动能力或者部分劳动能力，但其就业难度很大。尽管经济发达地区普遍存在"民工荒"等劳动力短缺现象，但随着产业结构调整和升级，企业用人要求也越来越高。而农村低保群体由于缺乏必要的劳动技能和专业知识，所以企业录用他们的可能性也极小。（3）低保群体自己也不想离开"故土"。在调查中发现，相当一部分低保群体思想观念上保守，缺乏外出打工的意愿。综合加以分析，农村低保劳动力的就业空间主要在当地尤其是本乡镇。

3. 政府应该对贫困家庭未成年人员的人力资本培养给予资金支持，对于有劳动能力和有部分劳动能力的成年群体，视其身体和健康状况分别提供公益性工作岗位

农村低保对象的现状决定了这一群体的就业能力很弱，应当为他们量体定做就业岗位，以促进新成长劳动力就业为主，以帮扶成年劳动力就业为辅。从西方国家的经验看，作为社会的弱势群体，由于长期贫困和社会排斥问题导致的贫困的代际传递性。因此，在制度设计上，除了保障基本需求外，更重要的是加强人力资本投资特别是保障子女的教育机会和促进就业，并根据低保对象的不同情况因户制宜的救助，努力为农村低保对象创造就业岗位；对于新成长起来的劳动力，可以采取岗位推荐、培训补助、小额贷款担保等多种措施和手段，帮助其在就学毕业后尽快就业；对于身体较弱或轻度残疾、具有部分劳动能力的低保对象，通过政府和社会力量，鼓励和帮助其参加适应在家庭承接的来料加工。

农村低保制度鼓励低保对象的求职行为安排通常包括 2 个方面：（1）低保金的替代率。（2）以鼓励农村低保群体可持续就业行为为目

标的直接经济激励措施。由于目前农村低保标准普遍很低。对农村低保家庭来说，退出低保而就业除了会丧失低保金外，还会丧失附带福利。由于农村的就业机会远远少于城市，所以，刚刚脱离农村低保的贫困群体，可能会面临再次陷入贫困的风险。因此，政府应从鼓励农村低保对象就业增收的角度出发，探索建立低保待遇渐退机制。对实现就业的农村低保人员，应视其就业稳定情况，在一定期限内对其家庭保留全部或部分低保待遇。

（四）建立以农村低保制度、教育、医疗"三位一体"立体救助体系

从 20 世纪 70 年代起，韩国为了解决农村教育贫困问题作出规定①：大学在招生时都必须保证录取一定比例的来自农村的考生，不但对他们的学费全部免除，而且还提供奖学金。同时，还免费对农民进行培训。韩国政府的这种投入加快了农村贫困人口的脱贫步伐，形成了新的农村扶贫模式，保护了农村贫困群体的利益。这些经验非常值得我们借鉴和学习。用简单的经济救济的手段去解决最低生活保障问题，只能使贫困人口被动地维持生活，而加入教育、就业、投资等因素，不仅可以使农村贫困人口更快地摆脱贫穷，不再依赖于政府的救助，甚至当他们发展起来，还能再惠及社会，帮助政府承担社会保障体系建立的负担。比如，过去一些贫困的农村在经济发展后建立起了社会保障体系，使得中央政府把更多的资金集中投入到其他更需要的地区。

笔者建议，应换个高度去看待农村最低生活保障问题。应该构筑如图 5-3 所示的以农村最低生活保障制度为中心，涵盖投资、教育、医疗救助"三位一体"的立体救助体系。使广大农村贫困人口既能满足维持生计问题，又变被动为主动，争取更好的自身发展。一旦农村低保群体和低收入群体具有了自我发展和消费能力，广大农村的内需将会进一步被拉动。那么，整个中国经济都能从中获益。

总的来说，建立最低生活保障制度不能孤立的进行，它并非简单的生活救济问题。最低生活保障应该是一个综合性的社会救助体系，这个体系不仅包含最基本的吃饭问题，还应包括医疗、养老、教育、就业、投资等内容。所以，建立农村低保制度不应以机械的救济为目标，而应

---

① 郭松民：《听韩国前总理谈新村运动的感悟》，载《三湘都市报》，2006 年 11 月 7 日。

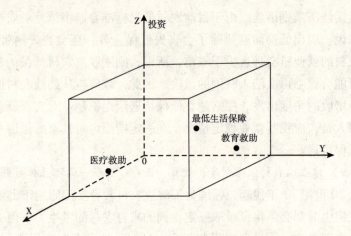

**图 5 - 3　农村低保制度、教育、医疗、投资
"三位一体"立体救助体系图**

以摆脱贫困为宗旨。中国现阶段农村的贫困已经由个体转向家庭，如果不通过像大病医疗救助、教育救助、住房救助等配套的改革建立一个救助体系而仅仅通过微薄的经济手段去解决最低生活保障问题，只能使低保人口被动地维持基本生活。而通过配套的改革建立一个救助体系，不但可以使农村低保人口更快地摆脱贫穷，更重要的是使得他们不再依赖政府的救济，变被动为主动。

当前最低社会保障制度是中国农村社会保障制度的核心部分，然而反贫困不是一个简单地使用公共资源对不幸者施以救助的过程，而是要不断完善其后的理论和技术的过程。同时，还应合理配置用于不同低保配套改革上的财政资金规模，逐步扭转片面注重生活性救助，弱化发展性救助的误区，变单一救助为复合式救助。

参 考 文 献

陈广胜、马斌:《农村低保家庭劳动力就业的政策选择》,载《浙江社会科学》2005 年第 5 期。

左春玲,袁伦渠:《解读中外低保制度中的隐含税率》,载《石家庄经济学院学报》2007 第 6 期。

蓝云曦、周昌祥:《社会结构变迁中的福利依赖与反福利依赖分析》,载《西南民族大学学报》2004 年 8 期。

王先菊、司建平:《农村最低生活保障制度现状分析》,载《农村经济与科技》2007 年第 6 期。

郭洪泉:《我国农村最低生活保障的政策选择》,载《中国社会科学院院报》2007 年第 6 期。

朋小明:《我国农村社会救助不足与国家责任》,载《经济与管理研究》,2007 年第 4 期。

王兢:《我国农村贫困线及贫困规模的测定》,载《统计与咨询》2007 年第 2 期。

黄承伟:《贫困程度动态监测模型与方法》,载《广西社会科学》2001 年第 1 期。

李小云编:《2005 年中国农村情况报告》,社会科学文献出版社2006 年版。

王兢:《拟合的收入分布函数在贫困线、贫困率测算中的应用》,载《经济经纬》2005 年第 2 期。

段敏芳:《弱势群体如何走出贫困的恶性循环》,载《财贸研究》2005 年第 5 期。

刘玉森、于彤等：《贫困县农村"低保"资金筹措渠道研究》，载《河北农业大学学报》2006 年第 12 期。

吕学静、王增民：《对当前我国农民工社会保障模式的评估》，载《第二届中国社会保障论坛文集（2007）》2007 年第 10 期。

刘旭东：《贫困救助制定的三重演进》，载《中国社会保障》2007 年第 8 期。

王增文：《中国实施"低保"政策存在的问题与对策》，载《经济纵横》2007 年第 7 期。

邓大松、王增文：《我国农村低保制度存在的问题及其探讨》，载《山东经济》2008 年第 1 期。

林晓洁：《建立外来农民工最低生活保障制度的可行性分析》，载《人口与经济》2006 年第 1 期。

尼古拉斯·巴尔（Nicholas Barr）著：《福利国家经济学》，中国劳动社会保障出版社 2003 年版。

吕青·低保：《操作失当减损社会成本》，载《中国社会保障》2007 年第 5 期。

周中：《低保资金管理中存在的问题和建议》，载《中国审计报》2005 年 12 月 26 日，第二版。

李小云编：《2005 年中国农村情况报告》，社会科学文献出版社 2006 年版。

蒋积伟：《当前城市低保家庭的医疗困境》，载《哈尔滨工业大学学报》2007 年第 2 期。

徐月宾、刘凤芹、张秀兰：《中国农村反贫困政策分析》，载《中国社会科学》2007 年第 3 期。

杨立雄、陈玲玲：《发达国家社会救助制度改革趋势》，载《决策参考》2006 年第 8 期。

李道荣：《农村低保与城市低保的现状差异以及改进措施》，载《中国民政》2007 年第 5 期。

纪宏、阮敬：《基于收入分布的亲贫困增长测度及其分解》，载《经济与管理研究》2007 年第 8 期。

尼古拉斯·巴尔著：《福利国家经济学》，中国劳动社会保障出版

2002 版。

方卫东、糜仲春、程永宏：《社会保障制度中贫困线和贫困率的测算》，载《上海经济研究》2001 年第 2 期。

王荣党：《农村贫困线的测度与优化》，载《华东经济管理》2006 年第 3 期。

财政部财政科学研究所"农村低保制度研究"课题组：《农村低保制度研究》，载《经济参考研究》2007 年第 15 期。

洪大用：《社会救助的目标与我国现阶段社会救助的评估》，载《甘肃社会科学》2007 年 4 期。

应星：《草根动员与农民群体利益的表达机制》，载《社会学研究》2007 年第 2 期。

张富良：《完善人民代表大会制度保障农民民主政治权利》，载《人大研究》2004 年 10 月。

代志明：《新型农村合作医疗补偿机制歧视问题研究》，载《中国软科学》2007 年第 2 期。

新宇：《23 省份部署建立农村低保制度 低保对象 1509 万人》，www. cnss. cn/xwzx/shjz/cxdb/200701/t20070119_112803. html，2007 年 11 月 20 日。

宋振远、苏杰、苏万明：《农村低保比例差距过大》，载《济南日报》2007 年 7 月 25 日。

李贵卿、陈维政：《发达国家实施工作分享的比较及其对中国的启示》，载《经济社会体制比较》2007 年第 2 期。

林莉红、孔繁华：《从宪定权利到法定权利——我国农村居民最低生活保障制度建立情况调查》，载《河南省政法管理干部学院学报》2007 年第 4 期。

时正新、程伟等：《浙江省新型社会救助体系建设调研报告》，载《调研世界》2004 年第 5 期。

陈洪：《财政学》（第四版），人民出版社 2003 年版。

Sheley Elizabeth, *Job sharing offers unique Challenges*, Geneva, 1999，(6): pp. 46 – 48。

陈维政等编：《人力资源管理与开发高级教程》，高等教育出版社

2004 年版。

茆诗松编：《统计手册》，科学出版社 2003 年版。

罗娟娟：《农民收入分布函数的探讨》，载《保险职业学院学报》2007 年第 1 期。

高文敏：《借鉴国外社会救助的经验完善我国城镇居民的最低生活保障》，载《理论探讨》2004 年第 6 期，第 65 页。

姚建平：《福利国家的国家福利责任简析》，载《理论与现代化》2007 年第 5 期。

王红茹：《学者建议：用"工作分享制"代替"下岗制"》，载《中国经济周刊》2006 年第 48 期，第 28 页。

Roche William K., Fynes, Brian, Morrissey, Terri, "Working Time and Employment: A Review of International Evidence", *International Labour Review*, Geneva, 1996, 135 (2): 29 – 129.

CEC, "Work Sharing: Objectives and Effects", Commission Staff paper, Annex to SEC, 1978, (78) 740.

David Gray, "Work-sharing benefits in Canada: An effective employment stabilization policy measure?", *Industrial Relations* (Canadian), September 22, 1996.

De Neuhourg Chris, "Where have all the hours gone? Working – time reduction policies in the. Netherlands", in Hinrichs, Roche and Sirianni (eds), 1991, pp. 149 – 169.

David Sherwyn and Michael C. Sturman, "Job Sharing: A Potential Tool for Hotel Managers Cohnell Hotel and 52. Restaurant Administration Quarterly", Oct 2002, 43: 84 – 91.

Arkin William, Dobrofsky Lynne R., "Job sharing", in Rhona Rapoport and Robert N Rapoport (eds), *Working Couples*, London, Routledge and Kegan Paul, pp. 122 – 137.

第四篇

农村剩余劳动力
转移中的社会保障

邓大松　孟颖颖

我国是农业大国，农村人口基数庞大，占总人口的比重长期维持在70%左右。1978年改革开放以来，随着农村经济体制改革的不断深入以及我国农业生产力水平的极大提高，越来越多的农民从农业生产中脱离出来，成为农村剩余劳动力。据估计，目前我国农村剩余劳动力数量已达到1.5亿人左右；并且，今后每年还将新增农村劳动力约600万人[1]。存在规模如此巨大的农村剩余劳动力群体，是我国当前不可回避的基本国情之一。

农村劳动力转移不仅是促进农民增收的重要途径，也是挖掘农村劳动力资源的必要举措。因此，对农村剩余劳动力群体进行研究紧迫而重要，这不仅有助于合理构建我国社会保障体系，更有利于我国人力资源的开发与配置，对促进我国经济社会的快速发展有着重大意义。

1　中国农村剩余劳动力转移的历史沿革

1978年以来，随着经济体制改革的不断深入，我国农村剩余劳动力问题日益凸显。针对这一问题，中央政府陆续出台了一系列相关政策，以加速推进农村剩余劳动力的转移就业。

一、改革开放后中国农村剩余劳动力转移的政策回顾[2]

（一）1979～1983年：控制流动

改革开放前，我国一直实行城乡分割的户籍制度和就业制度，因

---

①　胡枫：《关于中国农村劳动力转移的估计》，载《山西财经大学学报》2006年第2期，第14页。

②　参考宋洪远等：《关于农村劳动力流动的政策问题分析》，载《管理世界》2002年第5期，第55～57页。

此，1979 年之前农村劳动力的流动受到了严格的限制，这种限制一直持续到改革开放初期。1980 年，中共中央、国务院发布《关于进一步做好城镇劳动就业工作的意见》，指出对农业多余劳动力要采取发展社队企业和城乡联办企业等办法加以吸收，并逐步建设新的小城镇。要控制农业人口盲目流入大中城市，控制吃商品粮人口的增加。要压缩、清退来自农村的计划外用工。对于确需从农村中招工的，要从严控制，须经省（直辖市、自治区）人民政府批准。

1981 年中共中央、国务院又颁布《关于广开门路，搞活经济，解决城镇就业问题的若干决定》，指出对农村剩余劳动力要通过发展多种经营和兴办社队企业，就地适当安置，不使其涌入城镇。对于农村人口、劳动力迁入城镇，应当按照政策从严掌握。农村人口迁入城镇的要严格履行审批手续，公安、粮食、劳动等部门要分工合作把好关，不要政出多门。要严格控制使用农村劳动力，继续清退来自农村的计划外用工。同年 12 月，国务院又颁布《关于严格控制农村劳动力进城务工和农业人口转为非农业人口的通知》，进一步强调企业、事业单位要严格控制从农村招工。

这一时期政府对农村剩余劳动力流动的政策安排以严格控制为主导方向，主要是基于以下几点原因的考虑：一是计划经济时期，国内粮食供给不足，尤其是农副产品供应量远不能满足人民的需要，农业机械化的落后仍需要大批的农业劳动力从事农业生产；二是经济水平发展不高，大批知青的返城加重了城镇原本就存在的就业压力；三是计划经济时期形成的发展战略和城乡隔绝的体制还没有完全破除，这也从某种程度上阻碍了城乡间劳动力的正常流动。总的来说，在当时的社会环境下，政府采取严格控制农村劳动力流动的政策虽然阻碍了城乡间劳动力的正常流动，但也有一定的合理性。

（二）1984~1988 年：允许流动

随着经济体制改革的深入，1984 年 1 月 1 日，中共中央颁布《关于 1984 年农村工作的通知》，指出允许农民自筹资金、自理口粮，进入城镇务工经商。这一政策的变动标志着中国实行了 30 多年的限制城乡人口流动的就业管理制度开始松动。1984 年 10 月 13 日，国务院又颁布《关于农民进入集镇落户问题的通知》，规定对进城务工、经商、办服务业的农民及家属，凡有固定住所，有经营能力，或长期务工的，均应为其办理入户手续，统计为非农业户口。1986 年 7 月，国务院颁布《关于国营企业招用工人的暂行规定》，指出企业招工，凡符合报考条件的，城镇和农村人员均可报考。1988 年 7 月 5 日，劳动部、国务院贫困地区经济开发领导小组颁布的《关于加强贫困地区劳动力资源开发工作的通知》中更是指出，应将大力组织劳务输出作为贫困地区劳动力资源开发的重点。

这一时期政府开始放松对农村剩余劳动力流动的管制，政策安排上允许甚至鼓励农村剩余劳动力的地区交流、城乡交流以及开始重视贫困地区的劳务输出工作。政策的转变可以从以下三方面给予解释：一是农村经济体制的改革提高了农民种田的积极性，促进了农产品产量的大幅度增长，基本上能够满足农民进城就业所需的粮食供给；二是随着城市经济体制改革的全面推进，新增了大量的就业机会，需要大量吃苦耐劳的农村劳动力；三是伴随着人民公社的解体和农产品统购统销制度的改革，部分地消除了农民自主流动的体制性障碍。总的来说，这一时期国家积极、明确的指导政策，使得农村劳动力的转移和流动进入了一个较快的增长时期。

（三）1989～1991 年：控制盲目流动

随着 20 世纪 80 年代中期开始实行的一系列允许、鼓励农村劳动力流动政策的逐步实施，大规模的农村剩余劳动力涌向城市，跨地区流动，这种无计划的劳动力转移给当时的经济发展、交通运输、社会治安等方面都带来了一定的负面效应。因此，自 1989 年起，国家开始对前一个时期实行的农村劳动力流动政策进行局部调整，以加强对农村劳动力盲目流动的管理。

1989 年 3 月，国务院颁布《关于严格控制民工外出的紧急通知》；4 月 10 日，民政部、公安部也联合颁布《关于进一步做好控制民工盲目外流的通知》，指出各地政府需采取有效措施，严格控制当地民工盲目外流。1990 年 4 月 27 日，国务院又颁布了《关于做好劳动就业工作的通知》，指出对农村富余劳动力，要引导他们"离土不离乡"，因地制宜地发展林、牧、副、渔，办好乡镇企业，开展多种服务业，搞好农村建设，就地消化和转移农村富余劳动力，防止出现大量农村劳动力盲目进城求职的局面。针对当时大量农民涌向广东等沿海地区打工的情况，1991 年 2 月，国务院办公厅还颁布了《关于劝阻民工盲目去广东的通知》，以控制大规模农村剩余劳动力盲目流向广东地区的局面。

这一时期政府对农村剩余劳动力流动政策的安排以控制盲目流动为主导方向，其原因在于：一是农民无计划的跨地区流动对当地的交通、治安等社会环境带来了一定的负面影响，国家不得不出面干预；二是随着经济体制改革的不断深入，各种新问题逐渐显露，治理经济环境、整顿经济秩序也造成城镇与乡镇企业新增就业机会的减少，这也使得农村剩余劳动力转移和流动的空间缩小。总的来说，这一时期，尽管国家控制农村剩余劳动力的盲目外流，但其政策调整并没有像计划经济时期那样一刀切地清理、清退农村劳动力，而是在保留大部分允许农村劳动力流动的政策、措施的基础上，通过组织实施农村劳动力开发就业的试点，加强对农村劳动力盲目流动的管理。

（四）1992～2000 年：规范流动

自 1992 年以来，国家对农村劳动力流动的政策开始发生变化，由控制盲目流动到鼓励、引导及实行宏观调控下的有序流动，在对小城镇户籍管理制度进行改革的基础上，逐步实施以就业证卡管理为中心的农村劳动力跨地区流动的就业制度。

1993 年 11 月，十四届三中全会上，中共中央颁布了《关于建立社会主义市场经济体制若干问题的决定》，指出要鼓励并引导农村剩余劳动力逐步向非农产业转移，以及地区间的有序流动。随后，劳动部又颁布《关于印发〈再就业工程〉和〈农村劳动力跨地区流动有序化——"城乡协调就业计划"第一期工程〉的通知》，指出要在主要输入、输出地区间的农村劳动力流动就业实现有序化，即输出有组织，输入有管理，流动有服务，调控有手段，应急有措施。要建立针对农村劳动力流动就业的用工管理、监察、权益保障、管理服务等基本制度。

1994 年 8 月，劳动部颁布《关于促进劳动力市场发展，完善就业服务体系建设的实施计划》，指出要在短时间内建立起完善的就业服务体系。1994 年 11 月 17 日，劳动部又颁布《关于农村劳动力跨省流动就业的暂行规定》，首次规范流动就业证卡管理制度。

1995 年，中共中央、国务院办公厅颁布《关于加强流动人口管理工作的意见》，明确指出近期要促进农村剩余劳动力就地就近转移；提高流动的组织化、有序化程度；实行统一的流动人口就业证和暂住证制度；整顿劳动力市场。

1997 年 6 月，国务院颁布《关于小城镇户籍管理制度改革试点方案》，指出应当适时进行户籍管理制度改革，允许已经在小城镇就业、居住并符合一定条件的农村人口在小城镇办理城镇常住户口，以促进农村剩余劳动力就近、有序地向小城镇转移。1997 年 11 月，国务院办公厅颁布《关于进一步做好组织民工有序流动工作的意见》，指出近期应加快劳动力市场建设，建立健全劳动力市场规则，明确劳动力供求双方、中介服务以及市场管理的行为规范，维护劳动力市场的正常秩序。

1998 年 6 月 9 日，中共中央国务院颁布《关于切实做好国有企业下岗职工基本生活保障和再就业工作的通知》，指出各级党委、政府和有关部门必须把国有企业下岗职工基本生活保障和再就业工作列入重要议事日程，实行党政"一把手"负责制，并纳入政绩考核的重要内容。要继续鼓励和引导农村剩余劳动力就地就近转移，合理调控进城务工的规模。1998 年 9 月洪灾过后，国务院办公厅颁布《关于做好灾区农村劳动力就地安置和组织民工有序流动工作意见的通知》，指出在就地安置为主的前提下，开展有计划、有组织的劳务输出，引导民工有序流动。1998 年 10 月，中共中央又颁布了《关于农业和农村工作若干重大问题的决定》，指出为适应城镇和发达地区的客观需要，要引导农村劳动力合理有序流动。

2000 年 1 月劳动部颁布《关于做好农村富余劳动力流动就业工作的意见》，指出要建立流动就业信息预测预报制度；促进劳务输出产业化；发展和促进跨地区的劳务协作；开展流动就业专项监察，以保障流动就业者合法权益。

总的来看，新时期下政府关于农村剩余劳动力流动的政策指导方向是积极鼓励、规范流动。值得注意的一点是，伴随着国有企业体制改革的深入，涌现出了大批的城市下岗职工，这一阶段实施再就业工程已成为各级政府的重要任务。在这种背景下，虽然国家的大政方针仍继续强调要合理有序引导农村剩余劳动力转移，但部分省市出于优先保证城镇职工就业的考虑，出台了各种限制农村劳动力进城务工的规定和政策，这些地方性法规、政策显然有失公平。

（五）2000 年以后：公平流动

自 2000 年下半年开始，国家关于农村剩余劳动力流动的政策发生了积极的变化。2000 年 7 月，劳动保障部、国家计委、农业部、科技部、水利部、建设部、国务院发展研究中心联合颁布的《关于进一步开展农村劳动力开发就业试点工作的通知》中指出，要改革城乡分割体制，取消对农民进城就业的不合理限制。2000 年 6 月，中共中央、国务院颁布《关于促进小城镇健康发展的若干意见》，指出凡在县级市市区、县人民政府驻地镇及县以下小城镇有合法固定住所、稳定职业或生活来源的农民，均可根据本人意愿转为城镇户口，并在子女入学、参军、就业等方面享受城镇居民同等待遇，不得实行歧视性政策。

2001 年 3 月，第九届全国人民代表大会四次会议批准的《中华人民共和国国民经济和社会发展第十个五年计划纲要》中指出，要打破城乡分割体制，逐步建立市场经济体制下的新型城乡关系，改革城镇户籍制度，形成城乡人口有序流动的机制，取消对农村劳动力进入城镇就业的不合理限制，引导农村富余劳动力在城乡、地区间有序流动。破除地区封锁，反对地方保护主义，废除阻碍统一劳动力市场形成的各种规定。坚持城乡统筹的改革方向，推动城乡劳动力市场逐步一体化。

2001 年 5 月，国家计委颁布的《国民经济和社会发展第十个五年计划城镇化发展重点专项规划》中指出要统筹兼顾，促进城乡协调发展。打破垄断和地区保护，除个别特大城市外，要改革城乡分割的就业制度，取消各地区针对农民和外地人口制定的限制性就业政策。积极开展面向城镇迁入人口的各类社会服务，要高度重视为迁入人口提供创业、就业、生活等方面的条件。中心城市要建立劳动力市场信息网络，提供求职和用人等方面的就业服务信息。在住房、子女教育、医疗等方面对进城务工的农民提供普遍服务。同时，加强实施城镇化战略意义的舆论宣传，在城市中形成接纳新市民的社会氛围，促进进城农民与城市社会的融合。

总的来说，这一时期的政策在注重合理引导农村剩余劳动力转移的同时，更加重视转移过程中的公平问题。具体表现在：一是重视城乡劳动力市场一体化的建设，取消对农民进城就业的各种不合理限制，为城乡统筹就业赋予了新的含义；二是重视转移过程中诸多方面的配套改革，重视农村劳动力流动中涉及的养老、医疗、子女教育、住房等社会保障问题。这表明，中央政府及有关部门在改革城乡二元分割体制，推动城乡劳动力市场一体化建设方面，已经开始迈出实质性的步伐，农村剩余劳动力的转移和流动正在进入一个崭新的发展时期。

二、改革开放后中国农村剩余劳动力转移的历史回顾

自改革开放之后，受国家各个时期农村剩余劳动力转移政策的影响，中国农村剩余劳动力转移的态势也呈现出几个不同的阶段。

（一）1979～1983年：农村剩余劳动力转移准备阶段

中共十一届三中全会之后，一系列农村政策的实施，使农业比较利益得到明显提高。一方面，由于当时国家对农业投入的大量增加，带动了连续五年的农业大丰收，这不仅增强了农业作为基础产业对国民经济发展的承载能力，也为下一阶段农村富余劳动力的转移准备了相应的物质和资金条件；另一方面，以家庭联产承包责任制的落实为标志的农村经济体制改革使得农民拥有了经营自主权和择业自主权，这为农村社会资源的重新配置创造了充分条件，使得在计划经济条件下长期被掩盖的农业劳动力剩余现象得以显现，大量的农村富余劳动力为向非农产业的转移做好了准备。

资料显示[1]，1981年与1978年相比，农业劳动力增加2320.1万人，其中种植业劳动力增加2000万人，非农产业劳动力减少122.7万。农业劳动力在农村总劳动力中所占份额由1978年的90%上升到1981年的90.9%，非农产业劳动力份额则由1978年的10%下降到1981年的9.1%，这充分显示了国家这一时期对农村剩余劳动力流动的控制政策。这个短暂的农业劳动力回流阶段，为在此后进行的农业剩余劳动力的大量转移准备了充足的条件。

（二）1984～1988年：农村剩余劳动力大量转移阶段

这一时期，国家开始允许农村剩余劳动力的自由流动，对应于国家当时的政策，农业劳动力的转移呈现出两个不同的阶段特征。一是农村剩余劳动力高速转移阶段（1984～1985）。随着农村经济体制改革的不

---

[1] 解书森：《改革以来中国农村劳动力转移浅析》，载《中国农村经济》1992年第4期，第9～10页。

断深入，这一阶段农村的经营方式和分配方式都发生了重大变革，农村产业结构的剧烈变化，导致农村就业结构也随之发生转变，加之这一时期国家允许甚至鼓励农村剩余劳动力流动的积极政策，因此，这一阶段突出表现为农业剩余劳动力以空前规模向非农产业转移。统计年鉴数据显示①，1984 年与 1981 年相比，非农产业劳动力增加 2248.5 万人，非农劳动力占农村总劳动力的比重由 9.1% 上升到 15.5%。这种非常规的快速转移，虽然加快了我国农村产业结构的重组，但也暴露出我国农业基础脆弱的基本国情。

二是农村剩余劳动力转移趋缓阶段（1985~1988 年）。自 1985 年开始，中国农业进入五年徘徊阶段，薄弱的农业基础对其他行业的支持能力不断减弱，这反过来也限制了社会对农业剩余劳动力的吸纳能力。与此同时，改革过程中出现的各种问题对农村剩余劳动力转移的约束程度也不断提高。因此，这一阶段农业剩余劳动力转移虽然仍在进行，但转移速度和转移规模都明显下降。统计年鉴数据显示②，1985~1988 年期间，非农劳动力只增加 1899 万人，非农产业劳动力占农村劳动力的份额由 17.7% 上升到 21.4%。这表明农业剩余劳动力的超常规转移已经转入趋缓阶段。

（三）1989~1991 年：农村剩余劳动力转移的逆转阶段

这一时期，农村劳动力大规模转移带来的各种社会问题日益凸显，国家开始着力控制农村剩余劳动力的盲目流动。同时，随着改革过程中各种问题的不断涌现，国家逐步开始了对经济领域的治理整顿工作。1989 年，国家明显加大力度控制社会总需求，当年货币投放量较上年减少 470 亿元，全社会固定资产投资压缩将近 500 亿元。随之而来的是销售量骤降，市场疲软，1989 年全年社会商品零售总额实际下降 7.7%，这是自 1962 年以来从未有过的现象；随后是生产资料销售不畅，全国物资系统生产资料销售额较上年实际下降 18.2%③。社会总需求的骤然下降，严重制约了社会总供给的增长，城镇公有企业、私营和

---

① 数据来源：据《中国统计年鉴》（1981~1984 年）整理。

② 数据来源：据《中国统计年鉴》（1985~1988 年）整理。

③ 解书森：《改革以来农村劳动力转移浅析》，载《中国农村经济》1992 年 4 期，第 9~10 页。

个体企业、乡镇企业等均出于萎缩状态，生产总量的压缩，也限制了对劳动量的需求，因此，伴随着国家控制农村劳动力盲目流动的政策，农业剩余劳动力的转移进入了逆转阶段。

（四）1992 年至今：农村剩余劳动力转移加速阶段

自 1992 年开始，国家对农村剩余劳动力转移的政策发生了积极的变化，国务院及各部委纷纷颁布各项法令、法规，积极鼓励、引导农村剩余劳动力在宏观调控下有序流动。总的来看，从 1992 年起，我国农村剩余劳动力转移的步伐都是在不断加快的，但我们仍要认识到这一阶段农村劳动力转移的态势并不稳定，具体而言，我们可以大致作如下划分：

1992～1996 年，新一轮"打工潮"兴起。这一时期我国经济体制改革取得了阶段性成功，蓬勃发展的乡镇企业以及城市对农村剩余劳动力的吸纳能力显著增强使得大批农村剩余劳动力迅速转移，广大农村地区纷纷出现了新一轮的打工浪潮。

1996～2000 年，转移步伐放慢。这一时期由于我国出现经济过热的现象，国家开始实施经济软着陆政策，以应对当时经济体制改革过程中出现的各种问题。国家对产业结构实施战略性调整政策，一大批国有企业重组与改制，大量的城镇职工下岗，使这一时期城市对农村剩余劳动力的吸纳能力急剧下降。同时，受资金不足、技术含量较低、组织结构不健全等自身发展"瓶颈"的影响，这一时期的乡镇企业也受到了结构性冲击，大批乡镇企业纷纷倒闭，其吸纳劳动力的能力也被削弱。因此，这一阶段呈现出农村劳动力转移步伐放慢的局面。

2000 年以后，转移步伐稳步加快。自 2000 年以来，我国经济发展速度连年攀升，社会局势稳定，为改变传统二元经济格局下城乡差距逐渐拉大的局面，国家更加重视农村、农业工作。随着各种有利于农村剩余劳动力转移政策的推出，我国又兴起了新一轮的劳动力转移浪潮。自 2000 年以来，农村劳动力外出务工人数不断增加，据有关数据①显示，我国已有 1.2 亿左右的农民务工群体，这个数字已经超过了世界上任何一个一般经济体的劳动力数量。我们应该认识到，在新的形势下，我国农村剩余劳动力的转移浪潮将不断推进。

---

① 国务院研究室课题组：《中国农民工调研报告》，中国言实出版社 2006 年版，第 2 页。

2 中国农村剩余劳动力转移的现状及趋势分析

——以湖北、四川、陕西、甘肃等地为例的实证分析

一、中国农村剩余劳动力转移现状分析

本章采用武汉大学社会保障研究中心 2007 年暑期农村社会保障调研活动的有关数据来说明情况。此次调研采取分层随机的调查方式，样本采集涉及湖北、甘肃、河南、湖南、江苏、江西、陕西、山东、四川、浙江十个省份的农村地区，共发放问卷 5000 份，收回有效问卷4709 份，其中涉及农村流动劳动力群体的问卷共收回 3694 份，有效问卷3255 份，问卷有效率为 83%。下面分别从人口特征、务工情况等方面对这一群体的基本特征进行分析。

（一）人口特征

1. 年龄构成：以青壮年为主

来自各地的调查数据显示务工人员年龄结构整体偏轻，且呈现出相对集中的态势。几个占总体比例较高的年龄分布分别为 20 岁、25 岁、30～33 岁以及 40 岁。在调研过程中我们了解到造成这种现象是由于许多现实因素。

20 岁左右的外出务工人员多是刚刚辍学，年轻、有一定的知识基础、对外面的世界充满幻想使得他们渴望走出农村，到城市开阔眼界，寻求新的生活方式。而且，按农村早婚的习俗，他们基本处于未婚待嫁年龄段，多有想通过外出务工攒钱盖房、结婚的想法。

25 岁左右的外出务工人员多是刚刚结婚生子、30～33 岁的外出务工人员多是孩子已经开始接受教育，40 岁左右的外出务工人员往往不仅肩负着抚育下一代的重任，有不少家庭还要赡养年弱多病的老人，这几类人群外出务工的原因多是由于家庭负担的日渐加重，微薄的农业收入已经不能满足家庭日常开支，迫使他们外出寻找更高的收入渠道。

根据人口学原理，我们将 16～29 岁界定为青年，30～45 岁界定为壮年，46～59 岁界定为中年，60 岁以上界定为老年。如表 2－1 所示，被调查对象中，青年所占比例为 37.1%，壮年所占比例为 52.8%，中年所占比例为 9.2%，老年所占比例为 0.7%。可见，被调查对象的年龄结构以青、壮年为主，两者之和占到了总数的近 90%，而 60 岁以上老年人外出务工人数只有 24 人，比例仅占 0.7%，而且在访谈中得知他们多从事一些门卫、保管员等非体力工种。值得注意的是，在调查中我们发现仍有一些未成年儿童过早的进入劳动力市场，这与目前我国企业用人情况监管不力有着直接关系（调查中发现两例 15 岁儿童外出务工情况，鉴于样本的完整性，分析时未剔除）。

表 2－1　农村外出务工人员年龄结构分布

	样本个数（个）	占总体比例（%）
少　　年	2	0.1
青　　年	1209	37.1
壮　　年	1719	52.8
中　　年	301	9.2
老　　年	24	0.7
总　　计	3255	100.0

2. 性别构成：男性占主体

被调查对象中以男性居多，样本个数 2437，占总体比例高达 74.9%，而女性样本个数仅为 818，占总体比例 25.1%，男女性别比将近 3∶1。当然，这不排除调查过程中，有不少女性农民工由于性格内向、不善言辞等原因拒绝接受调查访问的因素，但我们应认识到农村外出务工群体中男女性别比例失调这一现象客观存在，不容忽视。

3. 文化程度：普遍偏低

表 2-2 农村外出务工人员文化程度分布

	样本个数(个)	占总体比例(%)
文　　盲	133	4.1
小　　学	907	27.9
初　　中	1638	50.3
高中、中专、技校	481	14.8
大专及以上	96	2.9
总　　计	3255	100.0

如表 2-2 所示，被调查对象中初中文化者占大多数，比例高达
50% 以上；小学文化程度者也较多，占总体比例近三分之一；高中、中
专、技校文化程度者比例相对较低，占总体比例不到 15%；大专及以
上文化程度者更是少数，所占比例仅为不到 3%；值得注意的是，被调
查对象中文盲比例也相对较低，仅为 4.1%。从调查结果可以看出，当
前外出务工人员绝大多数都接受过不同程度的教育，但文化程度总体水
平较低，以小学和初中文化程度为主，两类人群占调查对象的近 80%；
而拥有高中、中专、技校文化程度者所占比例不高，这也从一定程度上
反映出当前我国职业技能教育普及力度不够的事实；大专以上等相对较
高文化程度者更是寥寥无几。

（二）外出务工基本情况

1. 行业分布：以第二、三产业为主

表 2-3 农村外出务工人员行业分布

	样本个数(个)	占总体比例(%)
第一产业	241	7.4
第二产业	1814	55.7
第三产业	1200	36.9
总　　计	3255	100.0

从表2-3可以看出，被调查对象中外出务工所从事行业以第二、三产业为主，分别占到总比重的55.7%和36.9%。调查过程中我们发现外出务工农民多从事建筑、机械制造、搬运等体力劳动，从事第三产业的比重不大，且多在餐饮、娱乐等行业从事简单的地勤、服务生等工作。总的来看，农民工从事的职业普遍有着工作条件差、工作辛苦，甚至带有一定危险性等特征。同时，从调研情况来看，劳动力吸纳能力极强的第三产业从业农民工比例反而不及第二产业，这说明当前我国第三产业还有一定的就业空间。

除此之外，我们在调查过程中还注意到外出务工者就业的单位性质也呈现出较为集中的特点。从表2-4我们可以看出农民工多集中于私营、个体企业以及靠自营方式谋生，分别占到总比重的65.3%和10.3%，两者之和达到70%以上。这表明当前农村剩余劳动力转移的主要去向仍集中于用工单位不太规范的私营、个体企业，这与此类企业更倾向于雇用不签订劳动合同、不用缴纳社会保险金、用工成本相对城镇职工较低的农民工有着直接关系。此类企业用工制度的不规范，使得农民工的权益保障问题存在极大隐患。值得注意的一点是，调查结果显示农村外出务工人员在国企、集体企业就业者也占有相当的比例，这主要是因为不少集体性质的乡镇企业、国营农场也吸纳了不少农民工。此外，还有一小部分农民工在机关事业单位就业，占总体比重的3.6%，调查中我们发现，他们绝大多数从事的是门卫、保安、地勤等工作，没有编制，性质上仍属于灵活就业。

表2-4 农村外出务工人员用工单位性质分布

	样本个数(个)	占总体比例(%)
机关事业单位	116	3.6
国企、集体企业	491	15.1
私营、个体企业	2124	65.3
自 营	335	10.3
性质不详	189	5.8
总 计	3255	100.0

2. 地域分布：较为集中

表 2-5　农村外出务工人员务工地点分布

	样本个数(个)	占总体比例(%)
本乡、镇	512	15.7
本县、市	879	27.0
本省内	757	23.3
京粤沪地区	671	20.6
长三角、珠三角地区	325	10.0
其他内地省份	97	3.0
其他地区	12	0.4
总　　计	3255	100.0

从农民工外出务工地点分布来看，重点集中在三个区域：本县、市内，本省内以及京沪粤地区，分别占总体比重的 27.0%，23.3%，20.6%；此外，占比例较大的还有本乡、镇和长三角、珠三角地区，分别占总体比重的 15.7%，10%。值得注意的是包括京沪粤地区、长三角、珠三角地区及其他内地省份在内的本省外转移数量占总体的比重超过三分之一，这说明当前农村剩余劳动力转移中，相当一部分属于跨地区转移。总的来看，当前农村剩余劳动力外出务工地点分布的特点是以异地转移为主，输出地域呈广泛性。

3. 外出务工途径：多靠"三缘"关系

在被调查对象中，外出务工途径通过自己求职的占总体比重的 53.0%，是农村劳动力转移的主要途径；通过亲戚朋友介绍的占 36.3%，这充分说明当前农村劳动力转移的方式在很大程度上还是依靠血缘、地缘等传统方式；通过本地或异地劳动部门介绍的仅占 7.1%，这反映出当前各地普遍存在着劳务中介组织发展迟缓，起不到应有作用的现象；通过报纸等新闻媒体宣传，直接应聘的占 3.2%，这一方面说明在农村外出务工劳动力的就业上，报纸、电视、网络等新闻媒体在宣传上的优势并未体现出来，另一方面说明媒体发布信息的有效性存在欠缺，需要加大宣传力度；值得注意的是，在外出务工途径中，有小部分农民（占总体比重的 0.4%）是通过职介"黑市"介绍的，在调研中我们了解到求职者往往需要向"黑市"缴纳几十元甚至上百元不等的中介费，而有些带有欺诈性质的"黑市"收了钱也不给找工作，这一现象应该引起有关部门的高度重视。

表 2-6　农村外出务工人员外出务工途径

	样本个数（个）	占总体比例（%）
自己求职	1725	53.0
亲戚朋友介绍	1180	36.3
劳动部门介绍	231	7.1
媒介信息宣传	105	3.2
"黑市"介绍	14	0.4
总　　计	3255	100.0

4. 上年外出务工纯收入：普遍较低

表 2-7　农村外出务工人员上年度纯收入情况

	样本个数（个）	占总体比例（%）
1000 元以下	583	17.9
1000～3000 元	627	19.3
3000～5000 元	527	16.2
5000～10000 元	925	28.4
10000 元以上	593	18.2
总　　计	3255	100.0

从表 2-7 我们可以看出，当前务工劳动力的纯收入水平普遍较低，以年人均 5000～10000 元之间为主，只有少部分外出务工农民工能够实现年人均上万元的收入。

二、中国农村劳动力转移趋势预测

科学引导农村劳动力有序转移的前提是必须对农村劳动力流动的趋势有一个整体的认识。笔者利用马尔可夫链（Markov chain）建立了农村劳动力流动趋势的模型，并结合本次调研的数据，对农村劳动力转移达到稳定状态的极限概率做出了定量预测。

（一）Markov 链简介

1. Markov 链的特性——无后效性

马尔可夫过程（Markov process）即马尔可夫链（Markov Chain）是以俄国著名数学家马尔可夫（Markov）之名命名的一种事物随机发展过程。一般的，要预测事物发展的趋势，必须综合考察其过去及现在的状态，才能预测其未来，我们通常预测事物发展趋势的方法多是如此，如点估计、区间估计、方差分析、回归分析等。此类方法都要求掌握一定时期内，预测目标过去及现在的数据资料，才能利用数学模型对未来进行预测。而马尔可夫预测法则认为，当事物的现在状态为已知时，人们就可以预测其未来的状态，而不需要知道事物的过去状态，即马尔可夫链具有无后效性的特性。这一特性避开了其他预测方法在搜集历史资料时所遇到的一系列难题，因而，使得它无论是在理论上还是应用上都占有很重要的地位。由于历史数据收集的困难，这里我们便通过调研所得数据，运用马尔可夫链模型来预测未来我国农村劳动力流动的趋势。

2. Markov 链常用的定理——遍历性定理

在 Markov 链理论中，最常用的一个定理即是它的遍历性定理。该定理可以这样描述：一般的，设齐时① Markov 链的状态空间为 I，如果对于所有 $i, j \in I$，转移概率 $p_{ij}(n)$ 存在极限：

$$\lim_{n \to \infty} p_{ij}(n) = p_j (且不依赖于 i),$$

或用矩阵表达为：

$$p(n) = p^n \xrightarrow[n \to \infty]{} \begin{bmatrix} p_1 & p_2 & \cdots & p_j \\ p_1 & p_2 & \cdots & p_j \\ \cdots & \cdots & \cdots & \cdots \\ p_1 & p_2 & \cdots & p_j \\ \cdots & \cdots & \cdots & \cdots \end{bmatrix}$$

---

① 所谓齐时性，即系统由状态 i 经过 k 个时间间隔（或 k 步）转移到状态 j 的转移概率只依赖于时间间隔的长短，而与起始的时刻无关。

则称此链具有遍历性，又若 $\sum_j p_j = 1$，则称 $\prod = (p_1, p_2, \cdots)$ 为链的极限分布。

对于只有有限个状态的马尔可夫链，遍历性定理仍然适用：

设齐时 Markov 链的状态空间 $E = \{1, 2, \cdots, s\}$ 为一个有限集，转移矩阵 $p = (p_{ij}(1))$，如果存在正整数 S，且对于任意的 $i, j \in E$，都有 $p_{ij}(S) > 0$（一切 $i, j = 1, 2, \cdots, s$），则此有限链也具有遍历性，即 $\lim_{n \to \infty} p_{ij}(n) = p_j$，$p_j$ 与 i 无关，且 p_j 是方程组 $\prod = \prod p_j$ 在 $p_j > 0$ 及 $\sum_{j \in E} p_j = 1$ 条件下的唯一解。其中，$\prod = (p_1, p_2, \cdots, p_s)$。

（二）农村劳动力流动趋势预测模型

从调研的情况来看，目前，农村剩余劳动力流动的一个显著特点是无序性。但是，随着时间的推移、经济的发展以及社会的进步，这种盲目性将会显现出其中的规律。一般而言，农村剩余劳动力未来流动的趋势只会与目前的情况有关，而与以前的情况关系较小，理论上我们可以视作无关。因此，我们可以运用 Markov 链建立农村剩余劳动力流动趋势的预测模型，对农村剩余劳动力流动趋势达到稳定状态时的极限概率进行预测。下面我们便分别对农村剩余劳动力产业流动的趋势以及地域流动的趋势进行分析。

1. 农村剩余劳动力产业流动趋势预测模型

按农民工产业流动的方向，可以将其分为流向第一产业、第二产业、第三产业三个类别。通过对调研问卷中相关数据的整理，获得了农村外出务工劳动力产业流动的一般倾向，见表 2 - 8。

表 2 - 8　全国十省份农村剩余劳动力产业流动一般倾向

		2006 年流向		
		第一产业	第二产业	第三产业
2005 年流向	第一产业	0.63	0.19	0.18
	第二产业	0.05	0.78	0.17
	第三产业	0	0.31	0.69

注：表中数字是指根据调研问卷中"务工产业流向"这一题目的回答，统计出的农村剩余劳动力流向各产业所占比重，即"流动的一般倾向"。

由表 2 - 8 中数据得到农村劳动力产业流动的转移矩阵：

$$p(1) = \begin{bmatrix} p_{11}(1) & p_{12}(1) & p_{13}(1) \\ p_{21}(1) & p_{22}(1) & p_{23}(1) \\ p_{31}(1) & p_{32}(1) & p_{33}(1) \end{bmatrix} = \begin{bmatrix} 0.63 & 0.19 & 0.18 \\ 0.05 & 0.78 & 0.17 \\ 0 & 0.31 & 0.69 \end{bmatrix}$$

又由于

$$p(2) = p(1)^2 = \begin{bmatrix} 0.63 & 0.19 & 0.18 \\ 0.05 & 0.78 & 0.17 \\ 0 & 0.31 & 0.69 \end{bmatrix}^2$$

$$= \begin{bmatrix} 0.4064 & 0.3237 & 0.2699 \\ 0.0705 & 0.1012 & 0.2589 \\ 0.0155 & 0.4557 & 0.5288 \end{bmatrix}$$

可见 $p(2)$ 中的所有元素都大于 0，因此，此 Markov 链具有遍历性，其极限分布

$$\Pi = (p_1, p_2, p_3) \text{ 满足方程组} \begin{cases} p_1 = 0.63p_1 + 0.05p_2 \\ p_2 = 0.19p_1 + 0.78p_2 + 0.31p_3 \\ p_3 = 0.18p_1 + 0.17p_2 + 0.69p_3 \\ p_1 + p_2 + p_3 = 1 \end{cases}$$

利用 Matlab 软件，计算出该方程组的解为：

$$\begin{cases} p_1 = 0.0742 \\ p_2 = 0.5492 \\ p_3 = 0.3765 \end{cases}$$

因此，我们可知极限分布 $\Pi = (0.0742, 0.5492, 0.3765)$。

这个分布表明，经过一段时期后，农村剩余劳动力选择向第一产业、第二产业、第三产业流动的概率将会趋于稳定，各产业所占比例将分别为 7.42%，54.92%，37.65%。据国家统计局农村社会经济调查总队的调查结果①显示，农村劳动力产业未来流向中仍从事第一产业劳动

---

① 国家统计局农村社会经济调查总队：《1999 年贫困农村劳动力就业及文化素质状况》，载《调研世界》2000 年第 8 期。

的人数占流出劳动力总数的5.2%，从事第二产业的人数占59.7%，从事第三产业的人数占35.1%，这与我们预测的各产业比例基本接近。根据我们预测的结果，可以看出未来一段时间内，农村剩余劳动力产业流向的第一、二、三产业结构比将趋于1:7.4:5.1，虽然仍呈现出"二、三、一"的就业格局模式，但与高水平就业格局的"三、二、一"模式已经比较接近，因此我们可预测，未来我国农村剩余劳动力的转移就业将有可能改变我国传统的"一、二、三"就业格局。

2. 农村剩余劳动力地域流动趋势预测模型

按农民工地域流动的方向，可以大致分为流向本省、内地省份、沿海省份以及其他地方四种类型。通过对调研问卷中相关数据的整理，我们获得了农村外出务工劳动力地域流动的一般倾向，见表2-9。

表2-9 全国十省份农村剩余劳动力地域流动一般倾向

		2006 年流向			
		本　省	内地省份	沿海省份	其他地方
2005 年流向	本　省	0.54	0.33	0.08	0.05
	内地省份	0.13	0.44	0.42	0.01
	沿海省份	0.10	0.09	0.67	0.14
	其他地方	0.31	0.05	0.23	0.41

注：表中数字是指根据问卷所设"务工地域流向"这一题目的回答统计而得。农村剩余劳动力流向各地的比重。

如上所述，仍可以用 Markov 链建立外出农村剩余劳动力地域流动趋势预测模型，对农村外出劳动力地域流动达到稳定状态时的极限概率进行预测。

由表2-9中数据得到农村劳动力地域流动的转移矩阵：

$$p(1) = \begin{bmatrix} p_{11}(1) & p_{12}(1) & p_{13}(1) & p_{14}(1) \\ p_{21}(1) & p_{22}(1) & p_{23}(1) & p_{24}(1) \\ p_{31}(1) & p_{32}(1) & p_{33}(1) & p_{34}(1) \\ p_{41}(1) & p_{42}(1) & p_{43}(1) & p_{44}(1) \end{bmatrix} = \begin{bmatrix} 0.54 & 0.33 & 0.08 & 0.05 \\ 0.13 & 0.44 & 0.42 & 0.01 \\ 0.10 & 0.09 & 0.67 & 0.14 \\ 0.31 & 0.05 & 0.23 & 0.41 \end{bmatrix}$$

由于 p（1）中的所有元素都大于0，因此，此 Markov 链具有遍历

性，其极限分布

$$\Pi = (p_1, p_2, p_3, p_4) \text{满足方程组} \begin{cases} p_1 = 0.54p_1 + 0.13p_2 + 0.10p_3 + 0.31p_4 \\ p_2 = 0.33p_1 + 0.44p_2 + 0.09p_3 + 0.05p_4 \\ p_3 = 0.08p_1 + 0.42p_2 + 0.67p_3 + 0.23p_4 \\ p_4 = 0.05p_1 + 0.01p_2 + 0.14p_3 + 0.41p_4 \\ p_1 + p_2 + p_3 + p_4 = 1 \end{cases}$$

利用 Matlab 软件，计算出该方程组的解为：

$$\begin{cases} p_1 = 0.3216 \\ p_2 = 0.2571 \\ p_3 = 0.4194 \\ p_4 = 0.0019 \end{cases}$$

因此，我们可知极限分布 $\Pi = (0.3216, 0.2571, 0.4194, 0.0019)$。

这个分布表明，经过一段时期后，农村剩余劳动力选择向本省、内地省份、沿海省份流动的概率将会趋于稳定，概率分别为 32.16%、25.71%、41.94%、0.19%。根据我们预测的结果，可以看出未来一段时间内，农村剩余劳动力的主要流动方向仍然以沿海地区和本省内为主，其次是内地省份。这说明，相当一段时期内，沿海地区由于经济环境开放，就业机会充裕，薪酬水平较高等优势，将继续吸引大量农村剩余劳动力就业。因此，为与国家当前西部大开发以及中部崛起等发展战略相协调，政府可以通过各种政策上的优惠吸引农村剩余劳动力流向西部欠发达地区以及中部地区。

3　中国农村剩余劳动力转移中农民工的社会保障问题

如前所述，随着 20 世纪 80 年代中期开始的农村经济体制改革的深入，以及我国现代化农业的发展，大量的农村剩余劳动力从过去被禁锢多年的土地上释放了出来。同世界其他国家类似的情况一样，这类人群离开土地，涌入城市，开始在城市这一新的生存环境下寻找"土地"之外的工作和生存机会，于是，农村剩余劳动力转移过程中的一类特殊群体——"农民工"大量涌现。从各国的发展经验及我国的现实国情来看，农村剩余劳动力转移过程中形成的农民工群体占整个农村劳动力转移大军的绝对主体地位，具有数量大、人口多、转移方式复杂、持续时间较长等特点。关注这一特殊群体，关注他们的社会保障问题，对我国农村剩余劳动力转移的加速具有重大意义。

一、农民工的产生及其界定

（一）农民工产生的历史背景

农民工是伴随着我国社会发展与改革进程而产生的一类特殊群体。

1. 制度环境

制度经济学认为，制度因素往往是制约一项事物形成、发展的重要原因。首先，从国家大的政策环境来看，自 1978 年改革开放以来，我国所有制形式和经济体制都发生了巨大的变革。从过去单纯的以计划经济为基本特征的公有制经济形式转变为以计划与市场共同对经济起作用为基本特征的多种所有制经济形式。在这一指导思想的转变下，农村传统的人民公社制也被家庭联产承包责任制所取代。生产资料的经营权与所有权分开、允许农民以户为单位独立进行生产经营、允许农民从事农业以外的其他个体经济活动等，都为广大农村剩余劳动力的析出提供了良好的制度环境。

其次，伴随着我国经济体制改革的不断深入，相关的配套行政改革也为农民工的出现提供了宽松的制度空间。20 世纪 80 年代后期以来，与过去计划经济体制相配套的传统的户籍制度、人事制度及城市劳动用工制度等制度的改革都在不断深化。这一时期，国家政策上已经开始允许农民进城从事零售、餐饮、流通和服务业等行业工作。

制度上的根本性转变，使得农村的劳动力市场得到了空前的"解放"，大量的农村剩余劳动力从"黄土地"上释放出来，他们从田间地头走向城市，选择新的生产生活方式，成为农民工这支新型劳动大军的一员，这也从劳动力供给上为农民工的出现提供了"源头"保证。

2. 经济环境

首先，从农村的现实经济情况来看。近几十年来，随着农业科学技术的不断进步，农业生产机械化的普及，农业劳动生产率水平得到了显著的提高，传统型农业正逐渐向现代化农业演进。区别于传统农业对劳动力数量的大量需求，现代化农业更注重依靠技术、资本等要素的投入，对劳动力数量的需求明显下降；同时，伴随着农业生产方式由传统的粗放型经营向集约型经营的转变，农业领域不断析出越来越多的农业剩余劳动力。

其次，从我国产业结构变化的角度来看，传统的第一产业多靠追加资本的投入实现自身循环发展，对劳动力的吸纳能力相对有限。相对而言，第二、三产业、尤其是以服务业为主体的第三产业，对劳动力的吸纳能力明显较高。近年来，随着经济体制改革的不断深化，我国的产业结构正在发生着明显的改变。随着国家引导政策的变化，已经改变了传统计划经济时代第一产业所占比重较大，第二、三产业比重较小，尤其是第三产业比重几乎是微乎其微的基本特征，第二、三产业在国民经济中所占比重逐年上升（如表 3 - 1 所示）。在城市劳动力供给能力有限的情况下，制造业、建筑业、服务业等劳动力密集型行业对劳动力的需求缺口将由农村剩余劳动力填补。这就从劳动力需求上对农民工的出现起到了一定的助推作用。值得提到的一点是，在改革开放的初期，如雨后春笋般纷纷涌现的乡镇企业，当时也为吸纳农村剩余劳动力做出了巨大贡献。

表3－1　中国三次产业就业人数情况

时　间	就业人数(万人)			就业人员结构(就业人数＝100)		
	第一产业	第二产业	第三产业	第一产业	第二产业	第三产业
1978	28318	6945	4809	70.5	17.3	12.2
1985	31130	10384	8359	62.4	20.8	16.8
1995	35530	15655	16880	52.2	23.0	24.8
2000	36043	16219	19823	50.0	22.5	27.5
2003	36546	16077	21809	49.1	21.6	29.3

资料来源：《2004年中国经济年鉴》，中国统计出版社。

3. 人口因素

首先，农村相对于城市仍然较高的自然出生率也是迫使农村剩余劳动力外出务工的重要原因。自20世纪70年代末开始，虽然国家严格实施计划生育政策，但由于传统观念影响、制度监管不力等各种原因，农村人口的自然出生率较之城镇仍保持在较高的水平。如前所述，农村的现实情况决定了：一方面，相对落后的农业生产不可能提供更多的就业空间，农村人口的增长速度大大超过农村社会经济发展的承受能力；另一方面，机械化生产带动的农业劳动生产率的提高，使得农业生产所需的劳动力越来越少。情理之中，数量庞大的农村剩余劳动力不得不到新的环境下寻求新的生存与发展空间。

其次，从农民工自身心理因素来看。改革开放近30年来，农村与城镇二元结构的分化问题，一直是困扰改革进程的重要问题。社会主义市场经济实行以来，城乡之间经济发展不平衡的局面日趋严重，不同区域之间劳动力就业收入差距悬殊，劳动力出于理性经济思维的考虑，必然做出从低收入区域向相对较高收入区域流动的选择。可以说，正是由于城乡之间及地区之间经济差别的存在以及不断扩大，使得农村居民心理上产生巨大落差，从而才导致他们不断向城市相对发达地区流动。大量农民工流向城市，尤其是沿海经济发达地区，不仅是符合经济发展的必然规律，也是农民们向往更好的生存环境的一种理性选择。

总而言之，正是上述各种原因促成了农民工这一特殊群体的出现。

（二）对"农民工"的界定

人口学理论认为人口的迁移和流动是改变人口结构和生产力分布的两种基本方式。根据传统的统计定义，把户籍发生变动的居住地变化叫做"迁移"，把户籍没有发生变动的居住地变化叫做"流动"。本章研究的对象——"农民工"，所指涉的是那些具有农村户口身份，但在城市务工的劳动者，属于流动人口。

1. 关于农民工的身份问题

随着农民工群体规模的不断壮大及社会地位的不断提高，其身份的界定问题逐渐成为理论界讨论的一个热点问题。

有观点认为，根据传统户籍制度的标准，我国划分工人和农民的标准是户籍和职业。虽然农民工参与了第二、三产业的工作，大部分时间不再从事农业生产，但由于他们的户籍仍在农村，他们在农村还保留着承包耕地，而且相当数量的农民工在农忙时还会回到家乡从事农业生产，所以他们的身份仍然是农民。

有观点认为，农民工作为新的产业工人，从工作场所上来看，他们的就业领域主要集中于城镇的二、三产业，从事着商品生产，这与农民自给自足的生产有着本质的区别；从收入的形式上来看，农民工的收入与工人一样，是通过从事第二、三产业劳动而获得货币报酬，以工资收入为主，这同传统农民以土地产出和家庭养殖以及手工艺为主要收入来源的特点显然也有着本质的差别。因此，无论是从工作场所，还是收入形式上看，农民工所从事的职业与传统意义上的农民从事的农业劳动已经没有任何相似之处，他们具有产业工人的特质，应该划为工人一类。

还有一些观点认为，目前，我国的工人队伍已由原来的整体同一结构分化成不同的阶层，这是一种由市场经济催生的职业分化，将农民工归属到产业工人这一类，并不能弥合这种分化的现实，相反，却容易忽视农民工自身具有的特点。从一定角度来看，农民工既不是真正意义上的农民，也不是纯粹的工人，相对于传统意义上的农民而言，他们是非农就业者；相对于有城镇户口的城镇居民而言，由于户籍的限制，又只能将他们归为农村人。农民工作为一个介于城市与农村之间的非农、非城的"边缘群体"，他们并没有完全脱离以往的农业生产生活方式，从农民中完全分离出来，真正进入城市产业工人的行列；但同时，进入城市、外出打工的经历又使他们很难完全回归到原有的乡村生活中去。因此，有学者给这类人群的定义是城乡双向的边缘人群。

笔者认为，农民工的产生是我国计划经济时期城乡二元社会结构的"遗留产物"，当前一段时期，这一特殊群体的存在有其历史必然性，但是，从各国社会发展的历史经验来看，这一特殊群体作为打破传统城乡二元封闭格局的先锋，其未来的发展方向一定是与城镇居民、城镇生活相融合。2003 年 9 月召开的中国工会十四大提出，"农民工已经成为我国工人阶级的新成员和重要组成部分"，2004 年初的中央 1 号文件——《中共中央国务院关于促进农民增加收入若干政策的意见》第一次明确认定"进城就业的农民工已经成为产业工人的重要组成部分"。作出这样的论断，有着充分的实践依据和重大的现实意义。总之，随着我国社会主义市场经济建设的不断推进，传统城乡二元户籍制度改革的不断深化，"农民工"这一带有身份区别色彩的称谓终将退出历史舞台。

2. 农民工的界定

理论界关于农民工的身份争论一直没有定论，所以对于农民工的具体界定，不同的学者也有不同的表述方式。考察不同学者们对农民工的各种定义，可以归纳出这一群体的几点基本特征：一是户口仍在农村；二是主要从事非农生产和经营，已不再或较少从事农业生产经营；三是活动区域基本在城镇。

根据以上四个基本特征，这里给出笔者的定义：农民工，是指已完全脱离或基本脱离传统农业生产经营活动，以在城镇的务工所得为主要谋生手段，但仍持有农村户口，且没有放弃农村土地经营权，兼具农民与工人双重身份的劳动者。

二、农民工社会保障的三个历史发展阶段

对应前述建国后三个不同时期我国政府对待农村剩余劳动力转移的相关政策，我国农民工社会保障的历史沿革也可以划分为三个阶段。

（一）第一阶段（20 世纪 50 年代中期到 1984 年）：全国上下不管不问阶段

这一时期新中国刚刚成立，建国初期的中国政府面临着诸多亟待解决的困难问题，特殊的现实国情迫使政府做出牺牲农业、发展重工业，

"以工补农"的战略选择，以巩固、发展新中国薄弱的经济基础。伴随着这一主导战略的确定，衍生出了各种配套的相关措施，如这一时期建立起来的严格的城乡隔离户籍制度。总的来看，这一时期国家对农民进城务工采取消极遏制的政策，因此，这一时期农民工的数量极少，他们的社会保障更是无从谈起，如果说有的话，那只是作为农民身份的农民工在农村所拥有的土地保障。

（二）第二阶段（1985 年到 2002 年）：各地方开始积极探索相关保障政策阶段

进入 20 世纪 80 年代中期以来，随着改革开放的不断深入，政府对于农民进城从事非农产业活动的态度，由消极遏制转向中性观望，再到积极鼓励。政府态度的转变，直接导致农民工的数量较前一阶段有了明显增加，但与此同时，以规模大、速度快、人数逐年攀升为特征的"民工潮"的出现，也使得许多相关配套的保障机制不能及时到位，给城市的管理与发展带来了各种负面隐患。而且，由于农民工处于城市社会生活底层的弱势地位，一时间涉及农民工群体的各种社会事件层出不穷：欠薪、工伤、医疗、养老以及子女教育，农民工在为城市的建设做出巨大贡献的同时，其应有的合法权益却没有得到基本保障。

正是由于上述这些问题日益突出，在国家还没有统一指导政策之前，各个地方开始了对农民工社会保障权益的积极探索。例如，2000年，广东省出台了《广东省社会养老保险实施细则》、《广东省社会工伤保险条例实施细则》，明确提出了农民工应参加社会养老和工伤保险的问题；2001 年，北京市颁布了《农民工养老保险暂行办法》，要求用人单位必须与农民工签订用工合同，并为其办理养老保险手续；2002年，南京市出台了《失业保险办法》，也对农民工的养老保险作了明确的规定；2002 年 9 月，上海市推出了《外来从业人员综合保险暂行办法》，规定凡符合条件的单位和个人，必须办理综合保险。另外广州、深圳、珠海、东莞等外来用工量较大的城市还专门就外来务工人员参加社会保险，制订了具体的实施细则和办法。

这一时期，各地方对农民工社会保障实践的积极探索，一方面使农民工群体的权益保障问题得到了一定程度上的缓解，另一方面也使得国家对这一特殊群体的社会保障问题开始关注。但同时，我们也要认识到，由于各地对农民工社会保障实施的模式各不相同，费率厘定标准差异较大等各种问题，使得农民工社会保障在实际操作中问题重重，作用有限。

（三）第三阶段（2003 年至今）：国家对农民工社会保障问题高度重视阶段

2002 年后，由于农民工社会保障缺失带来的各种社会问题日益突出，国家开始高度重视农民工的社会保障权益问题。2003 年《国务院办公厅关于做好农民进城务工就业管理和服务工作的通知》（国办发〔2003〕1 号）颁布，文件针对农民进程务工中遇到的各种歧视性政策、不合理收费、克扣工资、子女的义务教育、职业培训、生活居住条件、工作环境等问题都做出了明确的指示。2003 年 9 月，"国办发〔2003〕79 号"文件《关于进一步做好进城务工就业农民子女义务教育工作的意见》又再次强调农民工流入地政府要负责进城务工就业农民子女接受义务教育的工作。2004 年 12 月，国务院办公厅颁布《关于进一步做好改善农民进城就业环境工作的通知》，要求各级政府积极改善农民工进城务工的就业环境，切实维护农民工的合法权益。2006 年新春伊始，国务院颁布了《关于解决农民工问题的若干意见》，这是我国第一个全面研究解决农民工问题的重要指导性文件，也是落实科学发展观、统筹城乡发展的一项重大举措。该《意见》指出了做好当前做好农民工工作的七项主要任务，其中特别提到要"积极稳妥地解决农民工社会保障问题"。2007 年 8 月，国务院颁布《关于解决城市低收入家庭住房困难的若干意见》，要求把解决城市（包括县城）低收入家庭住房困难作为维护群众利益的重要工作和住房制度改革的重要内容，其中特别提出要多渠道改善农民工居住条件，规定用工单位要向农民工提供符合基本卫生和安全条件的居住场所。

三、农民工社会保障现状及存在的问题分析

（一）农民工社会保障的总体情况——以湖北、四川、陕西、甘肃等地为例的实证分析

这里仍采用武汉大学社会保障研究中心 2007 年暑期农村社会保障调研活动的有关数据来说明目前农民工群体社会保障的基本情况。

1. 农民工参加社会保险的基本情况

本次调研共收回有效问卷 3255 份，其中参加社会保险的人数有 702

人，仅占被调查对象的 21.6%；参加社会养老保险的有 502 人，占被调查对象的 15.4%，值得说明的一点是，这其中有将近一半的人购买的是商业保险；参加社会医疗保险的仅有 342 人，占被调查对象的 10.5%，虽然被调查对象中有 1739 人参加了新型农村合作医疗，占到总体的 53.4%，但由于大部分地方对跨地区就医有限制，所以，外出打工农民在医疗事件发生后真正享受到保险赔付的人数并不多；参加工伤保险的有 512 人，占被调查对象的 15.7%，比例较低，这与只有少部分务工当地政府部门强制性的要求某些高危行业的外来务工人员统一参加工伤保险的政策有关；只有少数农民工参加了当地的城镇职工失业保险，占总体比例不足 1%；除了这些传统保险项目以外，调查中我们还了解到享受务工当地政府提供的子女教育支持的仅有 129 人，不到总体的 4%。

2. 农民工参加社会保险的意愿

调查过程中我们发现有将近 80% 的农民工未参加任何形式的社会保险，通过访谈我们了解到有以下一些原因：想参加但因为用工单位不允许的，占总体的 42.3%（1376 人）；想参加但不清楚手续办理过程的，占总体的 6.9%（226 人）；不愿意参加的，占总体的接近 6%（189 人），对于不愿入保的原因，多数是因为流动频繁，怕办理缴款、退款手续麻烦。

从调查情况来看，当前农民工社会保障权益的缺失问题不容忽视。

（二）京沪粤等地现行农民工社会保障模式及评析

如前所述，自 2000 年以来，全国各地陆续针对农民工的社会保障问题出台了各种文件，从各地现行的农民工社会保障模式来看，我们可以将其大致划分为以下三类：

1. "仿城型"保障模式

以北京为代表的"仿城型"模式是指仿照城镇职工的社会保障制度模式，根据农民工的实际情况，降低缴费标准、保障水平，以相似的缴费基数、管理方法、计发办法，为农民工群体建立的一种独立的社会保障制度。

2004 年 9 月 1 日，北京市首次专门针对外地进京务工农民工出台了《北京市外地农民工工伤保险暂行办法》。该办法规定农民工工伤保险制度的基金来源，由用人单位缴纳保险费，个人不需缴费。如果出现农民工用人单位没有参保，但发生工伤事故的，由用人单位按照规定予以报销。在缴费基数上，规定以北京市农民工上年度月平均工资为缴费基数。在领取方式上，规定被认定为工伤的外地农民工，可选择享受按月支付伤残津贴、护理费等费用，也可选择一次性领取工伤保险待遇，这种灵活的领取方式在我国工伤保险政策历史上也是第一次出现。除此之外，该规定还将外地注册的在京施工企业纳入了北京社保体系，明确指出外地注册用人单位未在注册地为农民工办理参加工伤保险手续，缴纳保险费用的，在北京市从事生产经营活动期间，应当参加北京市工伤保险。

在医疗保障方面，北京市政府根据《关于做好农民进城务工就业管理和服务工作的通知》（国办发［2003］1号）和《关于推进混合所有制企业和非公有制经济组织从业人员参加医疗保险的意见》（劳社厅发［2004］5号）及《北京市基本医疗保险规定》（市政府2001年第68号令，2003年第141号令修改，以下简称《规定》），于2004年9月份颁布了《外地农民工参加基本医疗保险暂行办法》，办法规定用人单位招用外地农民工，应当到所在区、县的社会保险经办机构为其办理基本医疗保险手续。外地农民工参加北京市基本医疗保险，由用人单位缴纳基本医疗保险费，外地农民工个人不需缴费。在缴费基数、缴费比例上，规定用人单位以上一年本市职工月平均工资60%为基数、按2%的比例按月缴纳基本医疗保险费，其中1.8%划入基本医疗保险统筹基金，0.2%划入大额医疗互助资金。外地农民工不建个人账户，不计缴费年限，缴费当期享受相关待遇。此外，规定还明确表示：用人单位未按规定为外地农民工办理参加基本医疗保险手续以及没有按时足额缴费的，外地农民工发病时产生的医疗费用由用人单位按照本规定支付标准支付。用人单位未按规定为外地农民工办理参加基本医疗保险手续、缴纳基本医疗保险费的，外地农民工可以向用人单位所在区、县或者市劳动保障行政部门、劳动监察机构举报；由此发生的争议，可以向用人单位所在区县劳动争议仲裁委员会申请仲裁。

在养老保障方面，北京市1999年出台的《农民合同制职工参加北京市养老、失业保险暂行办法》中，就对农民工的养老问题做出了明确的规定，2001年北京市政府又制定了《北京市农民工养老保险暂行办法》（简称125号文件），对1999年的《暂行办法》做了补充与说明。

新办法规定：用人单位必须每月为农民工上缴数额为本市上年职工月最低工资标准19%的养老保险金，农民工个人的缴费率为本市上年职工月工资标准的7%（以后逐步调整到8%），社会保险经办机构按农民工缴费工资基数的11%，为其建立养老保险个人账户，其余部分进入社会统筹账户。这是我国首次出现的以法律形式赋予农民工社会养老保险权利的尝试，在消除城乡差别方面起到了积极的表率作用。在此之后，天津、深圳、厦门、山东、河南等省市也相继做了有益的尝试。

2. "综合保险型"保障模式

以上海为代表的"综合保险型"模式是指在同一个制度框架之下，将农民工的工伤、医疗、养老等多种社会风险组合在一起，统一承办的保障模式，它实质上也属于一种专门为农民工建立的独立的社会保障制度模式。

2002 年 9 月，在充分调查研究的基础上，上海市政府颁布了《上海市外来从业人员综合保险暂行办法》。该办法规定：用人单位为外来从业人员和无单位的外来从业人员都要缴纳综合保险费；外来从业人员可享受工伤或意外伤害、住院医疗和老年补贴三项社会保险待遇。缴费基数为上年度上海市职工月平均工资的 60%，农民工个人缴费比例为缴费基数的 12.5%，外来施工企业的缴费比例为 7.5%。

在工伤或意外伤害保险方面，基金来源同"仿城型"保障模式一样，规定有单位的农民工，本人无需缴纳综合保险费，由用人单位负责缴纳。但在农民工工伤保险的支付模式上，上海市规定工伤（或者意外伤害）保险金统一一次性支付。同时规定在补缴综合保险费之前，外来从业人员因工伤（或者意外伤害）、住院发生的费用，由用人单位按照本办法规定的标准承担或者由无单位的外来从业人员个人承担。

在医疗保障方面，上海市要求农民工在参加综合保险期间因患病或者非因工负伤住院的，所发生的医疗费用在起付标准以下的部分，由外来从业人员自负；起付标准以上的部分，由综合保险基金承担 80%，外来从业人员承担 20%。住院医疗费用的起付标准为上年度本市职工年平均工资的 10%。用人单位和无单位的外来从业人员缴费满三个月的，享受住院医疗待遇的最高额为上年度本市职工年平均工资；连续缴费满六个月的，享受住院医疗待遇的最高额为上年度本市职工年平均工资的 2 倍；连续缴费满 9 个月的，享受住院医疗待遇的最高额为上年度本市职工年平均工资的 3 倍；连续缴费满一年以上的，享受住院医疗待遇的最高额为上年度本市职工年平均工资的 4 倍。

在养老保障方面，上海市规定综合保险费的其中一部分保费用于养老补贴，农民工在连续缴费满规定年限后，即可获得一份老年补助凭证，在达到法定退休年龄后，凭此证到户籍所在地事先约定的商业保险机构领取老年补贴。

在"综合保险型"保障模式的基础上，上海市有关单位又于 2004 年 7 月联合发布了《关于进一步加强在沪建筑施工企业外来从业人员综合保险工作的若干规定》，对建筑施工行业外来从业人员综合保险的缴费和管理模式进行了创新。该规定明确指出工程建设单位（业主方）必须支付建筑业外来从业人员的综合保险，并列入工程造价，作为建造工程项目的社会成本。如果建设项目实行招投标，参与招标的施工单位应在投标文件中明确列出该工程的预计用工数，待项目中标后，由业主方按照"人头数"一次性将保险费用支付给工程总包单位，在申请施工许可证时还须出示此项支付凭证。这一举措，从源头上稳固了建筑业外来从业人员的保险基金。

3. "扩面型"保障模式

以广东省为代表的"扩面型"保障模式是指将农民工的社会养老保险直接纳入到当地城镇居民的社会保障制度之中，通过实现"城保"的"扩面"来解决农民工社会保障问题的一种制度模式。

外来务工者较为集中的广东省是全国农民工社会保障实践起步较早的地方。在农民工工伤保险方面，广东省早在 2000 年就颁布了《广东省社会工伤保险条例实施细则》，明确规定固定职工、合同制职工、临时工、农民轮换工、城镇个体经济组织的业主和从业人员、劳务输出人员、港澳台商投资企业中内地户籍员工及外商投资企业中的中国籍员工、机关事业单位的全部职工均应参加工伤保险。2005 年以来，广东省还组织实施了"农民工平安计划"，允许尚不具备全部参保条件的农民工先行参加工伤保险。调查显示①，目前广东省大部分农民工都能得

① 《四大保险　保农民工平平安安》，www.gd.gov.cn/govpub.cn/，2007 年 10 月 29 日。

2007~2008 年中国社会保障改革与发展报告

到工伤补偿，有 71.2% 的单位都能及时、足额提供医疗费用。广东省劳务需求量较大的深圳市也大力推进工伤保险全覆盖工作，力求将农民工纳入工伤保险这张"安全网"中。截至 2006 年底，深圳市的工伤保险制度已覆盖到区域内的所有企业、民办非企业单位、国家机关、事业单位、社会团体和个体工商户及其所属全部职工或雇工。全市工伤保险参保人数已达 717 万人，其中农民工参保 587 万，占总参保人数的82%。工伤保险参保人数占全国的 8%，占全省的 40%，基本实现了"全覆盖"，成为全国工伤保险参保人数最多的城市①。

在医疗保障方面，广东省进一步完善农民工医疗保险制度，建立大病医疗保险统筹基金，重点解决农民工住院和特定门诊病种等医疗保障问题。截至 2006 年 6 月底，广东省的广州、深圳、珠海、东莞等 13 个地级以上市开展的农民工医保工作中，参保人员已达 682 万人②，有效地解决了农民工医疗保障问题。深圳市在全国率先探索建立了"低缴费、广覆盖、保基本"的劳务工医疗保险制度。制度规定企业每月缴费8 元，员工个人缴费 4 元，既保门诊，又保住院。在这一试点的基础上，深圳市又于 2006 年 6 月 1 日正式颁布实施了全国首个劳务工医疗保险规定《深圳市劳务工医疗保险暂行办法》，以提高门诊医疗待遇和住院医疗待遇，为农民工看病进一步"减负"，受到企业和农民工的普遍欢迎。截至 2006 年底，该制度全市参保人数共达 343 万人，2007 年参保人数接近 400 万人，深圳将有越来越多的农民工就医得到保障③。目前，深圳还在紧锣密鼓地制定出台少儿住院保险制度，这项制度的出台意味着将按照财政、企业和员工共同分担医疗费的原则，将全市中小学生和幼儿园学生不分户籍，均纳入少儿住院保险，使所有患大病的少年儿童都能得到有效、及时的保障，预计届时将有 60 多万农民工子女可享受此项保险④。

在养老保障方面，早在 2000 年颁布的《广东省社会养老保险实施

---

① 《深圳海纳百川善待农民工》，www. shenzhen. molss. gov. cn/，2007 年 2 月 6 日。
② 《广东省全面推进农民工参加医疗保险工作》，http://www.mib.com.cn，2007 年 4 月 10 日。
③ 《深圳海纳百川善待农民工》，www. shenzhen. molss. gov. cn/，2007 年 2 月 6 日。
④ 《深圳海纳百川善待农民工》，www. shenzhen. molss. gov. cn/，2007 年 2 月 6 日。

细则》中就明确规定固定职工、合同制职工、临时工、农民轮换工、城镇个体经济组织的业主和从业人员、劳务输出人员、港澳台商投资企业中内地户籍员工及外商投资企业中的中国籍员工、机关事业单位的全部职工均应参加社会养老保险。最早将农民工纳入社会保险体系的深圳市还建立了以"制度统一好衔接、降低门槛好纳入、实账转移好接收"为基本特征的农民工养老保险制度。2006 年 7 月,深圳市人大还通过了《深圳经济特区企业员工社会养老保险条例》的修订,在全国率先建立了与农民工工资水平相适应的劳务工养老保险制度,力图妥善解决农民工老有所养的问题。同时,该《条例》还放宽非深户籍员工在深的养老条件,取消了对于非深圳户籍员工享受养老保险待遇的限制性规定。目前全市养老保险参保 422.5 万人,其中农民工占总参保人数的 66%。截至 2007 年 2 月,深圳市劳务工参加养老、工伤和医疗保险人数均占全国同险种农民工参保人数的 30%以上,成为全国农民工参保覆盖面最广、参保人数最多、参保比例最高的城市①。

此外,除建立农民工各项重大社会保险制度之外,在东莞、深圳等用工量较大的城市,群众还自发成立了以保障外来务工人员合法权益为目的的各种形式的农民工社会救助组织。东莞市于 1996 年成立了全省首个专门面向社会特困人员服务的医疗救济基金会,截至 2000 年 12 月,短短四年间该基金会已累计救济贫困伤病者约 2877 人次,救济总金额达 1529.96 万元,其中既有东莞籍市民,也有来自全国各地的外来工,社会效果良好②。深圳市龙岗区社保局与司法局还合作设立了外来务工人员法律援助中心,帮助农民工兄弟解决相关的法律难题。

(三)农民工社会保障困境分析

建立农民工社会保障制度,是有利于加快农村剩余劳动力转移、维护农民工社会保障权益的利国利民的好事,但从上述调研情况以及现行各地农民工社会保障制度运行状况来看,当前农民工社会保障制度的建设仍然面临诸多困难。

---

① 《深圳海纳百川善待农民工》,www. shenzhen. molss. gov. cn/,2007 年 2 月 6 日。
② 《深圳海纳百川善待农民工》,www. shenzhen. molss. gov. cn/,2007 年 2 月 6 日。

1. 农民工社会保障面临的主要困境

一是参保率较低。据国家劳动和社会保障部 2006 年上半年调查统计①，全国农民工参加工伤、医疗、养老的人数分别为 1620 万、1034 万和 1107 万，分别占到农民工总数的 13.5%、8.6% 和 9.2%，比重非常小。对于女性农民工必不可少的生育保险来说，据陕西省总工会 2004 年对 9242 名农民工进行的抽样问卷调查显示②，参加生育保险的女性农民工只有 1.3%。从我们对鄂、豫、赣等十个省份进行的调查来看，农民工参加养老、医疗、工伤保险的人数比例也都在 10% 左右。由此可见，参保率较低是当前农民工社会保障制度面临的最大问题。

二是退保率过高。在参保率不高的情况下，近来各地频频出现的农民工"退保"现象更是雪上加霜。以广东省为例③，近年来该省农民工的退保率长期维持在 90% 以上。据东莞市有关部门反映，日常工作中有 60% 的精力放在应付农民工退保问题上，每年岁末退保人数更是激增。由于各地现行保障政策考虑到农民工流动性较大的原因，基本上都允许农民工中途退保，其结果直接导致农民工流动时不得不反复参保、退保，甚至在同一地区更换工作单位时也必须先退保、再参保。频繁的退保使农民工只参保、不受益，不仅直接损害了农民工享受社会保障的对等权益，而且还影响了用人单位的参保积极性。

三是制度模式不统一，社会保险关系的异地转移困难。如前所述，各地现行农民工社会保障模式有"仿城型"、"综合保险型"、"扩面型"三大类别，有的制度是类似于城镇职工的社会保险制度，有的是地方性的综合性保险制度，有的又是要求农民工以个人身份参保的独立保险制度，制度模式上的不统一对在不同地区之间频繁流动的农民工参保的可行性造成了极大的障碍。

流动频繁是农民工群体的最大特征，现阶段，由于社会保障制度统

①　倪豪梅：《农民工社会保险中存在的问题及建议》，载《中国工运》2007 年第 4 期，第 24 页。

②　倪豪梅：《农民工社会保险中存在的问题及建议》，载《中国工运》2007 年第 4 期，第 24 页。

③　赵殿国：《农村劳动力转移就业与社会保障制度的协调发展研究》，www.jihe.org.cn/Article，2008 年 2 月 15 日。

筹层次不高，管理分散化的原因，农民工无论是同一统筹地区内转移，还是不同统筹地区间转移和城乡转移，都会因为各地方之间保障模式不同，收费口径不统一而遇到困难。仅养老保险一项制度，有的地区实行统账结合，有的地区只建立个人账户，而有的省份，一个统筹区内个人账户的规模大小各地方也不尽相同，这一方面造成地区之间、企业之间、农民工个人之间社会保障负担的不平衡、保障权益的不公平，另一方面也为未来制度的衔接与统一设置了新的障碍。

而那些尚未建立社会保障制度的偏远乡村，对于返乡农民工来说更是无法办理接续手续。广东、上海、北京的实践情况都反映出农民工社会保险关系异地转移的操作难题。有些地方采取"一次性领取保险金"的权益之策，实际上更无法实现社会保障预防未来风险的功能。因此，农民工社会保险的异地转移问题也成为构建农民工社会保障制度当前急需解决的难题之一。

四是地区之间社保责任分担不合理。各地现行农民工社会保障制度，对于退保农民工的普遍做法是流动时只退还个人账户中的个人缴费部分，而其务工期间所缴纳的社会统筹部分则被无偿地滞留在本地，纳入当地城镇职工社会保险基金，这实质上是一种出于地方小团体利益考虑的做法，绝大多数企业和农民工对这种行为表示不满。一些企业负责人认为，按现行做法，农民工为所在务工城市的经济建设做出了贡献，缴纳了社会养老保险金，退保后将企业缴费部分的社会统筹账户基金留在所在务工城市，事实上所在务工城市政府并没有对其承担社会养老保险责任，实际上是一种"只保不养"的做法。企业尽了责任，地方政府得了实惠，农民工反而丢了权益。相反，农民工输出地政府却承担着大量返乡农民工的社会养老保险责任。由于现行制度下统筹基金难以横向调剂，这种社会保险责任分担的不公平，更进一步加剧了发达地区与不发达地区间的差距。

五是政府对农民工的社会保险应付之责没有明确。我国现行社会保障制度下，城镇职工养老保险制度的历史欠账数以万亿计，一些地方政府为减轻城镇企业职工社会养老保险金的支付压力，减轻地方财政负担，以低缴费（低于城镇职工缴费水平）、高享受（与城镇职工一样的养老保险待遇）等宣传方式将农民工吸引到当地城镇职工社会保险体系中，以增加城镇职工社会养老保险基金的收入。这种做法虽然能够暂时缓解当前城镇职工的养老金支付压力，但长此以往，会严重影响到养老保险基金的长期平衡性，甚至进一步影响到整个社会养老保险制度的抗风险能力，是极为不妥的做法。

2. 造成农民工社会保障困境的主要原因分析

从上述针对农民工社会保障的困境分析中我们可以发现，当前制度本身的合理性，以及用人单位和农民工本人的态度是决定农民工社会保障制度顺利实施的关键因素。因此，下面我们就以社会保险制度中最为基本的养老保险制度为例，从制度的设计、用人单位及农民工自身三个方面来分析造成困境的主要原因。

（1）制度设计方面

农民工作为一支新生的劳动力大军，流动性较大是其最显著的特点。有调查显示：农民工在工厂、餐饮等服务行业的平均工作周期是4～6年；从事建筑业等体力工作的农民工在一个地方的平均工作周期仅为2～3年①。社会保障制度的建制目的是为了规避人们在日常生活中可能遇到的风险与不测，它要求人们在风险未发生之前积极储蓄基金，以便当保险事件发生时有充足的准备去应对。这种未雨绸缪的制度特性要求人们在日常生活、工作中要缴纳相应的保险金，但农民工流动频繁的特性使得这一前提不容易实现。从当前各地针对农民工设计的社会保障项目中来看，制度设计中普遍没有重视到这一点。

以社会保险项目中的养老保险为例，养老保险制度的设立目的是规避老年生活风险，相对于其他保障制度而言，更注重制度的长期性与稳定性。因此，农民工流动性大的特点与制度设计之间的矛盾便成为近年来引发农民工养老保险"退保"现象高涨的最直接原因。

从制度的设计来看，首先，现行农民工养老保险制度设计的缴费年限较长。养老保险制度贯穿被保险人一生，具有持续期较长的特点。现实生活中，考虑到员工和用人单位的支付能力，养老保险基金的积累一般是通过分期缴费来实现的，这就要求养老保险费用的缴纳必须满足长期、连续、稳定的缴费特点。参照城镇职工基本养老保险制度的领取年

---

① 杨曼：《农民工退保，尴尬了谁》，载《市场报》2005 年 10 月 31 日。

限标准，各地现行农民工养老保险制度基本上都规定农民工须连续缴费满15年后，才具有领取养老保险金的资格。虽然也有地方规定：农民工解除劳动合同后可保留其养老保险关系，待重新就业时可接续。但对于大部分农民工来说，流动性较大的特点决定了他们很难满足现行制度要求的缴费时间规定。而缴费时间的间断、过短，一方面直接导致参保农民工享受不到应有的保障待遇；一方面使得农民工个人账户的积累额过少，不能实质性的满足其未来养老的需要。因此，在目前农民工养老关系还无法实现顺利转接的情况下，养老保险缴费年限限定的"门槛"过高，只能导致众多农民工参保之后又不得不选择退保。以深圳为例，目前深圳市养老保险参保人数共达422.5万人，其中农民工占总参保人数的66%，但截至2007年2月，只有100多名外来工在深圳享受按月领取养老金的待遇①，造成这种现象的重要原因就是制度缴费年限规定为15年——"门槛"过高。

其次，现行农民工社会保险制度中，各地缴费基数、缴费比率差异较大，无法顺利实现保险关系的跨地区转移。缴费基数和缴费比率是养老保险制度设计必备的两个基本要素，它们的确定决定了保险基金规模的大小。表3-2反映了几个代表性城市农民工养老保险制度缴费率的差别。

表3-2　各地农民工养老保险制度缴费率比较

	缴 费 基 数	企业缴费比例（%）	个人缴费比例（%）	个人账户部分所占比例（%）	社会统筹部分所占比例（%）
中央	实际工资	20	8	11	17
北京	本市上年度最低工资	19	7~8	11	16
广州	实际工资	20	8	11	17
深圳	本市上年度平均工资	8	5	11	2
南京	实际工资	14	8	11	11
天津	实际工资	20	8	11	17
厦门	本市上年度最低工资	8	8	11	5
上海	本市上年平均工资的60%	12.5	—	—	—

① 数据来源：中国劳动力市场网，http：//www.lm.gov.cn/gb/employment/2007-02/28/.htm。

从表 3－2 我们可以看出，各地农民工养老保险的实施办法中存在着缴费基数与缴费比率地区之间差异较大的问题。造成这种现象的原因不仅在于不同地区选择的保险模式不同，缴费标准、缴费费率会产生差异，甚至在相同制度模式下的统一缴费地区也存在着费率差异较大的情况。如浙江省允许农民工的养老保险个人账户可以在省内随本人无条件的跨统筹范围转移，但在其实行的"双低"（低缴费率、低待遇水平）计划中，全省 88 个市、县、区共有 14 种统筹比率，各地缴费比率的差异使制度的可操作性遇到了困难。

当然，考虑到不同地区经济发展水平的差异，缴费基数与缴费比率的多样化对于社会保障公平目标的实现是必要的，但是，确定缴费的标准和依据不同，不仅造成农民工养老保险费用及待遇标准地区性差异较大，更是直接增加了农民工流动时保险关系迁出地与迁入地之间的转移与对接困难。笔者认为可以制定全国统一的缴费基数与缴费费率，以解决农民工保险关系异地转移对接困难的问题。经济发展水平较高的地区、行业可以通过企业补充养老保险为农民工提供更高层次的保障水平。

再次，现行农民工社会保险制度的保险费率过高，造成基金供给困难。养老保险制度的责任主体是用人单位和职工个人。相应的费率也应由双方共同承担。从各地的实践情况来看（见表 3－2），缴费率普遍是参照当地城镇职工养老保险缴费率制定，存在着过高的现象。以广州市为例，2004 年 7 月至 2005 年 6 月期间，广州市非公有制企业的养老保险缴费基数下限是上年度（2003 年）全市职工月平均工资 2353 元的 55% 即 1294 元，企业每月按基数的 20% 即 259 元缴费，农民工每月按 8% 即 103 元缴费。事实上，广州市农民工月平均工资不足 1000 元，100 多元社保费对其而言是一个不小的经济负担。

当前各地普遍参照现行城镇职工养老保险制度规定的缴费基数和缴费比率来设立农民工养老保险制度的费率，忽视了农民工工资水平普遍偏低的实际情况，超出了他们的承受能力，这一方面造成农民工对养老保险制度的抵触情绪；另一方面，过高的缴费率也加重了用人单位的负担。用人单位往往为了降低成本，逃避缴费，使得需要划归个人账户的部分也难以到位。尤其是在"综合保险型"模式中，全部保险费用由用人单位负担，一旦用人单位拒绝缴纳保费，那么农民工则无任何保障可言。

除此之外，现行农民工社会养老保险制度的统筹层次不高，且封闭运营也是导致农民工社会保障利益流失，最终选择"退保"的原因。从理论上讲，社会保障制度的再分配性质体现在制度设计的统筹层次上，统筹层次越高，越有利于不同收入人群之间风险的分散，越有利于体现社会公平与社会正义。对于农民工养老保险制度而言，统筹的层次越高，越有利于农民工的流动，有利于更好地实现人力资源的最优配置，也有利于制度管理成本的节约。但实践表明，就社会统筹这一部分来说，经济发展水平不同的地区及用人单位对社会统筹的层次意见是不统一的。经济条件相对较好的地区或用人单位由于在统筹部分处于"补贴"的地位，所以不愿意多缴费或按时缴费，而经济条件不好的地区或用人单位则正好相反。但如果强制实行较高的统筹层次，后者又有可能对前者产生依赖心理，这一现象在我国城镇职工养老保险制度运行中已经得到了充分证明。

目前我国农民工的养老保险制度基本上都只在县、市、区级内实现统筹，且在本区域内封闭运营。这种低层次的社会统筹，导致农民工即使参加务工地区的养老保险制度，但由于工作地转移、"返乡"等原因迁出该地区时，虽然原则上可以自由迁转社会保险关系，或一次性退还保险费，但都只能带走个人账户里的钱，而无法带走社会统筹部分，这直接导致农民工务工期间对该地区社会统筹部分的贡献被无偿"侵占"，社会保障利益消解以致流失。同时，当农民工流入新的城市务工时，更不可能享受该地区社会统筹部分的福利。因此，农民工理性的选择就是"退保"，甚至不参加保险。

最后，现行农民工养老保险制度的计发方式不科学。关于农民工养老保险金的计发方式，目前除少数地方如北京、上海规定原则上应按月领取养老金之外，几乎所有建立农民工养老保险制度的地方都允许在农民工符合退休标准，或者与用人单位解除劳动关系后一次性领取养老金。这种计发办法，显然不利于农民工未来养老，也有悖于制度建立的初衷。

（2）用人单位方面

用人单位作为农民工社会养老保险制度的重要责任主体，其态度是决定农民工养老保险制度实施情况的重要因素。在市场竞争日益激烈的今天，降低成本从而获得价格优势，是用人单位提高自身竞争力的重要手段。因此，作为农民工养老保险制度的缴费主体，用人单位出于自身利益考虑，是不愿意为农民工缴纳保费的。而且，如前分析，目前各地方实行的农民工养老保险制度盲目追求"高门槛、高积累"的制度目标，设计的保险费率普遍较高，很多时候超出了用人单位的负担能力，这也使得在制度实施过程中出现用人单位瞒报、漏报用工数量，以逃避缴费责任的现象。此外，在实践中农民工养老保障制度本身的管理不善，比如收缴与发放费用的部门不统一，容易形成时差等问题，使得农民工不能及时拿到保险金，而把矛头指向用人单位，使其处境尴尬，也是造成用人单位对农民工养老保险制度态度冷漠的原因。

（3）农民工自身方面

农民工作为制度的另一责任主体，他们的态度直接影响到制度的实施情况。首先，农民工受教育程度普遍不高，自身的保险意识淡薄是影响其参保积极性的重要原因。从现实来看，绝大多数农民工没有风险防范意识，即使意识到未来养老的问题，他们也多寄希望于"土地保障"以及传统的"养儿防老"等方式。对于朴实的农民工来说，他们不知道自己同城镇职工一样，也享有工伤、医疗、生育乃至养老等社会保障的权利，在他们眼里，能够拿到工资，拿更多的工资，就是最大的保障。所以，即使有的地方强制性的要求用人单位必须为农民工购买养老保险，但如果用人单位违反规定不缴或漏缴，农民工们也没有向劳动监察部门举报的维权意识。

其次，农民工收入普遍较低也是制约农民工养老保险制度建立的主要障碍因素之一。农民工每月微薄的收入可能有许多必须负担的生活开支。比如，子女的教育费用、家中病人的医疗费用、改善住房条件等。微薄的工资维持现时的必要消费还有困难，再让其从中拿出一部分作为未来的生活储蓄，是他们所不情愿，也不现实的。

除了上述两个原因之外，不少农民工对制度缺乏信心也是造成当前参保率较低、"退保"现象严重、实施不顺畅的重要原因。当前的农民工养老保险制度由地方政府举办，而农民工的流动性又较大，不同的地区采用不同的缴费标准使得保险关系的转接成为现实中的难题，中央对未来制度的建立又没有给出明确的指示。所以，即使农民工在某一务工地区已经参加保险，但随着他的迁移或回乡，在对未来没有明确预期的情况下，由于对制度缺乏信心，出于理性的考虑，他们也会选择退保。

3. 从三方责任主体来看当前我国农民工社会保障制度的构建

（1）政府

政府的决心是解决问题的关键。作为社会保障制度中不可推卸的责任主体，对于农民工社会保障制度的建立，政府必须承担起应有的责任。鉴于当前我国政府公共财政能力有限，改革过程中各类问题包括城镇居民的社会保障问题都亟待解决，在农民工社会保障问题上，政府不仅要承担相应的财政责任，在必要的时候扮演最终责任人的角色，更重要的是制度设计和政策引导。

对于农民工社会保障的建立，首先，要从制度建设上给予保障。政府应按照权利与义务相一致、公平与效益相结合、改革与发展相协调的原则，明确建立公平、公正、公开的农民工社会保障制度的目标。从立法上对农民工社会保障制度进行完善，对于那些漏报、瞒报农民工数量，逃避缴费责任的用人单位要从严处理。同时，还应按照保障项目的紧缺程度，分清轻重缓急，要优先解决农民工的工伤、医疗问题，待条件成熟时再囊括其他保障项目；还应对各项保险金的缴纳、转移和领取方式提供不同的参考标准，允许各地根据实际情况，自愿选择相应的标准。此外，还应加强农民工社会保障账号的全国联网技术建设，使农民工流动性较大的特点不再成为制约其参保的障碍因素。最后，还应建立农民工的工资保障制度，切实提高农民工的工资水平，为农民工社会保障制度的顺利实施提供根本物质前提。

其次，要加强舆论宣传。在我们调查过程中发现，外出务工农民由于文化程度偏低，接触各种媒介的机会有限，对于社会保障制度的理解与认识普遍不足，这也是导致农民工参保积极性不高的原因。对于农民工社会保障制度，仅有制度环境上的硬件建设是不够的，制度能否建立，最终还是取决于参与主体的主动性。如果农民工、用人单位的观念不能转变，那么，硬件的建设只会成为一种形式。因此，政府要积极加强舆论宣传，一方面加强农民工对社会保障制度的认识，改变他们依靠家庭生活、子女养老等传统保障观念，消除他们对制度的不信任感；另一方面，改变用人单位对农民工参保的消极态度，可以以保险费用的税前列支、免税等政策上的优惠来提高用人单位的积极性。同时，还应该对整个社会进行公民平等的教育宣传，消除人们对农民工的歧视心理，让农民工真正地融入城市的生活中去。

（2）用人单位

从用人单位自身角度来看，作为社会保险基金的主要供给方，其态度是决定制度可持续发展的关键因素。用人单位应该认识到为职工缴纳社会保险费用是用人单位应有的责任，而且，从企业长远发展的角度来看，为职工缴纳社会保险费用也利于企业吸引人才，留住人才，增强企业的竞争能力。同时，还应该意识到农民工与城镇职工一样，都为企业的发展做出了自己的贡献，应该一视同仁地保证他们的合法权益。

（3）农民工自身

从农民工自身的角度来看，作为社会保障制度的另一责任主体，农民工也应该不断提高自身的自我保障及风险意识；应该认识到在当前农业现代化、农村社会家庭结构发生变化的情况下，仍然依靠传统的土地保障、家庭保障来生活、养老，已经"力显微薄"；应该积极改变自己的消费意识和消费习惯，在满足目前基本生活需要的同时，选择更高层次的社会保障制度来保证自己一生生活的富足。

4 构建与中国农村劳动力转移过程相配套的农民工社会保障制度

一、当前构建农民工社会保障制度的重大意义

（一）建立农民工社会保障制度有利于"三农"问题的解决

党的十七大指出，全面建设小康社会最艰巨的任务在农村。当前，农业、农村、农民问题是我们全部工作的重中之重。解决"三农"问题的一个重要措施就是将农村的剩余劳动力从土地上解放出来，向城镇非农产业转移。与城镇居民一样，进城务工的农民工也会面临失业、工伤、养老等社会风险，仅凭个人和家庭自身的力量显然难以应对。不能及时地化解这类风险，不仅影响到农村剩余劳动力向城镇非农产业转移的速度，更会影响到农业现代化的进程，危及农村社会的稳定。可以说，实现农村剩余劳动力向城镇非农产业的转移是解决"三农"问题的根本，而建立农民工社会保障制度又是实现农村剩余劳动力顺利转移的基础制度保障，农民工的社会保障问题，关系到农民生活水平的提高，农村的稳定以及整个农业的发展。

（二）建立农民工社会保障制度是加快我国工业化、城市化、农业现代化进程的需要

1. 建立农民工社会保障制度是加快我国工业化、城市化进程的需要

尽快实现工业化与城市化是我国现代化进程中艰巨的历史任务，也是我们建设社会主义和谐社会的必经之路。党的十五届三中全会提出的《关于农业和农村若干问题的决定》和十五届五中全会提出的《关于制

定国民经济和社会发展第十个五年计划的建议》都明确指出了加快我国城镇化建设的战略任务。党的十六大报告中也提出了走新型工业化道路的战略举措，并明确指出新型工业化的道路要求工业发展要有利于农业劳动力的持续转移和城镇化程度的提高，有利于我国人力资源优势的发挥。

就目前情况来看，我国城市化水平严重滞后于经济发展水平是一个不争的事实。实现整个社会的工业化、城市化与现代化是我们的最终目标，当前，社会各界普遍认同的"工业反哺农业、城市支持农村"的发展战略，正昭示出农民工作为"反哺"与"支持"的桥梁和纽带的重要作用。紧密工农关系，疏通城乡血脉，加快农民工向市民转化的速度，是加快工业化、城市化与现代化进程的一条有效路径。以四川省为例，仅 2005 年上半年，该省农民工的劳务收入经银行和邮局汇回当地农村就达 287.4 亿元，较上年净增 134 亿元，增长 88%①。这些劳务收入是农民工兄弟用勤劳和智慧创造的"反哺"和"支持"，不需要国家或社会的任何资助或施舍，是他们在公平的市场环境下的辛勤劳动所得。

目前，中国约有 8000 万左右的农民工在大中城市与其原籍之间徘徊，有 12000 万乡镇企业职工基本分散在农村。按照 1.5 的人口扶养率计算，中国潜在的非农化城镇人口已经达到 3 亿左右②，这本应是加快城镇化的最有利条件，但目前却成为中国经济社会发展面临的最大困难。造成当前我国经济发展速度与工业化和城镇化速度严重不符，城市化与工业化程度严重滞后的原因有许多，但我们应认识到加快建立农民工社会保障制度，规避农民进城后可能遇到的各种社会风险，正是消解我国二元经济结构，推进城市化进程的重要环节。

2. 建立农民工社会保障制度是加快农业现代化进程的需要

现代发展经济学认为，伴随着产业结构的变化，农村人口迁移的过程可以分为两个阶段：第一阶段，农业劳动力向非农部门转移，农村剩余劳动力从农村转移出去；第二阶段，农村人口向城市转移，迁移者在城市居住下来。一般而言，一个国家或地区的经济发展过程中，人口迁

---

① 刘怀廉：《中国农民工问题》，人民出版社 2005 年版，第 329~331 页。
② 邹东涛：《社会主义市场经济学》，人民出版社 2004 年版，第 423 页。

移的两个过程应该是同步完成的，也即实现工业化与城市化的同步发展。但是，我国的实际情况却并非如此。

如前所述，改革开放以来，计划经济体制下形成的城乡二元化分割政策的逐步弱化与松动，为农村剩余劳动力转移出去提供了制度空间。在城市更多就业机会和更高收入水平的吸引下，大量的农村剩余劳动力走出农村，来到城市，完成了农村人口迁移的第一个过程。但是，由于计划经济时代遗留下的诸多不合理政策，工业化与城市化的同步发展却未能实现。较为典型的，如传统的城乡隔离的户籍管理制度使许多进城的农民得不到在城市永久居住的"绿卡"，而户籍身份差别带来的社会福利的差异，也使这些"外乡人"享受不到应有的社会福利，导致他们无法抵御城市生活中遭遇的各种风险。由此，在我国农村人口迁移的第二个过程由于制度因素而受阻。

正是基于以上原因，外出务工的农民当中，有相当一部分人选择非正式的流动方式来规避城市工作、生活中的各种风险。他们要么只在每年农忙时回农村从事农业生产，其余绝大部分时间在城市从事非农产业生产；要么虽然已经在城市立足，但仍然不愿放弃农村的土地使用权。目前，这种农村农户兼业的现象在我国普遍存在。

从微观主体的角度来看，农户兼业行为是农民工的一种理性选择。一方面，目前大多数农村地区的农业经营只能维持基本的生存保障，而城市非农产业的就业却能为他们带来相对较高的收入。农民工为获取收益最大化而将大多数时间、精力投入城市非农产业。另一方面，在城市从事非农业生产，面临着与工业化大生产息息相关的失业、工伤等社会风险，一旦遭遇风险返回农村后，土地的保障功能便凸显出来。因此，大多数农民工出于收益最大化和风险最小化行为目标的考虑，不愿意轻易放弃土地使用权。

从宏观主体的角度来看，这种以农业家庭分散经营为基础的兼业行为不利于农业及农村经济的发展。从短期来看，农民工兼业的目的已经不再是农业经营收益的最大化，而只是为了抵御在城市从事非农产业生产的风险。对农民工而言，种地只是为了家庭吃饭或抵御打工的风险，追求的是土地的最低生活保障功能，因此，他们往往忽视农业投入，疏于田间管理，对土地实行粗放式经营甚至撂荒。复旦大学人口所通过对苏南地区土地经营方式的研究，提出的"最低生活保障形态农业"就是一个典型的例证。从长远发展来看，这种家庭分散式经营阻碍了农业的机械化、产业化发展，牺牲了土地的规模经济效益，与农业现代化经营对规模生产的要求相去甚远。

而农民工个体的收益最大化和风险最小化的理性行为所导致的整个农业的低效率状态，与农民工社会保障的缺失不无关系，这正是经济学上典型的"合成谬误"。农户兼业行为与"最低保障形态农业"的出现，是农民工缺乏社会安全感的直接表现，对"最低生活保障形态农业"的改变必然要求改变农民工对城市生活风险的防范观念和规避手段，建立替代土地保障的社会保障制度。当社会保障的利益补偿和抗风险能力高于土地时，农民工自然会放弃农村的土地，完成农村劳动力的第二个转移过程。这不但能够缓解当前中国人地关系紧张的矛盾，而且也有利于推进农业规模经济的形成，促进农业及农村经济的发展。

（三）建立农民工社会保障制度是构建社会主义和谐社会的需要

1. 实现社会公平正义的需要

公平与正义是社会主义的本质要求，促进社会公平正义，是构建社会主义和谐社会的关键环节与核心价值。社会保障是现代工业文明的产物，其建立的意义在于解决由农业社会向工业化社会及后工业化社会转变过程中可能遇到的各种社会风险，它具有典型的权利本位式特征，人文精神是其遵循的最高理念，而人文精神对社会保障制度当中恰恰体现为"公平正义观"的实现。"公平"与"正义"在不同的场合有着不同的衡量尺度，对社会保障制度而言，我们可以把"公平"作为衡量社会保障制度是否实现"正义"这一价值观的判断标准。

但是，当我们用"社会公平"的标准来衡量农民工所拥有的权益时，不难发现社会主义的公平机制并没有惠及到这一群体。他们绝大多数就业于非正规部门，作为灵活就业者，其工资水平与正式职工的工资水平相去甚远，获得的收入与付出严重不符。国家统计局数据表明[1]，2004 年全国农民工的月平均工资仅为 539 元，不及同期城镇职工月平均工资 1335 元的一半。而且，与城镇职工相比，农民工应有的劳动权

---

① 数据来源：http://www.stats.gov.cn/，2006 年 10 月 11 日。

益得不到保障、社会保障供给缺位的现象更是普遍存在。

改革开放以来，广大农民工积极参与到各个城市的经济建设当中，对促进当地经济增长做出了巨大的贡献；同时，他们将新的知识、信息、劳动技能带回家乡，也为家乡的发展带去了新的活力，这对于缩小城乡间差距起到了极大的促进作用，他们为经济、社会发展所作的贡献不可磨灭。中国政府作为人民公共利益的代表，应当将经济发展的成果惠及每一位公民，尤其是处于弱势地位的农民工群体。因此，我们应当为农民工群体提供应有的公共服务，建立相应的社会保障制度，最大范围地实现社会公平。

2. 倡导诚信友爱的需要

倡导诚信友爱，是和谐社会的道德基础。古人云，"亲仁善邻"、"讲信修睦"、"同德则同心，同心则同志"。诚信思想是中国传统伦理文化的精髓部分，诚信友爱亦是中华民族的优良传统之一。构建社会主义和谐社会要以诚信道德为基础。全社会互帮互助、全体人民平等友爱、融洽相处是社会主义和谐社会的显著特征。

农民工作为一支新型的劳动大军，是我国产业工人的重要组成部分，为经济社会发展做出了重大贡献。当前，恶意克扣、拖欠农民工工资，不为农民工办理社会保险，发生工伤、职业病等事故无人问津的现象频频发生，广大农民工兄弟仍处于社会的边缘，极少得到社会的关爱，其物质生活、精神生活长期处于严重匮乏的状态。农民工的生存状态不优，折射出当前社会诚信友爱的缺失，农民工社会保障制度的缺失，不利于倡导全社会的团结友爱。因此，为其建立完善的社会保障制度是构建社会主义和谐社会不可忽视的问题。

3. 激发社会主义社会活力的需要

社会活力是社会进步、社会和谐的基本条件，社会活力的不断增强是现代社会的基本标志。激发全社会的创造活力，既是社会主义和谐社会的一个基本特征，也是构建社会主义和谐社会的重要保证。社会主义的社会活力是建立在社会生产力不断发展、人民群众的创造力充分发挥、社会财富充分涌流、社会公平普遍实现的基础之上，体现在经济、政治、文化和人本身等各个方面。

农民工社会保障制度的缺失，首先，不利于激发社会主义经济发展活力，尤其是不利于激发农村经济发展的活力。由于保障制度缺失造成的农村劳动力转移滞缓，一方面导致农村人力资源的巨大浪费，一方面也影响到农村劳动生产率的有效提高。据统计①，农业与非农产业相对劳动生产率的差距，在短短的 10 年内已从 1990 年的 3.93 倍扩大到 2000 年的 5.29 倍。农村经济发展的活力不足，不仅影响农村经济的繁荣，也会对整个国民经济的发展产生不利的影响。其次，不利于激发政治发展活力。由于收入水平较低、文化素质不高，农民工群体的组织化程度也一直未得到有效提高。他们更多的是关注经济收入，而漠视社会的政治发展，政治参与的主动性和积极性欠缺。再次，不利于激发文化发展活力。低水平收入使得农民工们没有能力去享受更多精神食粮，其文化生活中的"沙漠化"现象普遍存在，这不仅不利于提高他们的思想文化素质，更不利于营造健康、和谐、文明进步的社会氛围，对城市和农村的文化发展也会产生负面影响。

4. 维护社会安定有序的需要

追求社会的安定有序，是形成社会主义和谐社会的必要条件和基本标志。农民工盲目、无序的流动，不仅给交通运输带来很大压力，也不利于流入地的社会管理。近年来，随着大量的农民工涌入城市，各种与农民工有关的违规、违法、犯罪活动逐年增多。数据显示②，2002～2005 年三年间，某法院刑庭判决有罪案犯 1189 人，其中农民犯罪人数为 606 人，农民工犯罪人数为 243 人，农民工犯罪人数占农民犯罪人数的比率为 40.1%，而且，期间各年所占比率逐年上升，分别为 39.37%、39.62%、40.49%、41.51%。从犯罪学的角度来看，"相对剥夺感理论"很好地解释了农民工犯罪率攀升的原因。农民进城前，和城市居民生活在两个完全不同的社区，由于同一社区的公共福利基本上相同，因此，他们的相对剥夺感很小。但一旦走进城市，并试图生存下来时，他们就会发现由于身份上的差别，自己和城市居民完全处于不同的两个阶层，从而产生强烈的相对"剥夺感"，而其中一些人便会采用

---

① 吴敬秋：《农民工生存状态及其改善：基于构建和谐社会角度的探讨》，载《中国农业大学学报》2006 年第 3 期，第 7 页。

② 唐永进：《必须建立农民工社会保险制度》，载《探索与争鸣》2003 年第 2 期，第 21 页。

不法手段来"补偿"自己的不公正待遇，最终走上犯罪的道路。

除此之外，近年来，随着拖欠农民工工资等侵害农民工合法权益事件的不断出现，由于维权的渠道经常受阻，农民工跳楼、跳桥等极端事件及群体性事件频频发生。《2005年社会蓝皮书》的数据显示[①]，从1993年到2003年10年间，我国群体性事件数量已由1万起增加到6万起，参与人数也由约73万增加到约307万，其中相当一部分事件都是因为农民工合法权益受到侵害引起的。

农民工进城后，面临着前所未有的来自各方面的风险与压力，现有社会保障制度供给的缺失与社会安全管理的不到位，使得这一群体成为各大中城市社会治安不稳定的重要因素。改革需要代价，和谐也需要成本。建立适合农民工群体特征的社会保障制度，解决农民工进城务工后面临的各种社会风险，维护其合法、正当的权益，让他们也充分分享社会主义经济发展的成果，才能为建设社会主义和谐社会创造良好的社会环境，并以此更好地促进社会的发展。

5. 完善我国社会主义市场经济体制的需要

社会主义市场经济的不断发展与增强是社会主义社会和谐的重要标志，社会主义市场经济体制的不断完善是实现社会主义和谐社会的基本物质条件。

首先，从劳动力资源再生的角度来看，市场经济以市场机制调节资源配置为基础，遵循公平竞争、优胜劣汰和效率优先的原则，劳动者面临巨大的社会风险，需要社会保障制度来维持劳动力的再生，为市场经济的持续发展提供后备的人力资源。农民工社会保障制度的缺失，不利于劳动力自身的可持续性再生，也不利于我国劳动力市场的健康发展。

其次，从再分配的角度来看，市场经济使劳动者收入结构分化加剧，社会贫富悬殊，而市场经济本身不会自发地调节收入差距，维护弱者利益，这就需要作为国民收入再分配手段之一的社会保障为劳动者筑起一道安全网，维护社会公平。农民工社会保障制度的缺失，是弥补当前农民工薪酬水平普遍较低，缓解其城市生活压力的重要手段。

再次，从社会公平的角度来看，市场经济以统一的劳动力市场为条

---

① 中国网：http://www.china.com.cn/chinese/jingji/727598，2004年12月13日。

件，而农民工社会保障的严重滞后在一定程度上阻碍了全国统一劳动力市场的形成，难以维护社会公平，这势必影响我国社会主义市场经济的健康发展。

总的来说，社会主义市场经济体制的确立和完善需要有完善的社会保障制度与之相配套，从完善我国社会主义市场经济体制的角度来看，也必须抓紧解决农民工的社会保障问题。

（四）建立农民工社会保障制度有利于构建城乡一体化的社会保障体系

受各种客观因素的制约，我国社会保障制度的覆盖面还相当狭窄，社会保障体系还不够完善，这不仅不利于社会主义市场经济的健康发展，也难以体现社会主义制度的优越性。社会保障制度是缓解国民收入初次分配不公，减少收入差距过大问题的重要保障，从长远来看，将农民工及时地纳入社会保障体系，不仅能够调动农民工群体的劳动积极性，更有利于早日实现我国城乡一体化的社会保障体系构想。

二、构建农民工社会保障制度的基本思路与原则

（一）建立农民工社会保障制度的基本思路

目前，建立农民工社会保障制度的必要性与紧迫性社会各界都已达成共识，但具体到建制的基本思路，还存在着较大的争议。如何为改革发展过程中出现的这一特殊群体建立社会保障制度，基本思路的确定是关键。笔者认为，建制的关键是从根本上认清制度的归属问题。从当前理论界、实践部门讨论的各种方案来看，关于农民工社会保障制度的归属问题，主要集中在以下几种思路上：

一种思路认为，农民工是城市化进程中涌现出的不可忽视的一类群体，他们作为城市化进程中的先锋队伍，"进城"符合了社会发展的客观趋势，因此，其社会保障制度也应该一步到位，纳入城镇社会保障体系。

在这一思路的影响下，有观点认为应该借助户籍制度的改革，变更农民工"农民"的身份，取消其农村户籍，使其成为真正的"城里人"，同时，农民工的社会保障也应该一步到位，纳入"城保"体系①。

---

① 张启春：《谈谈进城务工人员的社会保障问题》，载《江汉论坛》2003 年第 4 期，第 117 页。

该观点认为这一设想是解决我国当前农村剩余劳动力大量过剩，加快城镇化建设速度的有效之举。这种设想是在充分考虑到现有户籍制度的基础上提出的解决办法。目前，上海、宁波等城市正在进行的户籍管理制度改革，正是希望借此契机取消农民进城落户的限制，从而解决户籍制度附带的各种社会福利上的差别待遇问题。但实践中，这一设想的实施只能以户籍制度的改革为首要前提，这在实践中还存在着诸多客观障碍。

还有观点认为，可以直接通过城镇社会保障制度的"扩面"工作解决农民工的社会保障问题。这一观点和上一观点的相似之处在于都是将农民工群体直接纳入城镇居民社会保障制度之中，但是，此观点避开了现存户籍制度这一壁垒，也不考虑由此带来的城乡务工人员户籍身份上的差别，其主要以"同工同权"为基本出发点来解决问题。持这一观点的人主张只要同工就应该同酬、同权，享有同等的社会保障待遇。他们认为农民工进城务工，为城市的建设做出了巨大贡献，他们理应和城镇职工一样，享有自由组织、建立并参加工会等其他行业组织的权利，他们也应该和城镇职工一样，享有平等的社会保障权益。这一设想绕过了制约当前农民工各种权益实现的户籍壁垒，以就业形式为标准，以居住地为原则，来建立农民工的社会保障制度。当前，随着城镇社会保险覆盖面由国有企业、集体企业向三资企业、个体私营企业的逐步扩大，通过这一途径吸纳农村进城务工人员进入城镇社会保障体系，不失是一种可行的办法。但是，我们也应该认识到，随着保障人群覆盖面的扩大，这一途径终将受到资金来源、制度设计等各种客观因素的限制。

总的来说，从长远来看，将农民工直接纳入城镇职工社会保障体系的思路是一种符合市场经济要求的建制方式，它有利于打破城乡之间的传统壁垒，有利于全国统一的劳动力市场的形成，有利于体现全体公民"人人平等"的基本权利。但实践中我们不得不承认，由传统二元户籍制度引致的许多现行行政制度已经固化多年，"一刀切"的改革方式显然是不现实的。

第二种思路认为，农民工是城市化进程中涌现出的一类特殊劳动群体，他们具有不同于城镇职工、传统农民的鲜明群体特征；同时，由于我国现存的已固化多年的二元经济结构，在城镇化发展过程中，这一特殊群体还将在未来一段时间内长期存在，因此，应该为其建立一种相对独立的社会保障制度，待未来时机成熟时再考虑与城镇职工社会保障制度的接轨。在这一思路的影响下，不同的学者也提出了各自的设想。有观点①认为无论将农民工的社会保障制度纳入城镇社会保障体系还是农村社会保障体系，都既不现实也不可靠。城镇社会保障制度的负担已经过重，农村社会保障制度还没有在全国范围内真正建立起来，而解决农民工的社会保障问题又是当务之急，因此，可以考虑在制度构建之初，为农民工们建立一个相对独立、逐渐完善的社会保障制度。尤其在现阶段，应该推出一种相对独立的、分阶段进行的农民工社会保障制度，在整个社会保障体系中形成一种作为过渡形态的"三元社会保障模式"。

还有观点②认为可以将农民工纳入到一种"低门槛、开放式与可持续的社会保障新计划"中，搭建中国社会保障新平台。该观点认为，近年来部分城市把农民工纳入城镇职工社会保险体系的做法带有明显的制度漏洞，农民工流动性较大，加入当地城镇社会保障体系的农民工，一旦离开这座城市只能带走其记入个人账户的资金，而统筹部分将无偿地被截留，这种做法无异于剥夺了农民工的正当社会保障权益，是一种短视甚至是歧视行为，但如果把农民工纳入到这种社会保障新计划中，实行全国统筹则不会发生这种问题，因为无论农民工到哪里就业，其社会保障权益都会得到有力保证。这种做法具有一定的合理性与可行性。

当然，还有少部分学者认为，考虑到大多数农民工的最终归属仍是农村，可以将其社会保障制度直接纳入相关的农村社会保险制度中，这样不仅节约了建制成本，更解决了农民工流动性普遍较大的问题。这一思路的声音不大，因为现实中我国除了个别经济条件允许的地方进行了农村社会保险制度的试点外，全国大多数农村地区社会保障制度一片空白，根本不存在对接农民工社会保障项目的制度基础，同时，这一思路也不符合加快我国城镇化建设的发展目标。

---

① 米庆城：《农民工社会保障问题研究评述》，www.nmwqzx.com/，2004 年 6 月 22 日。
② 高书生：《关于搭建中国社会保障新平台的设想》，载《经济研究参考》2003 年第 4 期，第 25 页。

　　笔者不完全赞同以上几种观点，笔者认为应该针对现有农民工群体内部的不同分化特征，分项建立适合农民工群体特点的、满足不同类型农民工需求的、易于与未来保障制度相衔接的独立的农民工社会保障制度。待到未来时机成熟时，再构建城乡统筹的一元化社会保障体系。

　　（二）建立农民工社会保障制度的基本原则

　　在城镇化建设的进程中，农民工作为农村劳动力转移的"领头军"，正处于向城镇居民转型的特殊过渡阶段。当前，农民工群体的特殊性、城镇社会保障制度门槛过高、农村社会保障制度基本一片空白等现实因素，决定了建立我国农民工社会保障制度对其制度安排必须有一个准确的定位，必须加大制度的创新力度，为广大农民工构建一种切实可行、行之有效的保障制度。

　　根据我国城乡经济发展水平的差距和特点，根据不同农民工群体的经济承受能力和社会保险需求的差别，笔者认为现阶段我国农民工社会保障制度应当在低起点、广覆盖、有重点、有差别、易衔接等原则基础之上来建立。

　　1. 权利与义务相对等原则

　　权利和义务相辅相成，没有无义务的权利，也没有无权利的义务。享有社会保障权利是宪法赋予每个公民神圣不可侵犯的权利。作为社会的公民，农民工为所在城市的建设与家乡的发展都做出了巨大的贡献，他们应该拥有分享社会经济发展成果及享受社会保障的权利。当然，权利的获得要以义务的履行为前提，农民工取得社会保障权利，必须以先履行按规定缴纳社会保险费的义务为前提。构建农民工社会保障制度首先要以权利与义务对等为基本原则，这既坚持了公平原则，体现了社会主义制度的优越性，又贯彻了效率原则，保证了制度的可持续发展。同时强化农民工的缴费义务，也有利于提高农民工的社会保险意识，增强农民工维护自我合法权益的观念，利于整个社会的进步。

　　2. 灵活性与适度性相结合原则

　　农民工群体的最大特征就是流动性大，他们或在不同的城市之间频繁"迁徙"，或常年在城乡之间"两栖"，因此，对于农民工群体来说，其社会保障制度设计的灵活性至关重要。在建立制度时，我们必须坚持灵活性原则，用全局观来通盘考虑农民工群体流动过程中可能出现的任何问题。例如，当劳动力流动时，对于不同地区之间社会保障关系有效衔接问题的解决，我们可以根据不同农民工的特点，根据不同地区间的经济发展水平状况，灵活的设计适合当前形式的接续办法。

在坚持灵活性原则的基础上，解决农民工社会保障问题还应该在保障广覆盖的前提下，坚持适度性原则。诚然，保证每一个公民都享有社会保障权利是我们建立与完善社会保障制度的宗旨，但是，农民工群体收入普遍较低且不稳定的特点决定了现阶段农民工社会保障制度的建立要遵循适度原则。农民工社会保障水平设立的高低，必须与现实经济发展的水平相适应，只有建立与当前社会生产力发展水平相适应的保障制度才能保证制度的可持续性。

就目前的情况来看，农民工的社会保障还处于实现制度的基本功能层面，保障水平不易过高，如果强制性的推行城乡接轨，按照城镇居民的保障水平来供给，很可能会加重企业和农民工的负担，反而成为农民进城务工就业的新"门槛"，甚至会减少农民进城务工的数量。而且，如果强行要求农民工参加高缴费、高回报的社会保障体系，其后果可能会使企业考虑成本加大的情况下减少对农民工的吸纳数量；也可能导致企业阳奉阴违，这样的结果完全与制度的初衷相违背。因此，农民工社会保障制度的建立应兼顾农民工、用工单位、国家三者的利益，保障水平也要在各主体能够承受的范围之内，立足于解决农民工最迫切需要和保障基本生活的原则。

3. 分类、分层、分阶段推行原则

建立一元化的社会保障体系是我国社会保障制度发展的最终目标。一元化的社会保障体系是城乡统一的社会保障体系，它没有身份、户籍、职业的歧视，体现社会的公平与公正，具有管理简便，操作统一的特点。一元化制度安排是我国社会保障制度的长期发展目标，但在当前时期内，强制性的要求城乡社会保障制度接轨，不仅做不到，更有悖于社会发展的规律。目前，无论从国家财力、相关政策环境还是社会保障制度本身的操作技术水平来看，都达不到建立一元化社会保障体系的条件。同样，解决农民工的社会保障问题，也不能不切实际地追求一步到位。当前，农民工群体内部出现了分化，不同个体间经济承受能力、制度需求状况存在着显著的差异，因此，我们应根据分类、分层、分阶段的原则，将多元化的制度安排作为暂时过渡，待条件成熟时再将不同的制度并轨，最终向一元化的公平制度迈进。

这里所谓的分层、分类是指首先对农民工群体内部实行分类，再根据不同类型农民工的不同的社会保障需求，按照轻重缓急，分阶段、有步骤地实施各单项社会保障项目。按照我们前面所分析的当前农民工社会保障在各地的实施情况来看，农民工最需要的社会保障项目依次是工伤保险、医疗保险、社会救助和养老保险。

4. 局部与整体共同发展原则

无论是坚持灵活性与适度性相结合原则，还是坚持分类、分层、分阶段推行原则，我们都必须从宏观上处理好农民工社会保障制度与整个社会保障体系建设之间的关系。农民工的社会保障问题是当前构建和谐社会、建设社会主义新农村的重中之重，农民工的社会保障制度与我国的社会保障体系之间是局部与整体的关系。在处理两者关系时，必须坚持农民工社会保障制度与我国社会保障体系建设共同发展的原则，将农民工社会保障制度建设纳入到我国社会保障体系建设中来，并以此作为我国城乡统筹、城乡一体化社会保障体系建设的突破口。

建立农民工的社会保障制度，要坚持局部与整体共同发展的原则，将农民工社会保障制度建立在我国社会保障制度现有的基本框架之内。具体来说，主要包括三方面的内容：第一，要与我国未来城乡统筹“一元化”的整体社会保障制度相衔接。这就要求制度设计时要充分考虑我国社会保障体系城乡统筹的发展方向，充分体现低水平、广覆盖、可持续的建制理念。第二，要与现有的城镇社会保障体系相衔接，以节约建制成本，更好地向“一元化”社会保障体系过渡。这就要求农民工社会保障制度的设计不能完全脱离现行的城镇社会保障制度另起炉灶，而应参照现行城镇社会保障制度的基本框架和具体做法，从而确保制度的连续性、创造性和有效性。第三，要与农村社会保障制度的建设相衔接。虽然，我国农村社会保障制度建设尚处于探索起步阶段，但可以将已经取得的一些经验和共识融入农民工社会保障制度的建设之中，为最终走向城乡一体化的社会保障体系创造条件。

总之，在建设农民工社会保障制度的同时，应考虑我国社会保障制度的整体建设和发展，考虑如何逐渐地将农民工社会保障制度同城镇和农村的社会保障制度相融合，把农民工的社会保障制度当做与城镇社会保障、农村社会保障同样重要的组成部分对待，从宏观的角度把握好整体与局部共同发展的原则。

三、建立与完善农民工社会保障制度的措施建议

对于农民工社会保障制度的具体建构，如前所述，目前已有不少城市和地区或将农民工纳入当地城镇居民社会保障制度，或单独为农民工建立社会保障制度。笔者认为，笼统地将农民工纳入当地"城保"不仅忽视了农民工收入水平较低，承受能力有限的事实，也不利于灵活就业的农民工在不同地区之间的自由流动；单独为农民工建立社会保障制度不仅耗费了大量不必要的人力、物力等建制成本，更不利于未来向城乡统一的一元化社会保障体系过渡。笔者认为，在当前形势下，应该为农民工建立一种适合农民工特点的、满足不同类型农民工需求的、易于与未来城镇社会保障制度相衔接的特殊社会保障制度，待时机成熟，再向全国统一的一元化社会保障制度合并，最终，形成一个城乡高度统一化、社会化、法制化、规范化的社会保障体系。这是推进城镇化的战略需要，是顺应经济发展规律的内在要求，也是从中国国情出发的正确政策选择。

基于上述分析，笔者认为现阶段较为现实可行的办法是——根据农民工规模庞大，流动性强，非正规就业者多，工种差别较大，收入普遍不高，保障需求存在较大差异等自身的特点，在国家财政与用人单位承受能力范围之内，按照分类、分层、分步骤的方法来为其提供社会保障。

（一）分类

根据农民工所从事的职业特点及流动程度的差异，可将农民工大致划分为以下三类：

第一类为有雇主、职业相对稳定，且有固定收入、流动性不大的农民工。此类农民工绝大多数已在城市居住多年，思想意识、行为方式、生活习惯与城镇居民已无二致，属于只存在身份差别的"准市民"。如：在城市从事服务业、修理业多年的农民工。

第二类为有雇主、但职业不稳定，也无固定收入、流动性较强的农民工。此类农民工的最大特点就是流动性较强。事实上，这一大类中又包括两类有差别的农民工：一类是长年在城市务工，只是在不同城市之间流动的农民工，他们与第一类农民工的区别主要在于流动频繁；一类是亦工亦农、亦城亦乡的"两栖"型农民工，他们只在农闲或其他有限的时间内进城务工，一年有相当一部分时间在农村。如：在城市从事加工制造业、建筑业等季节性特点较强行业的农民工。

第三类为无雇主雇佣、在城市从事个体经营或自谋职业的农民工。如：在城市从事经商等活动的农民工。

（二）分层次

分层次地解决农民工社会保障制度是指根据不同类型农民工的群体特征，结合各类型农民工对各保障项目需求的轻重缓急程度，分层次、分步骤的解决其社会保障问题。

1. 建立覆盖所有农民工的工伤保险制度

如前所述，农民工处于社会的底层，从事的多为脏、累、重、险的工作，如建筑业、加工制造业、机械加工业等重体力劳动。他们的工作条件恶劣，劳动强度大，经常加班加点，而且农民工自身文化素质普遍不高，安全生产意识、自我保护意识更低，对易燃易爆化学品的危险性、特种设备的操作技巧等安全知识知之甚少，安全隐患行为大量存在，极易发生生产事故和职业病。各地的数据和案例显示，工伤事故和职业病患者中农民工的比例在逐年攀升。工伤事故是威胁农民工生命和健康的最大敌人，甚至有研究表明，近年来，我国工伤事故发生率与同期 GDP 的增长几乎成为两条平行的曲线。因此，强制性的对全体农民工优先建立工伤保险十分必要。而且，这一保障项目的建制成本不高，不存在账户积累和保险关系衔接等问题，只要依照城镇职工工伤保险的相关费率、赔付标准，稍微调整费率标准，建制即可，具有现实可操作性。

从世界上较早建立社会保障制度的国家来看，工伤保险几乎都是实施最早的一个险种。如表 4 - 1 所示，除了德国的疾病保险比工伤保险早 1 年实施，丹麦建立养老保险比工伤保险早之外，其余所有国家的社会保险都是从建立工伤保险开始的。由此可见工伤保险在整个社会保险体系中的重要性。

表 4-1　世界上较早建立社会保险体系国家主要险种的实施年份

单位: 年

	工伤保险	养老保险	疾病保险	失业保险
德 国	1884	1889	1883	1927
奥地利	1887	1906	1888	1920
丹 麦	1898	1891	1892	1907
挪 威	1895	1936	1909	1906
芬 兰	1895	1937	1963	1917
英 国	1897	1908	1911	1911
意大利	1898	1919	1943	1919
法 国	1898	1910	1923	1905
瑞 典	1901	1913	1891	1934
日 本	1911	1941	1922	1947
美 国	1908	1935	1935	—

资料来源: 作者整理。

此外, 农民工工伤保险制度的建立不仅可以保证农民工在遭遇职业伤害事故时能够得到及时、相应的治疗及经济补偿, 早日康复。同时, 由于建立起了针对性较强的工伤保险赔付机制, 用工单位也将会更加注意用工过程中的安全保护措施, 保障工人安全作业, 其最终结果将会大大减少职业伤害事故的发生率。

因此, 当前工伤保险制度是农民工社会保障制度中需求最迫切、应该予以优先考虑的保障项目。建立农民工工伤保险制度, 应该遵从广覆盖原则, 由政府强制执行。具体做法可以借鉴目前城市职工工伤保险的实施办法, 参照《企业职工工伤保险实行办法》的工伤等级鉴定、赔偿标准等指标, 建立工伤保险基金。对于伤残评定标准可以由劳动鉴定委员会以《职工工伤职业病致残程度鉴定》(GB/716180-1996) 为依据, 负责鉴定。

在缴费来源上, 考虑到农民工的经济承受能力, 工伤保险资金的筹集应当坚决贯彻 "无过失补偿原则", 即农民工自己不缴纳工伤保险费, 按照企业工资总额的一定比例, 由用人单位全部承担。这不仅是国际上通行的做法, 更是雇主对农民工负责的一种制约。政府的责任主要是制度设计和依法强制推行。缴费费率可以根据各行业的伤亡事故风险和职业病危害程度的差别，实行不同的费率标准，可以包括差别费率和浮动费率两种，风险高的和职业病危害程度大的行业费率高，风险低的和职业病危害不严重的行业则费率低。工伤待遇的发放方式上，可以设计两种方式，按月发放和一次性发放，参保人员在遭遇工伤时可任选一种方式领取保险金。工伤保险基金要以"以支定收，收支平衡，并留有一定的风险储备金"为筹集原则。工伤保险的相关管理部门每年要针对企业的安全卫生状况和工伤保险费用使用情况，对企业实行奖惩，并根据实际情况对企业费率进行相应调整。这既可以起到促进企业重视安全生产，加强安全工作的作用；又监督了基金的安全与有效使用。

工伤保险对于农民工来说是一种职业风险的分散机制，对用人单位来说则是符合国际惯例和建立在《劳动法》基础之上的工伤赔偿机制，政府部门负责组织赔偿也比较容易操作，且无需政府付出特别的成本，其责任主要是制度的制定、依法强制推行和对执行的有效监督。因此，政府应该将这一制度强制推行，并设立相关的监察机构，接受群众举报，实行监督。在农民工与用人单位就此类事务发生争议时可以提交劳动争议仲裁委员会进行仲裁。值得强调的是，鉴于农民工工伤保险的重要性和紧迫性，相关规定一定要有明确的法律条文作为支撑，才会更有力度，农民工的权益才能切实得到保护。

2. 针对不同类型的农民工提供不同的医疗保险制度

患病是农民工最为惧怕而又难以避免的现实问题。尽管从年龄结构看，进城务工的农民以年轻力壮者为多，但在缺乏健康常识、保健卫生措施的情况下，极易发生患病情况。在保障机制欠缺的情况下，农民工一旦生病尤其是大病不仅遭受身体上的痛苦，而且也会承担经济上的负担。医疗保险不同于其他保障项目，由于其制度本身涉及的责任主体较多，极易出现各种"道德风险"。因此，建立农民工医疗保险制度，有必要按照分类、分层的原则，针对不同的农民工群体建立不同的医疗保障制度。

对于第一类"准市民"农民工，可以直接参加当地城镇职工的基本医疗保险，实行与城市职工相同的即社会统筹与个人账户相结合的保障制度。其中雇主负责社会统筹部分，个人及雇主缴费的小部分进入农民工个人账户。个人账户用于一般医疗，不足部分，只要未超过一定比例，仍由个人负担。医疗费用若超过一定比例，即为大病，由社会统筹医疗基金按比例负担，其余仍由个人负担。具体的费率厘定可以根据各地实际情况，参照当地城镇职工医疗保险制度的费率标准缴纳。

对于第二类"两栖"型农民工，由于其流动性大、从事短期工作、没有固定单位难以统一管理，原则上，如果用人单位同意为其缴费，同第一类农民工一样，应积极鼓励其参加当地城镇职工医疗保险制度。对于不愿参加的，可以参加类似北京等地已经实行的，专门为农民工设立的大病统筹医疗保险制度。该制度的具体做法是，农民工不建立个人账户，不计缴费年限，缴费当期享受相关待遇。用人单位以上一年本市职工月平均工资的60%为缴费基数，按2%的比例按月为企业农民工缴纳基本医疗保险费，其中1.8%划入基本医疗保险统筹基金，0.2%划入大额医疗互助资金。凡参加大病统筹医疗保险的农民工均可在缴费期间持大病医疗卡到指定医院接受治疗。

对于第三类自由职业的农民工，由于其无雇主，且流动性较大，因而可允许其自由选择参加第一类或第二类农民工的医疗保险制度，雇主缴费部分可由其个人缴费代替；允许其选择购买商业保险或参加新型农村合作医疗制度，不强制性的要求其必须参加。但如果他们愿意参加农民工医疗保险制度，也应为其建立个人账户，并应确保其个人账户能在全国范围内转移。

3. 针对不同类型的农民工建立不同的社会养老保险制度

由于养老保险制度的重要性与特殊性，为农民工建立社会养老保险制度显然比建立工伤保险和大病医疗保险制度具有更大的难度。原因在于，农民工群体内阶层分化严重，务工年限、流动频率、生活状态各有差别。因此，按照我们对农民工群体划分的类别，针对以上三种不同类型的农民工，我们可以设计出多层次的养老保险制度以满足他们不同的需要，具体的实施方法如下：

（1）"第一类"农民工

对于第一类农民工，他们已经在城市工作多年，为当地经济的发展和社会进步做出了巨大的贡献，理应享受和城镇居民平等的社会养老保险制度。因此，各地可根据本地的实际情况，设置这类农民工进入当地城镇社会保障体制的"门槛"，比如在城市的居住期限，有无稳定的工作岗位和收入来源、有无固定住所等。凡是符合条件的农民工，应当将其囊扩到城镇居民的社会养老保险制度中去。用人单位和农民工个人按所在地区规定履行缴费义务，在缴满缴费期限、达到退休年龄后依法享受同城镇居民一样的养老保险待遇。

这样做的好处：一方面伴随着这些农民工身份的转变，可以开通农民向"市民"转变的新渠道，缩小我国农业人口的规模，加快城市化进程的速度；另一方面，这一类农民工进入城镇职工基本养老保障体系后，其缴费进入整个社会统筹部分，可以适当减轻当前我国城镇职工基本养老保险制度的支付压力。以后伴随着户籍制度的改革，农民工这种户籍身份和职业身份相脱离的尴尬局面也将一并结束。

（2）"第二类"农民工

对于第二大类农民工，我们可以根据其中两种细分类型农民工的细微差别进行制度设计。对于其中第一小类——有意愿在城镇长期务工，只是因为流动性大而归为第二大类的流动型"准市民"，政府要在政策上给予引导，鼓励用人单位积极吸纳这部分农民工；同时，也要为他们不断地提高职业技能创造有利的制度环境，如免费或低收费进行职业培训，增加他们的就业机会，并鼓励其留在城市，加入城镇职工养老保险制度。这一小类中符合第一大类"留城"农民工条件的，可以同第一大类农民工养老问题的解决方法一样，将其纳入当地城镇职工的社会养老保险体系。

对于其中第二小类——亦工亦农、亦城亦乡，流动性非常大、收入不稳定且偏低的"两栖"型农民工，强制性地将他们纳入城镇居民的养老保障制度显然是不现实的。原因有二：一方面没有固定收入的他们自身难以承受每月按期缴纳相当数量保险费的经济压力；另一方面城镇职工养老保险制度自身目前就存在着巨大的支付压力，无力再为这些低收入者进行统筹。鉴于此，笔者认为现阶段应该为这类农民工建立确定缴费型的账户制度。具体操作方法可以在农民工输出地，为每一位外出务工农民登记造册建立一个缴费确定型的账户。账户采用完全积累制方式运行，农民工个人缴费与用人单位缴费全部计入该账户。同时，在这一账户下分设两个子账户，一个为农民工个人子账户，记录农民工自己的缴费情况，一个为社会统筹子账户，记录用人单位的缴费情况以及政府的各种补贴与转移支付。该账户可随农民工的流动而转移，各地社会保险经办机构必须无条件接续此类账户的管理工作。此外，为了更好地实现账户的社会统筹功能，并鼓励农民工减少流动频率，可规定当农民工在用人单位工作满一定年限以上，流动时可以带走务工期间用人单位为其缴纳的全部社会统筹部分；如未满规定年限的，根据其务工时间的长短可带走相应比例的社会统筹部分。考虑到此类农民工流动性较大的特点，对应着个人账户可以给每个农民工建立一张社会养老保障卡（可以根据居民身份证号设计），该卡可由农民工随身携带，方便其查询账户费用情况。该卡的一切收、缴费业务可以委托各商业银行或邮政储蓄部门代为管理，并允许一定比例的基金进行安全性较高的投资，以满足基金保值、增值的需要。

制度的缴费率相对于目前以"四高"（高基数、高费率、高待遇、高补贴）为特征的城镇职工养老保险制度，可以遵从"四低"的原则，设定全国统一的缴费标准。缴费基数可设置为各地方上年度的月平均最低工资，这可以使各地方根据当地的实际情况确立与经济发展水平相适应的缴费基数；具体的缴费率考虑到农民工与用人单位的承受能力，可以先暂定为16%，以后可根据实际情况逐步增加，与城镇职工基本养老保险制度接轨。农民工缴费费率在5%～8%之间选择，用人单位负责缴纳剩下的部分。可以根据企业所在行业的差异，选择不同的缴费率（如垄断性行业、高危险性行业，企业应该承担较多的缴费比率）。缴费率的灵活变动也可以作为企业吸引人才的一种举措。

领取养老金的法定年龄按照现行城镇职工的标准男性60周岁，女性55周岁。农民工在达到法定退休年龄后，方可按月领取养老金。农民工年养老保险金的计费＝其个人账户的积累额÷退休时的平均预期寿命。农民工在未到退休年龄而死亡时，个人账户的积累额可以由其指定继承人或法定继承人继承。对于寿命较长和收入过低其个人账户不足以满足养老需求的少数农民工，其养老保障问题由农村最低生活保障制度解决。

上述制度用图示表示如下：

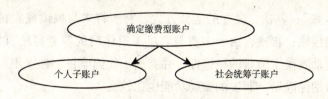

图 4 – 1　确定缴费型账户及其细目

其中，个人子账户记录农民工个人的缴费情况；社会统筹子账户记录用人单位的缴费情况以及政府的各种补贴与转移支付。

表 4 – 2　农民工确定缴费型养老保险制度的实行办法

缴费基数	各地上年度月平均最低工资	
缴费率	农民工个人	用人单位
（16％）	5% ~8%	11% ~8%
计费方式	月养老保险金＝确定缴费型账户的积累额÷退休时的平均预期寿命×1/12	
领取原则	按月领取	

这一制度的优点在于：

第一，确定缴费型的养老保险制度成本更低。由于个人账户基金所有权明晰，以及社会保障卡的建立，方便了农民工随时随地进行查询，易于被农民工理解和接受；同时，社会统筹子账户的建立也使制度具有了再分配性质，还可以方便有关部门监督用人单位，杜绝瞒报、漏缴现象。

第二，为农民工个人建立确定缴费型的个人账户制度，并允许该账户可随其自由流动，各地社会保险经办机构必须无条件接续此类账户。首先，解决了第二类农民工因流动频繁带来的由于各地缴费口径不一致，保险关系转接困难的问题。其次，也解决了季节性进城务工农民不能保证连续缴纳保费的问题。因为个人账户的所有权归农民，且是在劳动输出地建立的，这意味着农民工可以根据具体情况，随时缴纳保费。有利于个人账户的积累，也抑制了因为流动造成的社会统筹部分利益流失的现象。

第三，完全积累的运营方式，制度没有历史"旧账"，也不会出现未来"空账";其次,独立的运营方式,利于将来与城镇或农村养老保障制度的接轨;再次,由于缴费与农民工退休后的养老待遇直接挂钩,有利于调动农民工缴费的积极性,并有利于他们监督、督促用人单位及时足额缴纳保险费,制度的激励功能也比较强。

(3)"第三类"农民工

对于第三类农民工,可允许其在以上两种方案中进行选择。即符合第一类标准的,经过当地社保机构的资格审查,进入城镇职工基本养老保障制度,愿意参加第二类确定缴费型个人账户制度的,允许其进入。

根据上述制度设计,现绘制图表说明如下:

表 4-3 农民工养老保障制度的分类、分层设计

类别		群体特征	制度设计	补充说明
第一类"准市民"		有雇主、职业相对稳定、有固定收入、流动性不强	进入当地城镇职工基本养老保险制度	设置进入当地"城保"的"门槛":如在城市的居住期限、有无稳定的工作、收入来源及固定住所等
第二类"农民工"	流动型"准市民"	有雇主、职业不稳定、无固定收入、流动性较强(不同城市之间流动)	为其创造有利的就业环境,鼓励其在城市固定下来,并接纳其进入当地"城保"	这类农民工有意愿在城镇长期务工,与第一类农民工的差别只在于流动性较大
	"两栖"型农民工	有雇主、职业不稳定、无固定收入、流动性较强(城乡之间流动)	建立确定缴费型的个人账户制度,采用完全积累的方式运营	以输出地为原则登记;建立社会养老保障卡;分设个人及社会统筹两个子账户;在输出地按月领取养老金
第三类"自由职业者"		无雇主雇佣、在城市中从事个体经营或自谋职业	在以上两种方案中自由选择	企业部分由其个人补足

4. 建立专门针对农民工的社会救助制度

社会救助制度是国家基于保障公民人权平等的基础上,对特困居民实施的一种无偿的救助制度。农民工作为我国现代化建设中不可或缺的

一支新型劳动大军,当其基本生活因种种原因难以维持时,国家有义务对其进行救助。理论上来讲,农民工的社会救助制度应当包括农民工在遭遇各种自然灾害、社会风险时的紧急救济,特殊情形下的贫困救助,以及合法权益受损或遭遇不公平待遇时的法律援助等。因此,建立完善的农民工社会救助制度也是构建农民工社会保障体系不可或缺的重要组成部分。但是,考虑到我国目前的实际情况,为农民工单独建立一种类似于城镇居民和农村居民最低生活保障制度的救助制度是不现实的。笔者认为,结合我国当前的现实国情,建立农民工社会救助制度可以选择一种"官民结合"的制度模式,即除政府承担相当的责任并且直接主导政策以外,重点发挥民间慈善组织的积极作用来解决农民工的救助问题。

鉴于社会救助制度的特殊性质,我们不考虑农民工内部的分层,直接将这一群体作为一个整体来考虑问题。具体的实施方法如下:对于年龄已满55周岁确需被救助的农民工,可以根据其居住地点,考虑将其纳入城镇或农村最低生活保障制度,和一般救助对象享受同等待遇。对于不满55周岁的救助对象,由于其年龄较轻,尚具有劳动能力,因此,对他们的社会救助不应只是单纯的经济救助,而应该根据其劳动能力的大小、年龄段的不同,有针对性地为他们提供就业指导、技能培训,以增加其劳动就业机会。

目前,这种"授人以渔"的救助方式得到不少学者的认同,清华大学的李强教授提出政府可以为农民工建立一种特殊的最低生活保障体制,即"公共劳动"形式的社会救助制度,以使那些失业的、没有收入的外来民工能够通过"公共劳动"的形式找到饭吃、找到合法的活路。所谓"公共劳动"形式的最低生存保障体制与城市收容的概念不同。传统的城市收容对象是社会弱势群体——老弱病残等,而对于农民工这一高活力群体来说,他们陷入困境可能只是暂时的,他们一旦找到工作,不但可以养活自己,而且还可养活家人。"公共劳动"机构正是这样的一个"中转站",为这些身强力壮的农民工提供暂时的栖身和劳动之地以帮助其维持基本生活。建立这样一个"中转站"与农民流动频繁的特点也是相适应的。对政府来说,这样一种变"输血"为"造血"的救助体制比单纯的经济救助更有效,更节省成本,同时也可为社会带来安全稳定①。

建立农民工社会救助制度，除了上述几种正式制度之外，由全国总工会发起建立的"互助储金会"等职工间的互助组织，也作为正式制度的补充，为生活出现困难的农民工提供了有效的社会救助。

5. 重视农民工女职工的生育保险

随着农民工群体中女性职工人数的不断增多，对农民工女性职工的生育保险问题也应给予应有的重视。从目前各地农民工女性职工的生育保险参保率来看，情况不容乐观。统计显示，2004 年湖南省女性农民工生育保险参保率仅有 5.5%②。调研过程中我们发现，有不少私营企业、个体单位为了避开女职工孕、产、哺乳期，甚至在招工中明确规定只招收 19 岁~25 岁未婚、未育的女性农民工，女性农民工的合法权益严重受到了侵害。

目前，国内针对女性职工劳动保护的主要法规——《女职工劳动保护规定》，自 1988 年 9 月 1 日起颁布实施以来，已经过了 20 个年头。该法规覆盖的对象主要限于城市女性劳动者，从法规条文上严格来讲，并未将女性农民工包括进去；而且，20 年间，我国经济形势发生了巨大变化，很多条款已经不能适应新形势下的解释。如《女职工劳动保护规定》中第四条规定"不得在女职工怀孕期、产期、哺乳期降低其基本工资或解除劳动合同"，这里提到的"基本工资"如今情况复杂，尤其是在女性农民工就业相对集中的非国有企业，这类企业工资往往以计时、计件为标准，自主确定，标准变化大，弹性强。不少非公企业往往就此钻空子，逃避责任，造成女性农民工工资畸低的现状。

保护女性农民工的合法权益，对促进社会公平与和谐发展具有双重意义，健全和完善维护女性农民工权益的政策法规体系是解决这一问题的前提。首先，应当根据当前社会发展新情况，明确保护主体"女职工"的具体含义，将女性农民工纳入女职工的范畴。《女职工劳动保护规定》、《女职工禁忌劳动范围的规定》以及《企业职工生育保险试行

---

① 李强：《城市农民工的失业与社会保障问题》，载《新视野》2001 年第 5 期，第 46 页。

② 数据来源：湖南省财政厅农业处，http：//hnczt.gov.cn/toShow.do id = 597。

办法》等相关法规应该从法律层面将女性农民工纳入保护对象，杜绝目前女性农民工在孕、产、哺乳期内遭遇到的种种不公正待遇。此外，要加强法律责任的追究力度。可以建立以政府劳动部门为主体，有关部门参与的劳动保护监督检查机构，定期对企业的执法情况进行检查，对未对女性农民工实施生育保险的单位依法严惩。同时，逐步建立健全工会等监督组织，将司法监督、行政监督和社会舆论监督结合起来，并可以通过开展联合调查、开设女性农民工维权热线等方式，加大对企业侵害女性农民工权益行为的监督力度。

6. 在条件成熟的地区建立失业保险制度

对于农民工的失业保险，鉴于目前条件的限制，应采取"多策并举"，不强求整齐划一，主张在条件成熟的时间和地区建立失业保险制度。目前，全国已有不少省市将农民工群体纳入到当地的失业保险范围之中。如：四川省实行的《四川省失业保险条例》就将失业保险的范围扩大到农民工，为签订劳动合同的农民工，在遭遇失业困难时，提供一次性生活补助金或生活补助费。

四、建立与完善农民工社会保障制度的配套措施

（一）改革现行户籍制度

1956 年颁布实施至今的我国户籍制度是政府部门对所辖人员的基本情况进行登记，包括常住人口登记、暂住人口登记、出生登记、死亡登记、迁徙登记、变更登记等，并进行相关管理的一项国家行政管理制度。单从户籍制度设计目的来讲，制度本身并没有固化的将社会成员分类的功能，其目的主要在于维护社会治安和提供人口统计资料，便于国家进行大政方针的决策。但是，长达几十年的计划经济体制下，这一制度在实行过程中衍生出了许多制度外的"附属功能"。国家的许多社会福利政策对于对象的区分都是建立在户籍制度基础之上的。城市居民与农村居民户籍身份上的差别，导致其社会地位与社会待遇的差别，间接固化了传统的二元经济体制。可以说，当前农村、农民的地位低下直接与以户籍制度为核心的二元格局划分有关。也正是这一带有社会分层色彩的管理制度，使得农民工成为介于城市居民与农村居民之间的一类特殊群体，其尴尬的地位直接造成了社会保障建制的困难。

解决"三农问题",包括农民工社会保障问题的关键在于传统户籍制度的改革,因此,必须打破传统户籍限制,打破城乡二元体制的分割,才能让农民真正融入现代化、城市化的社会之中。目前,各地都在积极推行新的户籍管理制度的试验性改革。在许多地方,沿用多年的户口迁移审批制度已经逐步被取消,取而代之的是以相应条件准入方式、按实际居住地进行户口登记管理的新模式。如:2004 年 9 月底,山东省出台了《关于进一步深化户籍管理制度改革的意见》,意见指出从 2004 年 9 月起到 2005 年 9 月底,将在全省范围内逐步取消户口的农业、非农业之分,完全打破城乡分割,实行统一的户口登记管理制度。自 2004 年 9 月 1 日起,重庆也逐步取消农业户口和非农业户口,打破城乡二元制户籍结构,实行城乡一体化的户口登记制度。此外,上海、郑州、湖南、深圳等地也纷纷采取相应措施,实行户籍制度一元化的改革,各地的这些举措都意味着我国户籍制度的改革在朝着更进一步的目标迈进。

当然,户籍制度的改革不能单纯"为了城市化而城市化"。我国传统户籍制度之所以被诟病,是由于与户籍制度相关联的各种福利制度而造成的。我们所倡导的户籍制度改革的最终目标是取缔其衍生出的固化公民先天身份以及控制人口自由迁移等附属功能,恢复户籍制度最根本的功能——治安管理和人口统计职能。

因此,我们在改革户籍制度的同时,首先应该逐步取消计划经济时代遗留的"市民"享有特殊福利与待遇的权利,实现市民的"平民化",只有做到了这些,户籍制度的改革才不会流于形式,偏离城市化和社会保障改革的目标。同时,也应不断提高农民的权利与社会待遇,缩小城乡间差距,最终实现城乡利益的一体化,城乡居民身份的平等化。其次,政府在消除传统户籍差异的同时,也要注重大力发展小城镇建设。从目前农民工分布的区域来看,流向北京、上海、广州、深圳等大城市的比例占绝大多数。这种流动的态势不仅是因为经济发达的一线城市能够提供更多的就业机会,更与改革前期国家的相关政策导向有着直接关系。当前,国家的经济发展中心已经开始向中、西部转移,我们也应该抓住这一历史机遇,增加对小城镇的基础设施投资,积极改革小城镇的投、融资环境,尽快实现县以下城乡户口的一体化管理。在客观分析中、小城市吸纳就业能力的基础上，引导农村劳动力的合理有序流动，这不仅可以避免大量农民工集中涌向少数大城市，从而引发城市交通、教育、治安等各种社会问题，还可以避免建立农民工社会保障制度的负担过多地被少数农民工集中的地区所承担。

（二）改革农村土地转让制度

随着农村经济体制改革的不断深入，以家庭为单位的农业劳作方式已经不能完全满足农业现代化发展的需要。这种"包产到户"的土地制度使得相当一部分农民，虽然长年在城市务工，但出于自身利益的理性考虑，宁愿低种、低产，甚至撂荒，也不愿意放弃土地使用权。由此导致当前农村有相当数量的土地得不到有效地开发和利用，难以实现农业生产的规模效益。因此，能否改革现有的土地承包、转让制度，加快土地的流转使用率，不仅关系到能否解决当前农地资源紧缺的问题，还关系到能否妥善解决好农民工社会保障的问题。

十六大报告中已经指出："有条件的地方可按依法、自愿、有偿的原则进行土地承包经营权流转。"因此，笔者认为可以尝试通过改革农村土地转让制度，让外出务工的农民对其所承包的土地进行承包经营权的转让，并将转让所得收益的一部分作为其社会保障基金使用，如此一来，不仅有利于实现土地的规模化经营，还可以缓解国家在建立农民工社会保障制度上的资金缺口困难。

具体而言，第一，要建立农民土地使用权流转的市场化机制。在坚持农村土地集体所有制的前提下，按照一定的市场运行规则和秩序，允许农民工按土地的市场需求自主转让土地经营权。通过实行反租倒包、转包、转让、租赁、拍卖、土地经营权入股、企业或大户托管等形式，有效地实现土地增值。第二，在土地流转过程中，行政部门必须加强监督和管理，减少交易双方信息不对称的现象。农民谈判力量相对薄弱，对市场信息掌握有限，在流转交易过程中往往成为劣势的一方，最终成为竞相压价现象下的受害者。因此，政府部门尤其是工商行政管理部门要向农民工及时提供有关土地流转供需市场方面的信息，包括流转的参考价格，以减少农民工在交易过程中的信息不对称性，保护他们的利益。第三，在土地改革过程中，还可以参考一些地区的做法，通过国家赎买的方式集中农民手中的土地，以土地换保障。具体的做法是：在城镇常年务工的农民工，可以把撂荒的土地交还给当地政府以获得申请城镇户口的资格，并同时获得城镇最低生活保障的权利，以此替代土地的最低生活保障功能。当地政府采取补偿的方式收回土地，而后可以通过土地置换的方式把荒废土地集中起来，再将这些土地以招标的方式，承包或者拍卖给农业产业化龙头企业、城镇工商企业以及农业种植大户，所得费用可以用来填补农民工各项社会保险基金。这种做法，一来减缓了国家支付巨额社会保障费用的压力，二来也可以使农地得到规模化的再利用，有利于解决人地矛盾问题①。

（三）规范就业制度

我国长期以来形成的二元劳动力市场已经严重阻碍了社会主义市场经济的健康发展，现阶段有必要加大政府责任，敦促用工单位严格按照《劳动法》实施操作，加大对农民工强制保障的力度，最大限度地保护农民工的权益。新出台的《劳动法》已经明确取消了正式工与临时工的区别，明确提出所有劳动者都是平等的主体，都受《劳动法》的保护，用人单位都有为受雇人员提供相应保障的义务。

首先，建立统一的劳动力市场。要取消当前各地针对农民工的限制性就业政策，规范用人单位和农民工之间的用工制度，所有用工单位在雇用农民工时必须签订劳动合同，并严格履行；政府部门要加强对执行劳动合同情况的监督、检查力度，发现问题，及时纠正，避免产生纠纷，切实保护农民工的合法权益。其次，建立农民工就业服务体系，在农村剩余劳动力输出之前，输出地要加强对农民工的就业培训，如基本劳动技能、安全科普知识以及一些基本法律常识的普及。农民工进城之后，输入地要给予农民工就业指导，包括职业介绍、岗前培训等，使各种就业信息及时、准确地传达给农民工，保障农民工的就业率。

（四）重视对农民工的职业培训教育

调研中我们发现，农民工群体的文化程度普遍较低，整体素质不

---

① 田家军：《关于构建农民工社会保障制度的思考》，西北大学硕士毕业论文，2006年5月，第41页。

高，这不仅使他们在市场竞争中处于劣势，只能从事一些简单的体力劳动，更使得其在经济结构调整过程中易遭遇失业风险。因此，重视对农民工进行职业培训教育，对我国人力资源水平的整体提升意义重大。劳动力输出地政府可以组织当地农村剩余劳动力参加各种职业技能培训班，培训合格者可颁发技能等级证书，这不仅增加了农民工外出务工的就业机会，更提高了当地劳动力的整体素质；劳动力输入地政府可以根据当地经济发展的重点，针对当地企业的需要，对农民工进行具体的技能培训，培训结业后签订用工合同，直接上岗，这不仅节约了当地企业的用工成本，直接拉动当地经济的发展，更有利于加快农村剩余劳动力的转移。

（五）重视农民工子女的教育保障

农民工子女的教育问题也是当前农民工社会保障制度配套措施中不容忽视的一部分。农民工为城市的发展做出了巨大的牺牲，但其子女的教育问题却一直没有得到足够的重视。由于不少城市的义务教育对非本市户籍人口收取高额的赞助费、借读费，使得相当一部分农民工子女被迫或主动放弃受教育的机会和权利。原国家教委对北京丰台、上海徐汇、天津河北、深圳罗湖、浙江义乌、河北廊坊6市区流动适龄儿童、少年的就学状况所作的调查显示①，6市区流动儿童的入学率介于94.43%和96.02%之间，且接近94.43%，均低于全国适龄人口入学率的平均水平。对于已入学的农民工子女而言，由于身份上的差异，也常常无法享受到公平的教育待遇。

农民工子女的教育问题是多个矛盾的综合反映，复杂且重大，需要社会各界、各部门综合协调、共同努力，才能得以有效解决。笔者认为，首先要从观念上消除偏见，体现人文关怀。农民工和市民一样，是所在务工城市的纳税人，应该享有与其他纳税人同等的权利，包括其子女享受国民教育的权利。其次，要制定和完善相关的教育法规，取消公立学校对流动儿童就学的限制。农民工流入地政府应将农民工子女的教育问题纳入流入地城市义务教育管理的管辖范围，并设专人负责，成立

---

① 孙红玲：《浅论转型时期流动人口子女的教育公平问题》，中国教育学会中青年理论工作者专业委苏州年会专题论文，2000年。

专门的领导协调小组，以妥善解决流入农民工子女的教育问题。对本市能够接纳农民工子女入学的学校进行调查，确定其应该承担的接纳任务；对专门招收农民工子女，且符合办学条件的学校进行登记注册，并给予办学条件、师资力量方面的帮助和指导。再次，重新整合教育资源，使生源不足的公立学校成为吸纳流动儿童就学的主渠道。受城市长期实行计划生育政策的影响，目前一些城市义务教育生源数量呈现萎缩趋势，学校教育设施和师资出现过剩、闲置的情况。如果生源不足的公立学校能将流动人口子女纳入招生计划，提供义务教育，这样既可以解决孩子的就学问题，又可以充分利用闲置的教育设施。

（六）重视农民工社会保险关系的异地转移问题

如前所述，在当前制度体系内，流动频繁给农民工社会保障关系的异地转移带来了极大的不便，这不仅使许多农民工因为手续办理麻烦而不愿参保，更使得众多已参保农民工，在转换工作地点时不得不选择退保。因此，重视农民工社会保险关系的异地转移问题，也是构建农民工社会保障工作的重点之一。

农民工社会保险关系的转移大致可分为同一统筹地区内转移、不同统筹地区间转移和城乡转移三种情形。笔者认为，农民工与用人单位终止或解除劳动关系后，在同一统筹地区重新就业的，社会保险关系的接转可由社会保险经办机构直接将其缴费记录递送新的管理部门，只接续社会保险关系而不必转移个人账户内的基金；跨统筹地区就业的，社会保险关系的接转较为困难，转移社会保险关系时，其个人账户全部余额应随同一起转移，社会统筹部分根据当地政策规定转移；回乡务农的，可保留其社会保险关系，将其个人账户封存，作为今后接续社会保险关系的依据，待其重新就业后，再凭证办理接续或转移关系。在农民工终止或解除劳动关系后回到农村，由于年老、疾病等各种原因不再进城务工时，可以将其社会保险关系和个人账户转移到其所在地对应的社会保险机构，按规定享受社会保险待遇。若当地没有对应接续机构的，由上一级对应行政部门负责管理。

五、结语

如何吸纳数量庞大的农村富余劳动力，是实现农业转轨、农业现代化、完善社会主义市场经济的重大课题。农民工是我国市场经济、工业化、城市化进程中形成的一个特殊群体，农民工作为我国现代社会经济发展中的一支特殊劳动队伍已经异军突起。农民的身份与工人的职业使得他们处于城市与农村之间的"边缘地位"，这种尴尬的身份不仅给农民工的心灵带来创伤，更使许多本应属于他们的社会权益得不到实现。

从我国城市化发展和户籍制度改革的趋势来看，相当一部分的农村居民将转变身份，成为真正的市民，而农民工作为他们的"先锋军"，较早地遭遇了城市生活中各种人为不可抗的社会风险，正因为如此，我们必须重视农民工的社会保障问题，应该从完善社会保障制度功能以及建立统一劳动力市场的高度来认识这一问题。关注农民工的生存环境，关注农民工的权益保障，不仅仅是为了解决当前"民工潮"带来的各种社会问题，更是我们构建社会主义和谐社会，建设社会主义新农村的需要，也是社会公平与社会正义的现实体现。

参 考 文 献

邓大松、刘昌平著：《中国企业年金制度研究》，人民出版社 2004 年版。

刘昌平：《城市化：解决中国农村养老问题的关键》，载《中国农村经济》2001 年第 8 期。

时正新：《中国社会福利与社会进步报告（2000）》，社会科学文献出版社 2000 年版。

彭希哲、宋韬：《农村社会养老保险研究综述》，载《人口学刊》2002 年第 5 期。

陈佳贵等：《中国社会保障发展报告（1997~2001）》，社会科学文献出版社 2001 年版。

胡枫：《关于中国农村劳动力转移的估计》，载《山西财经大学学报》2006 年第 2 期。

宋洪远等：《关于农村劳动力流动的政策问题分析》，载《管理世界》2002 年第 5 期。

解书森：《改革以来中国农村劳动力转移浅析》，载《中国农村经济》1992 年第 4 期。

国务院研究室课题组：《中国农民工调研报告》，中国言实出版社 2006 年版。

国家统计局农村社会经济调查总队：《1999 年贫困农村劳动力就业及文化素质状况》，载《调研世界》2000 年第 8 期。

《四大保险　保农民工平平安安》，www. gd. gov. cn/govpub. cn/，2007 年 10 月 29 日。

《深圳海纳百川善待农民工》，www. shenzhen. molss. gov. cn/，2007 年 2 月 6 日。

《广东省全面推进农民工参加医疗保险工作》，http：//www. mib. com. cn，2007 年 4 月 10 日。

杨曼：《农民工退保，尴尬了谁》，载《市场报》，2005 年 10 月 31 日。

刘怀廉：《中国农民工问题》，人民出版社 2005 年版。

国家统计局农村社会经济调查总队社区处：《农村剩余劳动力定量研究》，载《调研世界》2002 年第 3 期。

邹东涛：《社会主义市场经济学》，人民出版社 2004 年版。

吴敬秋：《农民工生存状态及其改善：基于构建和谐社会角度的探讨》，载《中国农业大学学报》2006 年第 3 期。

唐永进：《必须建立农民工社会保险制度》，载《探索与争鸣》2003 年第 2 期。

张启春：《谈谈进城务工人员的社会保障问题》，载《江汉论坛》2003 年第 4 期。

米庆城：《农民工社会保障问题研究评述》，www. nmwqzx. com/，2004 年 6 月 22 日。

高书生：《关于搭建中国社会保障新平台的设想》，载《经济研究参考》2003 年第 4 期。

李强：《城市农民工的失业与社会保障问题》，载《新视野》2001 年第 5 期。

田家军：《关于构建农民工社会保障制度的思考》，西北大学硕士毕业论文，2006 年 5 月。

孙红玲：《浅论转型时期流动人口子女的教育公平问题》，中国教育学会中青年理论工作者专业委苏州年会专题论文，2000 年。

田萱：《关于构建农民工社会保障体系的思考》，载《人口学刊》2004 年第 4 期。

盛冬、赵冬梅：《农民工农村土地置换城市社会保障的制度改革探索》，载《劳动保障世界》2004 年第 10 期。

桂世勋：《我国城镇外来从业人员养老保险模式研究》，载《市场与人口分析》2004 年第 4 期。

陶志勇：《农民工社会保障问题的忧思与求解》，载《天津市工会管理干部学院学报》2004 年第 4 期。

赵树凯：《再看农民工》，载《中国农民》1995 年第 12 期。

北京大学东莞民工课题组：《东莞民工状况调查》，载《战略与管理》1995 年第 2 期。

第五篇

湖北省文化事业单位养老保险制度改革问题研究*

张 郧

* 本篇系中共湖北省委宣传部 2007 年项目《湖北省文化事业单位社会保障问题研究》的最终成果。

1 导 论

一、研究的背景和意义

十一届三中全会以来，我国实行了改革开放的政策，并在全国范围内逐步建立起社会主义市场经济体制。适应经济体制改革的需要，我国的文化体制改革也在逐步进行。2002 年，党的十六大报告提出深化文化体制改革的要求，并对文化体制改革的目的、意义、主要任务和实施重点进行了论述。十六大之后，文化体制改革的步伐明显加快，十六届三中全会、四中全会通过的两个《决定》对文化体制改革做了进一步的部署。2003 年国务院办公厅正式出台了《关于印发体制改革试点中支持文化产业发展和经营性文化事业转制为企业的两个规定的通知》，同年中央召开了全国文化体制改革试点会议。2006 年 1 月中共中央、国务院发出《关于深化文化体制改革的若干意见》，文化体制改革全面铺开，部分领域已进入攻坚阶段。文化体制改革对于落实科学发展观的要求，加快发展我国文化事业和文化产业，推进社会主义先进文化建设，促进文化建设与经济建设、政治建设、社会建设全面协调发展，具有极其重要的意义。

传统文化体制下，文化产品实际上是被看成公共产品或准公共产品的。计划经济条件下，我国社会主义建设的各个领域都需要大量为国家和社会服务的组织，文化单位也被设定为事业单位，文化微观运行主体一直实行的是事业体制。适应计划经济的运行模式，几十年来我国的文化事业单位形成了一套异常稳定的内部结构模式和运作机制。改革开放以后，社会条件和经济体制都发生了很大的变化，这也促使文化微观管理体制进行变革，其中最大的变革就是文化企业逐渐从文化事业单位中分离出来，形成事业单位与企业单位并存的格局。

客观来说，上述文化单位事业企业两分法是有其特定的历史背景的，总的来看这种分类基本符合现实情况，有利于文化体制的改革。依照笔者的观点，这种划分主要基于以下几个因素：一是基于它们本身的性质（what it was）；二是基于它们目前在经济、政治和生活中的不同地位、职能和作用（what it should be）；三是基于生产方式（在我国目前社会主义市场经济条件下）对不同部门的不同影响力和渗透力以及不同部门在这种生产方式条件下的适应能力和生存能力（what it will be）；四是基于我国目前的经济发展水平和财政收入状况（what it can be）。上述四种因素都在起作用，只不过在某一时间段，其中某一种因素会起到特别重要的作用。

上述是对文化体制改革和文化单位企业事业二分法进行的简单介绍，笔者研究的主题是"湖北省文化事业单位养老保险制度改革问题研究"，从题目上看，关键词有两个，一个是"文化事业单位"，一个是"养老保险制度"。从逻辑上看，本文是以湖北省文化事业单位作为研究载体，对其养老保险制度进行深入分析。从研究意义上来看，笔者认为主要有以下几个方面：

第一，有利于建立和健全我国事业单位的社会保障体系。作为事业单位改革的"排头兵"，文化事业单位养老保险制度改革成为了整个事业单位养老保险制度改革的先行者。为我国即将开展的事业单位养老保险制度改革提供了宝贵的第一手资料和经验。我国的养老保险改革采取的是企业先行、事业单位滞后的"非均衡发展"的做法，企业职工和事业单位职工同为城镇职工，在养老保险问题上的差异，引发了许多社会矛盾和难以解决的问题。因此，只有加快事业单位养老保险制度改革的步伐，才能消除城镇职工养老保险制度的不均衡发展，也才能逐步适应国家创建"和谐社会"的要求，以达到逐步构建起完善的社会保障体系的目标。

第二，有利于我国建立新型的人事管理体制。文化事业单位改革中的一个最显著的特点，就是有许多事业单位将涉及转企改制的问题。如何在考虑效率的时候兼顾公平，如何处理好分流人员的养老保险问题，是摆在决策者面前一个亟待解决的问题。其实，市场的竞争，归根到底是人才的竞争，建立和健全人才市场体系，实行人才的合理流动，精简机构，分流人员，以及人员轮换、辞职的正常化过程中，都需要解决养老、失业、工伤等社会保险问题。文化事业单位在企业化改革过程中既面临人员进入、退出问题，又涉及到离退休人员的养老金发放问题。由于现有的大部分文化事业单位并未建立个人养老保险账户，所以，这些人员若离开现在的单位到企业工作，必须重新建立个人养老保险账户，那么，这就意味着未来退休时，这些人员的养老金待遇将低于企业原有职工。这必然制约事业单位人员向企业流动，客观上造成事业单位和政府部门只能进不能出的人才单向流动的局面。

第三，有利于机构改革的推进。总的来看我国事业单位涵盖范围宽泛，机构重叠臃肿、人浮于事、效率低下的种种弊端已成为机构改革的阻力。而根据对以往机构改革实践的考察，其最大难点是机构改制（由事业单位转为企业或非企业组织）以及人员分流问题。其最突出的矛盾是人员对养老保险的担忧，顾虑养老金难以保障或发放标准降低。建立统一的社会养老保险制度将会解除职工这方面的忧虑，为机构改革提供必要的制度保障。

二、国内研究综述及研究框架

我国事业单位养老保险制度改革起步较晚，而且全国是自下而上进行的改革，至今没有国家统一的政策，各试点省市经过最近十几年的改革和探讨，逐步形成了有别于 20 世纪 50 年代的养老保险制度。这里先将国内有关学者对事业单位养老保险制度改革的研究情况简要综述如下：

第一，事业单位养老保险改革的重要性、必要性和紧迫性的认识。在探索事业单位养老保险制度时，学者们对改革的重要性、必要性、紧迫性的认识大致趋同。认为它有利于事业单位队伍的稳定，是适应人才的流动，反腐倡廉的需要；是建立社会主义市场经济体制的客观要求，也是事业单位自身改革和发展的要求；同时也是建立自由流动的人才市场的需求，是加快事业单位向企业转制的需要。[①]

第二，事业单位养老保险运行体系的研究。关于养老保险制度的模

---

① 李爱华：《机关事业单位养老保险制度改革探讨》，载《经济论坛》2004 年第 3 期，第 17 页。

式选择问题，国内的学者尚未形成统一的意见，归纳起来主要有三种观点：一是主张实行彻底的养老金现收现付制度。用迭代模型分析得出，只要劳动人口与劳动生产率的增长率之和等于市场利率，现收现付制度条件下的养老金支付情况并不比积累制差。反之，如果积累制条件下，养老储蓄额的报酬率低于市场利率或低于劳动人口与劳动生产率的增长率之和，则其养老金的给付水平不如现收现付制。[1] 二是主张通过个人账户实行养老金的完全积累制。在中国，缺乏一个稳定可靠的养老金制度正是储蓄率高涨的原因。建立一个可信赖的完全积累的养老金体系，减少人们在养老问题上的不确定性，可能会使人们减少在养老方面的储蓄。三是主张采用社会统筹与个人账户相结合的部分积累制，实现国家、单位、个人三方共同负担，这样既能够增强个人参与和自我保障意识，充分体现按劳分配原则，又体现社会统筹互济功能，从而有利于贯彻公平和效率相结合的原则。

第三，事业单位养老保险基金管理和运营问题。有学者建议我国机关事业人员基本养老保险应单独设立基金，并直接实行省级统筹和属地管理，以增加基本养老保险基金抵御风险的能力和维护机关事业人员养老保险制度的规范统一。

第四，改革和完善事业单位基本养老保险制度的思路和对策。有学者提出要建立统一的城镇职工养老保险制度，然后在此基础上建立事业单位人员补充养老保险，同时完善事业单位人员的养老保险立法。有学者认为改革和完善机关事业单位养老保险制度要体现事业单位及其人员的特点，妥善解决养老保险制度的衔接问题，要注重与其他的改革措施相配套。有学者认为可以保留相对独立的事业职工养老保险系统，以体现事业单位机构性质、人员结构、分配结构等方面的特殊性，确保其获得较为优厚的养老保险待遇。还有学者则从福利刚性[2]的角度提出要加

[1] 李鸥：《养老保险运行体系的选择》，载《国家行政学院学报》2006 年第 1 期，第 45 页。
[2] "福利刚性"专指人们对自己的福利待遇具有只能允许其上升不能允许其下降的心理预期。福利的这种"刚性"特征，使得具有社会福利性质的社会保障制度缺乏弹性，一般情况下规模只能扩大不能缩小，项目只能增加不能减少，水平只能升高不能降低，这就是所谓的"福利刚性"原则。由于这一原则，世界各国在社会保障制度改革方面都比较审慎，改革措施都以不降低现有社会保障水平、尽量实现社会福利最大化为前提。

强补充养老保险、个人储蓄养老保险制度的建设，建立健全多层次的养老保险体系。

　　总的来看，国内对事业单位养老保险制度的研究也才刚刚起步，但对于本文研究的重点文化事业单位改革中的养老保险问题更是涉猎得很少。笔者选择文化事业单位的养老保险问题作为研究的重点，一方面是因为文化事业单位作为事业单位改革的排头兵，其改革的成功与否对后续事业单位改革具有示范性的效应，另一方面是因为在文化事业单位改革实践中，社会保障问题尤其是养老保险问题已经成为改革能否成功的关键。同时由于改革往往面临着"效率与公平"的价值两难，妥善处理好文化事业单位改革中的人员安置问题，通过养老保险来保障其个人的基本权益，这不仅仅反映了社会保障这一学科的特殊功能，更是有助于决策者处理问题时谨慎深思，从而有助于国家与社会的稳定，促进国家与社会的和谐。

2 湖北省文化事业单位养老保险制度概述与改革的必要性分析

2.1 核心概念界定

一、文化事业单位

要了解文化事业单位，必须首先对"事业单位"这一概念进行分析。事业单位是我国所特有的概念，国际上通常把类似我国事业单位的组织称为社会公益性组织或公共机构（Public Institutions）。目前我国有关法律法规对事业单位的定义主要有两个：一个是 1998 年国务院发布，2004 年修订的《事业单位登记管理暂行条例》，将事业机关定义为"国家为了社会公益的目的，由国家机关举办或者其他组织利用国有资产举办的，从事教育、科技、文化、卫生等活动的社会服务组织"；另一个是 1999 年全国人大常委会通过的《中华人民共和国公益事业捐赠法》，定义为"依法成立的，从事公益事业的不以营利为目的的教育机构、科学研究机构、医疗卫生机构、社会公共体育机构和社会福利机构"。

在传统文化体制条件下，文化产品实际上是被看做公共产品或准公共产品的，因此，文化单位被看做事业单位。党的十六大以后，《中共中央国务院关于深化文化体制改革若干意见》明确了文化事业单位和文化企业单位两分法的改革思路，并进一步提出要根据文化事业单位的性质和功能，区别对待，分类指导，明确不同的改革要求。国家兴办的图书馆、博物馆、文化馆（站）、科技馆、群众艺术馆、美术馆等为群众提供公共文化服务的单位为公益性文化事业单位；党报、党刊、电台、电视台、通讯社、重点新闻网站和时政类报刊，少数承担政治性、公益性出版任务的出版单位，重要的社会科学研究机构，体现民族特色和国家水准的艺术院团，实行事业体制，由国家重点扶持；其他艺术院团，一般出版单位和文化、艺术、生活、科普类报刊社，以及新华书店、电影制片厂、影剧院、电视剧制作单位和文化经营中介机构，党政部门、人民团体、行业组织所属事业编制的影视制作和销售单位，逐步转换为企业。总的来看，我国现有的文化事业单位大体可以分为三种类型：全额拨款事业单位、财政供养事业单位和自收自支事业单位。其中后两种文化事业单位都涉及转企改制的问题。

当前湖北省文化事业单位的改革共分三种类型：第一类是公益性文化事业单位，包括图书馆、博物馆（纪念馆）、群艺馆、文化馆（站）等为群众提供公共文化服务的单位；第二类是湖北日报报业集团、湖北广电总台、省社科院、体现地方特色和国家水准的艺术院团等单位，该类单位将实行事业体制，由政府重点扶持；第三类是其他艺术院团，放映、演出、美术、文化发展公司、文化发行、印刷企业、电视剧和娱乐节目制作等经营性文化单位，要逐步进行转企改革，面向市场。

二、养老保险

养老保险是社会保障制度的重要组成部分，是社会保险五大险种中最重要的险种之一。所谓养老保险（或养老保险制度）是指国家和社会根据一定的法律和法规，为解决劳动者在达到国家规定的解除劳动义务的劳动年龄界限，或因年老丧失劳动能力退出劳动岗位后的基本生活而建立的一种社会保险制度。主要包含三层含义：首先，养老保险是在法定范围内的老年人完全退出社会劳动生活后自动发生作用的。所谓"完全"，是以劳动者与生产资料的脱离为特征；衡量的标准是法定的年龄界限（各国的标准不同）。其次，养老保险的目的是为保障老年人的基本生活需求，为其提供稳定可靠的生活来源。最后，养老保险是以社会保险为手段来达到保障的目的。

养老保险是世界各国较普遍实行的一种社会保障制度。一般具有以下几个特点：其一是强制性。即由国家立法，强制实行。劳动者个人和所在单位都必须依法参加，并向社会保险机构交纳规定的保险费。其二是互济性。养老保险费用来源，一般由国家、单位和个人三方共同负担，并在保险范围内进行地区之间、行业之间、单位之间、老年人与年轻人之间的横向和纵向调剂使用，个人享受的权利与承担的义务并不严格对等，以实现广泛的社会互济。其三是保障性。即劳动者在丧失劳动能力时，其基本生活能够得到保障，从而安定社会秩序。同时，这种保障还对工资、物价、社会生活水平的变化做出反映，使劳动者能够分享经济和社会发展的成果。其四是社会性。即其实施范围广，享受待遇的人多且时间较长，对整个政治生活、经济生活和社会生活的影响极大。必须设置专门机构，实行现代化、专业化、社会化的统一规划和管理。

当前湖北省文化事业单位的养老保险制度改革主要分为两大类：一类是参照公务员管理的文化事业单位，这些单位的养老保险制度是继续依照现有的事业单位养老保险体系；另一类是按照国家文化体制改革要求，一部分文化事业单位转为企业其养老保险改革的方法主要是采取"新人新办法，中人中办法，老人老办法"。上述两种改革都面临着一个宏观背景，即当前企业职工养老保险制度与事业单位养老制度的矛盾。而这种"二元对立"状况是与我国社会保障体系发展趋势总体精神相违背的。如何在改革当中做到上述两种制度的有效衔接，同时体现事业单位与企业养老保险制度的不同特色，是湖北省文化事业单位养老保险制度改革面临的核心问题。

2.2　湖北省文化事业单位养老保险制度改革概述

研究湖北省文化事业单位养老保险制度改革，笔者认为首先有两个基本的前提：一方面，应将其置入我国事业单位制度改革的宏观背景下；另一方面，应将其置入我国文化体制改革的框架中。亦即，湖北省养老保险制度改革是与我国事业单位养老保险制度改革与文化体制改革密不可分的，其改革的推动力来自我国事业单位养老保险制度改革和文化体制改革的双重合力。

作为中组部、文化部确定的全国5个改革试点省份之一，当前湖北省的文化事业单位体制机制改革颇有成效。一是加强了公益性文化单位内部机制改革。省直13个文化事业单位率先完成人员聘用制改革。2003年以来，省直文化单位新进人员全部实行公开招聘，新进人员人事档案一律委托省人才交流中心管理。各单位全面推行聘用制，人员管理模式和分配方式有了根本转变。以事设岗，竞争上岗，打破身份限制，可低职高聘，也可高职低聘，按岗定酬、按任务定酬、按业绩定酬。基本实现了单位人事管理由身份管理向岗位管理的转变。二是经营性文化单位的转企改制有新的进展，部分完成转制的文化企业初步呈现出新的生机。

同时，近年来为配合事业单位机构改革，促进事业单位职工合理流动。湖北省部分市县按照先易后难、逐步推进的原则，不同程度地开展了事业单位养老保险制度改革试点工作。这项工作的开展，为建立和完善社会保障体系进行了有益的探索，增强了事业单位及其职工的社会保险意识，为维护社会稳定起到了重要作用。但由于国家尚未出台事业单位养老保险制度改革的相关意见，试点工作缺乏相关政策指导，操作程序还不够规范，湖北省少数试点的全员参加养老保险的县区养老保险金当期收支已经出现缺口，给地方财政增加了压力。

总的来看，湖北省文化事业单位养老保险改革的核心有两点：一方面，按照事业单位养老保险制度改革的要求，立足于逐步统一城镇职工基本养老保险制度。事业单位养老保险既要与企业养老保险制度相衔接，又要体现事业单位的特点，根据生产力发展水平和各方面的承受能力，合理确定养老保险水平，保证新老制度平稳过渡和新老人员待遇水平有机衔接。另一方面，按照文化体制改革"市场化"的改革方向，一部分文化事业单位涉及到"转企改制"，在此过程中要坚持以人为本，稳步推进，注意提高政策透明度，把中央有关政策说清楚，把对职工利益的安排讲明白。在此原则下，要正确处理好改革、发展与稳定的关系，正确处理好职工利益与企业利益的关系，制定和出台具体改革政策时要综合考虑前后承接、左右邻比因素，认真考虑干部职工的承受能力和接受程度，用足政策，妥善安置人员，维护好职工群众的基本利益。要切实做好劳动人事、社会保障的政策衔接，妥善解决好职工的社会保障和富余人员的分流安置等问题。各地方和单位可以从自身实际出发，制定更加优惠的政策措施，为转企改制提供有力的财政支持。

2.3 湖北省文化事业单位养老保险制改革的必要性分析

一、传统文化事业单位养老保险制度的不可持续性

由于湖北省目前的文化事业单位养老保险制度尚处于改革和探索阶段，因此尚没有明确一致的目标。但是有一点共识，那就是文化事业单位的养老保险制度已经到了非改不可的时候，传统的文化事业单位养老保险制度因内在缺陷而不具备可持续性是改革的根本原因。

1. 脆弱性

传统文化事业单位养老保险制度是由行政机关主导的，在很大程度上是一种政策性保险，其后果是制度发生蜕变。这一特性决定了它必然深受行政架构、职能部门乃至领导人更迭以及政治运动的冲击，政策的多变性损害了这种制度的内在稳定性，其带来的严重后果便是制度在实践中蜕变。

2. 封闭性

传统文化事业单位养老保险制度是非社会化的。文化事业单位职工和企业职工养老保险制度分设，又没有较好的协调机制，使得事业单位职工流动性极低，既不利于事业单位的健康发展，也不利于职工聪明才智的发挥，不可避免地带来对效率的损害。

3. 单一层次性

传统的事业单位职工养老保险制度是单一层次的制度安排，其后果是养老金替代率不断攀升并居高不下。在这种制度下，退休人员只能从一个渠道获得退休养老金，其老年生活也就完全依赖这一制度的保障。按照国家在 20 世纪 50 年代确立的退休制度，文化事业单位职工的养老金最高待遇标准不得超过本人工资的 60%，这意味着职工一旦退休，收入即会剧减，在长期实行低工资政策的条件下，职工工资长期偏低，几乎不可能自己积累养老基金，因此，除了提高退休养老金替代率很难找到能够确保退休人员老年生活的替代办法。这样，职工退休养老金的替代率便一路攀升，到改革开放前后，退休养老金替代率几乎达到了90%，部分获得有关荣誉称号及有特殊贡献者的退休金替代率可达到 100%。

4. 单向责任性

传统的文化事业单位职工养老保险制度是单向责任制度安排。职工和单位不尽社会保障义务，只享社会保障权利，即职工个人不需要缴纳养老保险费，退休职工养老经费完全来源于国家财政拨款。无论是社会保障的制度安排，还是社会保障的具体运作，都由国家安排。退休养老的责任由国家负责，在人口老龄化的情况下不可避免地会加重财政的负担。

二、完善湖北省社会保障体系的内在要求

湖北省文化事业单位作为湖北省事业单位改革的"排头兵"，其示范作用和运作管理将会给以后湖北省的机关事业改革提供启示和借鉴意义。总的来看，有以下两方面意义。

一方面，有助于改进当湖北省文化事业单位养老保障体系混乱的现象。由于体制上的因素，长期以来湖北省文化事业单位人员构成较为复杂，管理体制较为混乱。① 以湖北日报报业集团为例，集团现有职工总数 8812 人，其中编制内原固定职工、合同制职工及集体职工仅 940 人，其余 7872 人均为聘用人员或临时性用工。这些聘用人员或临时性用工人员大多用工手续不全，劳动关系不规范，其中有 777 人因各种原因仍

---

① 摘自湖北日报：《关于湖北日报报业集团调研情况报告》，2006 年，第 10 页。

由原单位为其缴纳社会保险费，240 人与原单位未解除劳动合同。目前集团仅为 1084 人办理了社会保险。通过养老保险制度改革，明确参保人的条件和实施的范围，将为进一步的改革打下牢固的基础。

另一方面，有助于增强文化事业单位人员的社会保障意识。总的来看，当前湖北省文化事业单位的参保对象较为有限。以湖北省长江出版集团为例，在其成立前包括总社在内的 13 个事业单位的职工的养老保险一直没有办理，涉及人员达 1000 人之多。[①] 这对其以后的"转企改制"带来了很大的阻力。因此，笔者认为这些文化事业单位养老保险制度改革中出现的问题，不仅仅给已经或将要参加"转企改制"的文化事业单位提供了警讯，同时给其他行业事业单位的负责人和员工传达了一个有力的信息，那就是必须把对养老保险制度改革的认识提升到一个高度，认识到事业单位养老保险制度改革是大势所趋，应尽快摸索出一套适应本地区、本行业、本单位的养老保险制度。

三、湖北省文化体制改革发展的应有之义

按照文化体制改革的目标，一部分经营性文化事业单位应按照政企分开、政事分开、企事分开的原则，通过"转企改制"建立产权清晰、权责明确、管理科学的现代企业制度。而在改革中，笔者认为核心的办法就是通过人员组织、调整、分流以达到精简机构、新老交替、重塑机制的目的。然而当前在湖北省开展的文化事业单位改革，一个突出的问题就是迫切要求解决医疗、失业，尤其是养老保险的问题。在湖北省的试点过程中，一些文化事业单位的"转企改制"往往因为养老保险制度的滞后，与企业部门的改革不配套而流于形式，以致无法实际进行。

1. 人才流动呈现单向性

由于我国对于文化事业单位流向企业和企业流向事业单位的人员的养老保险至今尚无一个明确的说法，各地实行的是按照退休时所在单位的性质享受相应的养老保险待遇。目前的状况是湖北省文化事业单位的养老保险待遇高于企业，这样，人员只有从企业流向事业单位一种积极性，而没有从事业单位流向企业的积极性，事业单位人员只进不出，长此以往，结果是难进难出，不利于工作人员聪明才智的发挥，也不利于

---

① 摘自湖北长江出版集团：《关于湖北长江出版集团调研情况报告》，2006 年，第 8 页。

事业单位健康发展。

　　2. 人事制度改革阻力重重

　　人事制度改革的重要内容就是要使人员能够流动起来，实现优胜劣汰、精简机构、精减人员的目的。由于文化事业单位和企业实行双重的养老保险制度，加之缺乏失业保险制度，导致文化事业单位长期机构臃肿，效率低下，人事制度改革落后于企业。事业单位人事制度改革的实践，迫切要求包括养老保险制度在内的整个社会保障制度的协作配套。

3 湖北省文化事业单位养老保险制度改革的探索

3.1 改革的背景——现行养老保险的"二元制度"①

一、事业单位养老制度与企业养老制度比较

我国现行的事业单位养老制度是在计划经济体制下建立和发展起来的，至今仍实行的是与计划经济相适应的养老制度，而我国企业职工养老制度则顺应经济体制改革的要求，建立了与市场经济相适应的养老保险制度。将两种不同的养老制度进行比较，可以看到，事业单位养老制度与企业职工养老保险制度存在以下几方面的差别。

第一，基本制度。我国事业单位养老制度是典型的国家养老保障模式。养老保障的事务完全由政府和单位包办，个人不缴纳保险费，也不承担任何责任；而企业职工养老保险制度已建立起国家主办的基本养老

---

① 当前我国没有统一的养老保障制度，相反却存在两种截然不同的制度体系。即城镇养老保险体系和农村养老保险体系，分别适用城镇职工和农民，这是我国长期的"二元"社会经济结构造成的。在城镇职工中，也因管理体制和政策体系的不同，形成事业机关养老保险与企业养老保险"二元"体系。这种"二元"体系，在理论上引起了系统冲突，在实践中表现为事业单位的养老待遇要远远高于企业的养老待遇。

保险、企业组织的补充养老保险（企业年金）和职工个人储蓄养老保险三位一体、互为补充的多层次的新型养老保险制度。政府主导、责任分担、社会化、多层次化是其制度的基本特点。其中国家主办的基本养老保险，按照公平与效率相结合、权利与义务相对应的原则，实行统筹基金和个人账户相结合的基本制度模式。

第二，政策不统一。企业职工养老保险制度的出台是经过多年探索实践，从中央到地方自上而下有序实施，各地养老保险制度改革有法可依、有章可循。而事业单位的养老保险制度目前没有全国统一的法律法规和政策，一些地区虽然已经启动，但大都是比照企业养老保险先行法规政策操作，缺乏全国统一的法律、法规、政策，因而在实际工作中执法依据不充分，难以体现社会保险的强制性。

第三，资金来源方式。事业单位养老制度是典型的财政预算支付制，资金来源于国家税收，每年根据支出退休费的实际需要直接由各级财政预算安排。其稳定性、保险性高，但给政府财政造成的负担也十分沉重和更直接；企业养老保险制度在改革之初，按"以支定收，略有部分积累"原则，由单位和职工个人缴纳养老保险费筹集资金，为典型的现收现付制。目前正通过个人账户基金实现由现收现付制向部分积累制的转变。资金来源由国家、企业和职工人三方负担。企业缴费比例为企业职工工资总额的20%，职工个人缴费比例为个人上年月平均工资的8%，国家负担部分一方面是以对企业缴费部分的税收减免（税前列支）形式体现，另一方面是养老保险基金收不抵支时，国家财政予以兜底。

第四，养老待遇享受条件。事业单位养老制度隐含着其职工在职时对国家的贡献，因而退休养老待遇与职工工作年限挂钩，即达到国家规定的退出劳动领域的年龄界限，且工作年限满10年以上即可享受养老待遇。改革后的企业养老保险制度规定，职工享受养老待遇的条件与职工的缴费年限挂钩，与未缴费的工作年限无关。即职工达到国家规定的退出劳动领域的年龄界限，且缴费年限满15年以上方可享受养老保险待遇。未达到这一规定条件的，由社会保险经办机构将个人账户储蓄额一次性支付给个人后，即终止养老保险关系。

第五，养老待遇的计发办法。事业单位人员的退休金计发办法根据工作性质和工资结构特点确定，其养老待遇不与缴费挂钩，而与工作年限挂钩，以退休时工资为基数，按一定比例计发。即计发事业单位退休人员的退休费时，基础工资和工龄工资按本人原标准的全额计发，职务工资、级别工资按本人原标准的一定比例计发：工作满 20 年以上的，职务工资、级别工资两项之和按75%计发，在此基础上，以工作年限满 20 年为起点，每增加 1 年工龄加发1%，加发总额最高不超过20%。由此，工作满 35 年以上的，职务工资、级别工资两项之和最高可按95%计发。企业职工退休后的养老待遇与职工缴费年限和缴费工资基数挂钩：缴费年限长、缴费工资基数高，退休后的养老待遇就高；缴费年限短、缴费工资基数低，退休后的养老待遇就低。现行政策规定，企业职工退休后，养老待遇由两部分构成（改革后参加工作人员）：第一部分为基础养老金，为当地上年度职工月平均工资的20%，第二部分为职工个人账户养老金，为个人账户累计储存额除以 120（120 个月）。

第六，养老待遇调整机制。事业人员由于仍实行计划体制下的单位退休制度，其退休人员的退休金调整基本上是按同级在职职工工资增长率的90%调整。企业退休人员则实行基本养老金调整机制，其基本含义是，国家每年（定期）根据职工工资增长的一定比例对基本养老金进行适当调整，以使退休人员的实际生活水平不降低，并适当分享社会经济发展成果。1995 年，我国建立了企业退休人员基本养老金正常调整机制，由国家根据社会平均收入水平、居民生活水平以及价格指数的变动统一安排。一般标准为上年度职工平均工资增长率的40%～60%，并适当向退休早、待遇水平偏低的群体倾斜。

二、"二元"养老制度的弊端与不足

我国的养老保险制度改革采取的是企业先行，事业单位滞后的"非均衡发展"模式，文化事业单位和企业人员流动随着单位性质的不同执行两种完全不同的工资政策和养老保险制度，退休后执行两种完全不同的退休计发办法。由于实行两种不同的工资政策和退休计发办法，文化事业单位与企业退休待遇上存在着很大差别。特别是两种不同制度单位间的流动人员（含事改企或企改事人员）的退休待遇上出现明显的差距，也使流动到企业而退休的人员意见很大，尚不到退休年龄的人员也顾虑重重，总的来看这种"二元制度"并存的弊端主要体现在以下几个方面：

第一，养老属性被身份属性取代。现行养老保险以身份属性取代其社会属性，将社会人群人为分为不同等级群体实行不同制度，形成分割的制度体系，妨碍了人力资源市场的发展，与市场经济不相协调。著名社会政策学者马歇尔（T. H. Maerhail）在 1950 年提出了"社会权利"（social right）的概念，指出法定社会福利已经被视为一种现代民主国家的公民权的要素之一。我国《宪法》第 44 条也就国家对公民的社会保障责任做出如下规定，"中华人民共和国公民在年老、疾病或者丧失劳动能力的情况下，有从国家和社会获得物质帮助的权利。国家发展为公民享受这些权利所需要的社会保险、社会救济和医疗卫生事业"。在计划体制下，所有的单位均可按隶属关系找到主管部门，主管部门不是对社会负责而是对所主管的单位负责，这是计划体制的一大特色。这种部门分割的状态使政府在市场经济条件下社会管理的角色难以实际履行到位。在养老保障制度设计和管理行为上受制于传统分割的市场范围，一个面向市场的重大制度设计往往只对部门所管理的单位有效，针对市场现象做出的决策往往也只对部门所对应的单位管用。机关公务员归人事部门管，企业职工归劳动保障部门管，以"身份"将职工分为不同群体，实行不同养老制度。这种以人身依附关系来决定人的养老待遇的等级观念意识，使养老保障的社会属性被抹杀，社会制度、市场机制内在的统一公正的诉求难以在实际的政府管理行为中得到体现。

第二，制度安排的不平等。我国的退休养老保障制度按事业单位和企业职工实施两套不同制度，损害了社会的公平性。企业由原来的单位退休制度改革为养老保险制度，是由计划体制到市场体制深刻变革的重要组成部分，是建立统一的人力资源市场机制的要求。由于在养老保险制度改革中我国选择了渐进式局部推进的改革方式，将企业职工作为特定群体孤立地进行制度设计和安排，在养老保险制度改革已进行了 20 年后，在社会保障制度已经写入宪法、成为国家的基本制度时，养老保险制度在制度设计和制度安排中仍然没有从全社会角度进行整体设计与安排，出现了企业退休人员按照市场体制进入养老保险制度，而事业单位退休人员仍然执行计划经济时期的退休制度的现象，从而造成制度的公平性缺陷，违背了市场体制下建立统一、公正的社会制度的要求。我国目前这种分割的制度造成离退休人员养老金差距过大。具体地说，它引起了"三个差别"：一是离休和退休之间的待遇差别；二是在机关事业单位退休和在企业退休之间的待遇差别；三是先退休和后退休之间的待遇差别。这些待遇上的差别使退休人员相互之间心理不平衡，不利于和谐社会的构建。

第三，工资制度不同造成养老待遇不平等。1985 年以前，企业与事业单位实行相同的工资制度和退休待遇计发办法，企业退休与事业单位退休待遇水平差不多。1985 年至 1993 年，国家工资制度改革后，企业与事业单位的工资制度开始分离。企业在由级别工资制度逐步向自主分配过渡的同时，国家对企业职工实行了由单位退休制度向基本养老保险制度的改革和过渡。事业单位则实行了公务员工资制，退休制度没有变化。由于企业与事业单位退休待遇计发办法仍相同，这一阶段企业与机关退休人员待遇仅因工资水平的不同而出现差距，但差距水平尚不悬殊。1993 年以后，企业与事业单位实行了不同的工资制度，企业职工完成了由单位退休向养老保险制度的过渡。现行企业制度规定，职工退休金计发与本人在职时的工资脱钩，改为按社会平均工资的一定比例和个人账户储存额确定。同时，按十四届三中全会提出的"构成多层次社会保障体系"要求，企业职工养老保险由国家主办的基本养老保险、企业自愿组织的补充养老保险和职工个人储蓄性养老保险三部分构成。国家主办的基本养老保险待遇由原来的 95% 的替代率下降到 60% 左右，下降的部分由企业补充养老保险来弥补。而受多方面因素的制约，企业补充养老保险并未真正全面开展起来，造成绝大多数企业退休人员的养老待遇来源仅靠国家主办的基本养老保险，仅能维持基本生活；而事业单位的退休制度不仅未作任何变动（退休金的计发仍以本人退休时工资的一定比例确定），反而对退休待遇的调整采取了与企业改革目标相反的价值取向，强化了事业单位退休人员待遇与在职人员的关联度，从而造成目前企业与事业单位人员养老待遇差距悬殊。[1]

第四，退休金调整方式不同拉大养老待遇的差距。企业养老保险制定改革后，建立了基本养老金的正常调整机制，即企业退休人员养老金

---

[1] 以福建省为例，据 2004 年福建省直事业单位决算数字反映，福建省直事业单位社保退休人员月平均养老金为 1491 元，替代率高达 88%（与"社保"平均缴费工资相比），而同期企业退休人员月平均养老金为 606 元，替代率仅为 71%。参见马英：《进一步推进机关事业单位养老制度改革》，载《发展研究》2006 年第 3 期，第 52 页。

待遇的调整与企业职工工资收入不挂钩,由国家根据社会平均收入水平、居民生活水平以及价格指数的变动统一安排。从1995年起,国家养老保险制度规定,企业退休人员的退休金按上年度职工平均工资增长率的40%~60%调整。而事业单位由于仍实行计划体制下的单位退休制度,退休人员与单位不仅未分离,反而趋于更为紧密的利益关系。在分享社会发展成果问题上,单位退休人员的退休金调整基本上是按同级在职职工工资增长率的90%调整。退休金调整幅度的不一致,进一步拉大了事业单位退休与在企业退休的待遇差距。另外,随着企业退休人员退休待遇的社会化发放,企业退休人员的收入分配与企业的一次分配相分离,成为社会分配体系中的二次分配,从而使退休人员收入总体上取决于社会经济发展水平和制度设计定位。而事业单位退休人员除拿到退休费外,还能从单位获得与在职人员工资外收入挂钩的货币化的福利收入,成为其收入构成中比例可观、相对稳定的部分,机关事业单位退休人员无形中双重参与了一次分配。这就使企业退休人员与事业单位退休人员的收入差距进一步拉大。

第五,个人账户规模不统一加剧养老待遇的不平衡。目前,全国各地事业单位养老保险个人缴费的比例为2%~8%,多数地方为2%左右,不少地方不建立个人账户,而企业养老保险统一从1996年1月开始建立个人账户,个人缴费比例为8%,个人账户划入比例为11%。这种缴费和个人账户的不统一,造成事业单位人员与企业人员在流动过程中养老保险关系难以衔接。由于养老金支付压力较大,个人账户基金基本上被用于支付当前退休人员养老金,从而形成个人账户的空账。空账运行使"统账结合"模式倒退回现收现付制,个人账户不仅没有发挥积累基金的作用;而且比现收现付制的风险还要大。虽然国家在2001年《关于职工在机关事业与企业流动时社会保险关系处理意见的通知》(劳社部发〔2001〕13号)中规定:公务员及参照和依照公务员制度管理的单位工作人员,在进入企业并按规定参加企业职工养老保险后,根据本人在机关(或单位)工作的年龄给予一次性的补贴,并转入本人的基本养老保险个人账户,这只是对公务员进入企业的一种特殊照顾。而大多数事业单位人员流动到企业时,由于个人账户存款比同等条件的其他人少,计发的个人账户养老金也相应要低。这显然存在着不合理。

3.2 湖北省文化事业单位养老保险
制度改革的基本原则

为了保障职工的合法权益，维护社会公平，笔者认为湖北省文化事业单位养老保险制度改革必须贯彻一些基本原则。必须将改革置于科学发展观和建设和谐社会的理念下，同时在制度设计方面应该与湖北省的企业养老保险制度相对应和衔接，不可彼此分割、独立运行。同时应当体现制度设计的可持续性、统一性以及以人为本的观念。

一、效率与公平原则

效率和公平的关系是人类历史长河中永恒的话题，两者相辅相成，不可分割。湖北省文化事业单位养老保险制度改革中，也应当注意处理好效率与公平的关系。具体来看，在制度设计中应选择社会统筹和个人账户相结合的原则，社会统筹应首先做到全省统筹，坚持"低水平、广覆盖"，和实行"以收定支，略有结余"的现收现付模式，主要强化社会统筹账户的互济功能和再分配功能，做到权利和义务对等，特别是缩小与目前城镇企业养老保险制度的待遇差距，体现基本养老金制度的公平性和统一性。个人账户实行同代自养的完全积累模式，强调个人缴费、自我储蓄，体现养老金制度的效率原则，以有效应对社会经济环境变化带来的风险。在缴费和离退休的关系上要建立缴费与离退休待遇挂钩机制，即由原来的待遇确定型改为缴费确定型。缴费主要表现为缴费的多少、缴费时间的长短等方面，保证待遇和缴费之间的对等能克服以前机关事业单位人员离退休待遇与其个人缴费数额和时间无关的弊端，说明"缴与不缴"、"缴多缴少"是不一样的，要体现权利和义务相统一的原则。

二、与企业养老保险制度相衔接的原则

从湖北省文化事业单位改革的试点情况来看，人员安置是核心问题。由于文化事业单位大都底子薄，包袱重，人员分流不可避免。但正

如上文所说，当前企事业单位养老保险待遇差距明显已是一个不争的事实，在这种情况下文化事业单位养老保险制度改革已经成为事业单位分类改革试点中一项必不可少的配套措施，再无搁置的余地。对于改革的思路，笔者认为应十分明确地确定事业单位养老保险制度的筹资模式、计发办法等均与目前的企业职工基本养老保险制度模式一致，并可衔接。从具体措施来看应包括养老费用由单位或个人共同负担；退休待遇与缴费相联系，逐步实行省级统筹；建立职业年金制度和实行社会化的管理。同时注意改革不能"一刀切"，也必须考虑到广大事业单位人员的自身利益。客观来说，能否"平稳过渡"，实现文化事业单位与企业养老保险制度相衔接，已经成为文化事业单位养老保险制度改革中的核心问题。

三、与公务员养老保险制度相一致的原则

当前，湖北省文化事业单位中的公益性文化事业单位仍然参照公务员管理。笔者认为，全额拨款文化事业单位的养老保险制度改革应与湖北省的公务员养老保险制度改革相一致，不能形成新的"二元"制度。因为从性质上看公益性文化事业单位从事的公共服务的性质与国家机关并无太大的区别。① 此外，从整个事业单位与机关的人员交流角度来看，地方机关事业单位人员的交流较为频繁。从某种意义上说，事业单位已经成为国家机关的人才蓄水池和出口。当前，湖北省公益性文化事业单位和公务员养老保险现状基本一致，改革后同时进入与城镇职工基本养老保险制度基本相同的新制度，也有利于稳定原事业单位分流人员的情绪，缩小与企业离退休人员的差距。

四、新老事业单位养老制度相衔接的原则

进行养老保险制度改革的过程中，要注意新出台的各种办法必须与老办法结合起来，注重新、老办法的衔接和过渡，对于不同办法的适用范围必须明确规定，针对改革前退休、改革前参加工作改革后退休、改革后参加工作的不同参保对象应区别对待，但差距不能过大，同时也要考虑与社会其他人员养老待遇之间的平衡，尽量不降低已经退休或

---

① 有学者曾经这样描述到，政府公务员和各类事业单位不管是过去还是今后，都将是一对不好分开的"双胞胎"，应把机关和事业单位作为一个整体进行养老保险制度规划设计。参见闫新生、朱云祥：《机关事业单位养老保险改革制度构想》，载《社会科学论坛》2006年第1期，第77页。

即将退休人员待遇，确保改革能继续和深入下去。企业养老保险制度改革的经验和教训证明，新老制度在待遇水平上的衔接和平衡过渡是改革能否顺利推进的关键，改革前后退休人员待遇的平衡和"中人"（改革前参加工作、改革后退休）"历史欠债"问题直接关系到改革的成败。因此，在湖北省文化事业单位养老保险制度改革中，既要充分考虑老制度下退休人员的既得利益，又要合理确定新制度下退休人员的待遇水平，还要解决好中人的养老金平衡问题，保证他们的待遇基本不降低。

五、以人为本原则

不同于其他事业单位养老保险制度改革，文化事业单位当中有一部分在文化体制改革中将承担"转企改制"的任务。总的来看，文化事业单位"转企改制"和国有企业改革在人员安置上是根本不同的，国有企业改革存留人员身份并没有发生质的变化，而文化事业单位"转企改制"人员身份发生了质的变化，在社会保障的适用办法上有质的区别，因而在改革实践中产生了一系列的问题。首先，在关于事业单位人员提前退休问题上，社保部门虽然认可提前退休的政策，但对按事业单位提前退休人员范围严格按照《国务院办公厅关于印发文化体制改革试点中支持文化产业发展和经营性文化事业单位转制为企业的两个规定的通知》① 文件执行，而该文件的规定是按照国企改革的范围确定的，财

---

① 依据国办发 [2003] 105 号中有关社会保障部分主要有：1. 转制后按规定参加社会保险。转制前已经参加社会保险的，继续按原办法执行，试点地区有关社会保障机构负责做好衔接工作；转制前未参加社会保险的，从转制之月起参加社会保险。转制时在职人员按国家规定计算的连续工龄，视同缴费年限，不再补缴基本养老保险费。2. 转制前已经离退休的人员，原国家规定的离退休费待遇标准不变，转制后这类人员离退休待遇支付和调整的具体办法，按劳社部发 [2000] 2 号文和劳社部发 [2002] 5 号文相关政策执行。3. 转制前参加工作、转制后退休的人员，基本养老金的计发和调整，按照企业的办法执行。在转制后 5 年过渡期内，按企业办法计发的基本养老金，如低于按原事业单位退休办法计发的退休金，其差额部分采取加发补贴的办法解决，所需费用从基本养老保险统筹基金中支付，具体办法按劳社部发 [2000] 2 号文的相关规定执行。4. 离休人员的医疗保障继续执行现行办法，所需资金按原渠道解决；转制前已退休人员中，原享受公费医疗的，在享受基本医疗保险待遇的基础上，可以参照国家公务员医疗补助办法，实行医疗补助。转制后可按有关规定为职工建立企业年金和补充医疗保险，并通过企业年金妥善解决转制后退休人员的养老待遇水平衔接问题。企业年金实行基金完全积累，采用个人账户方式进行管理，费用由企业和职工个人缴纳，企业缴费在工资总额 4% 以内的部分，可从成本中列支。

政部门基本不同意提前退休。其次，在关于经济补偿金的问题上，文化行政部门与财政、社保、人事等部门对于支付在职人员经济补偿金存在分歧。后者主张不能支付这笔赔偿金或只有当现有事业单位转为非国有性质企业才按国企改革的补偿办法给一部分，其理由是转企单位人员是否给予经济补偿金目前尚无明确的规定，国有企业只有在改制为国有不控股、不参股企业时才可支付职工经济补偿金。而文化行政部门则认为，事业单位从业人员属于财政供养人员，转为企业用人制度后，其身份转变的跨度要远远大于国有企业转为国有非控股、非参股企业的情况，而且转企员工也不会接受不给予补偿的政策。

"钱从哪里来，人往哪里去"是国有企业改革和行政体制改革的难点，同样也是文化体制改革的难点。在湖北省文化事业单位"转企改制"过程中，要坚持以人为本，稳步推进，注意提高政策透明度，把政府有关政策说清楚，把对职工利益的安排讲明白。在此原则下，要正确处理好改革、发展与稳定的关系，正确处理好职工利益与企业利益的关系，制定和出台具体改革政策时要综合考虑前后承接、左右邻比因素，认真考虑干部职工的承受能力和接受程度，用足政策，妥善安置人员，维护好职工群众的基本利益。要切实做好劳动人事、社会保障的政策衔接，按照老人老办法的原则，妥善解决好职工的社会保障和富余人员的分流安置等问题。各地方和单位可以从自身实际出发，制定更加优惠的政策措施，为事业单位"转企改制"提供有力的财政支持。

3.3　湖北省文化事业单位养老保险制度改革中存在的问题

一、湖北省全额拨款文化事业单位养老保险制度改革中存在的问题

第一，参保范围和对象不统一，覆盖面窄，统筹层次低。由于国家至今没有统一改革的总体方案，湖北省文化事业单位养老保险统筹体制大部分实行市县级统筹、本级财政收支平衡的管理方法。因此各市县出台的改革方案和暂行方法在参保范围和对象上不统一：有的把所有事业单位职工纳入，有的把差额拨款和自收自支事业单位职工纳入，有的只针对自收自支事业单位职工，有的事业单位养老保险制度改革还未起步。如湖北省某市 2004 年底实际参加文化事业单位养老保险的职工仅占全市文化事业单位人数的 60%，而全市参加企业养老保险的国有集体企业覆盖率高达 94.5%。

第二，缴费基数和比例不统一，养老保险基金规模小。在企业养老保险方面，国家和湖北省明确界定了缴费基数和比例，以企业上年度的工资总额作为缴费基数。而湖北省文化事业单位的养老保险，各地在确定缴费基数和缴费比例时根据参保范围和人数、工资总额、离退休人数、离退休费进行测算，没有统一的标准和要求。就缴费基数看，有的以应发工资为缴费基数，有的以基本工资为缴费基数，有的以实发工资为缴费基数；就征收率来看，发达地区征收率低，不发达地区征收率高。即经济效益好的文化事业单位保障好，反之，经济效益差的文化事业单位保障差。这导致的一个直接后果就是缴费负担轻、基金盈余地区本着对本地区既得利益的保护，往往拒绝上级单位的调剂要求。这导致基金被分割，社会共济和抗风险功能被严重削弱。

第三，缴费义务和待遇享受脱节。比如湖北省某市文化事业单位养老保险是以职工本人上年月平均工资的一定比例作为缴费基数来征收基本养老保险费的。个人上年月平均工资超过本市级或本县事业单位在职人员上年月平均工资 300% 以上的，按 300% 为基数计缴，高于部分不缴纳基本养老保险费；低于 60% 的，按 60% 为基数计缴。而受现行退休待遇规定的制约，审批退休费以职工的连续工龄和退休之前最后一个月的工资额为计发基数，而这个静态的时间点工资完全不能公开合理体现工作人员工作时间段的实际贡献。2005 年该市文化事业单位新退休人员按本人个人账户增发的基本养老金平均只有100 元左右，占养老金总额的比重仅为 3.1%。这造成缴费义务和享受的权利不对等，降低了社会保障的效率，也不利于提高职工参保的积极性。

第四，养老金缴拨结算方式不规范，难以保障退休人员的养老金按时足额发放。总的来看湖北省文化事业单位养老保险基金结算方式有以下两种：一是采取"全额征缴，全额缴拨"，即社保经办机构按照应征缴的保险费向单位全额征收，按照应拨付的离退休金全额拨付给单位。二是采用"差额征缴，差额缴拨"，即社保经办机构按照应缴的保险费与应拨付的离退休金相扣除后的差额征缴或拨付保险费。但是，无论采取上述哪种方式，养老金的拨付都与单位挂钩，而缴费不足或缴不起保险费单位的离退休人员的养老金便没有保障。这一问题在湖北省一部分文化事业单位中，尤其是在财政贫困县表现得尤为突出。

第五，国家没有统一的法规，地方文化事业单位养老保险制度改革面临着许多掣肘。中共十六届三中全会要求积极探索机关和事业单位社会保障制度改革，但由于事业单位养老保险制度改革是一个复杂的系统工程，目前全国尚未确定具体的改革思路和方向。为避免地方的政策和今后中央的政策存在差异，使参保职工利益受损，各有关部门对文化事业单位养老保险制度改革心存疑虑，改革面临进退两难的境地。值得一提的是2008年"两会"前夕，一份多年争议不休的改革方案——《事业单位工作人员养老保险制度改革试点方案》（下称《试点方案》）终于获得国务院原则通过。据此，山西、上海、浙江、广东、重庆五省市将在年内启动有关试点。这标志着我国事业单位养老保险制度改革的大幕终于拉开，这也将会对湖北省以后的文化事业单位改革提供宝贵的借鉴意义。

二、湖北省经营性文化事业单位"事转企"中存在的养老问题

1. 湖北省经营性文化事业单位"事转企"的基本情况

2003年6月，中央召开了全国文化体制改革试点工作会议，确定35家文化企事业单位为试点单位，确定北京、上海、浙江、辽宁、湖北等9个省市为综合试点地区，试点行业囊括文化艺术、新闻出版和广播影视等领域，试点内容涉及宏观管理体制和微观制度创新等方方面面，核心是面向群众、面向市场，实现体制和机制创新。经过几年的试点，试点单位大都经历了方案的制定、论证、修改和实施等阶段。总的来看，转制或改制的文化单位改革中出现的"瓶颈"和主要问题大都集中在由人员分流引发的一系列问题。

总的来看，湖北省文化事业单位改革中涉及人的做法主要集中在以下三个方面[①]：

第一，提前退休。"提前退休"是指职工未到法定退休年龄，提前退出工作岗位养老。其主要目的是以维护职工权益为宗旨而设定的。[②]在文化事业单位试点过程中，尽管试点政策并没有做出规定，但不少单位还是用足了这项政策。一般来看，其转制前的在编在岗职工，转制时距法定退休年龄5年内（含5年）且工作年限满20年，或工作年限满30年的（艺术院团中年龄满50周岁且在艺术院校从艺20年以上的艺术表演工作者；工作年限满25年的从事高危高难表演艺术的杂技演员、从事领舞独舞的舞蹈艺术表演工作者），由本人申请，所在单位同意和主管部门审核，可在规定的时间内办理提前退休手续，享受事业单位退休待遇。值得一提的是，关于提前退休的条件，各地市掌握的差别较大。比如某市对文艺演出院团的演职人员，掌握在男干部年满53岁、女干部年满48周岁、女职工年满45岁；而某市对演艺集团人员提前退休规定的条件，包括工龄和年龄两个方面，即工龄满30岁，或男年满55周岁、女年满50周岁且连续工龄满20年的。

第二，提前离岗。2003年中央文化体制改革试点政策当中明确指出：距法定退休年龄5年以内的人员，可以退休离岗，习惯上称之为内部退养（简称"内退"）。对于年龄偏大人员，试点单位一般允许其选择提前退休，只是在办不成提前退休的情况下，才允许办理"内退"。

关于"内退"的条件，各地规定也不同。鉴于是否允许"内退"，一般由试点单位决定，所以条件较宽。比如，湖北省某出版社允许转制时女年满45周岁、工龄满25年，男年满50周岁、工龄满30年的人员，在本人自愿、社长办公会批准的前提下，为其办理"内退"。

---

① 还有一种特殊的安排方式——组织安排。政府对文艺演出剧团转制时，通常采取这种措施。比如，某市干部身份的歌舞团演职人员，拟安排在市文化系统的群众艺术馆、艺术学校、交响乐团、图书馆和市文联，充实基层文化力量；对具有一技之长的职工身份人员，则安排在市演出服务中心（市演出公司）或相关文化企业；对要求由组织安排的，则由市文化局统一推荐安排到市文化系统内国有企业单位工作。参见高书生：《事业单位改革应以人为本》，载《科学决策》，2005年第3期，第25页。

② 我国政府规定"提前退休"的条件如下：第一，因病完全丧失劳动能力。第二，因公伤残等级为1～4级。第三，因从事国家规定的特殊工种达到一定年限。

　　关于内退人员"内退"期间的生活费标准，试点单位的规定也有所不同。大多数单位按内退人员办理"内退"前工资的一定比例发放，比如，某市电影公司规定：按人事部门批复的档案工资标准的75%发放；再比如，湖北省某发行集团规定：按内退人员2002年12月事业单位标准工资（即固定部分加上活动部分）的80%发放。为鼓励年龄偏大人员办"内退"，一些试点单位还给予一次性奖励。比如，某省新华发行集团规定在一定期限内，内退人员可以从原单位领取6000元的社保补助费；再比如某出版社给予内退人员一次性优惠补贴，补贴金额为每人6万元。

　　第三，身份置换。根据目前文化事业单位转制所采取的做法，身份置换包括两种形式，即了断式和管理式。所谓了断式身份置换，就是转制单位通过支付经济补偿金同职工了断劳动（人事）关系；所谓管理式身份置换，就是转制单位将在岗职工的无固定期的身份关系变为合同聘用关系。两者的区别在于：其一，了断式是针对分流人员而言的，身份置换后个人同转制单位理论上不存在任何关系，个人身份从"单位人"变为"社会人"；而管理式则是针对在岗职工而言的，所置换的只是合同期限，即从无固定期变成有固定期。其二，虽然身份置换都要支付经济补偿金，但了断式是在转制时支付，管理式是在转制后支付。其三，采取了断式是为了减人，属于人员分流，采用管理式是为了管理，属于用工制度改革。

　　身份置换方式多见于电影放映和新华书店两个系统。其中，电影放映系统一般采用了断式，新华系统则兼而有之。总的来看，身份置换都需要支付经济补偿金，但补偿标准各不相同且差别非常大。例如，湖北省某市新华发行集团了断式身份置换按每年工龄2500元的标准支付经济补偿金。同时规定：在2003年9月30日前办完手续者，再发给5000元的生活补助费。某市电影公司按人事部门核批的工资标准，每年工龄发给本人1个月的工资，同时发给8000元安置费和1500元的医疗补助。此外，对一次性办理自谋职业人员，公司还从在岗职工现金入股中拿出一部分资金，按实际工龄每年补偿1000元，本单位服务工龄每年再补偿2500元，合计每年3500元的标准给予经济补偿，并一次性兑现房改补贴。

2. 从社会养老视角看人员分流方式的成本分析

人员分流是担任转制或改制的文化事业单位碰到的最主要的问题，上述三种方式是最主要的三种分流安置方式，转制或改制单位往往是几种方式同时采用。值得注意的是，人员分流当中成本担负的主体不仅仅是转制或改制单位。地方政府和被分流人员都承担了一定比例的成本，而这些成本有些是实物的，可以用金钱衡量；有些则是无形的，无法用金钱衡量。用博弈论的观点来看，政府、事业单位、分流人员成为了博弈关系的三个主体，而人员分流就演变为了寻找"帕累托最优"或"纳什均衡"的过程。从目前来看，如何妥善处理分流人员的养老保险问题成为了制约"经营性"文化事业单位"转企改制"关键。

第一，提前退休。对于转制或改制单位提前退休的成本几乎为零，它将转制成本或改制成本转嫁给地方政府或提前退休人员。对于地方政府而言，所担负的成本是显性化的，表现为社会保险基金收入的减少，以及养老和医疗保险基金支出的增加。在社会平均寿命增加，提前退休意味着既会缩短工作年限，又会增加退休后受赡养的年限，增加养老基金的负担，在社保基金上的直接体现就是形成了"生之者寡，食之者众"局面。[1] 其实，理论上讲如果对提前退休采取较为严格的精算原则而相应扣减提前退休者的养老金给付额，养老保险基金收支状况可保持平衡。然而，从实践上看，我国提前退休的养老金给付额时间现值大于其所缴的保费时间现值。较大规模的提前退休必然加大养老基金收支的不平衡。此外，较大规模的提前退休会加剧社会公众的逆选择行为。从权利与义务关系上看，早退休的老年个体所获得的养老金权利在总体上要大于其承担的养老金义务。从财务平衡的精算机制入手，早退休老年个体的伤残养老金现金价值额大于其所缴的保费的现金价值额，这种权

---

[1] 中国劳动和社会保障部社会保险事业管理中心在 2001 年 3 月对武汉等 10 个城市的统计显示，1997～2000 年 10 城市提前退休占退休人员的比例为 29.3%。如果 1997～2000 年各年人事编排费、工资费、养老费以全国平均数为准，那么 4 年来 10 城市由部分人员提前退休造成养老保险基金收入减少 6.45 亿元，增支 23.31 亿元，养老保险基金等于实际多支出 29.76 亿元。而以福州市文化事业机关来看，每提前退休 1 人，大致将损失基金约 12 万。参见陈宗利：《浅谈事业单位提前退休对社保的影响与对策》，载《科技经济市场》，2006 年第 2 期，第 19 页。

利与义务的不对称性及内在精算意义上的非平衡性使部分老年个体把提前退休作为一种"理性"的利益选择。在这种情况下个人往往与其所在的单位结成了利益的共同体。而在当前我国文化事业单位改革中，提前退休人员的比例高而且较为集中，这一现象值得引起决策者警示和关注。对于提前退休人员而言，其最直接的损失表现在将失去在职的工资外收入（主要是福利或奖金）。

第二，提前离岗或内部退养。对于地方政府而言，提前离岗或内部退养的成本基本为零。因为这属于企业行为，其中大部分成本由转制或改制企业负担。这些成本总的来看包括两部分：其一是内退人员"内退"期间的生活费，比如内退人员在职时工资收入的 70% ~ 80%；其二是为内退人员继续缴纳社会保险费。对于内退人员来说，也要担负一定的成本，包括生活费同在职时收入的差额，以及正式办理退休手续时养老金待遇差别。

第三，身份置换。表面上看，身份置换无论是了断式还是管理式，是一个"共赢"的结果。对于转制或改制单位来说，虽支付了一笔巨额的经济补偿金，但属于"花钱买机制"。多余人员被推向社会，未来的人工成本被大大压缩；继续留聘人员不再具有国有职工的身份，劳动合同从无固定期转为有限期限，便于今后管理。对于地方政府而言，身份置换如同提前离岗一样，也属于企业行为。政府仅需要担负身份置换人员同原单位解除人事关系后有可能支付的失业救济金，而对于分流人员而言，可以用国有身份获取一笔经济补偿金。但值得注意的是当职工与原单位解除劳动（人事）关系后，要接续社会保险费用，包括个人担负部分和企业承担部分。仅养老和医疗两部分就相当于工资的 36%。

总的来看：首先，提前退休本质上就是把就业压力向社会保障转移。站在文化单位的角度看，人工成本高成为了制约其提高效率、提升竞争力的"拦路虎"。裁减人员本无可厚非。但从政府角度出发，允许提前退休的结果是减收增支，社会保险资金的收支情况已经十分险峻，如果对文化单位提前退休不再加以控制，社会保险"出险"的概率较大。其次，提前离岗和内部退养在试点工作中被认为是一种较为稳妥的人员分流方式。因为转制或改制单位在为内退人员支付生活费的同时，还要为内退人员缴纳各项社会保险费，目的是确保内退人员能够老有所养。最后，身份置换中所置换的身份归根到底是国家对国有单位职工的过去在社会保障上的承诺。但身份置换以后同时也有一个潜藏的风险，身份置换人员一般距法定退休年龄都在10年以上，一旦这些人员到退休年龄不能办理退休手续，或无法按时领到养老金。主张并实施身份置换的转制或改制单位及其负责人可能不存在了，政府将不得不为此"买单"，承担巨大的压力。①

3. 案例分析

某文化体制改革试点单位X出版集团现有在职人员690人，其中事业编制内人员293人，聘用人员近400人；离退休人员168人，其中离休26人。2003年工资总额为3800万元。该社已被列转制单位，按要求转制后要执行企业的社会保险制度，其转制中的社会保障成本包括以下方面。

第一，缴纳社会保险费。依据该出版社所在地政府的规定，养老、医疗和失业三项保险中由企业负担的费律为35.5%，该出版社2003年为此担负费用为1349万元。

第二，离退休人员待遇差补贴。从理论上讲，转制前已经离退休人员的离退休金应当由所在地社会保险经办机构发放。但实际上，离退休人员已经拿到手的离退休金有一部分社保机构是不承认的，这叫做统筹外项目。② 为了不降低离退休人员的待遇水平，统筹外的项目应该由该出版社自行承担。目前，不被社会保障机构承认的统筹外项目人均每月将近300元，每年需55.8万元，约占2003年工资总额的1.5%。

第三，补充养老和医疗保险费用。按照医疗保险政策和国办发〔2003〕105号文规定，该出版社可为职工建立企业年金和补充医疗保险，相当于工资总额的8%部分可从成本列支。

第四，在职人员的养老金待遇差补贴。这是转制带来的最大问题，按照事业单位办法计发的退休金要比按企业办法计发的养老金高出很多，少则高出一半，多则高出一倍。对此，上海某出版社曾做过测算，

---

① 高书生：《事业单位应以人为本》，载《科学决策》2005年第3期，第27页。
② 例如一些书报费、洗理费、防暑降温费（部分区县）、住房提租补贴、取暖费、区县的郊区补贴、离退休管理费等，这些费用是不能在养老保险基金中列支的。

为保障 1149 名事业单位编制内无固定期人员退休时养老金待遇不降低，约需费用 1.9 亿元，人均 16.5 万元。据此估算，该出版社为解决现有事业编制内的 293 人的养老待遇差，大约需支付费用 4834.5 万元。

以上四项费用，前三项占工资总额的比例为 45%。就是说，该出版社每支付 100 元工资，同时还要再拿出 45 元支付社会保险费用。而至于第四项费用大约占该出版社总资产的 1/10 强，据估算，相当于该出版社 2000～2004 年年平均利润的 2.8 倍。

文化事业单位转企改制的目标是实现个人利益，单位利益和国家利益的"三合一"。即一要考虑职工利益，以人为本。职工是企业之本，是企业改革和发展的原动力，职工利益是职工之本，是职工能否稳定、能否真的支持改革、改革能否真的解放生产力和促进企业发展的关键问题、核心问题。二要考虑单位利益、单位的长远发展。要考虑利润再分配、再投资、生产再发展，不能竭泽而渔，不能把单位做虚了、做空了、做没了。三要维护普遍的社会保障水平，还要维护国家文化安全，坚持两个效益，坚守国有文化单位不同于一般的经济企业的特殊要求。

由此得出，湖北省文化事业单位"转企改制"过程中必须要支付足够多的转制成本。为保障"平稳过渡"，稳步推行湖北省文化事业单位"转企改制"。必须在养老保障上做到以下几点：首先，是已办理离退休手续的职工按政策可以享受到事业单位的待遇。也就是常说的"老人老办法"。值得注意的是，这些职工原单位提供的统筹外项目，以及退休后按企业办法增加的基本养老金与按事业办法增加的养老金差额，需要单位自己解决。其次，对符合退休条件的职工能够提前办理退休手续的享受事业单位待遇。主管部门需要注意的是，必须对职工的退休条件进行严格审核，避免某些单位和个人结成利益共同体，从而出现大规模提前退休问题。再次，对于内退职工，即常说的"歇着的人"。单位应保障其离岗期间工资福利待遇不变，单位或个人继续缴纳社会保险。从试点的情况来看，"内退"这种分流方式是较为稳妥，也是比较行之有效的方式。最后，对于身份置换的人员。转制单位应对了断式人员给予一定的经济补贴，对管理式身份置换人员可给予一定的经济补贴。由于身份置换这一方法存在未来的高风险性，笔者认为这一方法目前尚不能大规模的进行推广，决策者应当谨慎处理。由此可见，湖北省文化事业单位改革中，要实现职工身份的顺利转换，其主管部门和相关财政部门必须提供一些财政补贴，必要时，对一些资产不足或无资产的文化事业单位还要实行财政兜底。

综上所述，事业单位养老待遇和企业养老待遇差距过大是制约改革的关键。客观来说，根据发达国家的经验，一般来看公务员的养老待遇也确实超过了一般企业的养老待遇，① 但我国面临的突出问题是，"二元"养老制度不仅养老差距大，并且缺少衔接。这成为了制约湖北省，乃至我国经营性文化事业"转企改制"的瓶颈。从改革试点的情况来看，依靠主管部门和财政部门资助并不是长远之计，政府的一些政策也只能起到一时的作用，关键需要设计一套行之有效的机制，促使事业单位养老制度同企业养老制度并轨衔接，减少企事业单位的养老待遇差距。

---

① 这主要通过两种方式来实现：其一是公职人员除享受全民共享的养老待遇外，还补充了一块公职人员特有的养老保险待遇；其二公职人员的养老金替代率高于企业。

4 深化湖北省文化事业单位养老保险制度改革的建议

4.1 构建湖北省文化事业单位新型养老保险制度的基本设想

一、基本框架

目前国外尤其是发达国家不少学者认为完善的养老保险制度至少应由三部分组成，即基本养老保险、职业年金和个人储蓄保险，这三部分共同构成多层次、多支柱的养老制度。基本养老保险确保劳动者退休时享有原工资 40%~50% 的替代水平，年金制度再提供 30% 左右的替代率，个人养老储蓄提供约 10% 替代率，这样，劳动者晚年便能享有体面的生活。笔者认为，虽然这种构建模式还不全面，但符合我国养老制度改革的方向，是可以被借鉴的。

按照这种思路对湖北省文化事业单位养老保险制度进行改革，应实行强制性的多层次养老保险制度，即基本养老保险和补充养老保险部分。前者体现保险制度的公平效应，后者体现事业单位养老保险自身的特点。

第一层次基本养老保险部分的制度设计、计发办法、替代率水平、调整机制等应与企业职工养老保险制度保持一致。这一层次起到的作用定位于保障离退休人员的基本生活，其工资目标替代率建议在 40%~50%。

第二层次补充养老保险部分，与企业补充养老保险相对应，也应是强制性的。没有定为选择性的，是因为在制度设计时，降低了第一层次的替代率，离退休人员若要维持与在职时差距不大的生活水平，第二支柱将是必要的。这一支柱的工资目标替代率建议在 20%~30% 之间。

事业单位人员退休后通过这两个层次的保障，可以拿到原在职工资水平的 75%~80%，这个替代率略高于企业职工的 65%~70%，体现了国家对公职人员退休待遇的倾斜，这与国情相符，与国外公务员的通行规定相一致。

之所以降低第一层次的替代率，强调第二层次的强制性，提高第二层次的替代率是基于以下两方面的考虑：一方面，第一层次是统账结合模式，国家将社会统筹基金在一定统筹层次上进行调剂，实现收入二次分配，主要体现的是公平；第二层次是补充养老保险，其基金的积累关系到个人退休之后的待遇问题，缴费与待遇相挂钩，主要体现的是效率。另一方面，降低第一层次的替代率，达到对单位和个人参加补充养老保险的激励作用，同时给第二层次让出空间。第一层次所提供的只是基本生活保障，第二层次就变得必要和重要了。这样一来，参保人员会关注第二层次养老保险基金的保值增值情况，有利于国内资本市场的成熟和完善。

二、享受条件

基本养老金中，社会统筹养老金的享受要有一定的缴费年限要求，没有达到年限要求的不能享受，以此来提高个人和参保单位的缴费积极性。补充养老金作为反映事业单位特点的一项优厚待遇，只有在事业单位退休，并符合相应缴费要求才能享受。离开事业单位，这项待遇即自行取消。笔者认为只有当文化事业单位改革目标定为缴费与退休待遇相挂钩，才能体现权利和义务对等的原则。尤其是设立与个人养老待遇密切相关的个人账户具有以下积极意义：

首先，有利于事业单位人员流动时养老保险关系的相互衔接。文化事业单位的养老保险制度与企业职工的相对应，人员调动时，账户随人走，且养老目标替代率在基本养老保险方面是基本一致的，不会因替代率陡然下降很多，而出现不愿去企业工作的现象。

其次，有利于间断缴费人员退休待遇问题的处理。目前机关事业单位参保人员退休后，养老保险待遇是依据退休时的档案工资进行核定的，对于单位或个人无法连续缴纳养老保险金，发生间断缴费问题的处理缺乏依据，建立个人账户后，可依法扣除缴费间断期间的欠缴的费用。

再次，有利于控制提前退休的现象。目前湖北省文化事业单位改革中，在部分试点单位出现了钻政策空子的现象①，一些员工想方设法提前退休，领取的退休金却不比同一工作年限段正常退休的人少。而个人账户可以有效地解决这一问题，有助于控制体现退休现象。

最后，有利于提高参保人员参保的积极性。建立健全个人账户，既可有效地增强参保单位依法参保缴费的法律意识，又可增大参保职工对所在单位缴纳养老保险及本人养老金积累情况的关注。

三、资金来源

在资金来源上，基本养老保险费由国家、单位和个人共同负担，缴费比例在精确摸底、合理测算的基础上，按照"以支定收、略有结余、留有部分积累"的原则确定，积累额度定在每年相当于 1~2 个月离退休费的数额。单位缴费比例一般不超过单位上一年度工资总额的 20%。个人缴费比例为本人上一年度月平均工资的 8%。个人账户规模与企业实行同等水平，为个人缴费工资的 8%，全部由个人缴费形成，并做实个人账户。月平均工资超过当地职工平均工资 300% 以上的部分，不记入个人缴费工资基数；低于当地职工平均工资 60% 的，按 60% 记入。

四、待遇计发

鉴于这项改革面对老人（改革前退休）、中人（改革前参加工作改革后退休）、新人（改革后参加工作）三种对象，在待遇计法上应按照平稳过渡的方式进行。老人应继续按照原来的规定发放养老金，参加国家统

---

① 根据事业单位目前的退休费计发办法，工作年限满 10 年不满 20 年、满 20 年不满 30 年、满 30 年不满 35 年、35 年以上分别对应不同的退休费计发比例。年限分段距离跨度过大，比如工作 10 年与工作 19 年没有区别。而以发达国家经验为例，如日本，工龄与补贴的对应关系明确到每一年，工龄越长，退休时所取得的补充养老保险就越多。具体如下：工龄小于等于 10 年的，每服务 1 年，补贴最后月薪的 125%；工龄满 11 年不足 20 年的，每服务 1 年，补贴最后月薪 137.5%；工龄满 21 年不足 24 年的，每服务 1 年，补贴最后月薪的 150%；工龄满 25 年不足 30 年的，每服务 1 年，补贴最后月薪的 257.5%

一的基本养老金调整。中人应保持待遇水平不降低，退休时在发给基础养老金和个人账户养老金的基础上，再发给一定的过渡性养老金（其中包含补充养老金）。具体过渡办法另行制定。新人达到国家规定的退休年龄和缴费标准后按月发放基本养老金和补充养老金，基本养老金应包括两个部分，即社会统筹部分和个人账户部分。社会统筹部分按当地上一年度机关事业单位平均工资的 15% 发放，缴费年限超过 15 年后，每增加1 年增发 1%。个人账户部分，以个人账户积累额的 1/120 按月发放。

五、调整机制

随着经济发展，物价上涨，货币贬值在我们这样一个发展中国家极易发生。在构建湖北省事业养老保险制度的时候，必须要考虑到离退休人员养老金的购买力变化，要让离退休人员能和其他社会成员共同分享社会经济增长的成果。建议基本养老保险金采取与物价指数同步变动调整，而补充养老保险采取与在职人员工资同步调整的机制。需要注意的是：随在职人员工资调整时，离退休人员之间不能因级别不同而养老金差距过大。

六、管理服务

工作人员离退休后与单位脱钩、实行管理服务社会化是必然趋势。退休待遇可委托银行直接发放。为此，在确定统筹项目时，要尽可能地将各类国家政策规定的津贴、补贴全部纳入，退休后才能实现所有待遇都由社保机构负担，不再与单位在待遇上发生关系，实现真正意义上的社会化管理服务。

4.2　湖北省文化事业单位
改革中的核心问题

一、湖北省文化事业单位养老保险制度改革关键点之一：新旧养老保险制度衔接中的"中人问题"

养老保险是保障退休职工生活水平最基本的方式，这一制度的改革是一项重大的利益调整，成败在很大程度上取决于新旧制度能否平稳过渡。现行文化事业单位养老保险制度已实行几十年，它所形成的利益机制已根深蒂固。为了保持政策的连续性，维护社会的稳定，在企业养老保险制度改革中实行"新人新办法，老人老办法，中人过渡办法"来实现新旧制度的平稳过渡。"新人"是指新制度实施后参加工作的职工。"老人"即实行新制度前退休的职工。"中人"是指新制度实施前参加工作，新制度实施后退休的职工。"老人老办法"就是对新制度实施前已离退休的职工，按原来的规定计发养老金，所需基金由国家拨付。"中人过渡办法"就是对新制度实施前参加工作，新制度实施后退休的职工，把新制度实施前的工作年限视为缴费年限，按一定的系数折算为当前个人账户储存额，然后再按新办法计发养老金，空账由国家逐步予以补偿。"新人新办法"就是新制度实施后仍参加工作的人员按照新制度的规定计发养老金。

产生于企业养老保险制度改革中的"新人新办法，老人老办法，中人过渡办法"在实践中简单易行，但却暴露出了很多问题，尤其对"中人"存在着明显的不公平。参加新的养老保险制度一段时间后退休的职工，政策规定实行新制度前的工作年限视同缴费年限，只要缴费15年就享有基本养老保险待遇。基本养老保险待遇包括两个方面：基础养老金和个人账户养老金。基础养老金标准为省（自治区、直辖市）或市（地）上年度职工月平均工资的20%，以后缴费每满一年增加一定比例的基础养老金，总体水平控制在30%左右，这是公平的。而个人账户养老金是按照个人账户养老金总额/120每个月发放。"中人"实行新制度前的工作年限视同缴费年限，但并没有形成个人账户养老金积累。国家采取的补救措施是按照工龄的长短补偿过渡养老保险金，标准为每年工龄计算指数化月平均工资的1%～1.4%，这种简单划一的做法抹杀了实际的差别，很显然，这对于工作时贡献大的人是不公平的。

因此，笔者认为湖北省文化事业养老保险制度改革过程中应汲取企业养老保险制度改革中的经验和教训，对这些单位的职工实行自愿原则，愿意参加新制度的参加新制度，不愿意参加新制度的就留在旧制度。为了鼓励参加新制度，笔者认为原则上新制度的养老保险待遇要高于旧制度下的养老保险待遇。

一方面，要对愿意参加新制度的"中人"的养老金历史欠账进行精算，一是确定需要补偿的对象群体，即愿意参加新制度的"中人"。二是确定补偿的基本政策，确定是全额补偿还是差额补偿。三是确定补偿标准，其依据包括退休待遇水平（计算不变数）、平均缴费水平、领取退休金年限及其他相关因素（如待遇水平随着经济发展而提升、养老金的保值增值等），按年度或按职工个人计算出所需补偿额度。由此可以得出养老保险历史欠账的理论额度。

另一方面，按照责任分担的基本原则，让政府、单位和个人分担化解历史欠账的责任。其中，政府无疑应当承担主要的补偿责任，并通过减少国有资产存量（如部分国资变现、国有股减持等）、动用财政增量（如扩大财政投入、发行长期特种国债等）的方式来筹集社会补偿基金；单位和个人应当承担新制度下单位实际需要负担的缴费率。

强调划分历史责任和现实责任，并采取分担方式来化解历史责任，并非是近年内立即补足全部养老金的历史欠账，而是在明确责任的基础上，使主管部门能够准确地把握新制度良好运行所需要的现实成本及其地区、行业分布差异，让各级政府、单位和个人明了各自的责任，并通过有计划的、稳妥的、多管齐下的方案来化解。历史欠账并不是一次性解决，要分阶段进行，如个人历史欠账部分可在涨工资过程中拿出一定比例的资金缴纳。在对历史欠账进行精算，按照政府、单位和个人分担的原则进行分解与补偿的基础上，使"中人"的养老保险制度与新养老保险制度并轨。同时，要创造条件，为事业单位职工建立职业年金制度，作为补充的养老保险制度。职业年金实行完全积累，采用个人账户方式进行管理，费用由用人单位和职工个人缴纳，基金实行市场化运营和管理。

为了鼓励参加新制度，在为参加新制度的职工建立职业年金制度的时候，对留在旧制度的职工不必考虑，但其养老保险待遇要随着经济的发展和物价的变化而调整，既要使养老保险待遇不因物价的上涨而下降，又要使养老保险待遇充分分享经济发展的成果。

总的来看，事业单位养老保险制度改革压力较大，阻力重重。一步到位，达到预期目标，既无可资借鉴的成功经验，也无强大的经济实力做后盾。考虑到我国改革过程中反复出现的"双轨制"，分步实现最终目标的做法，笔者认为，事业单位养老保险制度改革可分二步走：第一步，"双轨制"，"新人新办法、老人老办法"，"中人"根据自愿原则，新办法与老办法并存。第二步，并轨，"老人"、"中人"退出历史舞台，整个社会事业单位自然就实行一种养老保险制度了。其实，我国在住房制度改革中实行的成功经验值得借鉴，即确定一个时间（住房制度改革确定的时间是 1998 年 12 月 31 日），在此时间以前参加工作的，给予政策上的优惠和照顾，在此时间后参加工作的，按照新的制度执行。

二、湖北省文化事业单位养老保险制度改革关键点之二：文化事业单位"事转企"中的养老保险衔接

湖北省的文化事业单位按经费渠道可以分为全额拨款、差额拨款和自收自支三类，与之相应的是职能与管理方式不同，大致上前者行使行政职能，参照行政机关管理，后两者行使部分行政职能或非行政职能，趋势是进行企业化管理。在目前的文化事业单位改革试点中，差额拨款和自收自支文化事业单位大多涉及"转企改制"，这就意味着，上述两种单位的员工将直接面临"二元"养老制度带来的养老待遇差距过大的问题。一般来看，文化事业单位转企后，转企前退休的人员按照原事业单位的方法计发和调整养老金；转企后退休的人员参加企业的社会养老保险，关键问题就出现在转企前参加工作、转企后退休的员工的社会养老保险如何衔接。

笔者总结了一下，从目前的试点实践情况来看，文化事业单位"转企改制"中养老保险改革主要有五种方法。

第一，"两龄政策"。该政策根据工龄或者年龄划杠，凡是在杠内的按照事业单位办法计发和调整养老金，杠外的按照企业办法计发和调整养老金。如 X 市规定：截至 2005 年 12 月 31 日，工龄满 30 年或距法定退休年龄 5 年以内（含 5 年）的人员，按事业单位办法计发养老待遇，退休后按事业单位办法调整养老金；不符合规定条件的人员转企后按企业政策参保缴费，达到法定退休年龄时按企业办法办理退休。上述办法的优点在于政策相对宽松，照顾了工龄长、年龄大的人员，但主要缺点是不满足上述条件的"中人"，尤其是一些正值壮年的业务骨干不太容易接受这一办法。

第二，"一保两制政策"。该政策规定，截至转企基准日（或批准

转企文件下发之日）的事业单位在编在册人员，其养老保险参保及退休待遇均执行事业单位政策不变；转企后新进入单位的人员执行企业的养老保险政策。此办法的优点是人员划分标准单一，过渡相对比较平稳，"老人"、"新人"和大部分"中人"都容易接受。弊端是由于保留事业单位身份的人员中有的职工参加工作时间较短，转企后长期按事业单位参保且享受事业退休待遇不尽合理。对于单位而言，按事业单位参保缴费成本比较高，不利于改制后企业的经营和竞争。由于其时间跨度比较长，与今后国家政策的对接可能存在较多不可预知性。

第三，"五年过渡期政策"。该政策为保证平稳过渡，实行 5 年的过渡期。过渡期从转企当年开始计算，在过渡期内，按照企业办法计发的养老金如低于原按事业单位办法计发的养老金，采用加发补贴的办法逐年递减，即：第一年加发待遇差的 90%，第二年加发 70%，第三年加发 50%，第四年加发 30%，第五年加发 10%。加发的待遇差额由企业负担。退休后养老金按企业政策调整。该政策的优点是既照顾了在事业单位工作时间长、年龄大的同志，又实现了事业单位养老保险政策向企业养老保险政策的较为平稳过渡。不足是转制前参加工作、过渡期结束后退休的人员不能享受到 5 年过渡期政策。即过渡期之内退休与过渡期之后退休的人员待遇截然不同，"斜坡过渡"便成了"陡坡"过渡，过渡不平滑。

第四，"分段计算政策"。该政策根据职工在事业单位和企业的不同工作年限，对部分人员采取分段计算的办法计发养老金。如 X 市规定：事业单位改制为企业时，工作年限不满 25 年的人员到达退休年龄后，按企业办法办理退休；改制时工作年限满 25 年的人员到达退休年龄时，分段计算养老金，即：按单位改制前的事业单位养老金加上改制后个人账户储存额的 1/120 每月计发，退休后养老金按企业政策调整。该办法的优点是充分考虑了在事业单位与在企业的不同工作年限，相对比较合理。弊端是由于按一定的年限划杠，杠外的人员不易接受。不满 25 年无法享受该政策的人员反响比较大，并且这种办法只计算了转企后的个人账户养老金，没有计算转企后的基础养老金，没有体现权利与义务的统一。

第五，"一次性补贴政策"。该政策规定：对从事业单位流动到企业的人员实施一次性补贴的政策，即对转企时不符合"两龄"提前退休政策的人员，在单位转企时，按原经费列支渠道给予一次性补贴，计入转企后的个人账户。标准为：本人离开事业单位时上年度月平均基本工资×在事业单位工作年限×0.3%×120个月。此政策的优点是适当考虑了事业单位转企人员的待遇，为其身份转换给予了适当补偿，弊端是补偿的面比较大，人员比较多，一次性补贴资金压力大。而且总的来看即使拿到了一次性补贴，从事业单位到企业人员退休后的待遇也会降低。

笔者认为，解决事业单位与企业养老待遇差距过大的问题，其着重点不应当放在如何拉平企事业单位的养老待遇，毕竟这一由体制原因造成的"二元"养老体制无法在短时间内根本解决。切实提高文化事业单位"事转企"人员的养老待遇才是解决问题的关键。在目前事业单位养老制度改革尚无突破性进展的情况下，应将工作的中心转移到如何切实提高企业的养老保险待遇。针对文化事业单位转企业的特殊情况，笔者建议，可依据国家的相关政策①，对一些转企改制后效益较好的经营性文化企业的企业年金提供政策性支持。

企业年金即企业补充养老保险，是指企业在参加国家基本养老保险的基础上，依据国家政策和本企业经济状况建立的、对国家基本养老保险进行重要补充的一种养老保险形式。目的是提高职工退休后的生活水平，可以使退休者在满足基本生活的基础上生活得更好一些。企业年金作为一项企业与职工共同协商的制度，具有收入分配、员工激励和养老保障等多方面的功能。2000年12月，国务院在颁布的《国务院关于完善城镇社会保障体系的试点方案》中将"补充养老保险"更名为"企业年金"，明确了企业缴费在工资总额4%以内的部分可以从成本中列支，为建立企业补充养老保险提供了一定的税收优惠政策。该试点方案还规定，企业年金基金实行市场化管理和运营的原则。

健全和完善企业年金的手段有很多，但政府的税收优惠政策无疑是

---

① 如《国务院办公厅关于印发文化体制改革试点中支持文化产业发展和经营性文化事业单位转制为企业的两个规定的通知》（国办发〔2003〕105号）的有关政策规定，"转制企业自工商登记之日起，实行企业财政、税收、社会保障、劳动人事制度，重视职工权益保障，在一定期限内给予财政、税收等方面的优惠政策"。

最为重要的一种。笔者建议，湖北省有关部门可以借鉴发达国家多年来
开办企业年金的经验，参照中央改革试点中辽宁省 4% 的税收优惠政
策，允许一些文化产业龙头企业将企业年金基金从成本中开支或税前列
支，鼓励其自愿开展企业年金，完善企业法人制度，为企业年金基金收
缴、投资和领取三个环节设计相关的税收优惠政策。需要注意的是，对
于企业年金的监管也是一个重要的问题。政府应当根据企业年金的性质
与业务流程，对企业年金从建立到投资方向、风险控制、收益分配等各
个环节进行有效地监督管理。

此外，笔者建议政府还可以积极引导文化事业单位"转企改制"
的职工参加一些个人储蓄性养老保险。转制单位也可与一些实力强的商
业保险公司签订合约，为他们提供一些较为优厚的保险险种。政府可通
过调整税收政策来予以支持。①

4.3　构建和完善湖北省文化事业单位养老保险制度的配套措施

一、从思想认识层面上，加大宣传力度，增强改革的群体意识

我国的文化事业单位养老保险制度改革是在计划经济体制基础上和
社会主义初级阶段国情的制约下开展的，推进这一改革的最大困难来自
观念上的阻力，当前必须努力冲破旧体制和旧观念的羁绊，大力优化文
化事业单位养老保险制度改革的内外环境。文化事业单位作为事业单位
改革的"排头兵"，必须首先对改革的必然性和必要性有充分的认识，
尤其是一些经营性的文化事业单位改革之前必须认识到改制是促进经营
性国有文化单位发展的方向，唯有体制和机制的彻底改革才能为其发展

---

① 当前来看，可以在以下两方面予以税收优惠：一是要调整营业税税基。保险营业税不
应按总保险费征收，保险营业税税基应为总保费减去已决赔款后剩余的部分。二是调整所得
税政策。允许个人购买养老保险的保费支出冲减个人所得税税基，但应对高收入人群做出一
定的限制，如不能超过社会平均工资的三倍，以防止有人利用这一途径偷漏个人所得税。

注入活力，才能使文化产业名副其实。在改制过程中必然会遇到单位体制和人员身份的变化，涉及人员分流、社保接轨等棘手难题，坚定的改革决心是攻克难关的必要保证。

第一，加强宣传、打破传统的思想观念。文化事业单位人员过去长期没有建立社会养老保险制度，所以就有这样的观念：钱是单位发的，我是单位的人。由于在计划经济下长期形成的根深蒂固的分配观念仍残留在许多人的脑海里，思想意识难以跟上社会发展。社会养老保险改革其根本目的就是建立覆盖各类从业人员的社会统筹与个人账户相结合的新型养老保险制度，并由个人、用人单位和国家合理分担费用，以取代过去由用人单位、国家包揽的传统退休养老制度。因此，这项制度的建立需要得到改制单位尤其是每个职工的了解、认同、支持和监督。

第二，加强宣传、打破单位福利的观念。我国以前养老保险社会化水平低，工作人员不缴纳养老保险金，主要是因为无力承担自己本应承担的养老保险缴费，所以由单位和国家包下来，实行终身制，铁饭碗。但如果依然沿袭这种由单位大包大揽的路子，最终的结果会是养老体系难以为继。只有彻底地改变传统的单位福利观念，减少单位的社会保障职能，才有可能将传统的国家保障和单位保障转变为真正意义上的社会保障，按照社会主义市场经济的要求建立国家、单位、个人共担风险的养老保障机制，切实保障退休人员的基本利益。

第三，加强宣传、打破文化事业单位养老保险体制改革为国有企业改革配套的片面观念。养老保险制度是一个整体，事业单位不可能也不应该"独善其身"。从长期来看，不仅仅是事业单位的养老保险制度要改，整个国家公务员都要纳入养老保险制度改革的范畴内，目前"二元"养老体制的存在固然有其历史存在的合法性，但从长期来看，这种体制是不稳定、不科学的。从社会保障的根本属性来看，不仅仅是整个城镇基本养老保险体系应当统一，而且整个国家的基本养老保险体系也最终会统一起来。

应当注意到，湖北省文化事业单位改革中必然涉及到人的利益，问题的要点在于，必须公正公平地处理利益的分配。文化事业单位"事转企"改制政策性强、关系职工的切身利益，出现的问题也比较敏感，不能以强制手段对待职工，而应该让他们能够充分表达自己的意见和捍卫自己的正当权益。要制定公平、公正、公开的改制政策，在人事安排和人员安置上，要把职工的利益作为一切工作的出发点和落脚点。

二、从法律制度层面上，加快立法进程，尽快出台湖北省文化事业单位养老保险制度改革方案

总的来看，我国养老保险的立法工作一直滞后。一方面企业改革和发展迫切要求实施养老保险制度的配套改革，另一方面是养老保险制度改革立法工作滞后。至今为止，全国人大常委会尚未颁布养老保险的专业性法律，难以从法律上为养老保险工作撑起强有力的保护伞。同时也导致各地在政策制订和执行过程中缺少全国统一的法律规范作为支撑，制度的制订和实施、配套政策的调整没有统一正常的机制，往往使得制度本身难以按照既定的目标做出符合实际情况的调整。

立法先行是社会保险制度安排的一项基本原则，由于法律法规的欠缺，机关事业单位养老保险改革很难强制性开展，规范性也不够。因此必须加快制定适应社会主义市场经济体制需要的《社会保障法》，同时应抓紧出台统一的事业单位养老保险制度改革方案，目标是建立覆盖所有事业单位职工，资金来源多渠道，保障方式多层次，社会统筹与个人账户相结合，权利与义务相对应的养老保险体系。在国家未出台统一的事业单位养老保险制度前，省（市）级主管部门也应因地制宜、实事求是地采取相应措施，尽快出台能够指导本省（市）文化事业单位养老保险工作的统一政策，解决目前湖北省文化事业养老保险工作一地一策、缺乏统一性的现状。

举例来看，湖北省文化事业单位中有些为全员参保，有些是差额和自收自支事业单位，还有一些仅限于事业单位的合同制工人。这样未实行养老保险以及实行部分养老保险地区的工作人员，如果转制为企业，就面临一个养老保险如何接续的问题。其个人账户没有任何积累，一切将从零开始，不可避免地影响到退休待遇，增加了矛盾纠纷发生的可能性，直接限制了人才的自由流动，损害了劳动者的切身权益。为了解决此问题，在一些未开展事业单位养老保险制度改革的文化事业单位，当某工作人员调动至已经开展养老保险制度改革的单位，财政或原单位将根据此人的工龄、工资等因素为其确立养老保险个人账户补贴，将其资金转入新单位所参保的社会保险中心，为该工作人员建立养老保险个人账户。这种做法虽然缓和了矛盾，但是随意性较强，不能很好地体现养老保险中的权利与义务对等原则，而且有失公允。

三、从管理体制层面上，理清职能权责，明确湖北省文化事业单位养老保险改革的主管部门

改革是对既有利益格局的调整，没有多部门的共同参与是很难推进的。然而，如果决策权力不能集中，管理体制过分分散，改革的效果必然会大打折扣，因为分散的决策会造成最终的改革莫衷一是，分割的管理可能使改革的动力相互抵消。经营性文化事业单位改革往往会牵涉到劳动社会保障部门、财政部门，以及相关税务部门，同时又面临个人利益、单位利益与政府利益的纠缠。在这种情况下，需要一个专门的机构来组织、协调、平衡各方的需求。在目前缺乏法律规范的条件下，湖北省文化事业单位养老保险改革方案的设计应由养老主管部门负主要责任，多部门协调，但决策权力不能分散，否则会出现混乱并导致权威受损的局面。同时应将事业单位的养老保险政策、离退休审批权等，统一纳入养老主管部门管理，提高管理效能。省、市、县三级应建立统一有序的机关事业单位社会保险经办机构。离退休人员养老金实行社会化发放，建立社区社会保障平台，离退休人员交由社区社保机构统一管理，实现"单位人"向"社会人"的过渡。

此外，设立专门的事业单位养老改革主管部门，有助于提升湖北省养老保险基金管理统筹层次。将养老保险基金由省级养老主管部门统一管理、统一调拨使用，不仅保证了养老保险基金的安全，而且也增强了基金的抗风险能力，充分发挥了社会保险基金的调剂功能。因此，借鉴企业基本养老保险改革的经验，提高事业单位养老保险的统筹层次，对于各级社保机构的规范管理，发挥"聚沙成塔"的基金规模优势，保证养老保险基金的安全将会起到不可低估的作用。

四、从资金来源层面上，实行财政托底，确保湖北省文化事业单位养老保险制度改革平稳过渡

从企业养老保险改革中的实际情况来看，国家财政对企业养老保险实行定向转移支付，解决了企业养老基金入不敷出的问题，从而能够有效地保证企业退休待遇的按时足额发放，维护了社会稳定。而且使养老保险费收缴比例维持在一个较低的固定水平，不过度增加企业的缴费负担。从湖北省文化事业单位养老保险制度改革的试点情况看，也同样存在着养老保险费收缴难的问题，这在许多面临改制的自收自支、差额拨款文化事业单位情况更为严重，这些单位由于经营不好、效益不好无力缴纳养老保险费的现象屡次发生，而许多"转企改制"文化单位更是需要财政"输血"来承担改革的成本。

值得一提的是，湖北省对一些"转企改制"文化事业单位给予了相当多的财政支持。以湖北省文化产业龙头 X 出版集团为例。省财政对 X 出版集团采取的是基数加增长 6% 的返税政策，同时实行国家规定的增值税和所得税返还优惠政策。并在 X 出版集团"转企改制"时，安排一笔专项基金，用于解决其职工社会保障，确保其养老基金正常发放。

参考文献

邓大松、林毓铭、谢圣远:《社会保障理论与实践发展研究》,人民出版社 2007 年版。

卫兴华、魏杰:《中国社会保障制度研究》,中国人民大学出版社 1994 年版。

成思危:《中国社会保障体系的改革与完善》,民主与建设出版社 2000 年版。

王益英、黎建飞:《社会保障法》,中国人民大学出版社 2000 年版。

劳动和社会保障部、中共中央文献研究室:《新时期劳动和社会保障重要文献选编》,中国劳动社会保障出版社、中央文献出版社 2002 年版。

任保平:《中国社会保障模式》,中国社会科学出版社 2001 年版。

董可用、王燕:《养老保险》,中国人民大学出版社 2000 年版。

王廷中:《中国劳动与社会保障问题》,经济管理出版社,2004 年版。

林毓铭:《中国社会保障改革探索》,江西人民出版社 2004 年版。

李珍:《社会保障理论》,中国劳动社会保障出版社 2001 年版。

孙光德、董克用:《社会保障概论》,中国人民大学出版社 2002 年版。

郑功成:《中国社会保障制度变迁与评估》,中国人民大学出版社 2002 年版。

杨良初:《中国社会保障制度分析》,经济科学出版社 2003 年版。

刘钧:《社会保障理论与实务》,清华大学出版社 2005 年版。

郭亚雄:《社会保障会计研究》,中国经济出版社 2006 年。

中国经济改革研究基金会、中国经济体制改革研究会、联合专家组：《中国社会养老保险体制改革》，上海远东出版社 2006 年版。

黄俊：《机关事业单位养老保险制度改革探讨》，载《广西大学学报》1999 年第 6 期。

赵淑霞：《机关事业单位养老保险制度改革探析》，载《北方经贸》2003 年第 7 期。

孙成刚、潘毅之：《改革机关事业单位养老保险制度》，载《创造》2000 年第 4 期。

孙祁详：《空账与转轨成本——中国养老保险体制改革的效应分析》，载《经济研究》2001 年第 5 期。

袁志刚：《中国养老保险体系选择的经济学分析》，载《经济研究》2001 年第 5 期。

卢纯信：《做实基本养老保险个人账户的思考》，载《中国社会保障》2001 年第 3 期。

刘子兰、李珍：《养老社会保险管理成本问题研究》，《中国软科学》2002 年第 10 期。

李绍光：《养老保险的困境与出路》，载《经济社会体制比较》2000 年第 3 期。

郑功成：《中国养老保险制度：跨世纪的改革思考》，载《中国软科学》2000 年第 3 期。

郑秉文：《建立社会保障长效机制的 12 点思考》，载《管理世界》2005 年第 10 期。

赵燕妮：《养老保险制度发展综述》，载《发展改革》2004 年第 4 期。

华迎放：《建立统一的养老保险制度》，载《瞭望》2006 年第 5 期。

秦建国：《我国机关事业单位养老保险制度改革探讨》，载《理论探讨》2007 年第 1 期。

张伟：《改革和完善机关事业单位养老保险制度的探讨》，载《中州学刊》2004 年第 7 期。

韩国栋：《企业养老金与机关事业单位退休费差距问题分析与思考》，载《山东劳动保障》2007 年第 1 期。

陶有竹：《浅谈机关事业单位养老保险工作存在的问题及对策》，载《社会保障》2007 年第 2 期。

附　录

关于做好农村社会养老保险和被征地农民社会保障工作有关问题的通知

劳社部发［2007］31号

各省、自治区、直辖市劳动保障厅（局）民政厅（局）：

经请示国务院领导同志同意，今年要对农村社会养老保险（以下简称农保）基金进行全面审计，摸清底数；对农保工作进行清理，理顺管理体制，妥善处理被处置金融机构中的农保基金债权；研究提出推进农保工作的意见。为贯彻落实国务院要求，现就有关事项通知如下：

一、积极配合审计部门做好农保基金全面审计工作

（一）高度重观农保基金审计工作。目前，国家审计署对农保基金的全面审计工作已经开始，将于今年第四季度完成。各级劳动保障和尚未完成职能划转和工作移交的民政部门要充分认识做好农保基金审计工作对确保基金安全、推进农保工作的重要性，积极配合审计部门开展工作，确保审计工作顺利完成。

（二）认真做好自查自纠工作。各级农保主管部门要立即组织农保经办机构对农保基金管理使用情况进行全面检查，认真纠正违规问题。要把自查自纠工作作为配合审计工作的一项重要内容，抓实抓细，做好接受全面审计检查的工作准备。

（三）做好基金审计后的整改工作各地要认真落实审计部门的审计意见和审计决定，对审计中发现的问题，进行认真梳理，采取经济、行政和法律的手段，按要求坚决回收违规基金。劳动和社会保障部将对重点地区整改工作进行督察。

二、尽快理顺农保管理体制

(一) 及时完成职能化转和工作移交

没有完成职能化转和工作移交的地方，要按照《关于省级政府劳动和社会保障以及药品监督管理工作机构有关问题的通知》（中编办发 [1998] 8 号）和《关于构建市县劳动和社会保障机构有关问题的通知》（中编办发 [2000] 18 号）要求，在全面审计，摸清底数的基础上，于 2007 年 12 月底之前完成各级农保职能、机构、人员、档案、基金由民政部门向劳动保障部门的整体移交工作。劳动保障部门、民政部门要加强协调，共同指导、督谈各地做好农保移交工作，切实加强农保机构建设，提高经办能力。

(二) 妥善解决农保机构设置和乡镇农保的管理问题

在整体移交工作中，要按照统筹城乡社会保险事业发展的要求，妥善解决农保机构、编制和职能设置问题。各级劳动保障部门要商同级财政部门，将农保机构的工作和人员经费纳入财政预算。同时取消从收取的农保基金中提取管理费的做法，杜绝挤占挪用基金工资等现象。

(三) 建立和健全农保基金管理和监督制度

各地要进一步加强农保基金的财务管理，规范会计核算。各级农保经办机构要按照《社会保险经办机构内部控制暂行办法》（劳社部发 [2007] 2 号）的要求，加强内控制度建设，建立健全内部规章制度和基金内审稽核制度，规范经办行为，控制经办风险，提高管理水平，保证基金安全。各级社会保险基金监督机构要落实《关于进一步防范农村社会养老保险基金风险的紧急通知》（劳社部函 [2004] 240）的要求，将农保基金纳入日常监督管业务范围，切实履行监督职责，对农保基金的管理使用情况进行定期检查。

三、积极推进新型农保试点工作

(一) 试点原则

要按照保基本、广覆盖、能转移、可持续的原则，以多种方式推进新型农保制度建设。要根据党的十六届六中全会关于"建立覆盖城乡居民的社会保障体系"和"加大公共财政对农村社会保障制度建设的投入"的要求，以缴费补贴、老人直补、基金贴息、待遇调整等多种方式，建立农民参保提高待遇水平。

（二）试点办法

要在深入调研、认真总结已有工作经验的基础上，坚持从当地实际出发，研究制定新型农保试点办法。以农村有缴费能力的各类从业人员为主要对象，完善个人缴费、集体（或用人单位）补助、政府补贴的多元化筹资机制，建立以个人账户为主、保障水平适度、缴费方式灵活、账户可随人转移的新型农保制度和参保补贴机制。有条件的地区也可建立个人账户为主、统筹调剂为辅的养老保险制度。要引导部分想镇、村组已建立的各种养老补助制度逐步向社会养老保险制度过渡，实现可持续发展。

（三）试点选择

要选择城镇化进程较快、地方财政状况较好、政府和集体经济有能力对农民参保给予一定财政支持的地方开展农保试点，为其他具备条件地方建立农保制度积累经验。东部经济较发达的地级市可选择 1～2 个县级单位开展试点工作，中西部各省（自治区、直辖市）可选择 3～5 个县级单位开展试点。各试点县市名单和试点方案报劳动和社会保障部备案。

四、切实做好被征地农民社会保障工作

（一）高度重视被征地农民社会保障工作

各地要根据国务院关于做好被征地农民社会保障实施办法，全面开展被征地农民社会保障工作。要明确工作责任，加强被征地农民社会保障经办工作，建工被征地农民社会保障工作统计报告制度，加强对工作进展的调度和督促检查。要认真研究解决工作中出现的新情况和新问题，及时总结交流经验。今年下半年有关部门将进行专项检查，督促各地做好被征地农民社会保障工作。

（二）明确被征地农民社会保障工作机构和职责

各级劳动保障部门作为被征地农民社会保障工作的主管部门，负责被征地农民社会保障政策的制定和实施。劳动保障行政部门负责拟定被征地农民社会保障对象、项目、标准以及费用筹集等政策办法，具体经办工作由负责被征地农民社会保障工作的社会保险经办机构办理。要严格按《国务院办公厅转发劳动保障部关于做好被征地农民就业培训和社会保障工作指导意见的通知》（国发［2006］29 号）和《国务院办公厅关于规范国有土地使用权出让收支管理的通知》（国发［2006］100号）关于保障项目、标准和资金安排的要求，搞好被征地农民社会保障测算工作，足额筹集被征地农民社会保障资金，确保被征地农民原有生活水平不降低，长远生计有保障，确保制度的可持续发展。

（三）规范被征地农民社会保障审核工作

需报国务院批准征地的，由省、自治区、直辖市劳动和社会保障厅（局）根据《关于切实做好被征地农民社会保障工作有关问题的通知》（劳社部发［2007］14 号）的规定，对被征地农民社会保障项目、标准、资金安排和落实措施提出审核意见；需报省级政府批准征地的，有省辖市（州、盟）劳动和社会保障局提出审核意见。

劳动和社会保障部

民　　政　　部

审　　计　　署

二○○七年八月十七日

中华人民共和国劳动和社会保障部令

第 28 号

《就业服务与就业管理规定》已于 2007 年 10 月 30 日经劳动和社会保障部第 21 次部务会议通过，现予公布，自 2008 年 1 月 1 日起施行。

部长　田成平

二〇〇七年十一月五日

就业服务与就业管理规定

第一章　总　则

第一条　为了加强就业服务和就业管理，培育和完善统一开放、竞争有序的人力资源市场，为劳动者就业和用人单位招用人员提供服务，根据就业促进法等法律、行政法规，制定本规定。

第二条　劳动者求职与就业，用人单位招用人员，劳动保障行政部门举办的公共就业服务机构和经劳动保障行政部门审批的职业中介机构从事就业服务活动，适用本规定。

本规定所称用人单位，是指在中华人民共和国境内的企业、个体经济组织、民办非企业单位等组织，以及招用与之建立劳动关系的劳动者的国家机关、事业单位、社会团体。

第三条 县级以上劳动保障行政部门依法开展本行政区域内的就业服务和就业管理工作。

第二章 求职与就业

第四条 劳动者依法享有平等就业的权利。劳动者就业,不因民族、种族、性别、宗教信仰等不同而受歧视。

第五条 农村劳动者进城就业享有与城镇劳动者平等的就业权利,不得对农村劳动者进城就业设置歧视性限制。

第六条 劳动者依法享有自主择业的权利。劳动者年满 16 周岁,有劳动能力且有就业愿望的,可凭本人身份证件,通过公共就业服务机构、职业中介机构介绍或直接联系用人单位等渠道求职。

第七条 劳动者求职时,应当如实向公共就业服务机构或职业中介机构、用人单位提供个人基本情况以及与应聘岗位直接相关的知识技能、工作经历、就业现状等情况,并出示相关证明。

第八条 劳动者应当树立正确的择业观念,提高就业能力和创业能力。

国家鼓励劳动者在就业前接受必要的职业教育或职业培训,鼓励城镇初高中毕业生在就业前参加劳动预备制培训。

国家鼓励劳动者自主创业、自谋职业。各级劳动保障行政部门应当会同有关部门,简化程序,提高效率,为劳动者自主创业、自谋职业提供便利和相应服务。

第三章 招用人员

第九条 用人单位依法享有自主用人的权利。用人单位招用人员,应当向劳动者提供平等的就业机会和公平的就业条件。

第十条 用人单位可以通过下列途径自主招用人员:

(一)委托公共就业服务机构或职业中介机构;

(二)参加职业招聘洽谈会;

(三)委托报纸、广播、电视、互联网站等大众传播媒介发布招聘信息;

(四)利用本企业场所、企业网站等自有途径发布招聘信息;

（五）其他合法途径。

第十一条　用人单位委托公共就业服务机构或职业中介机构招用人员，或者参加招聘洽谈会时，应当提供招用人员简章，并出示营业执照（副本）或者有关部门批准其设立的文件、经办人的身份证件和受用人单位委托的证明。

招用人员简章应当包括用人单位基本情况、招用人数、工作内容、招录条件、劳动报酬、福利待遇、社会保险等内容，以及法律、法规规定的其他内容。

第十二条　用人单位招用人员时，应当依法如实告知劳动者有关工作内容、工作条件、工作地点、职业危害、安全生产状况、劳动报酬以及劳动者要求了解的其他情况。

用人单位应当根据劳动者的要求，及时向其反馈是否录用的情况。

第十三条　用人单位应当对劳动者的个人资料予以保密。公开劳动者的个人资料信息和使用劳动者的技术、智力成果，须经劳动者本人书面同意。

第十四条　用人单位招用人员不得有下列行为：

（一）提供虚假招聘信息，发布虚假招聘广告；

（二）扣押被录用人员的居民身份证和其他证件；

（三）以担保或者其他名义向劳动者收取财物；

（四）招用未满16周岁的未成年人以及国家法律、行政法规规定不得招用的其他人员；

（五）招用无合法身份证件的人员；

（六）以招用人员为名牟取不正当利益或进行其他违法活动。

第十五条　用人单位不得以诋毁其他用人单位信誉、商业贿赂等不正当手段招聘人员。

第十六条　用人单位在招用人员时，除国家规定的不适合妇女从事的工种或者岗位外，不得以性别为由拒绝录用妇女或者提高对妇女的录用标准。

用人单位录用女职工，不得在劳动合同中规定限制女职工结婚、生育的内容。

第十七条　用人单位招用人员，应当依法对少数民族劳动者给予适当照顾。

第十八条 用人单位招用人员，不得歧视残疾人。

第十九条 用人单位招用人员，不得以是传染病病原携带者为由拒绝录用。但是，经医学鉴定传染病病原携带者在治愈前或者排除传染嫌疑前，不得从事法律、行政法规和国务院卫生行政部门规定禁止从事的易使传染病扩散的工作。

用人单位招用人员，除国家法律、行政法规和国务院卫生行政部门规定禁止乙肝病原携带者从事的工作外，不得强行将乙肝病毒血清学指标作为体检标准。

第二十条 用人单位发布的招用人员简章或招聘广告，不得包含歧视性内容。

第二十一条 用人单位招用从事涉及公共安全、人身健康、生命财产安全等特殊工种的劳动者，应当依法招用持相应工种职业资格证书的人员；招用未持相应工种职业资格证书人员的，须组织其在上岗前参加专门培训，使其取得职业资格证书后方可上岗。

第二十二条 用人单位招用台港澳人员后，应当按有关规定到当地劳动保障行政部门备案，并为其办理《台港澳人员就业证》。

第二十三条 用人单位招用外国人，应当在外国人入境前，按有关规定到当地劳动保障行政部门为其申请就业许可，经批准并获得《中华人民共和国外国人就业许可证书》后方可招用。

用人单位招用外国人的岗位必须是有特殊技能要求、国内暂无适当人选的岗位，并且不违反国家有关规定。

第四章 公共就业服务

第二十四条 县级以上劳动保障行政部门统筹管理本行政区域内的公共就业服务工作，根据政府制定的发展计划，建立健全覆盖城乡的公共就业服务体系。

公共就业服务机构根据政府确定的就业工作目标任务，制定就业服务计划，推动落实就业扶持政策，组织实施就业服务项目，为劳动者和用人单位提供就业服务，开展人力资源市场调查分析，并受劳动保障行政部门委托经办促进就业的相关事务。

第二十五条　公共就业服务机构应当免费为劳动者提供以下服务：

（一）就业政策法规咨询；

（二）职业供求信息、市场工资指导价位信息和职业培训信息发布；

（三）职业指导和职业介绍；

（四）对就业困难人员实施就业援助；

（五）办理就业登记、失业登记等事务；

（六）其他公共就业服务。

第二十六条　公共就业服务机构应当积极拓展服务功能，根据用人单位需求提供以下服务：

（一）招聘用人指导服务；

（二）代理招聘服务；

（三）跨地区人员招聘服务；

（四）企业人力资源管理咨询等专业性服务；

（五）劳动保障事务代理服务；

（六）为满足用人单位需求开发的其他就业服务项目。

公共就业服务机构从事劳动保障事务代理业务，须经县级以上劳动保障行政部门批准。

第二十七条　公共就业服务机构应当加强职业指导工作，配备专（兼）职职业指导工作人员，向劳动者和用人单位提供职业指导服务。

职业指导工作人员经过专业资格培训并考核合格，获得相应的国家职业资格证书方可上岗。

公共就业服务机构应当为职业指导工作提供相应的设施和条件，推动职业指导工作的开展，加强对职业指导工作的宣传。

第二十八条　职业指导工作包括以下内容：

（一）向劳动者和用人单位提供国家有关劳动保障的法律法规和政策、人力资源市场状况咨询；

（二）帮助劳动者了解职业状况，掌握求职方法，确定择业方向，增强择业能力；

（三）向劳动者提出培训建议，为其提供职业培训相关信息；

（四）开展对劳动者个人职业素质和特点的测试，并对其职业能力进行评价；

（五）对妇女、残疾人、少数民族人员及退出现役的军人等就业群体提供专门的职业指导服务；

（六）对大中专学校、职业院校、技工学校学生的职业指导工作提供咨询和服务；

（七）对准备从事个体劳动或开办私营企业的劳动者提供创业咨询服务；

（八）为用人单位提供选择招聘方法、确定用人条件和标准等方面的招聘用人指导；

（九）为职业培训机构确立培训方向和专业设置等提供咨询参考。

第二十九条 公共就业服务机构在劳动保障行政部门的指导下，组织实施劳动力资源调查和就业、失业状况统计工作。

第三十条 公共就业服务机构应当针对特定就业群体的不同需求，制定并组织实施专项计划。

公共就业服务机构应当根据服务对象的特点，在一定时期内为不同类型的劳动者、就业困难对象或用人单位集中组织活动，开展专项服务。

公共就业服务机构受劳动保障行政部门委托，可以组织开展促进就业的专项工作。

第三十一条 县级以上公共就业服务机构建立综合性服务场所，集中为劳动者和用人单位提供一站式就业服务，并承担劳动保障行政部门安排的其他工作。

街道、乡镇、社区公共就业服务机构建立基层服务窗口，开展以就业援助为重点的公共就业服务，实施劳动力资源调查统计，并承担上级劳动保障行政部门安排的其他就业服务工作。

公共就业服务机构使用全国统一标识。

第三十二条 公共就业服务机构应当不断提高服务的质量和效率。

公共就业服务机构应当加强内部管理，完善服务功能，统一服务流程，按照国家制定的服务规范和标准，为劳动者和用人单位提供优质高效的就业服务。

公共就业服务机构应当加强工作人员的政策、业务和服务技能培训，组织职业指导人员、职业信息分析人员、劳动保障协理员等专业人员参加相应职业资格培训。

公共就业服务机构应当公开服务制度，主动接受社会监督。

第三十三条　县级以上劳动保障行政部门和公共就业服务机构应当按照劳动保障信息化建设的统一规划、标准和规范，建立完善人力资源市场信息网络及相关设施。

公共就业服务机构应当逐步实行信息化管理与服务，在城市内实现就业服务、失业保险、就业培训信息共享和公共就业服务全程信息化管理，并逐步实现与劳动工资信息、社会保险信息的互联互通和信息共享。

第三十四条　公共就业服务机构应当建立健全人力资源市场信息服务体系，完善职业供求信息、市场工资指导价位信息、职业培训信息、人力资源市场分析信息的发布制度，为劳动者求职择业、用人单位招用人员以及培训机构开展培训提供支持。

第三十五条　县级以上劳动保障行政部门应当按照信息化建设统一要求，逐步实现全国人力资源市场信息联网。其中，城市应当按照劳动保障数据中心建设的要求，实现网络和数据资源的集中和共享；省、自治区应当建立人力资源市场信息网省级监测中心，对辖区内人力资源市场信息进行监测；劳动保障部设立人力资源市场信息网全国监测中心，对全国人力资源市场信息进行监测和分析。

第三十六条　县级以上劳动保障行政部门应当对公共就业服务机构加强管理，定期对其完成各项任务情况进行绩效考核。

第三十七条　公共就业服务经费纳入同级财政预算。各级劳动保障行政部门和公共就业服务机构应当根据财政预算编制的规定，依法编制公共就业服务年度预算，报经同级财政部门审批后执行。

公共就业服务机构可以按照就业专项资金管理相关规定，依法申请公共就业服务专项扶持经费。

公共就业服务机构接受社会各界提供的捐赠和资助，按照国家有关法律法规管理和使用。

公共就业服务机构为用人单位提供的服务，应当规范管理，严格控制服务收费。确需收费的，具体项目由省级劳动保障行政部门会同相关部门规定。

第三十八条 公共就业服务机构不得从事经营性活动。

公共就业服务机构举办的招聘会，不得向劳动者收取费用。

第三十九条 各级残疾人联合会所属的残疾人就业服务机构是公共就业服务机构的组成部分，负责为残疾劳动者提供相关就业服务，并经劳动保障行政部门委托，承担残疾劳动者的就业登记、失业登记工作。

第五章　就业援助

第四十条 公共就业服务机构应当制定专门的就业援助计划，对就业援助对象实施优先扶持和重点帮助。

本规定所称就业援助对象包括就业困难人员和零就业家庭。就业困难对象是指因身体状况、技能水平、家庭因素、失去土地等原因难以实现就业，以及连续失业一定时间仍未能实现就业的人员。零就业家庭是指法定劳动年龄内的家庭人员均处于失业状况的城市居民家庭。

对援助对象的认定办法，由省级劳动保障行政部门依据当地人民政府规定的就业援助对象范围制定。

第四十一条 就业困难人员和零就业家庭可以向所在地街道、社区公共就业服务机构申请就业援助。经街道、社区公共就业服务机构确认属实的，纳入就业援助范围。

第四十二条 公共就业服务机构应当建立就业困难人员帮扶制度，通过落实各项就业扶持政策、提供就业岗位信息、组织技能培训等有针对性的就业服务和公益性岗位援助，对就业困难人员实施优先扶持和重点帮助。

在公益性岗位上安置的就业困难人员，按照国家规定给予岗位补贴。

第四十三条 公共就业服务机构应当建立零就业家庭即时岗位援助制度，通过拓宽公益性岗位范围，开发各类就业岗位等措施，及时向零就业家庭中的失业人员提供适当的就业岗位，确保零就业家庭至少有一人实现就业。

第四十四条 街道、社区公共就业服务机构应当对辖区内就业援助对象进行登记，建立专门台账，实行就业援助对象动态管理和援助责任制度，提供及时、有效的就业援助。

第六章　职业中介服务

第四十五条　县级以上劳动保障行政部门应当加强对职业中介机构的管理，鼓励其提高服务质量，发挥其在促进就业中的作用。

本规定所称职业中介机构，是指由法人、其他组织和公民个人举办，为用人单位招用人员和劳动者求职提供中介服务以及其他相关服务的经营性组织。

政府部门不得举办或者与他人联合举办经营性的职业中介机构。

第四十六条　从事职业中介活动，应当遵循合法、诚实信用、公平、公开的原则。

禁止任何组织或者个人利用职业中介活动侵害劳动者和用人单位的合法权益。

第四十七条　职业中介实行行政许可制度。设立职业中介机构或其他机构开展职业中介活动，须经劳动保障行政部门批准，并获得职业中介许可证。

经批准获得职业中介许可证的职业中介机构，应当持许可证向工商行政管理部门办理登记。

未经依法许可和登记的机构，不得从事职业中介活动。

职业中介许可证由劳动和社会保障部统一印制并免费发放。

第四十八条　设立职业中介机构应当具备下列条件：

（一）有明确的机构章程和管理制度；

（二）有开展业务必备的固定场所、办公设施和一定数额的开办资金；

（三）有一定数量具备相应职业资格的专职工作人员；

（四）法律、法规规定的其他条件。

第四十九条　设立职业中介机构，应当向当地县级以上劳动保障行政部门提出申请，提交下列文件：

（一）设立申请书；

（二）机构章程和管理制度草案；

（三）场所使用权证明；

（四）注册资本（金）验资报告；

（五）拟任负责人的基本情况、身份证明；

（六）具备相应职业资格的专职工作人员的相关证明；

（七）法律、法规规定的其他文件。

第五十条 劳动保障行政部门接到设立职业中介机构的申请后，应当自受理申请之日起 20 日内审理完毕。对符合条件的，应当予以批准；不予批准的，应当说明理由。

劳动保障行政部门对经批准设立的职业中介机构实行年度审验。

职业中介机构的具体设立条件、审批和年度审验程序，由省级劳动保障行政部门统一规定。

第五十一条 职业中介机构变更名称、住所、法定代表人等或者终止的，应当按照设立许可程序办理变更或者注销登记手续。

设立分支机构的，应当在征得原审批机关的书面同意后，由拟设立分支机构所在地县级以上劳动保障行政部门审批。

第五十二条 职业中介机构可以从事下列业务：

（一）为劳动者介绍用人单位；

（二）为用人单位和居民家庭推荐劳动者；

（三）开展职业指导、人力资源管理咨询服务；

（四）收集和发布职业供求信息；

（五）根据国家有关规定从事互联网职业信息服务；

（六）组织职业招聘洽谈会；

（七）经劳动保障行政部门核准的其他服务项目。

第五十三条 职业中介机构应当在服务场所明示营业执照、职业中介许可证、服务项目、收费标准、监督机关名称和监督电话等，并接受劳动保障行政部门及其他有关部门的监督检查。

第五十四条 职业中介机构应当建立服务台账，记录服务对象、服务过程、服务结果和收费情况等，并接受劳动保障行政部门的监督检查。

第五十五条 职业中介机构提供职业中介服务不成功的，应当退还向劳动者收取的中介服务费。

第五十六条　职业中介机构租用场地举办大规模职业招聘洽谈会，应当制定相应的组织实施办法和安全保卫工作方案，并向批准其设立的机关报告。

职业中介机构应当对入场招聘用人单位的主体资格真实性和招用人员简章真实性进行核实。

第五十七条　职业中介机构为特定对象提供公益性就业服务的，可以按照规定给予补贴。可以给予补贴的公益性就业服务的范围、对象、服务效果和补贴办法，由省级劳动保障行政部门会同有关部门制定。

第五十八条　禁止职业中介机构有下列行为：

（一）提供虚假就业信息；

（二）发布的就业信息中包含歧视性内容；

（三）伪造、涂改、转让职业中介许可证；

（四）为无合法证照的用人单位提供职业中介服务；

（五）介绍未满16周岁的未成年人就业；

（六）为无合法身份证件的劳动者提供职业中介服务；

（七）介绍劳动者从事法律、法规禁止从事的职业；

（八）扣押劳动者的居民身份证和其他证件，或者向劳动者收取押金；

（九）以暴力、胁迫、欺诈等方式进行职业中介活动；

（十）超出核准的业务范围经营；

（十一）其他违反法律、法规规定的行为。

第五十九条　县级以上劳动保障行政部门应当依法对经审批设立的职业中介机构开展职业中介活动进行监督指导，定期组织对其服务信用和服务质量进行评估，并将评估结果向社会公布。

县级以上劳动保障行政部门应当指导职业中介机构开展工作人员培训，提高服务质量。

县级以上劳动保障行政部门对在诚信服务、优质服务和公益性服务等方面表现突出的职业中介机构和个人，报经同级人民政府批准后，给予表彰和奖励。

第六十条　设立外商投资职业中介机构以及职业中介机构从事境外就业中介服务的，按照有关规定执行。

第七章　就业与失业管理

第六十一条　劳动保障行政部门应当建立健全就业登记制度和失业登记制度，完善就业管理和失业管理。

公共就业服务机构负责就业登记与失业登记工作，建立专门台账，及时、准确地记录劳动者就业与失业变动情况，并做好相应统计工作。

就业登记和失业登记在各省、自治区、直辖市范围内实行统一的就业失业登记证（以下简称登记证），向劳动者免费发放，并注明可享受的相应扶持政策。

就业登记、失业登记的具体程序和登记证的样式，由省级劳动保障行政部门规定。

第六十二条　劳动者被用人单位招用的，由用人单位为劳动者办理就业登记。用人单位招用劳动者和与劳动者终止或者解除劳动关系，应当到当地公共就业服务机构备案，为劳动者办理就业登记手续。用人单位招用人员后，应当于录用之日起 30 日内办理登记手续；用人单位与职工终止或者解除劳动关系后，应当于 15 日内办理登记手续。

劳动者从事个体经营或灵活就业的，由本人在街道、乡镇公共就业服务机构办理就业登记。

就业登记的内容主要包括劳动者个人信息、就业类型、就业时间、就业单位以及订立、终止或者解除劳动合同情况等。就业登记的具体内容和所需材料由省级劳动保障行政部门规定。

公共就业服务机构应当对用人单位办理就业登记及相关手续设立专门服务窗口，简化程序，方便用人单位办理。

第六十三条　在法定劳动年龄内，有劳动能力，有就业要求，处于无业状态的城镇常住人员，可以到公共就业服务机构进行失业登记。其中，没有就业经历的城镇户籍人员，在户籍所在地登记；农村进城务工人员和其他非本地户籍人员在常住地稳定就业满 6 个月的，失业后可以在常住地登记。

第六十四条　劳动者进行失业登记时，须持本人身份证件和证明原身份的有关证明；有单位就业经历的，还须持与原单位终止、解除劳动关系或者解聘的证明。

登记失业人员凭登记证享受公共就业服务和就业扶持政策；其中符合条件的，按规定申领失业保险金。

登记失业人员应当定期向公共就业服务机构报告就业失业状况，积极求职，参加公共就业服务机构安排的就业培训。

第六十五条　失业登记的范围包括下列失业人员：

（一）年满 16 周岁，从各类学校毕业、肄业的；

（二）从企业、机关、事业单位等各类用人单位失业的；

（三）个体工商户业主或私营企业业主停业、破产停止经营的；

（四）承包土地被征用，符合当地规定条件的；

（五）军人退出现役、且未纳入国家统一安置的；

（六）刑满释放、假释、监外执行或解除劳动教养的；

（七）各地确定的其他失业人员。

第六十六条　登记失业人员出现下列情形之一的，由公共就业服务机构注销其失业登记：

（一）被用人单位录用的；

（二）从事个体经营或创办企业，并领取工商营业执照的；

（三）已从事有稳定收入的劳动，并且月收入不低于当地最低工资标准的；

（四）已享受基本养老保险待遇的；

（五）完全丧失劳动能力的；

（六）入学、服兵役、移居境外的；

（七）被判刑收监执行或被劳动教养的；

（八）终止就业要求或拒绝接受公共就业服务的；

（九）连续 6 个月未与公共就业服务机构联系的；

（十）已进行就业登记的其他人员或各地规定的其他情形。

第八章　罚　则

第六十七条　用人单位违反本规定第十四条第（二）、（三）项规定的，按照劳动合同法第八十四条的规定予以处罚；用人单位违反第十四条第（四）项规定的，按照国家禁止使用童工和其他有关法律、法规的规定予以处罚。用人单位违反第十四条第（一）、（五）、（六）项规定的，由劳动保障行政部门责令改正，并可处以一千元以下的罚款；对当事人造成损害的，应当承担赔偿责任。

第六十八条 用人单位违反本规定第十九条第二款规定，在国家法律、行政法规和国务院卫生行政部门规定禁止乙肝病原携带者从事的工作岗位以外招用人员时，将乙肝病毒血清学指标作为体检标准的，由劳动保障行政部门责令改正，并可处以一千元以下的罚款；对当事人造成损害的，应当承担赔偿责任。

第六十九条 违反本规定第三十八条规定，公共就业服务机构从事经营性职业中介活动向劳动者收取费用的，由劳动保障行政部门责令限期改正，将违法收取的费用退还劳动者，并对直接负责的主管人员和其他直接责任人员依法给予处分。

第七十条 违反本规定第四十七条规定，未经许可和登记，擅自从事职业中介活动的，由劳动保障行政部门或者其他主管部门按照就业促进法第六十四条规定予以处罚。

第七十一条 职业中介机构违反本规定第五十三条规定，未明示职业中介许可证、监督电话的，由劳动保障行政部门责令改正，并可处以一千元以下的罚款；未明示收费标准的，提请价格主管部门依据国家有关规定处罚；未明示营业执照的，提请工商行政管理部门依据国家有关规定处罚。

第七十二条 职业中介机构违反本规定第五十四条规定，未建立服务台账，或虽建立服务台账但未记录服务对象、服务过程、服务结果和收费情况的，由劳动保障行政部门责令改正，并可处以一千元以下的罚款。

第七十三条 职业中介机构违反本规定第五十五条规定，在职业中介服务不成功后未向劳动者退还所收取的中介服务费的，由劳动保障行政部门责令改正，并可处以一千元以下的罚款。

第七十四条 职业中介机构违反本规定第五十八条第（一）、（三）、（四）、（八）项规定的，按照就业促进法第六十五条、第六十六条规定予以处罚。违反本规定第五十八条第（五）项规定的，按照国家禁止使用童工的规定予以处罚。违反本规定第五十八条其他各项规定的，由劳动保障行政部门责令改正，没有违法所得的，可处以一万元以下的罚款；有违法所得的，可处以不超过违法所得三倍的罚款，但最高不得超过三万元；情节严重的，提请工商部门依法吊销营业执照；对当事人造成损害的，应当承担赔偿责任。

　　第七十五条　用人单位违反本规定第六十二条规定，未及时为劳动者办理就业登记手续的，由劳动保障行政部门责令改正，并可处以一千元以下的罚款。

第九章　附　则

　　第七十六条　省、自治区、直辖市劳动保障行政部门可以根据本规定制定实施细则。

　　第七十七条　本规定自 2008 年 1 月 1 日起施行。劳动部 1994 年 10 月 27 日颁布的《职业指导办法》、劳动和社会保障部 2000 年 12 月 8 日颁布的《劳动力市场管理规定》同时废止。

关于城镇居民基本医疗保险
医疗服务管理的意见

（劳社部发〔2007〕40 号）

各省、自治区、直辖市劳动和社会保障厅（局）、发展改革委、财政厅（局）、卫生厅（局）、食品药品监督管理局、中医药管理局：

根据《国务院关于开展城镇居民基本医疗保险试点的指导意见》（国发〔2007〕20 号）精神，为做好城镇居民基本医疗保险试点工作，现就城镇居民基本医疗保险医疗服务管理的有关问题提出如下意见：

一、城镇居民基本医疗保险医疗服务管理的基本要求

（一）建立以大病统筹为主的城镇居民基本医疗保险，是落实以人为本的科学发展观和构建社会主义和谐社会的重要举措。加强和完善医疗服务管理，对保障参保居民合理的医疗权益，规范医疗服务行为，控制医疗费用支出，提高医疗保险基金的使用效率，保证制度的平稳运行，具有重要意义。各级各相关部门要密切配合，在城镇居民基本医疗保险试点工作中，强化城镇居民基本医疗保险医疗服务管理，切实保障广大参保居民的基本医疗需求。

（二）城镇居民基本医疗保险医疗服务管理包括医疗服务的范围管理、医疗服务的定点管理和医药费用的结算管理。城镇居民基本医疗保险坚持从低水平起步。要根据城镇居民基本医疗保险筹资水平和基金保障能力，考虑城镇居民的经济承受能力，按照重点保障住院和门诊大病、有条件的地区兼顾一般门诊医疗费用的原则，合理确定城镇居民基本医疗保险基金支付的医疗服务范围、水平，以及医疗费用的结算办法及标准。

（三）参照城镇职工基本医疗保险医疗服务管理的有关规定，结合城镇居民的特点，完善基本医疗保险医疗服务管理的相关政策。城镇居民基本医疗保险与新型农村合作医疗实行一体化管理的，也可以参照新型农村合作医疗有关医疗服务管理的规定执行。各地应按照国家有关规定和本意见精神，因地制宜，积极探索加强城镇居民基本医疗保险医疗服务管理的具体措施。

二、合理确定医疗服务范围

（四）城镇居民基本医疗保险医疗服务范围包括用药、诊疗项目和医疗服务设施范围。城镇居民基本医疗保险医疗服务范围，由相关部门按照有关程序和权限，在城镇职工基本医疗保险医疗服务范围的基础上进行适当调整。具体范围由劳动保障部门会同有关部门按照相关规定，在认真组织专家评审、充分听取有关方面意见的基础上研究确定。

（五）城镇居民基本医疗保险用药范围在国家和省（区、市）《基本医疗保险和工伤保险药品目录》的基础上，进行适当调整、合理确定。要把国家《基本医疗保险和工伤保险药品目录》甲类目录药品全部纳入城镇居民基本医疗保险基金的支付范围。国家根据儿童用药的特点，按照"临床必需、安全有效、价格合理、使用方便、兼顾中西药"的原则，适当增加儿童用药的品种及剂型。

（六）城镇居民基本医疗保险诊疗项目范围、医疗服务设施范围，原则上执行当地城镇职工基本医疗保险的诊疗项目、医疗服务设施范围。各地也可根据本地实际适当增加孕产妇、婴幼儿必需的诊疗项目和医疗服务设施及中医药诊疗项目和医疗服务设施。新增诊疗项目和医疗服务设施暂由各省（区、市）负责制定。

（七）各地要完善基本医疗保险用药、诊疗项目和医疗服务设施管理，加强对高价药品、新增诊疗项目、大型医用设备检查及高值医用耗材的准入和使用管理，控制医疗费用支出，提高城镇居民基本医疗保险基金的使用效率，减轻城镇居民基本医疗保险基金和参保人员的费用负担。

三、加强定点管理

（八）城镇居民基本医疗保险实行定点医疗机构和定点零售药店管理。具体管理办法按照城镇职工基本医疗保险定点医疗机构和定点零售药店管理的有关规定执行。要根据城镇居民的就医特点和需要，进一步细化和完善定点医疗服务协议管理，充分发挥基本医疗保险对医疗服务的约束作用。要根据各项医疗保障制度协调发展的需要，统筹确定各类医疗保障人群医疗服务定点管理的办法和措施。

（九）合理确定定点医疗机构和零售药店的范围和数量，具体由各地劳动保障部门商卫生、中医药行政部门和食品药品监管部门确定。参保居民在定点医疗机构和零售药店就医购药所发生的费用，由医疗保险基金按规定予以支付。各地要根据参保居民的医疗需求，将符合条件的妇产医院、妇幼保健院、儿童医院和社区卫生服务机构等纳入定点范围。

（十）要探索促进参保居民合理利用医疗服务资源的管理机制，引导参保居民充分利用社区卫生服务机构、基层医疗机构提供的医疗服务及中医药服务，探索建立双向转诊机制。对纳入基金支付的门诊大病和实行医疗费用统筹的普通门诊医疗服务项目，要制定有效利用社区和基层医疗服务的就医管理办法和医疗费用结算办法。对参保居民在定点社区卫生服务机构和基层医疗机构就医的费用，可适当提高基金的支付比例。

四、完善费用结算管理

（十一）要根据医疗服务范围和筹资水平，建立和完善基本医疗保险费用结算方式，合理确定医疗费用结算标准，并纳入协议管理。对符合规定的医疗费用，要按协议及时结算并足额支付，不符合规定的医疗费用不予支付。

（十二）积极探索由医疗保险经办机构与定点医疗机构协商确定医疗服务的付费方式及标准。积极探索按病种付费、按总额预付等结算方式，调动定点医疗机构主动参与管理、降低医疗服务成本的积极性。

各级各相关部门要在当地政府的统一领导下，积极配合，共同做好城镇居民基本医疗保险的医疗服务管理工作。要通过实践探索，不断总结管理经验，遇有重大问题及时上报。

劳动和社会保障部

发 展 改 革 委

财 政 部

卫 生 部

食品药品监管局

中 医 药 局

二〇〇七年十月十日

中华人民共和国主席令

第八十号

《中华人民共和国劳动争议调解仲裁法》已由中华人民共和国第十届全国人民代表大会常务委员会第三十一次会议于 2007 年 12 月 29 日通过，现予公布，自 2008 年 5 月 1 日起施行。

中华人民共和国主席　胡锦涛
2007 年 12 月 29 日

中华人民共和国劳动争议调解仲裁法

（2007 年 12 月 29 日第十届全国人民代表大会
常务委员会第三十一次会议通过）

目　录

第一章 总 则

第一条 为了公正及时解决劳动争议，保护当事人合法权益，促进劳动关系和谐稳定，制定本法。

第二条 中华人民共和国境内的用人单位与劳动者发生的下列劳动争议，适用本法：

（一）因确认劳动关系发生的争议；

（二）因订立、履行、变更、解除和终止劳动合同发生的争议；

（三）因除名、辞退和辞职、离职发生的争议；

（四）因工作时间、休息休假、社会保险、福利、培训以及劳动保护发生的争议；

（五）因劳动报酬、工伤医疗费、经济补偿或者赔偿金等发生的争议；

（六）法律、法规规定的其他劳动争议。

第三条 解决劳动争议，应当根据事实，遵循合法、公正、及时、着重调解的原则，依法保护当事人的合法权益。

第四条 发生劳动争议，劳动者可以与用人单位协商，也可以请工会或者第三方共同与用人单位协商，达成和解协议。

第五条 发生劳动争议，当事人不愿协商、协商不成或者达成和解协议后不履行的，可以向调解组织申请调解；不愿调解、调解不成或者达成调解协议后不履行的，可以向劳动争议仲裁委员会申请仲裁；对仲裁裁决不服的，除本法另有规定的外，可以向人民法院提起诉讼。

第六条 发生劳动争议，当事人对自己提出的主张，有责任提供证据。与争议事项有关的证据属于用人单位掌握管理的，用人单位应当提供；用人单位不提供的，应当承担不利后果。

第七条 发生劳动争议的劳动者一方在十人以上，并有共同请求的，可以推举代表参加调解、仲裁或者诉讼活动。

第八条 县级以上人民政府劳动行政部门会同工会和企业方面代表建立协调劳动关系三方机制，共同研究解决劳动争议的重大问题。

第九条 用人单位违反国家规定，拖欠或者未足额支付劳动报酬，或者拖欠工伤医疗费、经济补偿或者赔偿金的，劳动者可以向劳动行政部门投诉，劳动行政部门应当依法处理。

第二章　调　解

第十条　发生劳动争议，当事人可以到下列调解组织申请调解：

（一）企业劳动争议调解委员会；

（二）依法设立的基层人民调解组织；

（三）在乡镇、街道设立的具有劳动争议调解职能的组织。

企业劳动争议调解委员会由职工代表和企业代表组成。职工代表由工会成员担任或者由全体职工推举产生，企业代表由企业负责人指定。企业劳动争议调解委员会主任由工会成员或者双方推举的人员担任。

第十一条　劳动争议调解组织的调解员应当由公道正派、联系群众、热心调解工作，并具有一定法律知识、政策水平和文化水平的成年公民担任。

第十二条　当事人申请劳动争议调解可以书面申请，也可以口头申请。口头申请的，调解组织应当当场记录申请人基本情况、申请调解的争议事项、理由和时间。

第十三条　调解劳动争议，应当充分听取双方当事人对事实和理由的陈述，耐心疏导，帮助其达成协议。

第十四条　经调解达成协议的，应当制作调解协议书。

调解协议书由双方当事人签名或者盖章，经调解员签名并加盖调解组织印章后生效，对双方当事人具有约束力，当事人应当履行。

自劳动争议调解组织收到调解申请之日起十五日内未达成调解协议的，当事人可以依法申请仲裁。

第十五条　达成调解协议后，一方当事人在协议约定期限内不履行调解协议的，另一方当事人可以依法申请仲裁。

第十六条　因支付拖欠劳动报酬、工伤医疗费、经济补偿或者赔偿金事项达成调解协议，用人单位在协议约定期限内不履行的，劳动者可以持调解协议书依法向人民法院申请支付令。人民法院应当依法发出支付令。

第三章 仲 裁

第一节 一般规定

第十七条 劳动争议仲裁委员会按照统筹规划、合理布局和适应实际需要的原则设立。省、自治区人民政府可以决定在市、县设立;直辖市人民政府可以决定在区、县设立。直辖市、设区的市也可以设立一个或者若干个劳动争议仲裁委员会。劳动争议仲裁委员会不按行政区划层层设立。

第十八条 国务院劳动行政部门依照本法有关规定制定仲裁规则。省、自治区、直辖市人民政府劳动行政部门对本行政区域的劳动争议仲裁工作进行指导。

第十九条 劳动争议仲裁委员会由劳动行政部门代表、工会代表和企业方面代表组成。劳动争议仲裁委员会组成人员应当是单数。

劳动争议仲裁委员会依法履行下列职责:

(一)聘任、解聘专职或者兼职仲裁员;

(二)受理劳动争议案件;

(三)讨论重大或者疑难的劳动争议案件;

(四)对仲裁活动进行监督。

劳动争议仲裁委员会下设办事机构,负责办理劳动争议仲裁委员会的日常工作。

第二十条 劳动争议仲裁委员会应当设仲裁员名册。

仲裁员应当公道正派并符合下列条件之一:

(一)曾任审判员的;

(二)从事法律研究、教学工作并具有中级以上职称的;

(三)具有法律知识、从事人力资源管理或者工会等专业工作满五年的;

(四)律师执业满三年的。

第二十一条 劳动争议仲裁委员会负责管辖本区域内发生的劳动争议。

劳动争议由劳动合同履行地或者用人单位所在地的劳动争议仲裁委

员会管辖。双方当事人分别向劳动合同履行地和用人单位所在地的劳动
争议仲裁委员会申请仲裁的，由劳动合同履行地的劳动争议仲裁委员会
管辖。

第二十二条　发生劳动争议的劳动者和用人单位为劳动争议仲裁案
件的双方当事人。

劳务派遣单位或者用工单位与劳动者发生劳动争议的，劳务派遣单
位和用工单位为共同当事人。

第二十三条　与劳动争议案件的处理结果有利害关系的第三人，可
以申请参加仲裁活动或者由劳动争议仲裁委员会通知其参加仲裁活动。

第二十四条　当事人可以委托代理人参加仲裁活动。委托他人参加
仲裁活动，应当向劳动争议仲裁委员会提交有委托人签名或者盖章的委
托书，委托书应当载明委托事项和权限。

第二十五条　丧失或者部分丧失民事行为能力的劳动者，由其法定
代理人代为参加仲裁活动；无法定代理人的，由劳动争议仲裁委员会为
其指定代理人。劳动者死亡的，由其近亲属或者代理人参加仲裁活动。

第二十六条　劳动争议仲裁公开进行，但当事人协议不公开进行或
者涉及国家秘密、商业秘密和个人隐私的除外。

第二节　申请和受理

第二十七条　劳动争议申请仲裁的时效期间为一年。仲裁时效期间
从当事人知道或者应当知道其权利被侵害之日起计算。

前款规定的仲裁时效，因当事人一方向对方当事人主张权利，或者
向有关部门请求权利救济，或者对方当事人同意履行义务而中断。从中
断时起，仲裁时效期间重新计算。

因不可抗力或者有其他正当理由，当事人不能在本条第一款规定的
仲裁时效期间申请仲裁的，仲裁时效中止。从中止时效的原因消除之日
起，仲裁时效期间继续计算。

劳动关系存续期间因拖欠劳动报酬发生争议的，劳动者申请仲裁不
受本条第一款规定的仲裁时效期间的限制；但是，劳动关系终止的，应
当自劳动关系终止之日起一年内提出。

第二十八条　申请人申请仲裁应当提交书面仲裁申请，并按照被申

请人人数提交副本。

仲裁申请书应当载明下列事项：

（一）劳动者的姓名、性别、年龄、职业、工作单位和住所，用人单位的名称、住所和法定代表人或者主要负责人的姓名、职务；

（二）仲裁请求和所根据的事实、理由；

（三）证据和证据来源、证人姓名和住所。

书写仲裁申请确有困难的，可以口头申请，由劳动争议仲裁委员会记入笔录，并告知对方当事人。

第二十九条　劳动争议仲裁委员会收到仲裁申请之日起五日内，认为符合受理条件的，应当受理，并通知申请人；认为不符合受理条件的，应当书面通知申请人不予受理，并说明理由。对劳动争议仲裁委员会不予受理或者逾期未作出决定的，申请人可以就该劳动争议事项向人民法院提起诉讼。

第三十条　劳动争议仲裁委员会受理仲裁申请后，应当在五日内将仲裁申请书副本送达被申请人。

被申请人收到仲裁申请书副本后，应当在十日内向劳动争议仲裁委员会提交答辩书。劳动争议仲裁委员会收到答辩书后，应当在五日内将答辩书副本送达申请人。被申请人未提交答辩书的，不影响仲裁程序的进行。

第三节　开庭和裁决

第三十一条　劳动争议仲裁委员会裁决劳动争议案件实行仲裁庭制。仲裁庭由三名仲裁员组成，设首席仲裁员。简单劳动争议案件可以由一名仲裁员独任仲裁。

第三十二条　劳动争议仲裁委员会应当在受理仲裁申请之日起五日内将仲裁庭的组成情况书面通知当事人。

第三十三条　仲裁员有下列情形之一，应当回避，当事人也有权以口头或者书面方式提出回避申请：

（一）是本案当事人或者当事人、代理人的近亲属的；

（二）与本案有利害关系的；

（三）与本案当事人、代理人有其他关系，可能影响公正裁决的；

（四）私自会见当事人、代理人，或者接受当事人、代理人的请客送礼的。

劳动争议仲裁委员会对回避申请应当及时作出决定，并以口头或者书面方式通知当事人。

第三十四条 仲裁员有本法第三十三条第四项规定情形，或者有索贿受贿、徇私舞弊、枉法裁决行为的，应当依法承担法律责任。劳动争议仲裁委员会应当将其解聘。

第三十五条 仲裁庭应当在开庭五日前，将开庭日期、地点书面通知双方当事人。当事人有正当理由的，可以在开庭三日前请求延期开庭。是否延期，由劳动争议仲裁委员会决定。

第三十六条 申请人收到书面通知，无正当理由拒不到庭或者未经仲裁庭同意中途退庭的，可以视为撤回仲裁申请。

被申请人收到书面通知，无正当理由拒不到庭或者未经仲裁庭同意中途退庭的，可以缺席裁决。

第三十七条 仲裁庭对专门性问题认为需要鉴定的，可以交由当事人约定的鉴定机构鉴定；当事人没有约定或者无法达成约定的，由仲裁庭指定的鉴定机构鉴定。

根据当事人的请求或者仲裁庭的要求，鉴定机构应当派鉴定人参加开庭。当事人经仲裁庭许可，可以向鉴定人提问。

第三十八条 当事人在仲裁过程中有权进行质证和辩论。质证和辩论终结时，首席仲裁员或者独任仲裁员应当征询当事人的最后意见。

第三十九条 当事人提供的证据经查证属实的，仲裁庭应当将其作为认定事实的根据。

劳动者无法提供由用人单位掌握管理的与仲裁请求有关的证据，仲裁庭可以要求用人单位在指定期限内提供。用人单位在指定期限内不提供的，应当承担不利后果。

第四十条 仲裁庭应当将开庭情况记入笔录。当事人和其他仲裁参加人认为对自己陈述的记录有遗漏或者差错的，有权申请补正。如果不予补正，应当记录该申请。

笔录由仲裁员、记录人员、当事人和其他仲裁参加人签名或者盖章。

第四十一条 当事人申请劳动争议仲裁后，可以自行和解。达成和解协议的，可以撤回仲裁申请。

第四十二条 仲裁庭在作出裁决前，应当先行调解。

调解达成协议的，仲裁庭应当制作调解书。

调解书应当写明仲裁请求和当事人协议的结果。调解书由仲裁员签名，加盖劳动争议仲裁委员会印章，送达双方当事人。调解书经双方当事人签收后，发生法律效力。

调解不成或者调解书送达前，一方当事人反悔的，仲裁庭应当及时作出裁决。

第四十三条 仲裁庭裁决劳动争议案件，应当自劳动争议仲裁委员会受理仲裁申请之日起四十五日内结束。案情复杂需要延期的，经劳动争议仲裁委员会主任批准，可以延期并书面通知当事人，但是延长期限不得超过十五日。逾期未作出仲裁裁决的，当事人可以就该劳动争议事项向人民法院提起诉讼。

仲裁庭裁决劳动争议案件时，其中一部分事实已经清楚，可以就该部分先行裁决。

第四十四条 仲裁庭对追索劳动报酬、工伤医疗费、经济补偿或者赔偿金的案件，根据当事人的申请，可以裁决先予执行，移送人民法院执行。

仲裁庭裁决先予执行的，应当符合下列条件：

（一）当事人之间权利义务关系明确；

（二）不先予执行将严重影响申请人的生活。

劳动者申请先予执行的，可以不提供担保。

第四十五条 裁决应当按照多数仲裁员的意见作出，少数仲裁员的不同意见应当记入笔录。仲裁庭不能形成多数意见时，裁决应当按照首席仲裁员的意见作出。

第四十六条 裁决书应当载明仲裁请求、争议事实、裁决理由、裁决结果和裁决日期。裁决书由仲裁员签名，加盖劳动争议仲裁委员会印章。对裁决持不同意见的仲裁员，可以签名，也可以不签名。

第四十七条 下列劳动争议，除本法另有规定的外，仲裁裁决为终局裁决，裁决书自作出之日起发生法律效力：

（一）追索劳动报酬、工伤医疗费、经济补偿或者赔偿金，不超过当地月最低工资标准十二个月金额的争议；

（二）因执行国家的劳动标准在工作时间、休息休假、社会保险等方面发生的争议。

第四十八条 劳动者对本法第四十七条规定的仲裁裁决不服的，可以自收到仲裁裁决书之日起十五日内向人民法院提起诉讼。

第四十九条 用人单位有证据证明本法第四十七条规定的仲裁裁决有下列情形之一，可以自收到仲裁裁决书之日起三十日内向劳动争议仲裁委员会所在地的中级人民法院申请撤销裁决：

（一）适用法律、法规确有错误的；

（二）劳动争议仲裁委员会无管辖权的；

（三）违反法定程序的；

（四）裁决所根据的证据是伪造的；

（五）对方当事人隐瞒了足以影响公正裁决的证据的；

（六）仲裁员在仲裁该案时有索贿受贿、徇私舞弊、枉法裁决行为的。

人民法院经组成合议庭审查核实裁决有前款规定情形之一的，应当裁定撤销。

仲裁裁决被人民法院裁定撤销的，当事人可以自收到裁定书之日起十五日内就该劳动争议事项向人民法院提起诉讼。

第五十条 当事人对本法第四十七条规定以外的其他劳动争议案件的仲裁裁决不服的，可以自收到仲裁裁决书之日起十五日内向人民法院提起诉讼；期满不起诉的，裁决书发生法律效力。

第五十一条 当事人对发生法律效力的调解书、裁决书，应当依照规定的期限履行。一方当事人逾期不履行的，另一方当事人可以依照民事诉讼法的有关规定向人民法院申请执行。受理申请的人民法院应当依法执行。

第四章 附 则

第五十二条 事业单位实行聘用制的工作人员与本单位发生劳动争议的，依照本法执行；法律、行政法规或者国务院另有规定的，依照其规定。

第五十三条 劳动争议仲裁不收费。劳动争议仲裁委员会的经费由财政予以保障。

第五十四条 本法自 2008 年 5 月 1 日起施行。

实施扩大就业的发展战略
实现社会就业更加充分
研究报告

劳动保障部专项课题研究小组

　　就业是民生之本，"充分就业"是小康社会的重要目标，也是就业工作的最高目标。党的十六大将实现社会就业比较充分作为到 2020 年全面建设小康社会的重要目标之一，十六届六中全会将实现社会就业比较充分作为构建和谐社会的九大目标和任务之一。党的十七大对实现全面建设小康社会奋斗目标提出了新的更高的要求，提出了实施扩大就业的发展战略，促进以创业带动就业，实现社会就业更加充分的目标。这要求我们加快促进就业工作的进度，加大促进就业政策的力度。正确理解"充分就业"的深刻涵义，并根据今后经济和社会发展进程，研究制定相应的经济社会发展战略和政策措施来逐步实现这一目标，具有重要的现实意义和长远的战略意义。

一、关于充分就业的目标

（一）"充分就业"的涵义

　　20 世纪 30 年代资本主义世界经济大危机以后，凯恩斯（1936 年）提出了有效需求不足的理论，认为在资本主义社会中，除了有"自愿失业"和"摩擦性失业"外，还存在"非自愿失业"，即指劳动者愿意接受一定市场工资水平的就业但仍得不到就业机会。凯恩斯认为，通过刺激有效需求的增加，从而增加就业岗位，就能消除"非自愿失业"，实现"充分就业"。"充分就业"并不是指一切有劳动能力的劳动者全部都就业了，而是指在一定市场工资水平下，愿意就业的劳动者都能够就业的状况；此时，因为存在信息不对称等问题，仍会存在供求不匹配的摩擦性的失业。这种情况下的失业率被后来的经济学家（弗里德曼）称为自然失业率。经济学家们最初认为自然失业率为 2% ~3% 即为充分就业，随着 20 世纪 70 年代中期以后发生的经济和技术变革，标志充分就业的自然失业率水平也上升到 5% 左右。当代经济学家们还认为，实现社会充分就业时还有三个特征：一是劳动力供求基本平衡；二是劳动关系相对稳定；三是劳动者素质得到较充分开发，对其就业产生积极作用。

充分就业也是国际劳工公约的基本内容。国际劳工组织在就业政策公约（1964 年第 122 号）号召各会员国将充分就业作为一项主要目标，提出实行积极的政策，促进充分的、自由选择的生产性就业（生产性就业是指有社会和生产效益的就业，而非无效就业）。目前，绝大多数市场经济国家尤其是发达国家都将充分就业作为本国宏观经济发展的四大目标之一，作为政党执政纲领的首要内容。

（二）我国充分就业目标的提出

我国有 13 多亿人口，是世界上人口和劳动力最多的国家。我国的就业问题不同于发达国家，他们主要面临青年劳动力的就业问题；也不同于其他转轨国家，他们主要面临转轨带来的结构性失业和再就业问题；还不同于其他发展中国家，他们主要面临农村劳动力的转移就业问题。我国就业所面临的转轨就业、青年就业和农村转移就业同时出现、相互交织的"三碰头"局面，决定了就业问题之复杂，就业工作任务之艰巨，是世界任何国家都未有过的。

作为人口大国，又处在经济体制深刻变革、社会结构深刻变动的关键时期，各种问题矛盾交汇到一起，就业形势十分严峻，表现为"四大一突出"，即人口基数大，劳动年龄人口总量大，农业富余劳动力规模大，就业困难群体数量大，就业的结构性矛盾越来越突出。这是长期存在的矛盾和问题。

全面建设小康社会、建设和谐社会，解决好广大人民群众的就业问题首当其冲。就业是每一位劳动者生存和发展的经济基础和重要保障，也是其融入社会、共享社会经济发展成果的基本条件。促进就业关系到亿万劳动者及其家庭的切身利益，是社会和谐发展、长治久安的重要基础，是安国之策。为此，十六大第一次正式提出了中国特色的充分就业的目标，把它确定为小康社会的一个重要指标，十七大又在现有工作基础上，提出了实现社会就业更加充分的新要求。这一目标的提出，是坚持以人为本，落实科学发展观，实现社会经济全面协调可持续发展、保持社会和谐稳定的具体体现，它指明了就业工作努力奋斗的方向。

我国实现社会就业更加充分是有现实基础的。改革开放以来，特别是十六大以来，通过制定实施一系列政策措施，我国的就业再就业工作取得了举世瞩目的进展，就业总量伴随经济增长而持续增加，城乡就业规模不断扩大，城镇新增就业每年平均为 1000 万人，近 2500 万下岗失业人员实现了再就业，城镇登记失业率稳中有降，成功地解决了经济结构调整以及城市化进程中的就业再就业问题，有力保持了就业局势的稳定。在今后一段时期，国民经济保持长期稳定的增长，经济结构进一步改善，将为就业持续增长提供基本条件；党和政府把就业作为宏观调控指标，纳入各级政府考核内容，贯彻实施《就业促进法》实施积极的就业政策，将为促进就业建立起工作的长效机制；近 10 年来我国在解决就业问题中形成的组织管理服务体系和成功经验等，也为实现就业更加充分奠定了坚实的工作基础。

（三）充分就业的蓝图

充分就业是与和谐社会相适应的一种状态，包含四个方面内容：一是城乡劳动力资源得到充分的开发和利用，这是实现充分就业的出发点。二是市场就业机制完善，就业渠道通畅，劳动者流动就业、自主择业、自主创业的环境良好，这是实现充分就业的条件。三是使有劳动能力和就业愿望的劳动者都能够得到就业机会或处于积极准备就业的状态，失业率调控在社会可承受的水平，这是实现充分就业的标志。四是大多数劳动者实现就业且比较稳定，并通过不断提高就业质量持续地增加收入，劳动关系更加稳定和谐，这是实现充分就业的结果。

到 2020 年，我国实现社会就业更加充分的目标。届时，城乡劳动者应普遍得到教育培训和就业机会，社会就业总量和结构应更加均衡、就业环境更加完善、就业保障更加健全、就业质量更加良好。具体体现在四个方面：

一是劳动力资源得到更加充分的开发和利用。就业岗位与有效劳动力资源大体平衡，绝大部分劳动者可以顺利实现就业。届时，我国的新增就业每年保持在1500万左右，在总体规模上能够使新增劳动力得到基本消化，就业总量将由现在的7.6亿人提高到8.5亿人左右。城乡统筹就业和服务业就业水平大幅度提高：城镇就业人数由现在的2.8亿人提高到5.1亿人，农村富余劳动力转移出1.5亿人；城乡就业结构比例从现在的3.6∶6.4变为6∶4；一、二、三次产业就业比重由目前的45%、24%、32%变为30%、25%和45%。

劳动者素质大幅提高，面向全体劳动者的职业技能培训制度健全，基本实现人人有知识，个个有技能。新进入人力资源市场的劳动者都经过中等以上教育或职业资格培训，持职业技能资格证书的比例达到80%以上。

二是就业渠道通畅，劳动者自主择业、自由流动、自主创业的环境良好。以《劳动法》为核心、《就业促进法》等法律为主干的劳动保障法律体系健全完善，政府、用人主体、劳动者和社会中介组织的行为依法调整；统一开放的人力资源市场机制发挥主导作用，城乡就业的体制分割基本消除，劳动力价格在劳动力配置中发挥基础作用；在法律的保障下，劳动者的自由流动成为现实；劳动者自主择业和自主创业政策环境良好；遍布城乡直到社区村镇且信息联通的管理和服务体系更加完善；在公共财政支持下，公共就业服务和职业培训能够较好满足劳动者实现就业和提高素质的基本需要。

三是有就业能力和就业愿望的劳动者都能享有平等的就业机会，社会失业率和平均失业周期控制在社会能承受的范围内。到2020年，城镇调查失业率控制在6%以下，城镇登记失业人数1200万左右（城镇登记失业率4%左右），社会平均失业周期控制在半年内；失业人员能将获得失业保险并通过就业服务组织到相应的就业准备活动中，失业半年以上者得到有效的就业援助。

四是劳动者的就业权益得到有效保障，就业的稳定性进一步提高。在劳动合同的保障下，劳动者的劳动报酬、休假、劳动保护等权利得到更好实现，劳动条件得到较好改善，劳动关系更加和谐；劳动收入水平有较大增长，中等收入水平劳动者占主体，最低工资能够满足劳动者及其家庭基本生活需要并形成正常增长机制；社会保障覆盖所有劳动者，就业安全性明显提高；劳资关系形成健全的协调机制，劳动争议能通过有效的途径得以解决。

二、关于扩大就业的国家发展战略

（一）发展战略的提出

经济增长是经济社会发展的基本条件，是解决就业问题的根本出路，千方百计扩大就业、提高就业质量，使劳动者通过就业分享社会发展成果，也是经济发展的重要目标之一。但经济增长能否拉动就业同步扩大，却与经济增长方式、产业结构、经济发展与人力资源开发利用等紧密相关。从我国30年的改革发展的总过程看，由于发挥了低成本劳动力的优势，大力发展劳动密集型产品和服务，不仅使国民经济保持了近30年的高速增长，同时也带动了大量有效就业的增加。对比世界许多国家，特别是发达国家曾出现的过分倚重发展资金密集或技术密集产业和行业，经济虽能保持增长却没有带动就业增加的情况，更使我们看到处理好经济发展与扩大就业的重要性。今后，随着我国工业化、信息化、城镇化、市场化、国际化进程的不断加快，科学技术不断进步，资本在企业生产投入中的比例不断增加，企业改革和调整力度不断加大，都会对就业产生重大影响。因此，必须促进经济发展与扩大就业形成良性互动的格局，使经济增长带动更多的就业。

1995年，联合国在哥本哈根专门举行世界社会发展首脑会议，会议《宣言》中首次提出：各国应实行"能够最大限度地促进创造就业机会的经济增长模式"。我国一些专家学者也提出，面对长期存在的高强度就业压力，以及结构调整、经济体制转换、人口增长高峰等一系列压力，要重新审视国家经济发展战略和增长方式选择，使我国的经济发展取向，从单纯"增长优先"逐步向"就业优先"的均衡发展转变。

在正确分析我国基本国情基础上，党的十六大提出，"国家实行促进就业的长期战略和政策。各级党委和政府必须把改善创业环境和增加就业岗位作为重要职责"。党的十六届六中全会明确，"把扩大就业作为经济社会发展和调整经济结构的重要目标，实现经济发展和扩大就业良性互动。"胡锦涛总书记在就业工作座谈会和中央经济工作会议上进一步强调，"逐步建立有利于扩大就业的经济结构和经济发展模式"。

党的十七大进一步提出，"实施扩大就业的发展战略，促进以创业带动就业"。这些都说明，结合我国的国情，制定和实行有利于扩大就业的发展战略，已列入国家发展的重要议程。

（二）发展战略的涵义

扩大就业的发展战略，就是将扩大就业摆在经济社会发展更加突出的位置，作为经济社会发展和调整经济结构的重要目标，实现经济增长与扩大就业的良性互动，主要体现在以下几个方面：

一是在总体布局上，在保持经济健康快速发展的同时，注重发展有利于增加就业含量和利用人力资源的经济产业和生产服务领域，即通过经济增长拉动更多就业增加，而避免出现高增长低就业的情况。二是在要素投入上，在增加各要素投入推动生产力发展的同时，更加注重通过人力资源的充分开发利用来促进经济增长，真正将巨大的人口就业包袱变为人力资源财富。三是在目标导向上，切实把经济持续健康发展的过程变成促进就业持续扩大的过程，把经济结构调整的过程变成对就业拉动能力不断提高的过程，把城乡二元经济转换的过程变成统筹城乡就业的过程。四是在具体安排上，在制订国民经济计划时，要把就业作为社会经济发展的基本目标予以考虑；在确定经济增长方式和增长速度，以及对产业结构和产业布局进行重大调整时，都要考虑对就业的影响，确保充分就业目标的实现。前三个方面是针对我国国情的涵义，第四个方面则是国际上普遍的做法。

（三）发展战略的具体内容

实施扩大就业的发展战略，就要在经济发展的全局中加强人力资源开发，推动创业带动就业，实施统筹城乡就业，扩展有就业优势领域，调控降低失业风险，并实行就业保障战略。

加强人力资源开发

相对我国自然资源和资本、技术而言，人力资源最具比较优势。无论从近期还是长远看，提高我国劳动力的人力资本水平都是推动经济发展和扩大就业的主要手段。因此，要坚持在经济发展中更好地实施人力资源开发战略。人力资本投入对我国经济增长的贡献，一方面来自于劳动力从低生产率的农业部门转移到高生产率的非农部门，另一方面来自于劳动者教育培训水平的提高。因此，要进一步做好促进农村劳动力转移就业工作的同时，不断加大人力资源开发力度，健全面向全体劳动者的职业技能培训制度和体系，把经济增长真正转到科技进步和劳动者素质提高的轨道上来，实现素质就业，使扩大就业与实现经济又好又快发展相辅相成。

形成比较优势的发展

在保持国民经济竞争力的同时，更加大力发展吸纳就业潜力大的领域，实施比较优势的战略。一是巩固稳定第二产业，大力扩展中、低端制造业和建筑业，稳步实现产业升级，在发展资本密集、高技术制造业中兼顾劳动密集企业和环节，使第二产业就业份额保持稳中有升。二是大力发展第三产业，特别是大力发展服务贸易、金融服务业、生产服务业、居民生活服务业等门类广泛的各类服务业，发挥其投入较少，就业贡献大的优势。我国第三产业从业人员的比重 2007 年为百分之三十多，远低于发达国家百分之七八十的水平，有着巨大的发展潜力。三是重点扶持中小企业、微型企业发展。中小企业占企业总数的 98% 以上，占社会就业总量的 80%～90%。

推动创业带动就业

创业是最积极的一种就业形式，是发挥劳动者自主性、能动性就业的重要途径。创业还具有带动更多就业的"倍增效应"，在我国劳动力供大于求矛盾长期存在、社会投资吸纳就业有限的情况下，弘扬劳动者的创业精神，依靠劳动者自主创业、自筹资金、自主经营，创造更多的就业机会，具有重大的现实意义。对建立中国就业新格局、新机制也具有深远意义。

首先，要加强创业观念教育和典型引路的做法，使更多劳动者通过建立自强自立、自主创业、敢于创新、不怕风险等理念，奠定创业的思想基础，并在社会上形成尊重创业、支持创业、宽容失败的氛围。其次，要落实好国家支持自主创业的政策，鼓励和帮助劳动者创业。建立健全从产业政策、所有制政策、税收政策、金融政策等方面构建的支持创业政策体系。第三，要加强对健全完善包括开业指导、创业培训、金融服务、信息服务、市场拓展服务、企业孵化等支持创业的服务体系，支持劳动者自谋职业和自主创业，促进以创业带动就业的实现，形成全民创业的风气，使创业这一促进就业积极有效途径成为中国经济和就业新的增长点。

实施统筹城乡就业

统筹城乡就业，就是从我国经济社会城乡协调发展的大局出发，在搞好城镇就业再就业工作的基础上，大力推进农业富余劳动力向非农产业和城镇转移就业，从体制、政策和工作体系入手，建设城乡统一规范的人力资源市场，形成城乡劳动者平等就业的制度。为此，要坚持将统筹城乡就业工作与当地经济社会发展紧密结合，做到与就业同步规划；要制定和实施城乡一体化的就业规划，对城镇人员的就业再就业与失地农民的就业，以及本地农业富余劳动力的转移就业和外地农民工的就业进行统筹安排；要建立健全管理城乡就业的组织体系，覆盖城乡劳动者的职业培训体系，遍布城乡的公共就业服务体系，为城乡劳动者就业、再就业、转移就业提供有效服务。健全劳动用工管理制度，切实维护城乡劳动者权益。健全社会保障制度，妥善解决农村劳动者的社会保障问题。最终建立城乡一体化的人力资源市场，促进城乡劳动者实现更加充分的就业。

进行调控降低失业风险

一是建立就业和失业的评估制度，在制定社会经济发展战略、改革经济制度、制定宏观政策措施时，对预期的就业影响进行评估，如有利于就业总量目标实现，则鼓励实施；如可能导致失业率大幅攀升，则实行相应的失业保障措施。二是建立失业预警机制，在国内外经济形势变化对就业直接产生较大影响时，及时调整经济发展政策，从源头控制失业。三是当全国或局部地区出现失业人群过多、过于集中时，有应急的预案和过渡性的措施，缓解就业压力，保持就业局势的基本稳定。

实施就业保障战略

针对劳动力市场灵活性增强，稳定性下降，以及广大劳动者对体面劳动的要求，必须实施就业保障战略，增强劳动者的就业安全感，保持就业局势的稳定，维护社会的和谐稳定。一是要形成对就业困难群体的就业援助制度。使他们不因人力资源市场竞争而被边缘化，帮助他们通过就业来融入社会，分享社会发展的成果。二是要构建和谐稳定的劳动关系。全面实行劳动合同制度，大力推进集体协商机制，健全劳动争议调处仲裁机制，健全劳动保障监察体制，加大劳动监察力度，维护劳动者合法权益，不断提高就业质量，使就业不但是劳动者谋生的手段，而且是劳动者不断发展的有效手段，形成劳动者和用人单位共同分享社会发展成果的双赢的机制。三是要强化社会保障安全网的功能，为劳动者灵活就业以及在工作岗位之间变换提供就业保障，进而促进劳动力资源的流动，促进更加充分就业的实现。

三、关于促进就业的社会经济综合政策

（一）社会经济综合政策的提出

国际社会对促进就业和治理失业经历了几个阶段：20 世纪 30 年代以前，就业问题被普遍认为可以通过市场机制进行自发调节，而不需要政府作任何干预。30 年代后，面对世界经济大萧条和全球经济危机造成的严重失业后果，凯恩斯等人提出扩大有效需求来解决就业的主张，呼吁政府运用增加投资、降低利息等宏观经济政策刺激经济增长从而扩大就业；同时开始重视建立社会保障以降低劳动力市场风险。70 年代前后，面对石油等危机造成的失业高潮，发达国家开始探索开发人力资源替代自然资源，加强教育培训提高劳动力素质实现就业，并实行改进劳动力市场管理服务的政策。从 80 年代开始，发达国家及一些发展中国家开始注重运用综合政策来解决就业问题，如运用经济政策扩大需求，实行反周期政策减少失业，推进教育培训提高劳动者素质，加强公共服务提供就业帮助，改进社会保障促进失业者再就业等，还通过法律确定政府及工会、雇主协会等"社会伙伴"对就业的责任。国际劳工组织在 2001 年召开的"全球就业论坛"上通过的《全球就业议程》提出："就业问题涉及到方方面面，各国要制定综合性的社会经济政策"，"生产性就业被置于经济和社会政策的核心位置，使充分的、生产性的和自由选择的就业成为宏观经济战略和国家政策的总目标。"

借鉴国际社会经验，我国结合国情实际，制定并实施了积极的就业政策，主要包括财政税收、金融信贷、投资贸易、产业企业等经济政策和教育培训、社会管理、服务援助、社会保障等社会政策，以及一系列保障措施。2006 年中央经济工作会议进一步提出"要强化政府促进就业的职能，探索市场经济条件下政府促进就业的有效政策措施。"党的十七大特别将"社会就业更加充分"作为全面建设小康社会的重要目标，将就业作为加快改善民生的六大任务之一，明确提出实施扩大就业的发展战略，促进以创业带动就业，并提出了八项具体措施。我国要实

现充分就业的目标，实施扩大就业的经济发展战略，必须在社会经济综合政策上下更大工夫。

（二）社会经济综合政策的涵义

要将是否有利于促进就业作为制定、实施和调整社会经济综合政策的基本目标和核心内容，在制订和调整综合政策时，要充分考虑到促进就业的需要，使政策实施的结果更多地促进就业。在就业形势比较严峻的时期，对经济增长速度、信贷规模、外贸平衡、财政投入投向等方面的有相应的政策安排，充分考虑降低失业率的要求。必要时，效率、效益及结构转换等目标要适度让位于扩大就业减少失业的目标，资本利益要适度让位于劳动要素利益。同时，制定实施更有利于人力资源开发、劳动力流动和就业保障的社会政策。

（三）实现充分就业目标应采取的社会经济综合政策

1. 实行更加有利于促进就业的经济发展政策。协调产业政策与就业政策，通过鼓励发展劳动密集型产业、服务业，扶持中小企业，鼓励、支持、引导非公有制经济发展，增加就业岗位。发展国内外贸易和国际经济合作，发挥投资和重大建设项目带动就业的作用，拓宽就业渠道。最终实现发展经济和扩大就业的良性互动。

2. 实行更加有利于促进就业的财政保障政策。促进就业是政府的重要职责，也是公共财政投入的重要方向。各级政府要按照法律规定，加大资金投入，在财政预算中安排就业专项资金用于促进就业工作，建立起政府财政投入的保障机制。同时，规范就业资金的使用和管理，进一步发挥资金效益。

3. 实行更加有利于促进就业的税收优惠政策。税收优惠政策是促进就业政策中最有效的重要手段之一。要对符合法定条件的企业和人员依法给予税收优惠，并对从事个体经营的失业人员和残疾人免除行政事业性收费。鼓励企业增加就业岗位，扶持失业人员和残疾人就业，使税收优惠政策对促进就业发挥应有的作用。

4. 实行更加有利于促进就业的金融支持政策。加大金融信贷支持，是促进中小企业发展和劳动者自主创业的关键。要增加中小企业的融资渠道；鼓励金融机构改进金融服务，加大对中小企业的信贷支持，并对自主创业人员在一定期限内给予小额信贷等扶持。使金融支持常规化、普惠化，有利于促进中小企业发展更多吸纳就业，有利于发挥劳动者自主创业带动就业的倍增效应。

5. 实行更加有利于促进就业和减少失业的对外贸易政策。将促进国内就业作为制定、调整货物和服务进出口政策，调整汇率机制，以及处理贸易争端的重要依据。对由于受贸易摩擦影响较大的行业或企业，适时采取税收减免等保护措施，尽量减少失业。

6. 实行更加有利于促进就业的城乡、区域和群体统筹就业政策。建立健全城乡劳动者平等就业的制度，引导农业富余劳动力有序转移就业。实现城乡统筹就业是缩小直至消除劳动者城乡就业差别，实现平等就业。支持区域经济发展，鼓励区域协作，统筹协调不同地区就业的均衡增长；支持民族地区发展经济，扩大就业。要根据各个群体不同时期的不同情况进行统筹安排，统筹做好城镇新增劳动力、农业富余劳动力转移就业和失业人员就业工作。

7. 实行更加有针对性、实效性的教育培训政策。健全面向全体劳动者的职业技能培训制度和人力资源开发政策体系。加强新成长劳动者就业预备制培训、企业在职职工培训、下岗失业人员再就业培训，强化创业培训、农村劳动力转移就业培训，全面提高劳动者职业素质和就业能力。

8. 实行更加有利于困难群体的就业援助政策。对困难群体实施就业援助，是保障公民实现劳动就业权，维护和改善劳动者生存状况、促进社会公平和和谐的基本要求。要建立健全就业援助制度，明确了就业援助的措施，对就业困难人员给予扶持和帮助，并确保城市有就业需求的家庭至少有一人实现就业等。

9. 实行更加有利于保障和促进劳动者就业的社会保障政策。加快建立覆盖城乡劳动者的社会保障制度和政策措施，扩大覆盖范围，提高保障能力。做好社会保险关系接续工作，促进劳动者自主流动。建立社会保障与促进就业的联动机制。要采取措施，逐步完善和实施与非全日制用工等灵活就业相适应的劳动和社会保险政策，为灵活就业人员提供帮助和服务，促进灵活就业规范健康发展。

10. 实行失业保险更加促进就业政策。发挥失业保险制度保障基本生活和促进就业的功能，加强对大规模失业的预防、调节和控制。综合运用法律、经济和必要的行政手段，努力减少长期失业人员数量，防止失业群体过于集中。规范企业裁员行为，避免集中推向社会。建立完善失业监测体系和失业预警机制。

四、关于实现充分就业的机制保障

实现充分就业要坚持四项基本原则：一是坚持有利于扩大就业的原则。把扩大就业作为经济社会发展和调整经济结构的重要目标，实现经济发展和扩大就业的良性互动；二是坚持市场就业导向的原则。深化劳动就业制度改革，完善市场导向的就业机制，保证劳动者择业自主权和用人单位用人自主权；三是坚持贯彻平等就业的原则。禁止就业歧视，为劳动者提供公平的就业机会；四是坚持实行统筹就业的原则。统筹做好城镇新增劳动力就业、农村富余劳动力转移就业、下岗失业人员再就业工作，逐步形成城乡统一的人力资源市场。

实现这些原则，要形成以下机制保障：

（一）强化政府促进就业的责任

促进就业和治理失业是各国政府的重要职责，也是世界各国政府执政的重要目标，在我国，更是各级政府执政为民的重要体现。因此，一是要树立就业优先的理念，将扩大就业作为经济和社会发展的重要目标，制定发展战略，调整经济发展模式，确保社会就业更加充分目标实现。二是要按照《就业促进法》的要求，进一步强化政府在促进就业六个方面重要职责，即：发展经济和调整产业结构增加就业岗位、制定实施积极的就业政策、规范人力资源市场、完善就业服务、加强职业教育和培训、提供就业援助。三是建立促进就业的目标责任制，建立对所属的有关部门和下一级人民政府进行考核和监督的制度。四是要实行有利于促进就业的财政政策，建立促进就业专项资金，加大资金投入，并实行有利于就业的经济社会综合政策。

（二）强化市场配置资源的基础性作用

要彻底改变目前由于地域、身份、行业、部门的原因造成的人力资源市场分割状态，培育和完善统一开放、竞争有序的人力资源市场，建立市场导向的就业机制，充分发挥人力资源市场在配置劳动力资源中的基础性作用，实现劳动者和用人单位供求双方相互选择，调节劳动力的供求，引导劳动者合理流动和就业。切实保障劳动者的择业自主权、创业自主权和用人单位的用人自主权。同时，规范企业用人行为和人力资源市场秩序。

（三）建立面向全体劳动者的促进就业工作制度

建立城乡统一的公共就业服务制度和体系，加强人力资源市场信息网络及相关设施建设，建立健全人力资源市场信息服务体系，完善市场信息发布制度。建立健全公共就业服务体系，设立公共就业服务机构，为劳动者免费提供就业服务。

建立面向所有劳动者的职业培训、职业资格证书制度和体系。建立职业能力评价体系，对规定的职业实行职业资格证书制度。政府制定并实施以就业为导向的职业能力开发计划，通过职业培训补贴等形式，鼓励劳动者参加各种形式的培训。鼓励和支持各类职业院校、职业技能培训机构和用人单位依法开展就业前培训、在职职业技能培训、继续教育培训和再就业培训，形成面向所有劳动者终身学习的职业培训体系。

建立困难群体就业援助制度，对困难群体实施优先扶持和重点帮助的就业援助。政府投资开发的公益性岗位，应当优先安排就业困难人员，并给予相应补贴；采取特别扶助措施促进残疾人就业；对因资源枯竭或者经济结构调整等原因造成就业困难人员集中的地区，采取特殊的扶持和帮助措施；通过税费减免以及给予社会保险或岗位补贴等，鼓励用人单位更多吸纳就业困难人员。

支持和鼓励劳动者自主择业，倡导劳动者树立正确就业观念，充分调动劳动者就业的主动性和能动性，促进他们发挥就业潜能和提高职业技能，依靠自身努力，自谋职业和自主创业，尽快实现就业。

策划编辑:陈　登

图书在版编目(CIP)数据

2007~2008 年中国社会保障改革与发展报告/邓大松 刘昌平 等编著.
-北京:人民出版社,2008.9
ISBN 978－7－01－007320－0

Ⅰ.2… Ⅱ.邓… Ⅲ.社会保障-体制改革-研究报告-中国-2007~2008
Ⅳ.D632.1

中国版本图书馆 CIP 数据核字(2008)第 144022 号

2007~2008 年中国社会保障改革与发展报告
2007~2008NIAN ZHONGGUO SHEHUI BAOZHANG GAIGE YU FAZHAN BAOGAO

邓大松　刘昌平　等编著

人民出版社 出版发行
(100706　北京朝阳门内大街 166 号)

北京瑞古冠中印刷厂印刷　新华书店经销

2008 年 9 月第 1 版　2008 年 9 月北京第 1 次印刷
开本:710 毫米×1000 毫米 1/16　印张:28
字数:427 千字　印数:0,001－2,500 册

ISBN 978－7－01－007320－0　定价:58.00 元

邮购地址 100706　北京朝阳门内大街 166 号
人民东方图书销售中心　电话 (010)65250042　65289539